珍藏本·增订本

纪念版

汉译世界学术名著丛书

# 穆罕默德和查理曼

〔比〕亨利·皮雷纳 著

王晋新 译

商务印书馆
SINCE 1897 The Commercial Press

Henri Pirenne

**MOHAMMED AND CHARLEMAGNE**

Published by London: George Allen & Unwin Ltd., 1939

根据 London: George Allen & Unwin Ltd. 1939 年版译出

# 汉译世界学术名著丛书
# （120年纪念版·珍藏本）
# 增订本出版说明

2017年10月，为纪念商务印书馆创立120周年，本馆推出"汉译世界学术名著丛书"（120年纪念版·珍藏本），计七百种。近五六年来，仰赖学界同人倾力支持，订正旧译，增补新译，拓展新著，积累日多。为满足读者需要，本馆在七百种的基础上，继续推出"汉译世界学术名著丛书"（120年纪念版·珍藏本·增订本）三百种。至此，"汉译世界学术名著丛书"累计出版已达千种。

今后，本馆将继续推进丛书的翻译出版工作，在积累单本名著的基础上陆续分辑刊行，汇印出版。为促进中外文明互鉴、推动我国学术发展，使"汉译世界学术名著丛书"这项对我国学术文化有基本建设意义的重大工程发挥更大作用，诚望海内外学术界、翻译界继续给予支持，帮助我们把这套丛书出得更好。

商务印书馆编辑部

2024年2月

# 汉译世界学术名著丛书
# （120 年纪念版·珍藏本）
# 出 版 说 明

2017 年 2 月 11 日，商务印书馆迎来 120 岁的生日。120 年前，商务印书馆前贤怀揣文化救国的理想，抱持“昌明教育，开启民智”的使命，立足本土，放眼寰宇，以出版为津梁，沟通中西，为中国、为世界提供最富智慧的思想文化成果。无论世事白云苍狗，潮流左右激荡，甚至战火硝烟弥漫，始终践行学术报国之志，无改初心。

迻译世界各国学术名著，即其一端。早在 20 世纪初年便出版《原富》《天演论》等影响至今的代表性著作，1950 年代后更致力于外国哲学和社会科学经典的译介，及至 1980 年代，辑为“汉译世界学术名著丛书”，汇涓为流，蔚为大观。丛书自 1981 年开始出版，历时三十余年，迄今已推出七百种，是我国现代出版史上规模最大、最为重要的学术翻译工程。

丛书所选之书，立场观点不囿于一派，学科领域不限于一门，皆为文明开启以来，各时代、各国家、各民族的思想与文化精粹，代表着人类已经到达过的精神境界。丛书系统译介世界学术经典，引领时代思想，为本土原创学术的发展提供丰富的文化滋养，为推动中国现代学术和现代化进程做出了突出的贡献。

为纪念商务印书馆成立120周年，我们整体推出“汉译世界学术名著丛书”120年纪念版的珍藏本，寄望既利于文化积累，又便于研读查考，同时向长期支持丛书出版的译者、编者和读者致以敬意。

两甲子后的今天，商务印书馆又站在了一个新的历史时间节点上。我们不仅要铭记先辈的身影和足迹，更须让我们的步伐充满新的时代精神。这是商务人代代相传的事业，更是与国家和民族的命运始终紧密相连的事业。我们责无旁贷，必须做好我们这代人的传承与创造，让我们的努力和成果不仅凝聚成民族文化的记忆，还能成为后来人可以接续的事业。唯此，才能不负前贤，无愧来者。

商务印书馆编辑部

2017年10月

# 译 者 序

## 皮雷纳与“皮雷纳命题”：对西方文明形成时代的重新审视

西方文明的形成是一个具有多重意味且“常议常新”的话题。国际学术界对此进行了长期研讨，得出了众多经典结论。然而，近些年随着笔者对中外各类经典史著的翻检、重读，愈发觉得有许多经典著述和结论值得进一步研读或重新审视。皮雷纳及“皮雷纳命题”即为其中之一。以下文字，旨在从文明史研究的角度着眼，结合欧美学界的研究成果，探讨皮雷纳学说对当下认知西方文明形成问题方面的启迪意义。这些感想或感悟，权作为译者序论，不当之处，恭请学界方家指正。

### 一

亨利·皮雷纳(1862—1935 年)，比利时著名历史学家。在比利时史、欧洲中世纪城市史、商业史、工业史以及中世纪文献学等诸多领域，他都取得了丰硕成就。有人曾感叹道：在鸿篇巨制《比利时史》一书中，他将整个民族的情感连接了起来；《经济社会史》一书乃是他写就的一部经典之作；在《欧洲史》一书中，他敞开心扉，向一个更为广泛世界的读者倾诉；而那部《中世纪的城市》又使史学界陷入一片躁动之中;《穆罕默德和查理曼》更是至今仍在向我们发起挑战。[①] 自20世纪40年代始,皮雷纳的多部学术著述便被陆续译介到中国,并且一版再版。[②] 然而,除了马克垚、刘景华等曾对皮雷纳有关西欧城市起源的观点做过专题性辨析,郭方曾就皮雷纳的《中世纪欧洲经济社会史》的中文译本再版写过一篇短文之外,[③] 中国学界鲜有对皮雷纳学术思想进行深入系统研究的论著。

西方文明究竟是于何时并在何种历史背景中形成的,而日耳曼民族迁徙和穆斯林扩张对西方文明的形成分别具有什么样的影响,是皮雷纳一生特别是晚年学术探求中的一个重要内容。他的儿子说:“父亲一次又一次地对他所能收集到的资料进行研究,从未停止过对这一问题的思考和验证,这已经成为他生命之中最后二十年最大的学术兴趣所在。”[④] 早在第一次世界大战之前,皮雷纳就对晚期罗马帝国各种制度在法兰克社会中的广泛遗存产生了浓厚的兴趣。但



① GRAY C. BOYCE, HENRI PIRENNE: “A Biographical and Intellectual Study by Bryce Lyon”, in *The American Historical Review*, vol. 80, 4, 1975,10, p. 988.

② 如商务印书馆早在1940年就曾出版了胡伊默所翻译的《中古欧洲社会经济史》;1964年,乐文又将此书重新翻译,由上海人民出版社出版。1985年,商务印书馆又出版了陈国樑翻译的《中世纪的城市》。只不过各位译者对作者姓名的翻译不尽相同,如胡伊默将其译为亨利·皮楞;乐文译为亨利·皮雷纳;耿淡如译为亨利·比伦纳,而齐思和在为耿淡如所译一书的中文序言中,将其译为亨利·庇伦;孙秉莹、谢德风在其翻译的汤普森的由商务印书馆出版的《历史著作史》中,译为亨利·佩朗;陈国樑译为亨利·皮雷纳;还有人将其译为昂利·皮雷纳或昂利·比兰纳;笔者曾译为亨利·皮朗,此次改译为亨利·皮雷纳,理由见书末附记,等等。

③ 请见马克垚:《西欧封建经济形态研究》,人民出版社1985年版,第285—292页;刘景华:《西欧中世纪城市新论》,湖南人民出版社2000年版,第8—13页;郭方:“亨利·皮雷纳的《中世纪欧洲社会经济史》”,《中华读书报》,2001年11月21日,第6版。

④ H. PIRENNE, *Mohammed and Charlemagne*, London, 1939, p.9.

是，直到他在“一战”期间被囚禁在德国的战俘营，为一批俄国战俘讲授欧洲经济史时，解答这一基本问题的想法才降临到他的脑畔。后来，在德国图林根克虏兹堡的乡村流放期间撰写《欧洲史》一书时，[①]他才首次强调指出：伊斯兰扩张和征服与中世纪西方形成之间存在着一种十分密切的联系。1918年之后，皮雷纳开始对这一历史过程公开加以解说，最早是刊载在1922年比利时的一份杂志上的一篇名为“穆罕默德和查理曼”的短文，[②]而后，在1923年布鲁塞尔国际史学大会和1928年奥斯陆国际史学大会上，他对这一主题又做了进一步阐发。这些新的理念也构成了他在1925年出版的《中世纪的城市》一书前几章内容的一个关键部分。[③]直到其生命即将走完全部历程前夕，皮雷纳才在自己所撰写的《穆罕默德和查理曼》一书中完成了对这些问题全面系统的解说。1937年，皮雷纳的家人和弟子们对该书的法文手稿进行整理、修补工作，正式付梓问世。1939年，该书又被译成英文。[④]西方学界将散见在有关文章和著述中的皮雷纳观点集中在一起，贴切表述为“皮雷纳命题”（Pirenne thesis）。

依据皮雷纳的各种著述，笔者将其命题的基本内容概括为：匈奴和日耳曼各个民族对罗马世界的冲击，虽颠覆了西罗马帝国的统



① 皮雷纳去世之后该书才正式出版。

② 汤普森认为，“皮伦纳”首次公开提出这一思想的时间是在1923年，请见其所著《中世纪经济社会史》，耿淡如译，商务印书馆1984年版，第475页；而西方史学界一般都认为这一时间是在1922年，但据其子所言，似乎皮雷纳本人在1921年给里尔大学所作的演讲中就已公开了自己这一新的学术主张。请参见《穆罕默德和查理曼》序言。

③ 〔比〕亨利·皮雷纳：《中世纪的城市》，陈国樑译，商务印书馆1985年版，第1—34页。该著作是皮雷纳本人在美国普林斯顿大学讲学内容的结集。

④ 据笔者所收集的信息，该书英文版有1939年、1957年等版本，而最近版本是Barnes & Noble 的1992年版。

治，但是在经济、社会和文化等层面上并不具有以往人们所赋予的那么巨大的意义；作为罗马世界最基本的特性：地中海的统一性依旧存在着，并仍旧决定着当时西方社会的基本框架结构。而7世纪以后，来自阿拉伯–伊斯兰教狂飙突进般的扩张则对西方社会历史命运造成了根本性的改变。它彻底地砸碎了各种古典传统，使地中海世界被割裂为两大部分：穆斯林所掌控的西地中海和由拜占庭所支配的东地中海；正是在这种局势作用下，西方社会首次出现了由地中海向北方地区的转移，并蜗居在一种自给自足的自然经济状态之中，其后果就是墨洛温王朝垮台和加洛林王朝兴起。由此，西方社会才进入了中世纪时代，新的西方文明方得以诞生。皮雷纳本人曾以“倘若没有穆罕默德，查理曼就根本是无法想象的”这种形象的表述作为自己学术主张的集中表达。[①]



皮雷纳所提出的命题在西方学术界引发了一场轩然大波。赞同者有之，但批驳者更多。众多学者或从观点方面，或从史料方面，对皮雷纳学说提出各种各样的批评和批判。初始，争论主要集中在皮雷纳对各种历史文献的解读方面，他被指责过分地强调了某些材料而又过分地忽视了其他材料。例如，穆罕默德对地中海地区的商业贸易是否真正产生了决定性的影响？再如纸草、东方奢侈性纺织品、黄金硬通货、香料等“四种消失”，是否正如罗伯特·S. 洛佩兹（Robert S. Lopez）所指出的那样：“既与阿拉伯人的扩张入侵不属于相同的时代，且这四种消失之间也不是在同一个时期发生的。”[②]然而，对

---

① H. PIRENNE, *Mohammed and Charlemagne*, p. 234.

② ROBERT. S. LOPEZ, “Mohammed and Charlemagne: A Revision”, in *Speculum,* vol. 18, 1943, 1, pp. 14–38.

这场论战做出贡献的各位参加者，几乎都承认这方面的文献史料资源是极度匮乏的；相同的一些数据资料可以用来作为支撑相互尖锐对立的观点的论据。例如，在贸易方面的各种关键性的信息数据大部分皆来自于为数不多的几部圣徒传记，或来自于驳杂的文书信件和为数极为稀少的法律文献及规章。皮雷纳反复使用都尔的格雷戈里所著的《法兰克人史》[①] 这一历史文献，但问题是这部著述又具有多大的可靠性呢？皮雷纳对当时整个欧洲所发生的各种事件的熟悉程度有多大呢？皮雷纳是否占据了一个可对法兰克经济状况进行准确评估的位置？而那些遗留下来的文献资料显然是不足以作为这些问题的答案的。[②] 诺曼·F. 坎特（Norman F. Cantor）也指出：虽然皮雷纳命题的吸引力是很明显的，“然而，20 世纪 50 年代以后的几位史学家的著述则认为《穆罕默德和查理曼》一书的主题过分夸张，而且对于早期中世纪文明做了过于简单化的处理”。自第二次世界大战以后，尤其是法国历史学家研究成果的影响，使得“皮雷纳关于早期日耳曼人的解说遭到了严重的削弱”。[③]

坦率地讲，笔者在欧洲中世纪早期历史方面的造诣实在有限，而且对这一领域研究学术史的了解也相当浅薄，故很难对有关“皮雷纳命题”论争做出准确而全面的判断。仅就自己所阅读的有关文献、论著来看，皮雷纳在史料、文献的使用以及最终结论等诸多方



① 都尔主教格雷戈里所著《法兰克人史》，是 6 世纪法兰克王国重要的历史著作，与《萨利克法典》被认为是墨洛温王朝早期最重要的两部史料。

② RICHARD HODGES & DAVID WHITEHOUSE, *Mohammed, Charlemagne & the Origins of Europe: Archaeology and the Pirenne Thesis*, London: Duckworth, 1983, pp. 5–6.

③ NORMAN F. CANTOR, *The Civilization of the Middle Ages*, New York: Harper Collins, 1993, pp. 140, 92.

面，正如那些批评者所言，显然存在一定的缺欠或不周之处。故而其命题自然难以获得全面意义上的确立和学界同仁的广泛认同。

在“史料”与“结论”这两处关乎一种学说命运最为紧要的环节皆出现了“问题”，我们是否就可以断定皮雷纳的学说休矣？“皮雷纳命题”休矣？笔者觉得下这种结论尚为时过早。理由有二：一是史料方面。作为一个享有盛誉的严谨学者，皮雷纳历经数十载时光，在史料爬梳、整理和分析方面所下的功夫极深，似乎已经将当时他所能够收集到的所有材料都网罗殆尽。在撰写最后这部著述过程中，皮雷纳查阅了大量的文献材料，其中既有《法兰克人史》等各类编年史书，也有各个中古王国的法令汇编和罗马教会档案汇编等原始文献；既以往昔历史文献作为自己立论之基础，也常常援引现代史学的论著以为自己观点张目。据笔者粗略统计，皮雷纳先后引用的法、德、英和拉丁文、希腊文等各种语言的文献，共计为 170—180 种左右。故而可以断定他绝非一个凭空杜撰、游谈无根的学者。然而遗憾的是，他所能够做到的一切尚不足以支撑自己的结论。为何如此？笔者贸然揣测，除了过分倚重某些史料之外，可能也与在当时学术环境下，皮雷纳所能掌握史料的数量和种类尚不够全面、系统有关。其次，笔者以为任何一位学者在学术上被同行们予以评说、指责甚至被批判，都不是一件仅具有负面意义的事情。只要批评者出于纯正的学术目的，秉持一种客观、公正的态度，任何学术批评或批判所导致的结果都应是具有正面意义的，因为学术论争和论战是推动学术研究持续而健康发展的动力之一。对于西方学术界给予皮雷纳学说的批驳也应作如是观。对于这些批驳，我们绝不能简单地加以接受，正如我们对于皮雷纳的观点不能简单地予以接受一样。我们需要做的

工作：一是从那些对皮雷纳否定性的批驳中，探究皮雷纳的不足或过错究竟有哪些？这些过错又是源于何种原因？尤其要注意西方学界在对皮雷纳的批驳中，是否对其学说主张还有什么赞许之处？二是在相互参校基础上进行考察、在判定那些否定性批驳的学理价值和意义的同时，我们是否也应对皮雷纳学说的学理价值做一番探讨，即从学术发展的角度，评判一下皮雷纳学说是否对后世史学研究具有某种启发、引导的意义与功用？因此，我们是否可以换一个思考角度，不是仅仅就史料证据是否充分，最终结论是否恰当进行思辨、考量，而是对皮雷纳所择取的观察视野和史观等方面做一番剖析与探索，这样或许会使我们在另一个层面上，对皮雷纳学说乃至对西方文明形成的历史认知达到更为确切且更丰富、全面的程度。

## 二

皮雷纳的学术主张之所以卓然自成一家并产生巨大影响，主要原因有二：一是他以一种惊世骇俗的另类语汇对早期西方文明的形成做出全新解说；二是他所采用的视野、角度和方法，同西方数百年来的学术传统截然相悖。皮雷纳命题所具有的“颠覆性”力量，在相当大程度上皆源于此。

以往在对西方文明形成的考察中，学者们主要着眼、着力对5—7世纪日耳曼因素和罗马因素这两大因素之间关系的认识，从而形成了一种“二元结构”的解释模式。在这种模式之中，时时处处都体现出日耳曼与罗马、古典与中世纪、奴隶制与封建制这样一一对应的两种要素、两个时代和两种制度的二元关系，并且为这种二元模式所困，西方学者长期陷入两种因素中哪种为主、哪种为辅的争辩之中。霍吉斯指出："自文艺复兴以来，历史学家们一直强调黑暗时代'哥特人'的黯淡状态，并将他们的目光聚焦在5世纪初期匈奴人阿提拉对富有的罗马文明所造成的天崩地裂般的后果之上。当然，这一观点是吉本那部不朽著述的基本观点，反过来它又成为19世纪史学家们孜孜以求加以详尽验证的对象。结果，研究古代世界的史学家将5世纪作为他们研究的终点，而他们那些研究中世纪史的同行则把从那一时期开始的日耳曼人对西部欧洲的淹没作为他们学术研究的开端，这一框架模式至今还在一定程度上保留着。'罗马派'的学者们将日耳曼人对西欧的占领视为黑暗时代的开始，而中世纪派则力图反映出……一个业已衰败而且毫无创造性的巨无霸的没落和一种崭新的充满活力的政治实体的孕育。"①



苏联史学界虽然在史观上与西方学术界有很大差异，强调生产关系变革，即从奴隶生产关系向封建生产关系变革的重要性，但其分析结构仍未摆脱上述"二元模式"框架。中国学界在这方面的研究也大体延续着这一状况。记得笔者在求学期间，"日耳曼因素与罗马因素"曾是世界中古史教材中和各种著述中出现频率极高的一组概念。似乎多少年来，国内学界在这一领域也未见到有何大的进展与突破。

而皮雷纳的解说则全然迥异于传统学说的分析框架，其关键之处有以下几端：第一，他以地中海整个地区作为自己考察的时空视野。自古以来，地中海周边的各个民族、国家、文明之间皆凭借地

---

① RICHARD HODGES & DAVID WHITEHOUSE, *Mohammed, Charlemagne & the Origins of Europe: Archaeology and the Pirenne Thesis*, p. 4.

中海保持着一定的往来关系，而地中海也凭借这些往来关系逐渐地生化为一个区域性的世界。随着亚历山大征服，特别是罗马人连续数百年的扩张，地中海地区逐渐演化成为一个具有相当统一性和一体化的文明空间。这种一体化不仅仅意味着罗马帝国政治架构同地中海地理框架的全然合一，同时还意味着频繁的经济往来和密切的文化交往。正是这一切方使得古典文明达到了顶峰。正如皮雷纳所指出的那样："在人类结构所有奇妙的特征之中，罗马帝国所具备的最显著并且也是最本质的特征，就是其地中海的特性。尽管帝国的东部地区为希腊语区，西部为拉丁语区，但这种地中海特性却使得整个罗马帝国具有了一种一体性，正是这种一体性将一种整体感赋予帝国的各个行省。在拉丁语中，*Mare nostrum* 这一词汇的含义为：我们的海。这片内陆海是各种思想、各类宗教和诸种商品相互交往的通衢大道。"接下来，他从不同角度和不同层面，展开了对日耳曼各个民族的入侵、西罗马帝国衰亡和东罗马帝国的反扑过程与后果的历史分析，其结论是：在阿拉伯人对地中海世界发起冲击之前"好像还没有什么事物可以标示罗马帝国所创建的地中海文明共同体的终结"，也"没有什么事物可以显示出社会的千年演化过程会戛然而止"。其缘故就是"这一新近形成的世界并没有丧失古代世界的那种地中海特征"。皮雷纳认为中世纪时代形成要比通常确定的时间晚得多，而且这一过程相当漫长，"可以说持续了整整一个世纪——从 650 年到 750 年。正是在这一混乱无序阶段中，古典传统慢慢地消失了，而新的因素则开始出现。及至公元 800 年，这一发展过程以一个新帝国的形成而宣告结束"。[1] 从其表

① H. PIRENNE, *Mohammed and Charlemagne*, pp. 17, 143–144, 285.

述中我们看到，他把对西方早期文明形成的考察时段由以往的5—7世纪延伸到了8世纪乃至9世纪。笔者以为，这种时间维度的延伸，是皮雷纳分析模式中空间维度扩展所必然导致的后果。如果我们将“与古代的断裂”视作他对时间要素的表述，那么“地中海的分裂”则显现出他对空间要素的关注，而时空两大要素在他的分析中又始终紧密地有机地联结为一体。

第二，皮雷纳在对西方早期文明的认识中，除了传统史学早已关注的政治、军事等角度与层面之外，将社会、经济、宗教、文化等各个方面的沿袭、变迁也统统纳入到考察范围之中，并给予了更多和更为深入的关注。应当说，20世纪之初的西方史学界，举凡社会、经济、商业、城市、货币、宗教、文化等各类专门史研究均已获得一定的成果。从皮雷纳论著所参考引用的文献中，可以看出他在相当大程度上借助于这些研究成果，而且皮雷纳的学术旨趣一直就集中在经济史、城市史、商业史等领域之中，并取得了令同行们钦佩的成就。汤普森就将皮雷纳列入“经济和社会史家”一类之中，并称其为“已去世的最后一位伟大的经济史学家”。[①]但更应注意的是，皮雷纳还是第一位把这些学术成果综合地集中起来运用于西方文明早期历史总体研究当中的史学家。早在20世纪20年代初，他从对中世纪经济史的思考中，萌发出对早期西方文明形成问题进行重新探索的意识。此后，十几年间，皮雷纳始终坚持对各种深层结构的史料进行收集、爬梳、整理，从而使其研究具有了别具一格的坚实与厚重。诚如冈绍夫所言：“他把自己一生最后的几年时光都用于可以称之为这

① 〔美〕汤普森：《历史著作史》（下卷·第四分册），孙秉莹等译，商务印书馆1996年版，第597页。

一时期的中心问题，即古代世界向中世纪文明过渡的研究之中，这一主题对于我们这个时代的诸多学者都极具吸引力；其中就有 A. 道普什（Alfons Dopsch）、F. 洛特（Ferdinand Lot）和 C. 道森（Christopher Dawson）等人。后两者对此的关注主要集中在心理和观念形态之上，而皮雷纳……则主要是从经济因素来探讨这一主题。”[①] 然而，皮雷纳的证据来自对民众物质生活的研究和思考——他们吃什么、穿什么、如何谋生，他们是否可以拥有土地或打官司。因此那些想要批评其理论的人，不得不研究同一地区的人类生活。不可避免地，他们的研究重心转向了关于物质财产和贸易内容的记载。[②]

第三，皮雷纳非常注重“日耳曼–罗马”之外的历史力量对西方早期文明形成的作用。皮雷纳将传统的二元模式彻底地抛弃，把当时所有参与地中海这一历史空间变革的力量都熔于一炉，统统置于自己目光的审视之下，建构起由双向互动、多向联动等层面构成的多维分析框架，对日耳曼、匈奴和斯拉夫各个民族以及拜占庭、阿拉伯等各种历史力量在西方文明形成过程中的作用和地位加以缜密辨析与解说。在对外部力量的辨析中，西欧与拜占庭之间关系的变化是皮雷纳始终关注的焦点之一。而且他还将二者之间的最后分离作为西方文明形成最重要的标志之一，从而为“把拜占庭史和西欧史的来源和过程紧密地联系在一起提供了比任何时候都多的理由”[③]。而伊斯兰教大扩张对于西方文明形成的影响与作用，是皮



① F. L. GANSHOF, “Henri Pirenne and Economic History”, in *The Economic History Review*, vol. 6, 1936, 2, p.184.

② 〔美〕柯娇燕：《什么是全球史》，刘文明译，北京大学出版社 2009 年版，第 82 页。

③ 〔美〕汤普森：《历史著作史》（下卷・第四分册），孙秉莹等译，第 727 页。

雷纳最为关注的另一个焦点。这是他学术思想中最具特色也最富有挑战性和创新性之处。可以肯定皮雷纳本人的确不是阿拉伯史方面的专家，但他却是第一位对阿拉伯-伊斯兰教在西方文明形成中的作用进行全面、系统考察的历史学家。早在20世纪初年，皮雷纳就提出了“穆罕默德教海权在西地中海的兴起，在破坏西方商业并使西欧陷入漫长的自然经济状态方面，是具有决定性的因素”[①]的观点。此后，他不断地重申这一主张并加以完善补充。最后，在《穆罕默德和查理曼》一书中予以全面的阐述。皮雷纳强调指出：

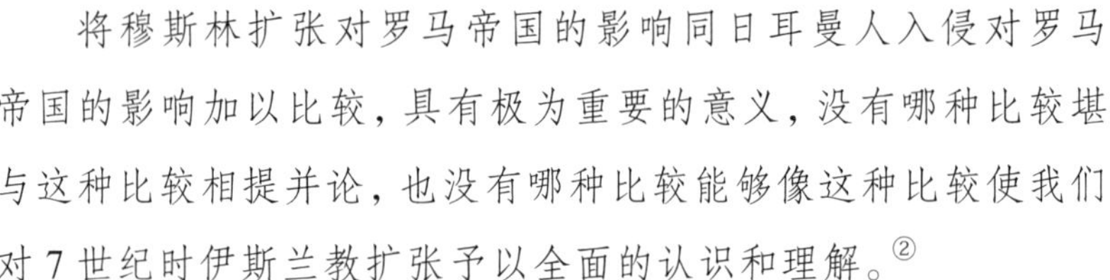

> 将穆斯林扩张对罗马帝国的影响同日耳曼人入侵对罗马帝国的影响加以比较，具有极为重要的意义，没有哪种比较堪与这种比较相提并论，也没有哪种比较能够像这种比较使我们对7世纪时伊斯兰教扩张予以全面的认识和理解。[②]



正是通过对两次重大历史运动的比较，皮雷纳指出了日耳曼人入侵作用的有限性，并凸显出了穆斯林力量对西方文明的巨大影响。他说：

> 尽管日耳曼人入侵所造成的后果是天翻地覆的，并具有巨大破坏性，但是新的原则却没有出现；既没有形成新的经济的或社会的秩序，也没有形成新的语言，没有形成各类新的制

① 〔美〕汤普逊：《中世纪经济社会史》（下册），耿淡如译，商务印书馆1984年版，第475页。

② H. PIRENNE, *Mohammed and Charlemagne*, p.147.

> 度。文明继续生存的环境依旧是地中海。……导致古典时代传统发生断裂的原因是人们所不曾预料的伊斯兰教迅猛大扩展。这种扩展的后果就是致使东方最终与西方分裂，以及地中海统一性的终结。像非洲和西班牙等以往一直作为西方共同体中一部分的地区，自此转入到巴格达的伊斯兰文明轨道之中。在这些地区之中，一种新的宗教信仰和一种全然不同的文化得以形成。与此同时，在转变成为穆斯林湖泊之后的西部地中海海域，从此不再具有以往那种连接东西方商业贸易和思想文化的通衢大道的功用。①

在对西方文明形成之初，也即欧洲中世纪早期历史过程的思考与认识方面，皮雷纳所得出的结论或许值得商榷，但其所创建的那种长时段、大空间和多维度的探索模式所具有的独特性和启发性却是不容置疑的。

将皮雷纳的学说置于西方史学发展的过程之中，我们可发现它不仅蕴含着许多值得人们加以深思，甚至予以汲取的内容，而且对西方现代史学的发展也产生了一定的影响。

第一，他对日耳曼各个民族对罗马帝国冲击的历史效应的分析颇具深度。皮雷纳对早期蛮族国家在时代变革尺度上地位的分析

① H. PIRENNE, *Mohammed and Charlemagne*, p. 284.

十分缜密，极为慎重。他指出："从任何角度讲，以各个蛮族在罗马帝国境内得以立足为开端的这一历史时期并没有导致一种绝对历史创新的出现。"[①] 这种认识在其对墨洛温王朝和加洛林王朝发展取向上所做出的截然不同的评价中表现得最为鲜明。皮雷纳认为墨洛温王朝，除了在政治上替代了罗马人统治之外，无论是在社会制度、经济生活，还是在精神文化世界中都处在不断继续罗马化的进程当中。而致使法兰克人背离古代社会和传统的转变出现在加洛林时代，可该王朝又绝非墨洛温王朝的直接继承者。它的政治、社会、经济和文化等各种结构和特征，皆同前朝有着明显差别。而这些特征和差别并非法兰克社会自然演进的结果，而是一场为时近百年的内部动荡与阿拉伯人大扩张的外部冲击相结合而塑造出来的产物。正是这些特征和差别开启了一个新的时代。[②] 在学术理念和研究理路上与皮雷纳有着极大差异的汤因比也有着类似的看法。他说："第一个以法兰克王国面貌出现的是墨洛温王朝，它的目的本来是面对着罗马的过去，但是其后的加洛林王朝却面向着未来。"[③] 我们虽无法断定他的这种看法是否与皮雷纳的观点有关，但它起码告知我们这两位史学家的论断有着某种暗合之处。历时数百年之久的法兰克时代，绝非始终处于一味地向前发展的简单状态之中，它必定会有所变化。而这种发展与变化究竟是什么？我们所知甚少，而且探究得也远远不够。皮雷纳对墨洛温和加洛林两个王

① H. PIRENNE, *Mohammed and Charlemagne*, p. 140.

② *Ibid.*, pp. 147–185.

③ 〔英〕汤因比：《历史研究》（上），曹未风等译，上海人民出版社 1997 年版，第 144 页。

朝的分析大大深化了对法兰克时代复杂历史进程的认识，尤其对于我们国内学界在这一领域的研究具有相当大的启迪功用。此外，以往的史学研究，尤其国内史学界，在认识逻辑上常常有一种过于简单化的弊端，即习惯于以某种社会政治的变革作为对其后所发生的各种变革进行判断的历史根据。历史上的许多事物或事件的发生的确在表面上给人某种“应然”的感觉，但实际上从“应然”到“实然”存在着许多复杂的环节和过程，倘如对这些环节和过程不加以仔细辨析，则很难揭示出“实然”得以产生的真正原因和机理。蛮族大迁徙、西罗马帝国垮台与法兰克封建主义产生和西方文明形成之间是否就是一种自然而然的关系，尚值得我们深入地加以探讨。在这个意义上说，皮雷纳学说就具有一定的价值和意义。

第二，他高度评估伊斯兰文明在西方文明形成过程中的意义作用。为彰显这种作用，皮雷纳不遗余力，付出了极大的努力。尽管众多学者指责他所秉持的主张过于武断和绝对，但是必须看到皮雷纳的主张是具有很多历史根据的。正如他所指出的：“总的来看在西部仅起第二流历史作用的法兰克王国将要成为西部命运的主宰。穆斯林关闭地中海与加洛林王朝登上舞台这两件事的同时发生，不可能仅仅是一种巧合。如果我们从总体上考虑这个问题，就会清楚地看到两者之间的因果关系。”[①] 而且他的某些评估也并非毫无道理，同样是以事实而非主观臆断为根据的。如他对穆斯林大规模扩张之后，对曾被罗马帝国改造过的地中海某些地区加以再改造的后果所作评价是十分真实的：“现在这些文明的诞生地突然失去了它

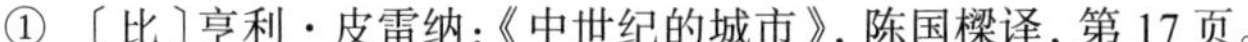

① 〔比〕亨利·皮雷纳：《中世纪的城市》，陈国樑译，第 17 页。

的文明，对先知的膜拜代替了对基督的信仰，穆斯林法代替了罗马法，阿拉伯语代替了希腊语和拉丁语。地中海曾经是一个罗马湖，现在很大程度上变成了一个穆斯林湖。从此以后，地中海把欧洲的东部和西部分开，而不是将其统一起来。原来联结拜占庭帝国与西部日耳曼诸王国的纽带断裂了。”[①] 我们绝不能以皮雷纳学说中的某些罅漏或不妥之处，就将其全部的思想统统抛却。

实际上，西方史学界对皮雷纳学说，绝非仅仅是批评这一种声音，尚有许多学者以不同方式，在不同程度上接受或赞同皮雷纳的学术主张。（当然，这其中并不排除某些学者独自获得了与皮雷纳学说相类似结论的可能，但倘若真的如此，那也在另一个侧面印证了皮雷纳学说的可取性。）尤其是在20世纪后半叶有关西方文明史的著述中，西方学者对伊斯兰文明所发挥出的作用的评估显然已大大不同于以往。笔者在此仅从案头上的几位西方学者的著述摘引数端，以供读者参考。卡罗尔·奎格利（Carroll Quigley）认为西方文明的形成有四大要素，其中就包括撒拉森人的作用。[②] 诺曼·F. 坎特认为：“伊斯兰教扩张在中世纪历史上是一个决定性的因素。它把整个地中海世界分裂为三种文明、三种力量和三种界线，即拜占庭、欧洲和伊斯兰。”虽然“拜占庭和穆斯林对西欧的影响要弱于日耳曼人所产生的影响。但是拜占庭皇帝查士丁尼和安拉的先知穆罕默德在塑造新的欧洲文明方面发挥了巨大的作用”。他还特别地指出：“穆罕默德并没有对查理曼的世界起到皮雷纳所主张的那种



① 〔比〕亨利·皮雷纳：《中世纪的城市》，陈国樑译，第15页。

② CARROLL QUIGLEY, *The Evolution of Civilizations: An Introduction to Historical Analysis,* Indianapolis: Liberty Press, 1979, p. 348.

决定性作用”，但“皮雷纳以呼吁对伊斯兰教对西方经济的作用予以关注的方式，对于我们理解中世纪的历史做出了巨大贡献”。[1] 佩里·安德森说：“古典时代的结束以阿拉伯人的征服为标志，这场征服造成了地中海地区的分裂。……正是在这个黑暗时代形成的新的地域范围里，东西方对立的内涵改变了。”[2] 贡德·弗兰克（Gunder Frank）则主张“非洲-亚洲部分早就在塑造着欧洲”，并以皮雷纳“欧洲的极端依附性”的观点作为自己立论的根据，颇有将皮雷纳引为自己前辈知音之意。[3] 而维克多·李·伯克（Victor Lee Burke）的表述与皮雷纳就更为类似，“法兰克社会的崛起是其内部连绵不断的斗争以及它对其周边诸多伟大的文明进行对峙抗争的结果，尤其是它与西班牙安德鲁斯的伊斯兰文明成功地进行对峙的产物”[4]。此外，斯塔夫里阿诺斯也曾对于伊斯兰文明的作用给予了积极的评价，而斯特恩斯（Peter N. Stearns）等学者对伊斯兰文明所做出的“第一个全球性的文明”“一个极具扩张性和影响其他文明能力的‘主导文明’”一个“世界级的文明”等评价，[5] 则更令人感到耳目一新。

2008 年，美国学者柯娇燕在其新著《什么是全球史》一书中，

① NORMAN F. CANTOR, *The Civilization of the Middle Ages: An Introduction to Historical Analysis*, pp.131, 123, 143.

② 〔英〕佩里·安德森：《从古代到封建主义的过渡》，郭方、刘健译，上海人民出版社 2001 年版，第 4 页。

③ 〔德〕贡德·弗兰克：《白银资本——重视经济全球化中的东方》，刘北成译，中央编译局出版社 2000 年版，第 41 页。

④ 〔美〕维克多·李·伯克：《文明的冲突：战争与欧洲国家体制的形成》，王晋新译，上海三联书店 2006 年版，第 44 页。

⑤ 〔美〕皮特·N. 斯特恩斯等：《全球文明史》，赵轶峰、王晋新等译，中华书局 2006 年版，第 253、248、251 页。

将皮雷纳学说置于西方史学发展进程中，对其研究内容和向传统体系的挑战的意义予以了重点评说，她指出："皮雷纳的论点实际上具有三个打破传统观念的因素。首先，它超越了常规的历史分期，不是把深刻变化与表面的政治危机如罗马衰落联系起来，而是与更长期的、根本性的贸易结构问题联系起来；其次，它提出了世界两个极为不同地区之间变化的、动态的关系，这两个地区在以前被历史学家们描述为是相互独立的；再次，它将欧洲变迁的动力置于欧洲之外，这是一种历史地理学的倒置，马克思曾对此做过概述，大多数欧洲历史学家发现它是无可辩驳的。难怪，皮雷纳的儿子雅克受其父亲观点的启迪，会在 1948 年奉献出现代历史文本的先兆性著作——《世界历史大潮流》(*Les grands courants de l'histoire universelle*)，后来译为《历史潮流》(*The Tides of History*)。"[1]



1953 年，瑞典史学家斯图雷·博林对皮雷纳学说进行了颠覆性的修正，他认为伊斯兰扩张对西方的影响是促成了西欧经济的繁荣，而不是衰落。但是，柯娇燕认为："从长远来看，正是建立在皮雷纳观点的基本要素之上，它才造就了一种历史动力学的新兴观点。皮雷纳的视野，尤其是被博林修饰过的视野中有一个体系：伊斯兰帝国经济与欧洲各地经济的互动方式改变了欧洲本身，反过来也促发了伊斯兰帝国的一系列变化，这种变化加速了后来伊斯兰帝国的毁灭。如果这样的话，伊斯兰贸易体系就是发动者，欧洲则是反应者。"[2]

第三，皮雷纳的史学实践、史学思想与 20 世纪西方世界的史学研究的发展进步有着十分密切的关系。皮雷纳与同属于法语世

---

① 〔美〕柯娇燕：《什么是全球史》，刘文明译，第 81 页。

② 同上。

界的年鉴学派之间可能有着一定关联。1929年，吕西安·费弗尔（Lucien Febvre）和马克·布洛赫（Marc Bloch）创办了《经济与社会史年鉴》杂志。而在其第一届编委会成员的名单中，就赫然列有亨利·皮雷纳的名字。[①] 可见，他同年鉴学派的第一代创始人之间存在着十分紧密的联系，是年鉴学派的"老朋友和支持者"[②]。有人曾专门就费弗尔、布洛赫二人同皮雷纳频繁的通信往来进行研究，将二人写给皮雷纳的80多份书信整理编辑成册，以《年鉴史学的诞生：吕西安·费弗尔、马克·布洛赫二人与皮雷纳的书信，1921—1935年》之名公开出版。[③] 还有学者在论及布洛赫的学术思想时提及皮雷纳的史学比较研究对他有着相当大的影响。[④] 而皮雷纳同年鉴学派第二代主帅布罗代尔之间关系更是非同一般。布罗代尔的的确确十分服膺皮雷纳的学说。美国学者萨缪尔·金赛（Samuel Kinser）是一位对布罗代尔学术成就研究颇有见地的学者，他认为皮雷纳学说正是布罗代尔的学术思想的重要来源之一。[⑤] 再以布罗代尔本人的著作《文明史纲》为例，就可发现他多次引用皮雷纳学说的基本观点，还对有些史家在研究中忽略了皮雷纳学说

① 〔法〕布罗代尔：《文明史纲》，肖昶等译，广西师范大学出版社2003年版，第527页。

② GEORGE HUPPERT, "Lucien Febvre and Marc Bloch: The Creation of the Annales", in *The French Review,* vol.55, 1982, 4， p. 512.

③ BRYCE LYON, "The Achievements of Marc Bloch", in *French Historical Studies,* vol.16, 1990, 4, p. 926. ‘

④ LAWRENCE D. WALKER, "A Note on Historical Linguistics and Marc Bloch's Comparative Method",in *History and Theory,* vol.19, 1980, 2, pp. 154-164.

⑤ SAMUEL KINSER, "Annaliste Paradigm? The Geohistorical Structuralism of Fernand Braudel",in *The American Historical Review*, vol. 86, 1981, 1, pp. 63-105.

提出批评。并且认为，皮雷纳同亨利·贝尔、吕西安·费弗尔、马克·布洛赫一道为“占据统治地位的法国学派”提供了理论基础。[①]此外，他对皮雷纳的语言风格特别推崇。他曾指出：“皮雷纳为此特地指出（1931年），历史学家最好不用别的术语，只用日常语言中的活词汇，也就是说，要绝对避免使用那种僵死的、枯燥的哲学用语（尽管哲学用语也不断更新）。我完全赞同皮雷纳的主张”[②]，并称其为“当今出类拔萃的用法语写作的历史学家”，将其奉为自己的榜样。[③]故而从学术史意义上讲，我们将皮雷纳视为法国年鉴学派的先声和导引者之一似乎并不为过。当然，有关皮雷纳与年鉴学派之间的学术关系尚待人们做进一步的探讨，而理清这一关系本身就具有相当大的学术价值。[④]

还有一种现象值得我们更加注意，即与史学相关的考古学也介入到早期西方文明的研究领域之中。20世纪60年代，随着“新考古学”的兴起，改变了以往考古学多以古代古典时代为主的状况，中世纪也成为西方考古学的重点之一，从而导致了一大批与皮雷纳命题争论有关的考古成果的出现，使得“考古学的证据正在成为重构黑暗时代的一种越来越重要的工具”，并“为中世纪早期的这些发展提供了一个衡量的标尺”。这集中地体现在1983年出版的一部



① 〔法〕布罗代尔：《文明史纲》，肖昶等译，第106、377页。

② 〔法〕布罗代尔：“文明史：过去解释现时”，载《资本主义论丛》，顾良、张慧君译，中央编译出版社1997年版，第129页。

③ 〔法〕布罗代尔：《文明史纲》，肖昶等译，第534页。

④ 笔者所能翻检到的国内有关西方史学史和年鉴学派的各类专著和教材，均未提及皮雷纳与年鉴学派之间的关联。有关他们之间的关系，笔者另有专文论及，在此不做展开。请见拙文：“亨利·皮雷纳与法国年鉴学派”，《古代文明》，2007年第4期。

名为《穆罕默德、查理曼和欧洲的起源：考古学与皮雷纳命题》的学术著述之中。虽然该书作者们通过对西欧地区二十余年考古成果的整理，全然否定了“没有穆罕默德就没有查理曼”的观点，并做出了“穆罕默德和查理曼都是古代世界崩溃的结果”的最终结论。然而，这些否定者却并未对被否定者皮雷纳的学术思想进行彻底颠覆，而是对他“那些充满胆识的论著持有一种敬重之情”。究其缘故，是他们认为“皮雷纳命题”显然是“同中世纪史学这种陈腐的知识基础背景相对立的”。而皮雷纳则是“站在那种陈旧的关于过去的观念立场之外，对古代与中世纪世界之间的互动关系进行思考的第一位历史学家”，“而正是这些成果使得皮雷纳本人有资格在史学永恒的殿堂之中占据一席之地”。[①] 此外，稍加对比，笔者发现这些考古学家之所以对皮雷纳学说所具有的学术价值和意义大为褒扬，还在于他们考古实践的空间范围和认识视野也与皮雷纳所确立的分析框架趋同。这种肯定中有否定，否定中有肯定的治学态度颇令笔者深感敬重。

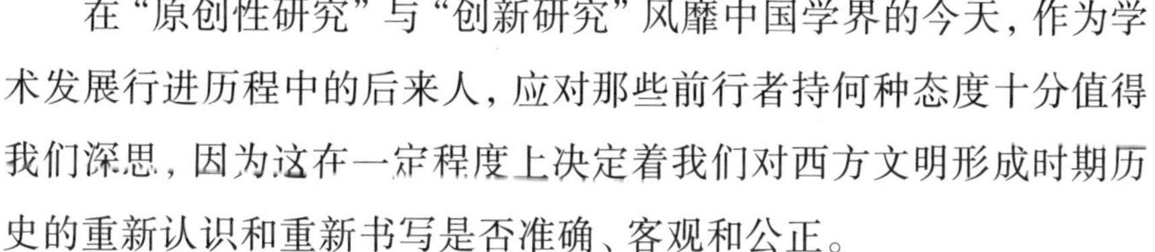

在“原创性研究”与“创新研究”风靡中国学界的今天，作为学术发展行进历程中的后来人，应对那些前行者持何种态度十分值得我们深思，因为这在一定程度上决定着我们对西方文明形成时期历史的重新认识和重新书写是否准确、客观和公正。

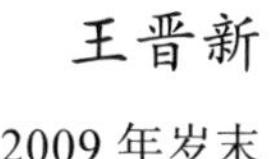

王晋新

2009 年岁末

① RICHARD HODGES & DAVID WHITEHOUSE, *Mohammed, Charlemagne & the Origins of Europe: Archaeology and The Pirenne Thesis*, pp. 176, 175, 3, 2.

# 目　　录

## 第二编　伊斯兰世界与加洛林王朝

# 序　　言 9

1935 年 5 月 28 日，我父亲身染沉疴，卧床不起（这天，也是其长子亨利-埃德奥［Henri-Edouard］辞世之日）。父亲将一部长达 300 页的书稿《穆罕默德和查理曼》遗留在书案之上，这部书稿是他在 5 月 4 日那天刚刚写就的。

这部著述是父亲晚年辛勤研究所获得的一项最高成就。长期以来，古典时代终结与中世纪时代开端这一问题，一直萦绕在他的心间。早在第一次世界大战之前，在讲授中世纪历史课程中，他就对晚期罗马帝国各种制度在法兰克时代各种制度中的广泛遗存问题产生了浓厚兴趣。但是，直到第一次世界大战期间，被囚禁在德国霍尔兹敏登（Holzminden）战俘营，为一批与他具有同样命运的俄国战俘讲授欧洲经济史时，解答这一基本问题的想法方降临到他的脑畔。后来，在图林根克虏兹堡的乡村流放期间撰写《欧洲史》一书时，他才首次强调指出：伊斯兰教征服扩张与中世纪西方世界形成之间存在着一种十分密切的联系。

父亲生前并没有完成《欧洲史》一书的写作。及至其去世之后，该书才刊行问世。然而，即使在那一时刻，也没有哪个人能够意识到眼前这部著作中所呈现的主题。

父亲一次又一次地对他所能收集到的史料文献进行研究，从未停止过对这一问题的思考和论证，这已经成为他生命之中最后二十年最大的学术兴趣所在。

1922 年，《比利时文献与历史评论》(*Revue belge de Philologie et d'Histoire* ) 刊发了父亲的一篇题为“穆罕默德和查理曼”(“Mahomet et Charlemagne”) 的短文，其中就已包含着他对这一命题的表述。此后，父亲又先后几次在国际史学大会上，如 1923 年布鲁塞尔国际史学大会和 1928 年奥斯陆国际史学大会上，对这一命题加以详细阐述；同时，这一命题也成为他在布鲁塞尔大学公开讲学的主题，此外，他还先后于 1921 年在里尔大学、1922 年在纽约哥伦比亚大学、1924 年在牛津大学、1929 年在蒙彼利埃大学、1931 年在阿尔及尔大学和 1934 年在开罗大学，以及 1933 年在罗马大学和比利时历史研究院等各个大学与研究机构授课时分别阐述过他的这一观点。

另外，就在准备这部史学著作的同时，父亲还撰写了一系列学术论文，分别就各种不同的详细情况进行探讨，如：“墨洛温王朝与加洛林王朝”(“Mérovingians et Carolingiens”，载《比利时文献与历史评论》，第 2 卷，1923 年)、“墨洛温王朝时期高卢地区的纸草贸易”(“Le commerce du papyrus dans la Gaule mérovingienne”，载《篆刻与文艺科学院备忘录》[ *Comptes rendus de l'Académie des Inscriptions et Belles Lettres* ]，巴黎，1928 年)、“中世纪商人导论”(“L'instruction des marchands au Moyen Age”，载《经济与社会史年鉴》[ *Annales d'Histoire économique et sociale* ]，第 1 卷，1929 年) 以及“墨洛温王朝的财富”(“Le trésor des rois mérovingiens”，载《哈夫丹 · 科特纪念文集》[ *Festschrift til Halvdan Koht* ]，奥斯

陆，1933 年）和“墨洛温时代的世俗教育的状况”（“De l’état de l’instruction des laïques à l’époque mérovingienne”，载《本笃会杂志》[ *Revue Bénédictine* ]，1934 年）。在其所著的《中世纪的城市》（*Villes du Moyen Age*, 1927 年）一书开篇一章中，他对自己的理论做了详尽阐释，对罗马帝国覆亡之后几百年间经济与社会的演进历程进行了解说。

然而，父亲在 1935 年 5 月 4 日搁笔的这部著述，才是他多年学术探索生涯的一座高峰。虽然此书包含着父亲的全部思想观点，但在其生前并没有以现在这种样式呈现给公众。

将所有著述都重新撰写一遍，乃父亲生前的一种习惯。在初稿中，他先将全书内容都汇聚一处，而不管其形式如何；从某些方面看，这只能是一部粗糙的草稿。而在第二稿中，情形则大为改观，因为第二稿绝非对初稿的修缮，而是一种全新文本，通过有意地规避自身主观观点的方式，他赋予此书以纯然客观性，在其行文之中有意隐藏了自己的见识与品格。

第一遍书稿是他专门为自己写的；它完全被父亲那种急于将自己的思想表达出来的冲动所驱使，结果常常出现这样的情形，即连一段话的句式、结构都不够充分完整，所以它所确定下来的只是一个粗略框架；有时，父亲还会极不讲究地大笔一挥就结束，就如他在演讲时，常常将最后几个词汇都省略掉，而那些经常听他演讲的人却都能对他的思想予以理解，因为他实在不想让自己的思维被自己的语汇所束缚。

本书初稿中的各种资料文献出处是以一种极为简略的方式表达出来的，有时，父亲所标示出的仅仅是他自己所收藏的资料档案出处而已。

11 因此，为使这部著述能以完整的形式呈现在公众面前，就必须尽一切可能对此书原稿进行一番修订工作，这项工作涉及诸多方面，要对其形式加以完善，要对其各种参考文献的索引加以补足，还须对所引用的各种文献内容进行核对校正。

每当遇到初稿原文完整时，我都对其抱以十分审慎而敬重的态度。只有当原稿存在罅漏之处时，我才敢动笔加以补订，而且在这种情况下，我也严格约束自己，一定要严格依据父亲本人的笔记、注释来进行，只在那些确实需要之处补加几个词汇，以便使其能够为人们所理解。

对各种索引、注释的补充、完善工作，实为一件极其繁难之事。为使这项工作能够富有成效，我的母亲和我一起向父亲生前一位最得意的门生、现任国家科学研究基金会委员（Associate of the Fonds Nationale de la Recherche Scientifique）和安特卫普克劳尼尔大学（the Université Coloniale of Antwerp ）教授的 M. F. 弗考特伦先生求助。在史料和中世纪早期文献著述研究等方面，M. F. 弗考特伦教授成就卓著，已是这些领域中最为博学的权威。弗考特伦教授极为慷慨地应允了我们之请求，并倾尽全力为此连续工作数月之久，对全书引文一一进行核对、审订，还对各种参考注释加以修改、完善。在此，我向弗考特伦教授致以我们全家最为热诚和衷心的谢意。

正如该书本身所显现的那样，在父亲生前最后这本著述的手稿中，他的笔端仍保留着最为鲜活的生命力、最为勇敢的气概和最为新颖的观念，而在此间，他的思维仍旧那般活跃，直到他生命的最后一刻。正是凭借这种心情，我们将这一切活力、勇气和观念都奉献给公众，奉献给所有那些深深热爱他的人，奉献给那些一直对他怀有敬意的人。此刻，人们对他的敬仰，不仅仅源自对这部正式出版物所得出的那些结论，而且也是出自于对其本人的；毋庸置疑，人们一定会从我父亲在生命最后一刻所完成的这部著述的字里行间，感受到他的生命仍在存续。

雅克·皮雷纳

（JACQUES PIRENNE）

13

# 校勘者序

1937年1月，亨利·皮雷纳夫人和雅克·皮雷纳先生将我导师生前一部遗著手稿交给我，并请求我添加一点评论，协助这部著述的正式出版。需要我处理的这一文本已是完整的，只不过还是一部初稿而已。而且，雅克先生业已在有关行文形式方面，对这部著述进行了些微的修改。

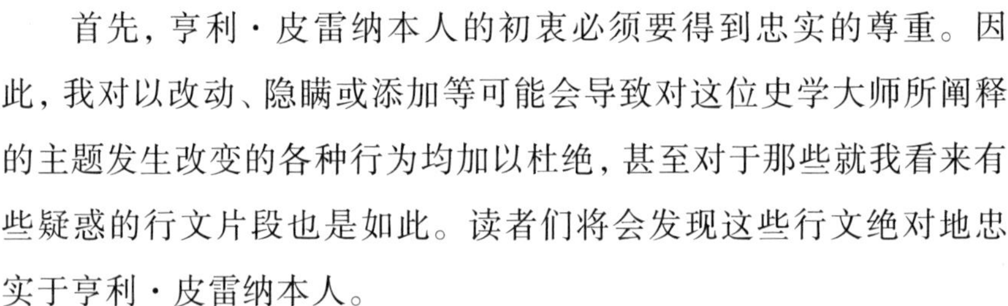

首先，亨利·皮雷纳本人的初衷必须要得到忠实的尊重。因此，我对以改动、隐瞒或添加等可能会导致对这位史学大师所阐释的主题发生改变的各种行为均加以杜绝，甚至对于那些就我看来有些疑惑的行文片段也是如此。读者们将会发现这些行文绝对地忠实于亨利·皮雷纳本人。

即或如此，我仍不得不就该文稿中某些史实、日期和引文等材料的准确性进行一定的改正。而学术著述中不可或缺的注释和参考文献，在这部文稿中却常常只以某种极为简略的方式给出；我觉得自己应当按照当下的学术标准，对其予以修订、补足和完善。在某些情况下，自己还觉得或多或少地补充一些内容以支持我杰出导师的观点是值得的。

在十二年多一点的时间里，我蒙受亨利·皮雷纳先生的指导并协助其工作，此乃本人一生中最为幸运的时光；因而可以说，对于亨利·皮雷纳先生在这部文稿所涉及的研究领域中所提出的理论观点，我本人是非常熟悉的，在这一方面，他本人曾进行了大量前期准备工作。万分不幸的是，导师本人未能以自己手中那支充满活力的笔来完成这项工作，为公众奉献上一部完整的著述。当然，我本人并非没有考虑过这样一种抱负，即由自己来为这本著作添加上皮雷纳先生本人完全可能独自完成的最后几笔；并且认为只要如同他在撰写初稿那样，投入同样的严谨学术态度和满腔的热情，同样 14
客观的效果也许是能够达到的。

最后，对于那些认为本人尚具备承当这份工作资质的仁慈的人，本人当永志不忘，并深深感谢他们，但我心中最为感激的还是亨利·皮雷纳先生，感谢他对我的教诲，感谢他为我树立了楷模。我还感觉到自己肩上正承担着一份十分神圣的使命，即要超越坟墓的阻隔，把这位大师那种深邃的思想、那些广博学识所蕴含的教益和那种高超的洞察力以及那种无与伦比的智慧呈现给社会公众。

F. 弗考特伦

（F. VERCAUTEREN）

第一编 15

# 伊斯兰之前的欧洲西部

# 第一章　日耳曼人入侵之后地中海文明在西方的延续 17

## 1. 日耳曼人入侵之前的“罗马化地区”①

在人类结构所有奇妙的特征之中，罗马帝国所具备的最显著并且也是最本质的特征，就是其地中海的特性。尽管帝国的东部地区为希腊语区，西部为拉丁语区，但这种地中海特性却使得整个罗马帝国具有了一种一体性，正是这种一体性将一种整体感赋予帝国的各个行省。在拉丁语中，*Mare nostrum* 这一词汇的含义为：我们的海。这片内陆海是各种思想、各类宗教和诸种商品相互交往的通衢大道。② 帝国北部诸行省——比利时、不列颠、日耳

① “罗马化地区”（Romania）一词，是指所有被罗马帝国征服的各个地区，它们是在4世纪时形成的。EUG. ALBERTINI, *L' Empire romain*, in the collection PEUPLES ET CIVILISATION, published under the editorship of L. HALPHEN and PH. SAGNAC, vol. iv, Paris, 1929, p. 388. 参见 A. GRENIER'S review of HOLLAND ROSE, *The Mediterranean in the Ancient World*, 2nd ed., 1934, REVUE HISTORIQUE, vol. 173, 1934, p. 194。

② 毫无疑问，在罗马帝国皇帝提奥多西乌斯（一译狄奥多西［Theodosius］，379—395年在位。——译者）统治时期，地中海一直阻碍着帝国分化为东西两个部分的进程。

曼、莱提亚(Raetia)[①]、诺里肯(Noricum)[②]、潘诺尼亚(Pannonia)[③]等——仅仅是抵御蛮族的外围防线。整个罗马帝国的生活皆集中于地中海这个大湖的沿岸地带。如果没有地中海，罗马将无法获得来自非洲的小麦供养。较之往昔，此时地中海给罗马帝国带来的益处更多，由于海盗很早就消失了，所以它可以非常安全地供人们航行。所有各个行省的公路皆通往此处，从而使得各个行省的交通皆向地中海汇聚。倘若有人离开地中海往他处远行，那么，随着行程的加长，他便会感到文明开化程度越来越低。里昂(Lyons)[④]是当时北方最远的一座大城市。特里夫斯(Trèves)[⑤]之所以也跻身于大城市行列之中，则完全是因为当时该城为临时帝都。[⑥]而其他所有重要城市——迦太基(Carthage)[⑦]、亚历山大城



① 罗马帝国建于公元前15年的行省，名称来源于莱提亚人(Raeti)。其地理位置相当于今瑞士东、中部(包括莱茵河上游和博登湖)，巴伐利亚南部，上施瓦本，福拉尔贝格州，蒂罗尔的大部及意大利伦巴第的一部分地区。——译者

② 罗马帝国诸行省之一，是个紧邻帝国意大利本土的行省，公元前16年，罗马帝国的军队入侵阿尔卑斯山以东和多瑙河上游，征服当地居民，建立了莱提亚和诺里肯两个行省，范围大致在今天的奥地利与捷克的部分地区，其西北为莱提亚行省，东南为上潘诺尼亚行省。——译者

③ 系东南欧历史上的一个地区，位于今天克罗地亚的北部、匈牙利的西部。2世纪时罗马人在此建立了下潘诺尼亚行省。5世纪时斯拉夫人迁居于此，9世纪上半叶普利比纳(Pribina)在此建立了斯拉夫人的下潘诺尼亚公国。——译者

④ 法国东南部大城市，今罗讷省省会。——译者

⑤ 法语为Trèves，德语为Trier、Trves，亦译特里尔，位于今德国西部。——译者

⑥ 3世纪末，罗马皇帝戴克里先实行“四帝共治”体制，四帝之一的君士坦提乌斯·克洛鲁斯(Constantius Chlorus，293—305年一直作为西罗马帝国皇帝马克西米安的恺撒，担任西部帝国奥古斯都仅一年多，其子是著名的君士坦丁大帝。)曾将特里夫斯确定为自己的都城。——译者

⑦ 北非古城，位于今突尼斯东北部，最初由腓尼基人所建，公元前7世纪到公元前4世纪期间发展为地中海西部的强国。——译者

(Alexandria)[1]、那不勒斯(Naples)[2]、安条克(Antioch)[3]等——咸位于地中海沿岸或周边地区。

4 世纪以降，“罗马化地区”的地中海特性显现得更为显著，因 18
为新的帝都君士坦丁堡[4]，原本就是一个沿海城市。同纯粹只是消费性城市的罗马城截然不同，由于其自身缘故，君士坦丁堡本身就是一个巨大的商业贸易中心、制造业城市和重要海军基地。随着帝国东部地区的作用愈发活跃，君士坦丁堡在整个帝国中的权势地位也就愈发彰显出来；通过各条航路，罗马帝国与印度和中国相交往，同时还通过黑海航路与北方各个地区相联系，而叙利亚则是所有这些航路的终点。

全然仰仗着君士坦丁堡，罗马帝国西部地区才能获得各种制成品和各类奢侈物品(*objets de luxe*)。

对于所谓的亚洲、非洲和欧洲等这些地理区域之间的差别，罗马帝国并未予以太大的关注。尽管当时存在着众多不同的文明，但是上述各个地区的根基却是同样的。在地中海四周沿岸各地，我们均可发现同样的生活方式、同样的生活习俗和同样的宗教信仰；而在以往岁月中，这些地区却曾经是埃及人、提尔人(Tyrian)[5]和迦太

① 北非古城，在突尼斯河口以西，临地中海，为埃及最大港市，今亚历山大省省会。——译者

② 意大利南部港市，今坎帕尼亚区首府，在第勒尼安海那波利湾北岸。——译者

③ 即今安塔基亚(Antakya)，位于地中海东岸，为土耳其南部城市，哈塔伊省省会。——译者

④ 即今伊斯坦布尔(Istanbul)，土耳其最大城市，位于博斯普鲁斯海峡南口西岸。始建于公元前 658 年，称拜占庭(Byzantium)。公元 330 年创建，为东罗马帝国首都，别称新罗马。1453 年为奥斯曼帝国首都，名伊斯坦布尔。——译者

⑤ 旧译推罗人。——译者

基人等创造的各种不同的文明。

当时的地中海航运活动皆集中在东部海域。[1] 叙利亚人，或者其他同样著名的民族，是地中海东部海域的领航员和商人。甚至在他们驶往不列颠的船舱中也可找到纸草、香料、象牙和各种优质美酒。他们从埃及输入各种各样珍贵的纺织品，同时，还为那些隐修者带来了各种草药。[2] 叙利亚裔的移民遍布各地。在马赛港则有一半人是希腊人。

就像那些叙利亚人一样，在各地城市里，也可以随处见到居住在各种小社区里的犹太人。他们从事着水手、经纪人、钱币商等各种行当。在当时西方经济生活中，犹太人所发挥的基本作用与
19 影响，就如同在当时西方艺术和宗教思想方面，那些来自东方的影响所显现出来的作用一模一样。而且，同此前的那些米特拉神（Mithra）[3] 的信奉者和基督教的信奉者一样，那些隐修者也经由海路，从东方来到了西方。

倘若没有奥斯提亚（Ostia）[4]，罗马城是不可想象的。而在意大利半岛的另一侧，拉文纳城（Ravenna）[5] 之所以成为罗马诸位皇帝

---

① C. BRATIANU, *La distribution de l'or et les raisons économiques de la division de l'Empire romain,* ISTROS, in the REVUE ROUMAINE D'ARCHÉOLOGIE ET D'HISTOIRE ANCIENNE, vol. Ⅰ, 1934, Part II 就已强调指出了早在 3 世纪时（实际上更早一些）地中海东部地区的这种权势地位。由此，我们见到了帝国东部地区与西部地区之间分离的开端，这一分离过程最后是由伊斯兰征服完成的。另请参见 M. PAULOVA'S, *L'Islam et la civilisation méditerranéenne*, in the VESTNIK CESKE AKADEMIE TCHEQUE（MEMOIRS OF THE CZECH ACADEMY），Prague, 1934。

② P. PERDRIZET, *Scété et Landevenec*, in MELANGES N. JORGA, Paris, 1933, p. 745.

③ 波斯神话中的光明之神。——译者

④ 意大利北部城市。——译者

⑤ 意大利西北部城市。——译者

在帝国西部(*partibus occidentis*)的驻跸之地,也是由君士坦丁堡强大吸引力所使然的。

完全凭借地中海,罗马帝国才以最明显方式构成了一个经济统一体。这一统一体是一个极为广袤的空间,在此之中,虽然存在着收取各种各样交通费用的现象,但却没有海关设施。而且,它还享有一种统一货币所带来的巨大益处,君士坦丁堡的金索里达(*solidu*s)——内含 4.55 克纯金——在地中海沿岸的各个地区皆可通用。①

我们知道,自戴克里先(Diocletian)② 统治以来,罗马帝国经济普遍衰退。但在 4 世纪时似乎有所恢复,货币流通也更加活跃。

为给被众多蛮族所包围的帝国提供安全保障,大批罗马边防军团长期驻防在撒哈拉沙漠边缘以及幼发拉底河、多瑙河和莱茵河等各处边界地带,构成了一条护卫的堤坝。然而,就在这些大堤之外,洪水仍在持续不断地上涨。3 世纪,部分由于内部骚乱,罗马帝国的堤坝出现了裂隙,继而,决口崩塌。法兰克人(Franks)③、阿拉曼人(Alamans)④ 和哥特人(Goths)⑤ 如洪水一般,从各个不同的方向涌

① E. ALBERTINI, *op. cit.*, p. 365.

② 罗马帝国皇帝,284—305 年在位。——译者

③ 系西日耳曼人一支,大约 3 世纪出现在史乘记载当中,3 世纪末以降逐渐进入罗马帝国,先后创建了墨洛温王朝和加洛林王朝。——译者

④ 一译阿勒曼尼人,日耳曼人中的一支。最初由几支零星的日耳曼部落组成。在 213 年罗马人进攻阿拉曼人的记载中,最早提到了这一部族。长期以来,阿拉曼人不时入侵罗马帝国的边境。5 世纪末,他们已扩张至阿尔萨斯和瑞士北部,496 年被克洛维征服,并入法兰克王国的版图。——译者

⑤ 哥特人乃东日耳曼人一支。最初居住在欧亚大陆北部地区,后逐渐迁徙。公元初迁至俄罗斯平原,在第聂伯河与顿河流域一带居住。第聂伯河以东的哥特人称东哥特人(the Ostrogoths),以西为西哥特人(the Visigoths)。3 世纪后半期进入多瑙河一带,开始对罗马帝国构成威胁。——译者

入罗马帝国境内，他们劫掠了高卢（Gaul）[①]、莱提亚、潘诺尼亚和色雷斯（Thrace）[②] 等各个地区，甚至推进至西班牙地区。

罗马帝国的伊利里亚王朝诸帝（the Illyrian Emperors）[③] 击退了这些入侵蛮族，并重建了帝国的边疆防线。然而，在日耳曼这条战线上，由于罗马军团兵力不敷所需，从而使得构建纵深防御体系成为当务之急。位于罗马帝国战略要地的各个内陆城市都开始构筑防御工事，罗马和君士坦丁堡则成为两座典型的军事要塞。

此时，罗马帝国已不存在什么对各个蛮族关闭边疆的问题了。帝国人口数量正在不断萎缩；帝国军人也逐渐地堕落成唯利是图之徒。无论是作为军队士兵，还是充作农业劳动力，各个蛮族已成为罗马帝国所急需的人力资源。而除了进入罗马帝国服役体系之外，
20 这些蛮族别无更多奢求。因此，罗马帝国边疆地带在血统上出现了日耳曼化现象；但这并不具有多大的意义，因为所有进入帝国的蛮族也开始了罗马化的进程。[④] 所有进入帝国境内的日耳曼人皆服务于帝国，并享受着帝国的各种优越条件。蛮族对文明的所有向往与尊崇之处，他们都切身地感受到了。进入帝国之后，这些蛮族便迅

① 高卢，拉丁语为 Gallia，古罗马人把居住在现今法国、比利时、意大利北部、荷兰南部、瑞士西部和德国南部莱茵河西岸一带的凯尔特人统称为高卢人。公元前 51 年，高卢被尤利乌斯·恺撒彻底征服，成为罗马高卢行省。——译者

② 巴尔干半岛东部地区。——译者

③ 457 年，利奥一世加冕称帝，开创了利奥王朝，因其出生于伊利里亚行省，故又称伊利里亚王朝。该王朝在 457—518 年先后历经五位皇帝。——译者

④ 然而，在 370 或 375 年（？），罗马皇帝瓦伦提尼安（Valentinian）和瓦伦斯（Valens，瓦伦提尼安和瓦伦斯兄弟二人，在 364—375 年同为东部罗马帝国皇帝。——译者）颁布了一项法律，严禁外省人（*Provintiales*）和异教徒（*Gentiles*）之间通婚，违者处以死刑，*Code Theod.*, III, 14, I。参见 F. LOT, *Les Invasions germaniques*, Paris, 1935 (Bibl. hist.), p. 168。

速地采用了罗马帝国的语言，并皈依了帝国的宗教：基督教。在4世纪以后成为基督徒的同时，他们也丢弃了自己民族的各种神祇，并且由于常常出入基督教堂，这些蛮族便渐渐地融入罗马帝国的广大民众之中。

在一个不长的时期内，罗马帝国军队就几乎全部由各个蛮族的士兵组成；而且，有许多蛮族人物，如汪达尔人（the Vandal）[①]的斯提利科（Stilicho）[②]、哥特人的盖纳斯（Gainas）[③]，以及苏维汇人（Suevian）[④]中的里西默（Ricimer）[⑤]等皆以帝国军人的身份，凭借军功而博得威名。[⑥]

## 2. 日耳曼人入侵

正如我们所知，在5世纪，罗马帝国西部领土皆沦丧于日耳曼系的各个蛮族之手。

罗马帝国遭受日耳曼人的进攻绝非第一次。日耳曼人的威胁

① 系东日耳曼人一支。5世纪初由中欧地区迁至高卢，后迁徙到西班牙南部。429年越过直布罗陀海峡，进入北非，创建汪达尔王国。后为拜占庭灭国。——译者

② 罗马帝国晚期蛮族将领，约365—408年。——译者

③ 罗马帝国军中哥特人将领，官至元帅，领导罗马军队抵抗蛮族人的战争，卒于公元400年。——译者

④ 苏维汇人原为西日耳曼人的一个部落。后迁入西班牙半岛，占据加利西亚一带。——译者

⑤ 罗马军中苏维汇将领，卒于472年。——译者

⑥ E. ALBERTINI, *op. cit.*, 412; LOT, PFISTER and GANSHOF, *Histoire du Moyen Age,* vol. I, pp. 79-90, in L' HISTORIE GENERALE, published under the direction of G. GLOTZ. 甚至在提奥多西乌斯统治时期，阿尔博加斯特（Arbogast，罗马军队中的著名法兰克籍将领。——译者）就已成为“士兵的统帅”。参见 F. LOT, *ibid.,* p. 22。

早就存在了，为了抵御日耳曼人侵犯，罗马帝国曾构建了一条由罗马军团扼守的莱茵河—多瑙河的军事防线。直到3世纪时，这条防线尚能充分地发挥出捍卫帝国边疆安全之功效；然而，自各日耳曼蛮族发动第一次大规模进攻之后，罗马人的这种自信便必然地被丢弃了，代之以一种新的防御态势，即通过军事改革，缩小作战单位，目的是使帝国军队具有更强的机动性能；而且，罗马帝国军队最后几乎全部由蛮族雇佣士兵所构成。[①]

21 正是凭借这些军事措施，罗马帝国才得以持续地捍卫自己的安全长达两百年之久。

那么，究竟是何缘故最终导致了罗马帝国的彻底覆亡呢？

罗马帝国拥有着诸多坚固的军事要塞堡垒，面对它们，那些蛮族人显得弱小无力；拥有完备的战略公路体系；拥有具有数百年悠久传统的高超军事技艺；此外还拥有极为娴熟的外交策略。这一切均使得罗马帝国可以在众多敌人中间，纵横捭阖，或挑拨离间，或收买拉拢——这是帝国防御战略的一个基本特征；而那些蛮族入侵者却无法达成内部一致。最为重要的是，罗马帝国拥有着地中海，我们将看到这一点赋予了罗马帝国多么巨大的优势，甚至当汪达尔人在迦太基站稳脚跟之时，仍旧是如此。

当然，笔者深知，当时罗马帝国和蛮族之间武器装备方面的差距并不像今天文明世界与野蛮民族之间这般明显；然而，相对于那些既没有充足的后勤给养，又没有严格正规军纪的各个蛮族而言，罗马人的确具有明显的优势。各个蛮族虽然在数量上占据了一

---

① E. ALBERTINI, *op. cit.*, p. 332.

定优势，可他们并不懂得如何补给自己的军队。想想那些西哥特人，在占据了阿基坦（Aquitaine）[1]地区之后，却陷于饥饿的困境之中；而那位曾占领了意大利的阿拉里克（Alaric）[2]也曾陷于同样的困境！

在明晰其所具备的各种优势的同时，我们必须要记住，在欧洲被迫面对各种蛮族强寇的同时，罗马帝国还不得不始终要在非洲和亚洲的边境驻防大量军队。此外，它还必须应付国内的各种各样骚乱；曾有许多篡位者，一上台便毫不犹豫地就同蛮族达成了某种默契或盟约；那种为了抵御一位斯提利科就拥立一位鲁菲努斯（Rufinus）[3]以获暂时保全之类的宫廷诡计，史不绝书，层出不穷；然而，罗马帝国的广大民众却意志沮丧，毫无抵御外敌的气概；往昔的公民精神早已荡然无存，他们虽看不起那些野蛮民族，但却做好了甘愿任凭其统治的准备。结果，无论是前线军队还是后方民众均无一点为捍卫国家所能依靠的道德品质。万幸的是，那些蛮族入侵者也丝毫没有什么道义的力量。日耳曼人之所以同罗马帝国对抗并非出自于道德的缘故：既不是为了什么宗教目的，也不是因为种族仇恨，而出自于政治方面的考虑就更少。他们非但不憎恨罗马 22
帝国，反而对其十分地尊崇仰慕。其实，他们所欲得到的一切，就是要在帝国境内定居，享受帝国所拥有的一切先进之处。而那些蛮

① 一译阿奎丹，为今法国西南部的一个地区。——译者

② 西哥特王国国王，生卒年代大约为370—410年，395—410年在位。——译者

③ 鲁菲努斯，具有高卢血统的政治家，提奥多西乌斯的执政官、禁卫军长官。鲁菲努斯权倾朝野，在提奥多西乌斯去世之后是帝国实际的统治者，395年11月被盖纳斯杀死。——译者

族君王心中所希冀的只是获得罗马帝国的各种官衔和地位。这些才皈依上帝不久的基督徒同穆斯林之间，绝不存在任何的可比性。当时那些蛮族所拥有的异教信仰，既没有触发他们去憎恨罗马人的神灵，也没有激发他们对基督徒所信奉的唯一主神基督怀有敌意。大约在4世纪中期，一位哥特人乌尔菲拉（Ulfila）①，在拜占庭改信了基督教的阿里安教派（Arianism）②，而后又将这种新的宗教传播给当时尚在第聂伯河（the Dnieper）③流域一带盘桓的本族人，接着，西哥特人又将这种新的信仰向其他日耳曼人、汪达尔人和勃艮第人（Burgundy）进行传播。④虽然当时的蛮族对基督教各种异端学说并不了解，然而他们所接受的这种基督教却使他们与罗马人更加接近。



另一方面，生活在欧洲东部的这些日耳曼人已经开始萌生出某些文明因素。在黑海沿岸各地，哥特人开始与希腊人的古代希腊文化和克里米亚的萨尔马提亚人（Sarmatians）⑤发生接触；他们在那学会了制作华丽的黄金制品的艺术，后来，这些哥特人就是以这种

① 311—381年，哥特人第一位基督教主教。——译者

② 亦译阿里乌斯派或埃里厄斯教派。古代基督教派之一。出现于4—6世纪。创建人为亚历山大里亚的阿里乌斯。该派反对三位一体教义，认为圣子为圣父所造，其地位低于圣父，而圣灵又低于圣子，反对教会占有财富，主张人人平等。被基督教正统教派视为异端。——译者

③ 俄罗斯欧洲部分大河，源出俄罗斯瓦尔代丘陵南麓，注入黑海。——译者

④ L. HALPHEN, *Les Barbares,* in PEUPLES ET CIVILISATIONS, vol. V, 1926, p. 74.

⑤ 源于中亚的游牧民族，公元前6世纪出现在历史记载中，分布于黑海北部，南俄草原一带，位于斯基泰人（Scythians）的西部。崇尚拜火教。随着4世纪匈奴人西迁，萨尔马提亚人与日耳曼人联合，定居于罗马帝国，后融于斯拉夫人中。——译者

蛮族艺术风格（*Ars Barbarica*）而闻名整个欧洲。

通过海洋，这些哥特人与博斯普鲁斯海峡（the Bosphorus）[①]发生了联系。正是在此地的古希腊人拜占庭城（the Greek Byzantium）的遗址上，330 年 5 月 11 日，一座伟大的新城——君士坦丁堡兴建起来了。[②]也正是在君士坦丁堡，基督教将乌尔菲拉派往哥特人之中，并且我们可以断定，当时被富丽堂皇的帝国首都所吸引的哥特人绝非仅有乌尔菲拉一个人。从事物本身自然发展的规律来看，他们一定是在黑海以外的地方就感受到这座伟大都城的强大影响，就如后来的瓦兰吉亚人（the Varangians）[③]所感受到的那样。

各个蛮族并非是主动自发地投入罗马帝国怀抱之中的。迫使他们不断向西涌动是匈奴人（the Huns）[④]所掀起的前进浪潮，正是通过这种方式，匈奴人掀起了一系列的入侵狂潮。欧洲人第一次感受到远在天边的亚洲各个民族之间的冲突，在穿越了广袤的萨尔马 23
提亚大草原（the Sarmatic Plain）[⑤]之后，给他们带来的巨大冲击。

匈奴人的到来，骤然间便把哥特人挤向罗马帝国境内。似乎匈奴人的作战方式，或许还有其外观容貌以及他们那种游牧生活方式，都使那些定居的民族感到极为恐怖，从而使得匈奴人一路杀来，

① 欧亚两洲之间的海峡，属于土耳其。——译者

② E. ALBERTINI, *op. cit.*, p. 359.

③ 即北方日耳曼人——诺曼人、维金人。当时的斯拉夫人将诺曼人称为瓦兰吉亚人或瓦利亚格人。——译者

④ 匈奴人为乌拉尔-阿尔泰诸族中游牧民族，原居住在中国大漠北部、西部，后迁至中亚、东欧，4 世纪横扫欧洲，停留在多瑙河和蒂萨河流域。372 年，开始继续向西迁徙，引发新一轮民族大迁徙。5 世纪中叶阿提拉时期，匈奴人势力达到顶峰。——译者

⑤ 萨尔马提亚人的居住地，位于黑海北岸，顿河下游的广大地区。——译者

所向披靡，战无不胜。[①]

战败的东哥特人被迫涌向潘诺尼亚地区，而西哥特人则逃过多瑙河。此时正值376年的秋季。罗马人不得不让他们通过。这些西哥特人到底有多少，[②]对此很难做出精确的计算。L. 施密特（L. Schmidt）[③]曾估算这批西哥特人共计有40 000人，其中8 000人是武士。[④]

这些哥特人以一种类似于国家的酋邦（*dukes*）组织形式，穿越边境，进入罗马帝国境内。对于此举，罗马皇帝予以允许，并在向罗马军队提供新的兵源的条件下，将其视为罗马帝国的盟友。

这是一件非常新奇的事物，它的发生具有极其重要的意义。随着东哥特人的到来，一个外来群体进入到罗马帝国之中。他们保留着自己民族的各种权力。他们并没有被罗马人割裂开来，而始终保持着一种紧密群体的状态。对于他们的安置是在一种匆忙的状况下做出的，也没有给他们划出特定的地域；结果，当发现自己所处之地是一片贫瘠荒芜的山地之后，这些东哥特人便在第二年（377年）起兵反叛。地中海是哥特人梦寐以求之地，于是他们开始向地中海进发。

378年8月9日，在亚德里亚堡（Andrinople）[⑤]战役中，罗马

---

① E. F. GAUTIER'S *Genseric, roi des Vandales*, 1932, *in fine* 曾就有关游牧民族做了精彩的评论。

② F. DAHN, *Die Könige der Germanen*, vol. VI, 1871, p. 50.

③ 1862—1944年，德国历史学家，慕尼黑大学教授。——译者

④ L.SCHMIDT, *Geschichte der deutschen Stämme bis zum Ausgang der Völkerwanderung. Die Ostgermanen*, 2nd ed., Munich, 1934, pp. 400–403.

⑤ 位于今色雷斯地区。——译者

皇帝瓦伦斯(Valens)[①]兵败被杀。东哥特人开始对整个色雷斯地区大肆劫掠，只有城市得以幸免，因为此时这些蛮族尚不具备攻陷城池的能力。随后，东哥特人兵锋直指君士坦丁堡，然而，这座城市挡住了他们进攻的狂潮，就如同后世它成功地抵抗阿拉伯人入侵一样。

虽未能攻陷君士坦丁堡，这些日耳曼人却有能力在地中海沿岸地区定居下来，并由此向罗马帝国生死攸关的核心地带逼近。但罗马皇帝提奥多西乌斯却把他们逐出帝国腹地。382年，在战胜他们 24
之后，提奥多西乌斯把这些蛮族安置在默西亚(Moesia)[②]。然而这些蛮族还是创建起了一个他们自己的国家。战争期间，肯定是出于军事方面的缘故，他们推举阿拉里克一世为国王，取代了以往那些酋邦首领。很自然，这位国王始终怀抱着扩展自己领土并力图攻占君士坦丁堡的渴望，尤其后一个目标更是他心醉神迷、梦寐以求的丰功伟业。但是我们不能像L.施密特那样，仅以塞维利亚的伊西多勒(Isidore of Seville)[③]的论述为根据！[④]便把阿拉里克的这些努力视作企图在帝国东部地区建立一个民族性的日耳曼王国。尽管来自多瑙河以远地区的新的哥特人源源不断地到达，使哥特人数量大增，但是，随着大量的奴隶和各类冒险投机者的加入，哥特人身上那种日耳曼特征也在急剧地减弱。

① 364—378年在位。——译者

② 古地名，位于今巴尔干地区。——译者

③ 约560/570—636年，是西班牙6世纪末7世纪初的主教，神学家，长期担任塞维利亚大主教，一生著述宏富，其著述《词源》(*Etymologiae*)一书对中世纪影响极大。——译者

④ L. SCHMIDT, *op. cit.*, p. 426.

对于蛮族，罗马帝国并没有采取什么防范措施，倘若我们将370年或375年制定的《瓦伦提尼安和瓦伦斯法》——该法以处以死刑的方式来禁止罗马人和野蛮人通婚——除外的话。可是这种针对他们被罗马人所同化的防范措施，却使这些蛮族作为一个外族群体的状况，在帝国内部长期地存留了下来，并且极有可能导致他们采取各种新的冒险行动。

当发现大道通途已在他们前面敞开时，哥特人便蹂躏了希腊、雅典和伯罗奔尼撒半岛等各个地区。斯提利科由海路乘船向帝国东部赶来，同哥特人展开激战，并将其赶回到伊庇鲁斯地区（the Epirus）[①]。但是，哥特人仍然继续逗留在罗马帝国境内，罗马皇帝阿尔卡狄乌斯（Arcadius）[②] 允许他们以同盟者身份在伊利里亚定居。肯定是基于使其臣服于自己的威权之下的企图，阿尔卡狄乌斯授予阿拉里克"伊利里亚军事统帅"（*Magister militum per Illyricum*）的头衔。[③] 不管怎样，罗马帝国通过这种方式，毕竟把哥特人平安地从君士坦丁堡方向调离开了。然而，哥特人却进抵意大利附近，在此之前，该地区从未遭受到任何劫掠蹂躏。401年，西哥特人开始向意大利发动攻击。斯提利科先后在波伦扎（Pollenza）[④] 和维罗纳（Verona）[⑤]，两度击败哥特人，并于402年，将他们驱赶回去。根据L. 施密特的观点，阿拉里克对意大利的大举入侵，是为了实行他的



---

① 一译埃庇鲁斯，古地区名，位于今希腊西北部和阿尔巴尼亚南部。——译者

② 395—408年在位。——译者

③ L. HALPHEN, *op. cit.*, p. 16.

④ 波伦扎位于意大利半岛中部，靠近亚得里亚海。——译者

⑤ 意大利东北部城市，位于威尼托区。——译者

“世界计划”。可以想象，在L.施密特估计阿拉里克拥有10万大军之时，阿拉里克的心中的确怀有以一个日耳曼帝国来取代罗马帝国的宏图大愿。

事实上，阿拉里克只是一个贪图钱财的雇佣兵首领。斯提利科 25
曾以4 000里布拉（librae）[①]黄金的重价，与其结盟对罗马皇帝阿尔卡狄乌斯作战，但是阿拉里克又绝不肯受在接受斯提利科雇佣时自己所作的各种诺言的约束，因为他曾同阿尔卡狄乌斯签订过一个同盟条约。

斯提利科被人暗杀，这给阿拉里克创造了一个极为有利的时机。于是，阿拉里克率领一支通过收编斯提利科大部分部卒而壮大起来的军队，于408年再次杀向意大利。[②]正是在这一时刻，这位蛮族首领转变为一个极富心机的罗马式军人。409年，由于罗马皇帝霍诺里乌斯（Honorius）[③]拒绝与其谈判，阿拉里克便拥立罗马元老普里斯库斯·阿塔鲁斯（Priscus Attalus）[④]僭称皇帝，于是普里斯库斯将阿拉里克拔擢为“军事统帅”（*Magister utriusque militiae praesentialis*）。然而，由于渴望同霍诺里乌斯和解，阿拉里克又背弃了他所拥立的傀儡普里斯库斯。可霍诺里乌斯却不打算步普里斯库斯的后尘，成为阿拉里克手中的另一个玩偶。于是，阿拉里克



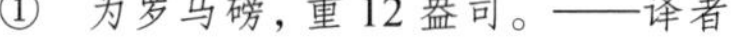

① 为罗马磅，重12盎司。——译者

② 阿拉里克本人并不想在他所占据的地方停留，但是却不得不这样做，因为他本人需要得到罗马帝国皇帝的认可，而罗马帝国皇帝却根本无意让这些蛮族人占据意大利，就如同不允许他们在东方占据色雷斯地区一样。

③ 393/395—423年在位。——译者

④ LOT, PFISTER and GANSHOF, *Histoire du Moyen Age*（Collection GLOTZ）, vol. I, p. 35.

决定向罗马进兵，并以迅雷不及掩耳之势攻陷了罗马城；当从罗马城撤离时，阿拉里克还掠走了皇帝的御妹迦拉·普拉斯蒂娅(Galla Placidia)。阿拉里克下一步打算是掉头北上，攻打拉文纳城吗？不，恰好相反。阿拉里克挥兵杀入一直尚未遭到过外族劫掠的意大利南部地区，并且企图跨越地中海，前往阿非利加，那是罗马帝国的谷仓，也是罗马帝国西部最为富庶的省份。随着向南进发，阿拉里克为了获取给养，纵兵洗劫了整个南意大利地区。命中注定，阿拉里克将永远无法抵达阿非利加；他死于410年末。静卧在布森托(Busento)[1]床榻之上的阿拉里克，如同一位史诗英雄般地接受了人们为他举行的葬礼。[2]

他的内弟阿道尔夫(Ataulf)[3]继承其权力，率军折向北方地区。在几个月的掠夺之后，阿道尔夫向高卢进军，在那里，篡位者约维努斯(Jovinus)[4]刚刚将权力攫取到自己手中。于是，阿道尔
26 夫决意不惜任何代价也要获得一个罗马帝国的头衔。他同约维努斯展开争斗，后者于413年被人所杀。[5]在被那位始终毫不妥协的皇帝霍诺里乌斯剥夺了官职之后，阿道尔夫于414年在那尔滂(Narbonne)，[6]同那位美丽的罗马公主普拉斯蒂娅举行婚礼，此举使

① 意大利半岛最南端，布森托河是科拉提(Crati，流入爱奥尼亚海)河的左侧支流，与科拉提河交汇于科森扎(Cosenza)城。——译者

② C. DAWSON, *The Making of Europe*(New York, 1932), French translation, *Les origines de l'Europe*(Paris, 1934), p. 110.

③ 西哥特国王，410—415年在位。——译者

④ 此人为高卢罗马贵族，411年被勃艮第人和阿兰人拥立为帝，411—413年在位。——译者

⑤ LOT, PFISTER and GANSHOF, *Histoire du Moyen Age*(Collection GLOTZ), vol. I, p. 43.

⑥ 亦译纳博讷，位于今法国西南部。——译者

他成为了罗马皇帝的妹夫。正是在这一时刻，阿道尔夫发布了那篇被奥罗修斯（Orosius）[1]记载下来的著名宣言：[2]

> 起初，本人十分急切地渴望将罗马这个名字彻底地抹去，渴望把罗马帝国改变成为一个哥特帝国。罗马（*Romania*），如同通常叫它的，将变为哥特（*Gothia*）；阿道尔夫将代替恺撒·奥古斯都。然而，长期的经历已经教育了我，哥特人心中那些桀骜不驯难以驾驭的野蛮性格完全同各种法律格格不入，根本无法调和。此刻，本人深知，没有法度就不可能会有国家（*respublica*）。因此，本人决意去追求这样的荣耀：既全面地恢复罗马帝国之荣耀，同时又以哥特人力量使其更加坚固强大。鉴于不可能成为其替代者，本人只希望作为一位罗马帝国的复兴者为后世人们所怀念。[3]



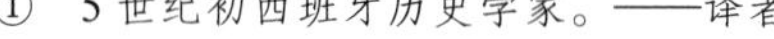

① 5世纪初西班牙历史学家。——译者

② OROSIUS, *Adversus Paganos*, VII, 43, ed. K. ZANGEMEISTER, 1882, p. 560. L. SCHMIDT, *op. cit.*, p. 453 曾把阿道尔夫这种观念归于一种"反罗马的日耳曼民族政策"。恩斯特·斯特恩（E. STEIN, 1891—1945 年，罗马帝国晚期史、拜占庭史专家。——译者），则认为并非如此，反而，他观察到阿道尔夫在其婚后奉行一种对罗马亲善的政策，见 E. STEIN *Geschichte des Spätrömischen Reiches*, vol. I, 1928, p. 403。

③ LOT, PFISTER and GANSHOF, *Histoire du Moyen Age*, vol. I, p. 44. 毫无疑问，正是依据这篇著名宣言，L. 施米特才确定了他自己关于阿道尔夫的"日耳曼主义"的基调。但是，尽管阿道尔夫曾考虑过以一个"哥特帝国"来取代罗马帝国，那他也不能确信这个新帝国在精神上就具有日耳曼人品质；事实上，这个新帝国也必将是一个罗马帝国，只不过在这个帝国中，由阿道尔夫和哥特人来行使统治权力。阿道尔夫之所以未能创建一个类似的帝国，是因为他意识到这样一种现实，即哥特人根本就没有能力来遵守各种法律，即罗马法律。于是，他就决定把自己民众的力量用于对罗马帝国的效忠服务之中，这证明了阿道尔夫心中并没有彻底摧毁"罗马化地区"的设想。

依据这种说法，阿道尔夫是在向霍诺里乌斯靠拢。但是这位罗马皇帝却依旧不为所动，坚决地拒绝同这位日耳曼人和解，因为他深知从那尔滂大本营来的这个人心中所怀揣的企图，就是要统治整个地中海。

27 鉴于无法获得罗马帝国所赋予的权威，阿道尔夫就只好再次宣称普里斯库斯·阿塔鲁斯为西罗马帝国的皇帝，目的在于通过此人名号来重建罗马帝国。

然而，由于粮秣极度匮乏，迫使这位不幸的哥特人重操旧业，继续四处劫掠。由于霍诺里乌斯已经封锁了海岸，阿道尔夫只好向西班牙进军，或许此举就是为了打通前往非洲的通道，可是，415 年，阿道尔夫被其一位属下所刺杀；就在弥留之际，他尚奉劝自己的兄弟瓦利亚（Wallia）[①] 要对罗马帝国保持忠诚。

由于沿海各个港口皆被封锁，即使在西班牙也难以摆脱饥馑粮荒，于是瓦利亚决定横渡海峡，前往非洲，但遭遇风暴，无功而返。就在此刻，西部帝国陷于一种绝望的境地之中。不断向前推进的匈奴人，驱赶着汪达尔人、阿兰人（Alains）[②]、苏维汇人和勃艮第人（Burgundi）[③] 于406年渡过了莱茵河，而这些蛮族又挤压着法兰克人和阿拉曼人向南迁徙，他们穿过高卢地区，一直抵达地中海沿岸和

---

① 西哥特国王，416—419 年在位。——译者

② 此处行文似有误，当为 Alans 或 Alani。阿兰人原系印欧交界处的一支游牧民族，公元初年居住在南俄平原，4 世纪后期受匈奴挤压向西迁徙，5 世纪初年进入高卢、西班牙一带，后为西哥特人所征服。——译者

③ 勃艮第为法国中东部历史地区和古国名，得名于东日耳曼人的勃艮第部族。5 世纪该部落迁至高卢东南部罗讷河一带，约 457 年建国，532 年前后被法兰克人征服，613 年之后成为法兰克王国的一个地区。——译者

西班牙地区。为了抵御这些新的蛮族，罗马皇帝不得不向瓦利亚求援。而为了获取食物，瓦利亚同意向罗马皇帝施以援手；在从罗马帝国得到60万单位的粮食[①]之后，他率军开赴前线以抵挡蛮族的迁徙狂潮，而这些蛮族其实同西哥特人一样，也是急切渴望前往非洲。

418年，罗马皇帝允许西哥特人在阿基坦的塞昆达地区（Aquitania Secunda）[②]一带定居，并如同以前授予阿拉里克的头衔一样，授予瓦利亚以同盟者的头衔。

西哥特人最终获得了一块他们一直渴求的属地，定居在濒临大西洋沿岸的卢瓦尔河（the Loire）[③]与加龙河（the Garonne）[④]之间的地区，由于该地远离地中海，西哥特人对地中海已不再构成任何威胁了。[⑤]

此时，这些西哥特人被作为一支罗马军队来对待，而且，罗马
军队的后勤供给制度也适用于他们。[⑥]然而，这种安排却是永久性 28
的。于是，西哥特人因此被束缚在土地上，并散布于罗马民众中



① E. STEIN, *op. cit*., p. 404.

② 也称次阿基坦地区，位于法国卢瓦尔河与加龙河之间。——译者

③ 一译罗亚尔河，法国最长的河流，发源于塞文山脉，注入大西洋的比斯开湾。——译者

④ 法国西南部河流，发源于西班牙境内的比利牛斯山东段，注入大西洋的比斯开湾。——译者

⑤ 一开始，这些同盟者都被罗马帝国限定在那些贫瘠省份之中：西哥特人初始被安置在默西亚，后迁往阿基坦的塞昆达，勃艮第人被安置在萨瓦（Savoy，法国东南部历史地区。——译者），东哥特人在潘诺尼亚。人们完全可以理解他们力图迁离这些地区的急切渴望。

⑥ 根据 H. BRUNNER, *Deutsche Rechtsgeschichte*（Leipzig, 2nd ed., 1906），vol. I, p. 67，这些规章制度直到很晚一个时候才适用于这些哥特人。有关后勤配给制度，请见 E. STEIN, *op. cit*., p. 406。

间。西哥特人国王不能治理罗马人。他只是自己人民的统帅，只是他们的国王，即哥特人之王（*rex Gothorum*）；而非阿基坦之王（*rex Aquitaniae*）。西哥特人驻扎在罗马人中间，并由他们自己的国王统一管束。在西哥特人国王之上是罗马帝国皇帝，但对于罗马人来说，这位日耳曼国王仅仅是替罗马帝国服役的一位雇佣兵将领而已；并且，罗马民众还把西哥特人的定居视作罗马帝国权力的一种证明。

417 年，鲁蒂利乌斯·那马提亚努斯（Rutilius Namatianus）[①] 仍在夸耀罗马帝国的永恒性。[②]

将其作为“罗马的同盟者”予以接纳，并让他们合法地定居在阿基坦地区，并没有使西哥特人平息下来。二十年后，当斯提利科被迫从高卢召回罗马军团以防守意大利时，汪达尔人盖撒利克（Genseric，Gaiseric）[③] 也于此时成功地征服了非洲；西哥特人于 437 年突然地进逼那尔滂，于 439 年，在图卢兹（Toulouse）[④] 大胜罗马军队，并在此刻逼迫罗马帝国签署了一项条约，该条约可能不再将西哥特人视作帝国的同盟者，而是看作一个独立的国家。[⑤]



致使罗马帝国的统治在高卢地区崩溃瓦解的原因是：汪达尔人

---

① 罗马帝国晚期诗人，活跃在 4 世纪末、5 世纪早期，著有诗歌《归途》（*De Reditu Suos*）。——译者

② LOT, PFISTER and GANSHOF, *Histoire du Moyen Age*, vol. I, p. 51 指出，在霍诺里乌斯去世的 423 年，罗马帝国再次确立起对非洲、意大利、高卢和西班牙等地的统治权威。

③ 汪达尔人国王，大约卒于 477 年。——译者

④ 法国南部城市，今上加龙省省会。——译者

⑤ E. STEIN, *op. cit.*, p. 482.

在盖撒利克率领下已经横渡海峡，攻入非洲。

427 年，就在西哥特人曾经失败过的地点，借助迦太基人提供的船只，盖撒利克率五万大军，横渡直布罗陀海峡，登上了非洲海岸。这对罗马帝国来说，是一个决定性的打击。萨尔维安（Salvian）[①]说，罗马帝国的灵魂被毁灭了。在 439 年夺取迦太基，即罗马帝国西部最大的海军基地之后不久，盖撒利克又接连攻占了撒丁（Sardinia）[②]、科西嘉（Corsica）[③]和巴利阿里群岛（the Balearics）[④]，罗马帝国在西方的地位被完全撼动了。它已经失去了地中海——而在此前，这片海域曾是罗马人最伟大的防御屏障。

罗马的食物供应受到危害，连军队的补给也受到了威胁，而这 29
正是日后奥多亚克（Odoacer）[⑤]掀起反叛的起点。蛮族已经控制了地中海。441 年，罗马帝国皇帝对他们发动了一场远征，可是双方的实力大体相当，故而罗马帝国并未获得成功，毋庸置疑，汪达尔人凭借迦太基舰队与拜占庭舰队相抗衡。442 年，罗马皇帝瓦伦提尼安三世（Valentinian III）[⑥]被迫认可汪达尔人在非洲最富饶的地区——迦太基、拜占西乌姆（Byzacium）[⑦]和努米底亚（Numidia）[⑧]



① 罗马帝国末期基督教作家，出生在约公元 400 年，活跃于 5 世纪的高卢地区，著有《上帝的统治》（*De gubernatione Dei*）。——译者

② 地中海中仅次于西西里岛的第二大岛，今属于意大利。——译者

③ 法国东南部地中海中的岛屿。——译者

④ 在地中海西部，今属于西班牙。——译者

⑤ 原为罗马军中西哥特籍将领，后自立为西哥特国王，476—493 年在位。——译者

⑥ 425—455 年在位。——译者

⑦ 即 Al-Sāḥil，位于今突尼斯北部，地中海沿岸地区，著名的谷物产区。——译者

⑧ 北非古国，位于阿尔及利亚北部。——译者

等地定居。[①]

但是这仅仅是一次休战而已。

盖撒利克一直被人们认为是一位天才。此人之所以在历史上能够发挥出如此巨大的作用，完全是因为他所占据的地理位置。正是在阿拉里克和瓦利亚等人兵败之地，他却取得了辉煌成功。整个罗马帝国最富饶的省份，完全被他掌控在自己手中。他生活在那些富饶之地的中枢。从自己所掌握的迦太基这一最重要海港出发，盖撒利克发起各种有利可图的海盗式冒险掠夺。他对罗马帝国东部地区所构成的威胁一点也不比他对帝国西部地区的威胁弱，这一切都使他感到自己实力已强大到足以鄙视罗马帝国的地步，而对罗马帝国的各种头衔，他更是不屑一顾。

倘若我们想对在 442 年休战之后的岁月里，致使罗马帝国一直处于无所作为停滞状态的原因做出解释的话，那么可以肯定这个原因就是匈奴人的入侵。

447 年，自冲出蒂萨河平原（the plain of Theiss）[②] 之后，匈奴人在阿提拉（Attila）[③] 率领下先后劫掠了默西亚和色雷斯，其锋芒最远抵达温泉关（Thermopylae）[④]。尔后，阿提拉调兵向西，向高卢推进，451 年春，越过了莱茵河，并将直至卢瓦尔河一带的乡村统统夷为一片焦土。

在日耳曼人、法兰克人、勃艮第人和西哥特人 [⑤] 等同盟军的

① LOT, PFISTER and GANSHOF, *Histoire du Moyen Age*, vol. I, p. 63.

② 德语作 Theiss，塞尔维亚语作 Tisa，多瑙河支流，纵贯匈牙利东部。——译者

③ 匈奴人首领，卒于 453 年。——译者

④ 位于今希腊中部。——译者

⑤ L. HALPHEN, *op. cit.*, p. 32.

支持下，罗马将领埃提乌斯(Aetius)[①]将阿提拉阻止在特鲁瓦(Troyes)[②]附近。此次战役中，罗马人的军事技艺同日耳曼人的勇猛结合得极为完美。西哥特国王提奥多里克一世(Theodoric I)[③]，为了实现阿道尔夫式的罗马帝国复兴者的雄心抱负而战死沙场。453年，阿提拉死去，从而致使他所有短暂的功业统统都灰飞烟灭，成为一片过眼云烟。同时，也把西方从这场蒙古人的危难中解救了出来。及至此时，罗马帝国才调过身来，专心对付盖撒利克。随着 30
对其危害认识的逐步加深，罗马人将盖撒利克确定为战场上的最主要的敌人。

455年，利用瓦伦提尼安三世被刺身亡的有利时机，盖撒利克拒绝承认罗马新帝马克西姆斯(Maximus)[④]的帝位。455年6月2日，他攻入罗马城并对其予以洗劫。[⑤]

西哥特国王提奥多里克二世(Theodoric II，453—466年在位)，也同样不支持马克西姆斯，他宣布与罗马帝国绝交，支持选举高卢人阿维图斯(Avitus)[⑥]为罗马皇帝；并奉阿维图斯之命，向西班牙的苏维汇人发起进攻，他迅速地向地中海方向挺进。虽然阿维图斯本人被里西默战败，做了俘虏，后担任主教一职，[⑦]但是，西哥特人



① 此人乃罗马帝国晚期主要将领、贵族，执掌帝国西部大权。后被皇帝瓦伦提尼安处死。——译者

② 位于今法国中东部，为今奥布省省会。——译者

③ 419—451年在位。——译者

④ 455年在位。——译者

⑤ E. GAUTIER, *Genséric*, pp. 233-235.

⑥ 455—456年在位。此人原为高卢地区的罗马元老。——译者

⑦ A. COVILLE, *Recherches sur l'histoire de Lyon du V^e siècle au IX^e siècle* (*450-800*), Paris, 1928, p. 121.

却仍旧继续战争。与此同时，勃艮第人在被埃提乌斯击败之后，于443年，[1]以帝国同盟者的身份进驻萨瓦(Savoy)[2]，并于457年攻占了里昂。

刚刚戴上罗马帝国皇冠的墨乔里恩(Majorian)[3]就面临这一新的危险局势。于是，他于458年再度攻占里昂，而后，便急切地转入对盖撒利克的进攻。为了横渡直布罗陀海峡到达非洲，460年，墨乔里恩翻越了比利牛斯山，但在西班牙遇刺身亡(461年)。

勃艮第人迅速地再次攻占了里昂，占据了直至普罗旺斯(Provence)[4]边境一带的整个罗讷河(The Rhône)[5]流域。

西哥特国王提奥多里克二世仍在继续征战。在攻打阿尔勒城(Arles)[6]时失利，而阿尔勒城的顽强抵抗则挽救了整个普罗旺斯，但是，提奥多里克二世于462年占领了那尔滂。继他之后，新的西哥特国王尤里克(Euric，466—484年在位)向西班牙的苏维汇人发起进攻，把他们赶回加利西亚(Galicia)[7]，从而征服了整个西班牙半岛。尤里克被一场虚假休战所蒙骗，并遭到火船的进攻，惨败于突尼斯的邦角(the Cape Bon)[8]。至此，西哥特人在这场角逐中彻底失



① 他们是按照“边地法”(*tertia*)的原则在萨瓦地区定居下来的。正如H. BRUNNER, *op. cit.*, vol. I, 2nd ed., pp. 65-66所观察到的，他们是一个消亡的民族。在西哥特人和东哥特人中实行的那种定居类型，实际上是从罗马起源的。

② 法国东南部城市及地区。——译者

③ 457—461年在位。——译者

④ 法国东南部历史地理区名。——译者

⑤ 法国著名河流，发源于阿尔卑斯山，流经法国东南部，注入地中海。——译者

⑥ 法国南部城市，位于罗讷河口省。——译者

⑦ 西班牙历史地理区名，位于伊比利亚半岛西北端。——译者

⑧ 亦称阿达尔角(Addar)，突尼斯东北部半岛。——译者

败了。

为了抵御各种外敌，罗马帝国不惜任何代价来恢复自己对地中海的控制权。468 年，罗马皇帝利奥一世（Leo I）[①] 着手准备一场针 31
对非洲的大规模海上远征。据说，他曾耗费了 900 万索里达的巨资，装备了 1100 艘战船。

在拉文纳，罗马皇帝安特米乌斯（Anthemius）[②] 被军队统帅里西默置于毫无权势的地步。但是，里西默所能做的也只是通过谈判（因为他已经没有舰队）来延迟普罗旺斯的沦丧，该地正面临着西哥特国王尤里克的威胁。此时，尤里克已经成为了西班牙和高卢地区的霸主，及至 469 年，尤里克所征服的地区远至卢瓦尔河一带。

476 年，罗慕洛·奥古斯都（Romulus Augustulus）[③] 的垮台，使普罗旺斯落入西哥特人之手；至此，整个西地中海地区丧失殆尽。

当把所有的事情都一并加以统筹考虑的时候，我们也许要问：罗马帝国为何能够维持这么长久的时间？而我们所能做的，只能是对它在与命运抗争上所表现出来的那种顽强表示深深的钦佩。那位从勃艮第人手中夺回里昂，并且穿越西班牙，欲同盖撒利克决一雌雄的墨乔里恩，时至今日仍值得人们抱以深深的崇敬之心。在防御上，罗马帝国只能全然仰赖各种同盟者，可是这些同盟者却不断地背叛它，如西哥特人和勃艮第人；而且那些雇佣军的忠诚也不能抵制接踵而来的各种厄运；并且那些雇佣军发现自身也处于一种很

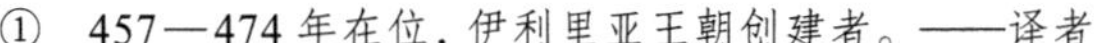

① 457—474 年在位，伊利里亚王朝创建者。——译者

② 467—472 年在位。——译者

③ 罗马帝国西部的最后一位皇帝，475—476 年在位。其名称由传说中的罗马城建城者和帝国建立者二人的名字构成。——译者

难获得补给的困境之中，因为非洲和地中海的各个岛屿都处于汪达尔人控制之下。

帝国东部本身在多瑙河流域受到严重威胁，并且国力羸弱。此刻，它所能够做出的唯一努力就是试图与盖撒利克相抗衡。完全可以肯定，倘若这些蛮族意欲摧毁罗马帝国，只要他们内部达成一致，便一定能够成功。[①] 可是，他们当时并不想毁灭罗马帝国。

461年，墨乔里恩死后，拉文纳的那些懦弱无能、可怜兮兮的罗马皇帝，在苏维汇将领里西默（卒于472年）和勃艮第将领冈德巴尔德（Gundobald）[②] 等蛮族统帅及其苏维汇人军队的操控下苟延残喘，后来，为了担任自己部族的国王，冈德巴尔德返回高卢，其权势地位由具有匈奴血统的奥雷斯蒂兹（Orestes）所取代。奥雷斯蒂兹干脆将罗马皇帝尤利乌斯·尼波斯（Julius Nepos）[③] 废黜，把皇冠戴在了自己儿子罗慕洛·奥古斯都的头上。

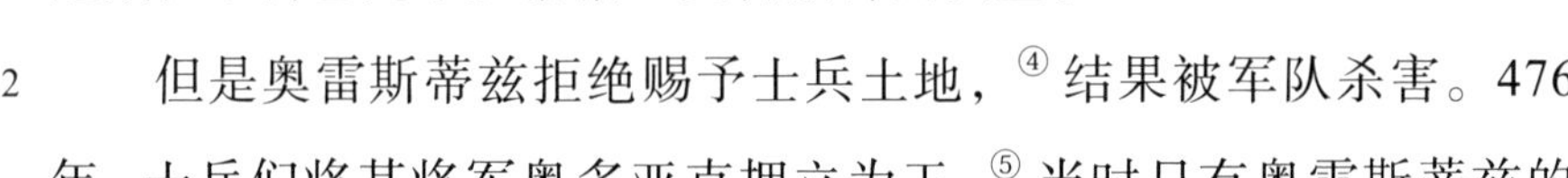

32 但是奥雷斯蒂兹拒绝赐予士兵土地，[④] 结果被军队杀害。476年，士兵们将其将军奥多亚克拥立为王。[⑤] 当时只有奥雷斯蒂兹的

① L. HALPHEN, *op. cit.*, p. 35曾很不准确地谈及各个蛮族曾在这方面进行过“有条不紊”的努力。

② 勃艮第国王，卒于516年，在位期间曾编纂法典。——译者

③ 473—475年在位。——译者

④ L. SCHMIDT, *op. cit.*, p.317. 罗马帝国粮仓无法为他们提供补给。我们再一次看到了地中海的重要性。这些蛮族士兵所要求的只是定居下来，并且继续充当罗马的士兵。

⑤ 在476年8月23日，奥多亚克所统率的并不是一支单一民族的军队，而是一支有多种民族构成的武装。他是一位国王，但又绝非一个民族的国王。他通过军事宣告（pronunciamento）的方式攫取了权位。奥多亚克将皇帝权杖送还给君士坦丁堡，并没有自己独占。

儿子罗慕洛·奥古斯都一个人反对奥多亚克，于是，奥多亚克于476年，将罗慕洛·奥古斯都囚禁在米塞诺海岬（Cape Miseno）[①]的卢库卢斯庄园（the villa of Lucullus）之中。

面对这种局势，东部帝国皇帝齐诺（Zeno）[②]只好承认奥多亚克为帝国贵族（patrician）。事实上，一切都未发生改变；奥多亚克只是帝国的一位官员而已。

488年，为了把盘踞在潘诺尼亚地区并对帝国构成威胁的东哥特人迁移出去，[③]罗马皇帝齐诺授予东哥特国王提奥多里克（Theodoric）[④]以罗马"贵族"头衔，并运用以夷制夷的谋略，派他们前去征服意大利。经过489年的维罗纳战役和490年的阿达（Adda）[⑤]河战役，奥多亚克最终于493年兵败被俘，并在拉文纳被人刺杀。在齐诺明确授权下，提奥多里克接管了意大利的统治大权，同时，他仍是自己人民的国王，东哥特人依照"边地法"（*tercia*）的原则被安置。从此以后，直到查理曼统治时，西部帝国不再拥有一个皇帝（除了6世纪一个短暂时期外）。事实上，整个西部地区就是一幅由各个蛮族王国构成的马赛克拼图：东哥特人在意大利，汪达尔人在非洲，苏维汇人在加利西亚，西哥特人在西班牙和直到卢瓦尔河的南部地区，勃艮第人在罗讷河流域。克洛维（Clovis）[⑥]

① 位于今意大利。——译者

② 亦译芝诺，474—491年在位。——译者

③ L. HALPHEN, *op. cit.*, p. 45. 虽然在阿提拉死后，他们是以同盟者的身份定居此处，但在487年，他们仍对君士坦丁堡构成威胁（*ibid.*, p. 46）。

④ 489—526年在位。——译者

⑤ 位于意大利境内。——译者

⑥ 法兰克人国王，墨洛温王朝创建者，481—511年在位。——译者

于486年征服了罗马将领西阿格利乌斯（Syagrius）[①]统治下的仍属罗马的高卢北部地区。他还在莱茵河流域大败阿拉曼人，并把西哥特人逐到西班牙。最后，还有盎格鲁人–撒克逊人（the Anglo-Saxons）[②]已经征服了不列颠。因此，在6世纪初年，西方已不再有
33 一寸土地是属于罗马皇帝的。乍一看，当时的灾难似乎极为深重；其深重程度足以使得人们将罗慕洛的垮台看作是开启了世界戏剧第二幕的帷幕。但是，只要我们对此做一番更加细密的考察，便可发现其重要性好像并没有达到如此重要的程度。

因为罗马帝国皇帝仍然合法地存在着。他并没有放弃任何统治大权。同盟者，这种古老的面纱仍然还保留着。而且那些新近崛起的权贵本身也都承认罗马帝国皇帝的权威。

唯有盎格鲁–撒克逊人对罗马皇帝的权威不屑一顾。对于其他蛮族而言，罗马皇帝仍是卓越的统治者。提奥多里克只是以他的名义来进行统治。勃艮第国王西吉斯孟德（Sigismond）[③]，在516—518年，曾给罗马皇帝致信道："吾之属下即为汝之臣民。"（*Vester quidem est populus meus*）。[④]而克洛维为获得执政官的官衔而甚为



① 此人为罗马帝国驻索姆河与默兹河地区的军事长官，后为克洛维处死。——译者

② 通常指5世纪初到1066年诺曼征服之间，生活于大不列颠东部和南部地区的一个部族群体，由三个强大的日耳曼部族——源自日德兰半岛的盎格鲁人和朱特人以及来自下萨克森地区的萨克森人组成，盎格鲁–撒克逊人是现代英格兰人的祖先。其中，学界一般将迁至不列颠的萨克森人译为撒克逊人。——译者

③ 516—524年在位。——译者

④ *Lettres de Saint-Avit*, ed. PEIPER, M. G. H. SS. ANTIQ., vol. VI$^2$, p. 100.

得意。[①] 没有任何人胆敢僭称罗马皇帝头衔。[②] 直至查理曼之前，整个西部一直没有皇帝。君士坦丁堡依旧保持着这个庞杂联合体帝都的地位，而西哥特国王、东哥特国王和汪达尔国王等各类君主皆以君士坦丁堡作为他们之间争端的仲裁者。在法律上，罗马帝国仍然是一种神秘的存在；事实上——而且尤为重要的——是罗马化地区仍然继续存在着。

## 3."罗马化地区"的日耳曼人

实际上，罗马化地区丧失得很少：在北部和大不列颠，有一条带状的边界，盎格鲁-撒克逊人占据了或多或少已经罗马化的不列颠，原来居住在此地不列颠人中的大部分人，移居到了布列塔尼地区(Brittany)[③]。通过对以往那条莱茵—多瑙河边界防线与现在德语与拉丁语之间的那条语言的分界线做一番比较，便可对当时罗马帝国北方沦陷地区的大小做出一个估算。[④]

科隆(Cologne)[⑤]、美因茨(Mayence, Mainz)[⑥]、特里夫斯、拉 34

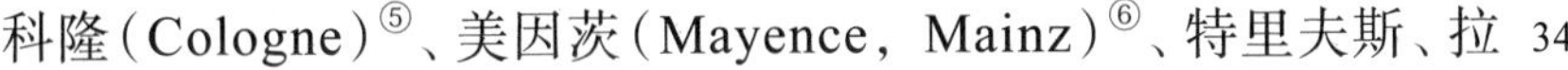

① GREGORY OF TOURS, *Hist. Franc.*, II, 38.

② 即使奥多亚克也不敢僭称皇帝，这证明 L. 施密特所持有的那种阿拉里克和瓦利亚渴望以一个日耳曼帝国来取代罗马帝国的观点，是错误的。所有那些日耳曼强权者，如里西默等，无一不采取确立一个罗马傀儡为皇帝的方式进行统治。奥多亚克是第一个废弃这种方式的人，并且得到了君士坦丁堡的认可。

③ 位于法国西北部的半岛地区，因不列吞人而得名。——译者

④ F. LOT, *Les Invasions*, p. 128 估计这块地区约有高卢地区的七分之一大小。必须注意，这种比较并不具有丝毫衡量其重要意义的含义。

⑤ 德国城市，地处莱茵河西岸，属于北莱茵-威斯特伐伦州。——译者

⑥ 德国中部港市，莱茵兰-普法尔茨州首府，位于美因河和莱茵河的汇合处。——译者

提斯邦(Ratisbon)[①]和维埃纳(Vienna)等地，皆为今日德国城市，那些外来人(*extremi hominum*)定居在佛来米(Flemish)[②]的土地之上。[③]当然，罗马民众也没有突然消失。当通格勒(Tongres)[④]、图尔讷(Tournai)[⑤]和阿拉斯(Arras)[⑥]等地似乎被人们全然忘却的时候，在科隆和特里夫斯等地仍有基督徒——也就是罗马人存在。然而，这些继续在该地区生活的人逐渐被日耳曼化了。《萨利克法典》(Salic Law)[⑦]中所涉及的那些罗马人就证明了这些幸存者的存在，而《圣塞维里传》(*Vita Sancti Severini*)向我们提供了在诺里肯的罗马人和法兰克人之间相互通婚的概况。[⑧]我们还得知，仍有一些罗马人长期留存在蒂罗尔(Tyrol)[⑨]和巴伐利亚(Bavaria)[⑩]的山区。[⑪]当时，此地发生了一个族群代替了另一个族群的殖民化运动，即日

① 亦称雷根斯堡，德国城市。——译者

② 西欧的一个历史地名，泛指古代尼德兰南部地区，位于西欧低地西南部、北海沿岸，包括今比利时的东佛兰德省和西佛兰德省、法国的加来海峡省和北方省、荷兰的泽兰省。最初居住在这里的是凯尔特部落，公元前1世纪罗马人占领这一地区，自3世纪起弗里斯人和法兰克人移居此地。5世纪这个地区被称为佛兰德尔(意为平原)。9世纪佛兰德尔成为法兰克王国的伯爵领地，870年，佛兰德尔属于西法兰克王国。——译者

③ A.DEMANGEON and L.FEBVRE, *Le Rhin. Problèmes d'histoire et d'économie*, Paris, 1935, pp. 50 *et seq*.

④ 此地位于今法国东北部，默兹河以西，图尔讷以东。——译者

⑤ 法国北部城市。——译者

⑥ 法国北部城市，加来海峡省省会。——译者

⑦ 法兰克人古代习惯法汇编，学界一般认为该法典是在6世纪初以后编成，后陆续有所增补。——译者

⑧ Ed. H. SAUPPE, M. G. H.SS. ANTIQ., vol. I, 1877.

⑨ 位于今奥地利蒂罗尔州。——译者

⑩ 位于今德国巴伐利亚州，也称拜恩州。——译者

⑪ 有关罗马人在阿尔萨斯、瑞士和巴伐利亚等地的遗存状况，请见 F. Lot, *Les Invasions*, pp. 217, 220。

耳曼化。西日耳曼人在他们自己边境附近的集体（*en masse*）定居，为我们提供了一种与那种可怕的迁徙浪潮的奇特对比，正是这种迁徙浪潮使哥特人从第聂伯河迁徙到意大利和西班牙，使勃艮第人从易北河迁到莱茵河，使汪达尔人由蒂萨河迁往非洲。而这部分西日耳曼人却限制自己不越过当年恺撒（Caesar）[①]安置他们的河流。对此，我们能够用种族的缘故来予以解释吗？我本人以为不可。因为法兰克人在3世纪时，曾推进到比利牛斯山脉，而萨克森人（the Saxons）[②]则侵入英格兰。

笔者更倾向于从地理方位上对此进行解释。由于定居在罗马帝国边境一带，这些日耳曼人对帝国战略要地——君士坦丁堡、拉文纳和阿非利加等地没有构成直接的威胁。因此，他们便可能被允许定居下来，并牢牢地依附于土地之上，而罗马皇帝们在西哥特人定居于阿基坦地区之前，却一直拒绝给予东日耳曼人以同样的特权。可是，为了使他们一直逗留在边境一带，罗马皇帝朱利安（Julian）[③]曾发动过几次对法兰克人和阿拉曼人的远征；在西日耳曼人的进逼下，罗马人逐渐退却；虽然，这些西日耳曼人并没有像以 35
往那些雇佣军一样，依据“边地法体制”（the system of the *tercia*）被安置下来，但是，他们却逐渐地将自己占据的地区加以殖民化，就像一个在此扎根的民族一样，使他们自己依附于土地之上。这便



① 即尤利乌斯·恺撒，生于公元前102或前101年，卒于公元前44年，罗马执政官、独裁者。——译者

② 中世纪早期生活于北德平原的一个部族，属于日耳曼人一支。8世纪末，萨克森人被查理曼征服并皈依了基督教。——译者

③ 361—363年在位。——译者

对为何在406年罗马军团撤退之后，这些日耳曼人却被那些小小的军事要塞和沿巴伐利亚—库特赖(Courtrai)[①]—布洛涅(Boulogne)[②]和巴伐利亚—通格勒的罗马边界所阻挡，给出了清楚的解释。[③]这些日耳曼人向南推进的速度非常缓慢，446年，他们夺取了图尔讷。这些日耳曼人不是一支征战的军队，而是一个迁移的民族，他们之所以在这片土地上定居，是因为当地提供了肥沃土壤。这就意味着这些日耳曼人未同那些渐渐给他们让路的高卢-罗马人相混杂；并且，这也解释了这些日耳曼人为何能够将自己的风俗、自己的英雄传统和那些或许可称之为日耳曼精神保持下来。他们输入了自己的宗教、语言，并引进了新的地名。那些大凡以*ze(e)le*和*inghem*结尾的日耳曼地名，皆源于第一批殖民者家族的姓氏。

通过渗透的方式向前推进，他们逐渐地将该地区的南部地带全部蚕食，因而形成了一个混居区，大约相当于比利时的瓦伦地区(Walloon Belgium)、法兰西北部和洛林(Lorraine)[④]。此地的很多地名证明了后来才有被罗马化的日耳曼人的到来。[⑤]这种渗透一直向



① 也称科特赖克(Kortrijk)，位于今比利时境内。——译者

② 位于法国北部。——译者

③ G. DES MAREZ, *Le problème de la colonisation franque et du régime agraire dans la Basse-Belgique*, Brussels, 1926, p. 25.

④ 法国东北部地区。——译者

⑤ Names in *baix, stain(stein)*, etc. 参见 F. LOT, *De L'origine et de la signification historique et linguistique des noms de lieux enville et encourt*, ROMANIA, vol. LIX (1993), pp. 199 *et seq*。同样见 M. BLOCH'S observations in ANNALES D'HISTOIRE ÉCONOMIQUE ET SOCIALE.1934, pp. 254–250（原文如此。——译者), and J. VANNÉRUS, in the REVUE BELGE DE PHILOLOGIE ET D'HISTOIRE, vol. XIV, 1935, pp. 541 *et seq*。G. KURTH, in his *Etudes franques*, vol. I, p. 262, 在都兰(Touraine)罕见任何法兰克名称。

前延伸到塞纳河（the Seine）[①]一带。[②]

但是从整体上看，日耳曼式的集体定居仅发生在至今仍保留
日耳曼语的地方。只是在罗马人新近征服的那些地方，“罗马化地
区”才消失了，沿着护卫地中海的外围防线：依次排列着两大日耳 36
曼族群所居之地、比利时部分地区、莱提亚、诺里肯和潘诺尼亚。

除此之外，“罗马化地区”仍保持完好，而且再没有发生什么事件。罗马帝国仍旧是罗马人的，就如同今天北美的美利坚合众国一样，尽管有大量的移民，但依旧被盎格鲁-撒克逊人所掌控。

事实上，那些新征服者是一些非常小的少数民族。倘若没有数量方面资料，我们就谈不上什么科学的准确性，但是，我们尚未掌握能够提供此类信息的史料。罗马帝国究竟有多少人口？[③]有7 000万？ C. 朱利安（C. Jullian）[④]推测：高卢有2 000万到4 000万的人口，然而笔者认为，我们对此不能认同。若想准确地说出这一数量是完全不可能的。然而有一件事情是清楚的，那就是日耳曼人被罗马帝国的众多人口所淹没了。

达恩（Dahn）[⑤]估算，瓦伦斯皇帝当年允许进入帝国境内的

① 法国的一条大河，发源于法国东部朗格勒高原，流经巴黎盆地，注入英吉利海峡。——译者

② E. GAMILLSCHEG, *Romania Germanica*, vol. I, 1934, p. 46: *Das Land zwischen Seine und Loire ist fränkischer Kulturgebiet, aber nicht mehr Siedlungsgebiet.*

③ E. STEIN, *op. cit.*, p. 3 认为在3世纪末时，罗马帝国人口为5 000万。

④ C. JULLIAN, *Histoire de la Gaule*, vol. 5, p. 27 估计2世纪时，高卢地区人口为4 000万，而到4世纪时，该地区人口数量缩减了一半左右（*ibid.*, vol. VII, p. 29）。（卡米尔·朱利安，1859—1933年，法国历史学家、文献学家、考古学家，弗斯特·德·古朗日的学生。——译者）

⑤ F. DAHN, *Die Könige der Germanen*, vol. VI, p. 50.（费利克斯·达恩，1834—1912年，德国历史学家、小说家、法学家、诗人，慕尼黑大学、柯尼斯堡大学教授。著

西哥特人的数量可能为100万；L.施密特依照乌特罗皮乌斯(Utropius)[①]的观点，认为亚德里亚堡战役时，哥特人有8 000名武士，其总人数为40 000人。[②]接下来，又出现了关于日耳曼人、奴隶、雇佣军等在数量上的各种纷争。L.施密特认为，当瓦利亚于416年进入西班牙时，西哥特人的数量为10万人。

戈梯埃(Gautier)[③]估计，汪达尔人和阿兰人的各个部落，在横渡直布罗陀海峡的时候，包括男人、女人、孩子和奴隶，一定达到了80 000人之众。这个数字是维克多·德·维塔(Victor de Vita)在《集体大迁徙》(*Transiens quantitas universa*)[④]一书中给出的。戈梯埃[⑤]认为可以将此作为准确数字予以接受，因为很容易计算出当时船队的承载量。[⑥]他也对罗马阿非利加行省人口做过颇为精确的
37 估算，[⑦]认为当时该地人口的数量也许同今天这一地区的状况相差无几——700万到800万——，这意味着当时罗马人口比汪达尔游

有《日耳曼与拉丁民族起源史》[*Die Urgeschichte der germanischen und romanischen Völker*]、《德国史：从起源到843年》[*Deutsche Geschichte von der Urzeit bis 843*]等。——译者)

① 古罗马历史学家，生卒年不详，活跃于4世纪下半叶，著有《罗马简史》(*Breviarium historiae Romanae*)。——译者

② L. SCHMIDT, *op. cit.*, p. 403.

③ E. GAUTIER, *Genséric*, p. 97.(埃米尔·费利克斯·戈梯埃，1864—1940年，法国地理学家、人种学家，专于北非研究。——译者)

④ *Historia persecutionis Africanae provinciae*, I, I, ed. HALM, M.G.H.SS. ANTIQ., vol. III, p. 2.(维克多·德·维塔，约出生于430年，罗马突尼斯行省维塔教区主教，他的著作记录了汪达尔人对北非的残暴征服。——译者)

⑤ *Ibid.*, p. 138.

⑥ E. STEIN, *Gesch. des Spät. Röm. Reiches*, vol. I, 1928, p. 477对这一数字也予以接受。

⑦ E. GAUTIER, *Genséric,* p. 141.

牧部落入侵者多出 100 倍。

我们几乎不能想象西哥特人在他们王国的人口总数中是占多数的。他们的王国从卢瓦尔河一直延伸到直布罗陀海峡，因而 L. 施密特所估算当时西哥特人有 10 万是可以被接受的。

勃艮第人[①]好像不超过 25 000 人，其中 5 000 人是战士。

根据多伦的估算[②]，5 世纪时，意大利人口可能为 500 万或 600 万。可我们对此并不十分清楚。至于东哥特人数量，L. 施密特[③]的估算为 10 万，其中两万人是战士。[④]

上述所列举的这些数据都只是推测而已。如果就罗马防线以外西部各个行省而言，我们把日耳曼人数估算为约占当地人口总数的 5%，恐怕这一估算也超过了实际状况。

事实是，当渴望对一个民族加以有效支配之时，只要对这个民族怀有一种轻蔑之心，并认为这个民族只适合被人剥削，一个少数



① L. SCHMIDT, *op. cit.*, p. 168. 在 406 年，这些勃艮第人在日耳曼尼亚定居下来。有关这方面情况，请参见 M. H. GRÉGOIRE, *La Patrie des Nibelungen*, BYZANTION, vol. IX, 1934, pp. 1–40 所做出的最新理论阐述，以及 M.E. GANSHOF, REVUE BELGE DE PHILOLOGIE ET D'HISTOIRE, vol. XIV, 1935, pp. 195–210 对其提出的反驳观点。勃艮第王国国王冈迪卡（Gundachar）试图进入比利时地区，但在 435—436 年遭到埃提乌斯的攻击，此人后来于 443 年将其余的勃艮第人迁居到萨堡迪亚地区（Sapaudia）。参见 LOT, PFISTER and GANSHOF, *Histoire du Moyen Age*, vol. I, pp. 58–59; A. COVILLE, *op. cit.*, pp. 153 *et seq*。其人数粗略估计为 263 700 人。

② A. DOREN, *Italienische Wirtschaftsgeschichte*（Collection BRODNITZ）, vol. I, 1934, p. 29.

③ L. SCHMIDT, *op. cit.*, p.293.

④ 根据与达恩观点相同的哈特曼在 *Das Italienische Königreich*, vol. I, p. 72（in *Geschichte Italiens im Mittelalter*, vol. I）中的估算，提奥多里克的身边肯定有数十万名东哥特人陪伴。

群体是能够改变这个民族的；就如同诺曼人在英格兰、穆斯林在其所到达各个地方和罗马人在他们所征服的行省那样。但日耳曼人
38 对于罗马帝国的态度则不同，他们既不希望摧毁它，也不希望剥夺它。对于罗马帝国，这些蛮族远不是什么蔑视，而是深深的崇敬。他们从不以任何高傲的道德力量来面对罗马帝国。随着其定居，他们的英雄时代亦宣告结束。流传至今的那些伟大英雄的记忆，[①] 如《尼布龙根之歌》(*legends of the Nibelungen*)[②] 之类的史诗传说，乃是在相当晚的时候才在德意志地区发展起来的。结果，这些成功入侵者在各个领域都赋予那些罗马行省居民以一种与他们同等的法律地位。事实是，他们在每个领域都得向罗马帝国学习很多东西。他们又怎么会抵御罗马帝国的巨大影响呢？

即使这些蛮族皆聚集成为一个个紧密团体，他们也无法摆脱罗马的影响(似乎他们聚集而成的紧密群体也是不均匀的)。除了汪达尔人，这些蛮族皆根据“客居法”(hospitality)原则，散布于罗马帝国广大民众之中。由于领地分散，他们必须采用与罗马人相同的农业技艺。

这些蛮族与罗马妇女的联姻和关系又是怎样呢？的确，直到6世纪西哥特国王雷卡雷德(Reccared)[③] 统治时期，西哥特人与罗马人之间尚不得相互通婚(*connubium*)。然而，这种障碍实际上仅仅

---

① C. DAWSON, *The Making of Europe,* 1932, p. 98.

② 德国中世纪英雄史诗。以中古高地德语写成，大约成形于1198—1204年。共计39歌，2 379节，9 516行。分为上下两部，上部为《齐格弗里德之死》，下部为《克里姆希尔特之复仇》。该史诗韵体独特，称为尼布龙根诗体。——译者

③ 586—601年在位。——译者

体现在法律层面，而非一种现实的社会障碍。西哥特人与罗马妇女结合的数量一直保持一种相当稳定的状态；并且，我们知道，孩子们一般都说自己母亲的语言。[①] 很明显，那些西哥特人必定以一种惊人的速度罗马化了。有人揣测西哥特人一直保持使用他们自己的语言，然这只是因为他们希望如此，所以才做如此之猜想。[②] 而能够用来证实这一看法的文献史料并不存在。至于东哥特人，我们从普罗柯比(Procopius)[③] 的著述中得知，在托提拉(Totila)[④] 的军队里，仍有一些人讲哥特语，但这肯定是为数不多的一些来自北方的个人行为。

只有在哥特人保留着一种堪与盎格鲁-撒克逊人文化相比的文化的时候，他们才能够保留住自己的语言。但是，他们当时并没有这样一种文化。乌尔菲拉并没有继承者。我们找不到一份 39
史料或文状是用日耳曼语书写的。教堂礼拜仪式是用日耳曼语吟唱、诵读的，可我们却找不到一点这方面的遗痕。墨洛温时代(Merovingian)[⑤] 以前的法兰克人或许独自用一种粗陋的方言起草了《萨利克法典》，而《马尔伯格注疏集》(the Malberg Glosses)大概就是这种语言的残存。但是，最早的日耳曼立法者，西哥特国王尤



① 有关哥特语在西哥特人中消失的状况，请参见 GAMILLSCHEG, *Romania Germanica*, 1934, vol. I, p. 394, and L. SCHMIDT, *op. cit.*, p. 527。

② F. MARTROYE, *Genséric. La conquête vandale en Afrique et la destruction de l'Empire d'Occident*, Paris, 1907, p. 308.

③ 6世纪东罗马帝国查士丁尼时代的著名历史学家，著有《战记》《建筑》和《秘史》等史著。——译者

④ 东哥特国王，541—552年在位。——译者

⑤ 即由克洛维所创建的法兰克人墨洛温王朝统治时期(481—751年)。墨洛温为克洛维之祖父，故名之。——译者

里克所有流传下来的文献则是用拉丁语写成的，并且，所有其他日耳曼国王也都同样如此。

我们没有发现西哥特人在 589 年皈依基督教之后，有任何原创性装饰艺术的遗存下来的痕迹，泽斯（Zeiss）[①] 认为，这种艺术或许只在民间有所遗存。

毋庸置疑，基督教阿里安教派对罗马人与日耳曼人之间任何紧密接触的阻碍，已经有一段时间了。但是，我们一定不能夸大这一因素的重要性。当时确实有信奉阿里安教派的国王，即汪达尔人的那些国王。但是他们之所以如此，盖源于军事方面的种种缘故。冈德巴尔德被怀疑曾是一个罗马天主教徒（Catholic）。自 516 年起，西吉斯蒙德也成为一位罗马天主教派信徒。虽然及至 524 年时，仍有阿里安派基督徒存在。可从那以后，法兰克人的征服开始了，与之相伴的是正统罗马天主教派的全面胜利。总之，阿里安教派从来就不是一个很有影响的教派，甚至在勃艮第人中也是如此。[②] 它很快便在各地销声匿迹了。当查士丁尼于 533 年征服汪达尔人之时，汪达尔人也放弃了阿里安教派的信仰；在西哥特人中，阿里安教派被国王雷卡雷德所禁止。[③] 此外，说阿里安教派的影响十分微弱，乃是当它被禁止之后，任何一个地方都没有因此而发生骚乱。根据达恩的观点，[④] 或许在雷卡雷德皈依罗马天主教信仰之时，哥特语就



① H. ZEISS, *Die Grabfunde aus dem Spanischen Westgotenreich*, Berlin, 1934, pp. 126 and 138.（汉斯·泽斯［H. ZEISS］，1895—1944 年，德国考古与历史学家。——译者）

② A. COVILLE, *op. cit.*, pp. 167 *et seq.*

③ 雷卡雷德于 589 年皈依罗马正统基督教。

④ DAHN, *Op. cit.*, vol. V, p. 170.

已经消失了，抑或还存在，也仅仅是在贫穷下层民众之中流传。

因此，我们若想辨识清楚日耳曼因素是如何保存其自身是相当困难的。因为其幸存必不可少的一个条件是来自日耳曼尼亚（Germania）[①]的新成员的不断到来。但是，与日耳曼尼亚不再有任 40
何联系的汪达尔人和西哥特人都接受不到这类新成员。东哥特人也许可能通过阿尔卑斯山脉的通道与日耳曼人或多或少还保持着一定的联系。至于高卢的法兰克人，一旦乡村被征服，便再没有新的蛮族人出现。只要翻阅一下都尔（Tours）[②]的格雷戈里（Gregory）[③]的著述，便可确信这一点。

还有一种无可辩驳的观点，即倘若哥特语流传下来，那么它必定要在各种拉丁方言中留有一些痕迹。然而除了某些借用词汇外，现在并没有发现这类痕迹。无论在语音上，还是在语法上，拉丁语都没有显示出它曾受到过日耳曼语言丝毫的影响。[④]

在人种体形种类上或许也存在同样的情形。我们曾在何处发

---

① 古代欧洲的地名，指日耳曼人居住的地区，位于莱茵河以东，多瑙河以北（大日耳曼尼亚），同时也包括被古罗马征服的莱茵河以西地区（上、下日耳曼尼亚行省）。据恩格斯《家庭、私有制和国家的起源》中统计，公元1世纪时，日耳曼尼亚大约有50万平方公里，500万人口。——译者

② 一译图尔，法国中西部城市，今安德尔-卢瓦尔省省会。——译者

③ 约540—594年，法兰克人，都尔城的主教，历史学家，以拉丁文著有《法兰克人史》（一译《历史十书》）。该书中译本由商务印书馆1981年出版，译者为寿纪瑜、戚国淦。——译者

④ 我们只在法语中发现有借用词的现象（请参见F. LOT, *Invasions*, pp. 225 *et seq.*, and GAMILLSCHEG, *op cit.*, vol. I, pp. 293-295）：那就是说，自4世纪以来，居住在那里的人们就与日耳曼人开始接触了。在阿基坦，西班牙（西哥特人）、阿非利加（汪达尔人），或者意大利（东哥特人），则没有出现这种借用词的现象。源自日耳曼人的法语词汇被认为大约有300个。

现过非洲的汪达尔人类型？[①] 又在何处发现过在意大利的西哥特人类型？非洲确实有金发人，但戈梯埃[②] 使我们注意到这样一个事实，即这些人早在蛮族抵达之前就已经出现在非洲了。或许，人们还会说日耳曼法流传了下来，即罗马人用罗马法，而日耳曼人用日耳曼法；的确，这是真实的。然而，甚至早在尤里克的各种立法措施之中，日耳曼法就已经与罗马的各种因素相互渗透了。并且，尤里克之后，罗马人的影响变得越来越明显了。

在东哥特人中，并没有专门用于他们自身的现成法规；他们皆服从于他们所占据地区的罗马法。但作为战士，他们只服从于军事法庭，而这种法庭具有纯粹的哥特属性。[③] 这是我们不能忘却的基本事实。这些日耳曼人是战士，同时也是阿里安派教徒，或许为了保留他们自己的战士，东哥特的国王们也对阿里安教派实施了保护政策。

41 罗马人对勃艮第人和汪达尔人中的日耳曼法的影响同其对西哥特人的影响同样明显。[④] 鉴于此，我们怎么能期望在血缘家庭（consanguious family），即 *Sippe*，这一日耳曼司法体系基本单位业已消失的地方，还能保留纯粹的日耳曼法呢？

事实上，当时肯定存在着有关个人财产的法律，就如同存在婚

---

① 居住在西班牙的人口均保留着日耳曼的类型，见 E. PITTARD, *Les ras et l'histoire*, 1924, p. 135。

② E. GAUTIER, *op. cit.*, p. 316.

③ L. HARTMANN, *op. cit.*, vol. I, p. 93.

④ H. BRUNNER, *Deutsche Rechtsgeschichte*, vol. I, 2nd ed., 1906, p. 504 注意到在勃艮第人定居于高卢和起草《冈多巴达法典》（*Lex Gundobada*）之间已经过去了五十年光阴，这一法典显露出了"明显的罗马文化的影响"和"日耳曼人鲜明本性"的缺乏，而这一点在后世的伦巴德法律之中也可见到。

姻法一样。日耳曼法仅在盎格鲁-撒克逊人、萨利克法兰克人(Salic Franks)[①]、里普亚里安法兰克人(Ripuarian Franks)[②]、阿拉曼人和巴伐利亚人所迁居殖民的各个地区继续存留着。[③]

那种将《萨利克法典》看成是克洛维统治之后高卢地区法典的观念是一种相当荒谬的观点。在比利时以外地区，除了王室的高官权贵外，几乎就没有什么萨利克人。在都尔的格雷戈里的著述中，我们找不到一条有关《萨利克法典》及其程序的间接证据。我们自然会得出这样一个结论：即该法典所适用的范围只限于最北部的地区。

我们发现，在塞纳河以南地区，根本就没有人曾提到过 *rachimburgii*[④]。难道我们发现过任何 *sculteti* 或 *grafiones*(*comes*，伯爵)[⑤]吗？此外，《马尔伯格注疏集》也证实，人们必须按照专门适应于一种程序的规则来行事，而这些规则是用日耳曼语言写成的。可在那些几乎都是罗马人的伯爵中，又有多少人能够理解它呢？它所告知人们的皆为有关如何使用耕地和安排房屋的各种内容，这些只对被日耳曼人所殖民的北方地区有所裨益。倘若想象一种如同



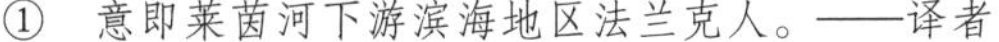

① 意即莱茵河下游滨海地区法兰克人。——译者

② 意即沿莱茵河的法兰克人。——译者

③ 在 LOT, PFISTER and GANSHOF, *Histoire du Moyen Age*, vol. I, p. 390 中，洛特对墨洛温王朝时代人口数量的解说是完全错误的。此外，在 *Les Invasions,* p. 274 中，他的观点也自相矛盾，他说："尽管从民族性上(ethnically)来说，(当时的)法兰西包括一些日耳曼的因素，但他们早在克洛维征服高卢之前就进入了高卢地区。"

④ 指伯爵法庭内的法官或陪审员。——译者

⑤ 在法兰克北部和东部常用日耳曼词汇 *grafio*，而高卢罗马的南部和西部常用 *comes* 一词。参见 ALEXANDER CALLANDER MURRAY, "The Position of the Grafio in the Constitutional History of Merovingian Gaul", SPECULUM 61/4 (1986), p. 787。——译者

《萨利克法典》一样尚未发展成熟完备的法律可以适应于卢瓦尔河以南地区，那么，人们注定将会被这种偏见搞得头晕目眩。

42 我们是否可以认为日耳曼人身上具有一种年轻民族所通常具有的道德品性，即这个民族把个人的各种忠诚品格看得比对国家效忠更为重要？这种观点倒是一个简便省事的理论。但同时，它又是一个颇具浪漫色彩的理论，是某些日耳曼历史学家心目中的信条。他们十分偏爱引用萨尔维安的观点以及他对罗马人的道德颓废和野蛮人的美德所做的比较。可问题是，当日耳曼人在罗马化地区广大民众中定居下来之时，这些美德并没有存留下来。在《伪弗利德伽编年史》(the chronicle of the pseudo-Fredegarius)[①]中，我们看到了7世纪初“世界的衰微”(*mundus senescit*)。[②]在都尔的格雷戈里的著述中，我们通篇都能看到各种各样可鄙的道德败坏的恶劣行径：酗酒、淫荡、贪婪、通奸、谋杀等各种厌恶的残忍行径比比皆是，背信弃义遍布于整个社会上下的各个阶层。各个日耳曼国王的法庭所审理的罪行与拉文纳罗马法庭所审理的罪行同样众多。哈特曼(Hartmann)[③]就曾做出这样的判断：“所谓的日耳曼式忠诚”只是

① 《弗利德伽编年史》(*Fredegar' Chronicle*)为7世纪流传下来的一部史书。作者不详，西方文献学家多认为该书有多人合编而成，主要记述了7世纪前后法兰克墨洛温王朝史事，其文字、文体相当驳杂，但却是当时唯一一部史书。后人曾对此加以续编，较著名者有《法兰克人史书》(*The Liber historiae francocum*)和《弗利德伽编年史续编》(*The continuations of the Chronicle of Fredegar*)。——译者

② Ed. B. KRUSCH, M.G.H.SS.RER.MEROV., vol. II, p. 123.

③ *Das Italienische Königreich*, vol. I, of the *Geschichte Italiens*, p. 76.(鲁德·莫里茨·哈特曼，1865—1924年，奥地利历史学家、政治家。著有《中世纪早期的国家：拜占庭、意大利和西部地区》[*The Early Mediaeval State; Byzantium, Italy and the West*]。——译者)

一个随意捏造的谎言。如东哥特国王提奥多里克一世先是信誓旦旦地发誓要保全奥多亚克的性命，可随后便对他痛下杀手。冈特拉姆(Gontran, Gontram)[1]曾恳求人们千万不要对自己加以暗害。然而，几乎所有的西哥特国王，除了极少数例外，个个皆成为杀手刺客的刀下之鬼。

公元500年，勃艮第的戈德吉赛尔(Godegesil)背叛了他的兄弟冈德鲍德(Gondebaud)，[2]从而使法兰克国王克洛维从中获益。[3]而克洛维的儿子克洛多米尔(Clodomir)[4]则把他的囚犯、勃艮第国王西斯吉蒙德扔入井中，活活溺死。[5]东哥特国王提奥多里克一世也曾背叛过罗马人。此外，还有汪达尔国王盖撒利克在对待西哥特国王的女儿也即他自己的儿媳时所表现出的各种卑劣行径。

墨洛温王朝的宫廷简直就是一个妓院；弗蕾德贡德(Fredegond)[6]是一个令人厌恶的泼妇。提奥达哈特(Theodahat)[7]也曾将自己妻子害死。当时的那些男人时刻处于对自己私敌严加戒备的紧张状态之中，并且，各种不道德行为的普遍程度已经达到几乎令人难以置信的地步。冈德鲍德的故事就极具典型性。醉酒似乎已



① 勃艮第国王，561—592年在位。——译者

② 此二人皆为勃艮第国王，但相互内讧不已。弟弟戈德吉赛尔后与克洛维联盟战败自己兄长冈德鲍德。但后来被其兄长所杀。请参见中译本《法兰克人史》第2卷，第88—91页。——译者

③ L. SCHMIDT, *op. cit.*, p. 151.

④ 法兰克奥尔良国王，511—524年在位。——译者

⑤ *Ibid.*, p. 163.

⑥ 法兰克国王奇尔伯里克一世(Chilperic I)王后，卒于597年。——译者

⑦ 提奥达哈特(480—536年)，534—536年任东哥特国王，提奥多里克大帝(Theodoric the Great)的外甥。——译者

43 司空见惯。女人们利用自己情夫谋杀自己的丈夫。每个人都能被黄金收买；并且所有这些恶行劣迹并不存在什么种族的区别，因为罗马人也同日耳曼人一样邪恶。那些教士自身——甚至修士——也都堕落了，尽管高尚的道德应在他们中间得到庇护。在广大民众之中，信仰的虔诚也尚未达到对原始魔术那样痴迷的程度。然而，部分城市的恶习、哑剧表演和高级娼妓等还是有一定程度的消失；尽管不是所有地方都是如此。在西哥特人，特别是在非洲的汪达尔人中，仍可发现这些恶行劣迹，尽管汪达尔人是南方蛮族中最具日耳曼特性的民族。他们居住在豪华庄园别墅中，把大部分时间都耗在浴室里，性情过于羸弱。在胡尼利克（Huneric）和特拉萨芒德（Thrasamund）[①] 统治时期的诗篇中到处充斥着有关男性生殖器的各种暗喻、典故。

我们可以得出结论，在罗马帝国境内定居之后，各个蛮族皆屈服于罗马环境对他们的影响，他们身上原本所具有的那些英雄气概和原始生命力的气质都荡然无存了。“罗马化”的土壤把各个蛮族的生命力慢慢地耗竭了。在他们的那些上层领袖中间，情况是否会有所不同呢？当然，初始时，这些蛮族的国王并没有被完全彻底地罗马化。西哥特国王尤里克和汪达尔国王盖撒利克二人对拉丁语就所知甚少。让我们来看看他们之中最伟大的人物、东哥特国王提奥多里克的情况又是怎样呢？在阿尔卑斯山以北地区，他以伯尔尼的迪特里希（Dietrich of Berne）之名而为人们所知，而在他身上，拜占庭的影响极为明显。

① 此二人皆为汪达尔国王，前者为后者叔父。胡尼利克继承王位时间为477年；特拉萨芒德在位时间为496—523年。——译者

早在年仅七岁的时候，提奥多里克便被父亲送往罗马皇帝处作为人质，[1] 并且，他在君士坦丁堡接受教育直至18岁。皇帝齐诺将他擢拔为军事统帅（*magister militum*）并赐予他贵族爵位，474年，这位皇帝甚至将他收养为义子。提奥多里克同一位皇室公主结婚。[2]484年，罗马皇帝又任命他为执政官。在小亚细亚的一场战役之后，君士坦丁堡曾为他竖起一尊雕像。他妹妹也是皇后身边的一位侍从女官。

536年，提奥多里克的女婿伊夫穆德（Evermud），很快便向贝利撒留缴械投降，此人心中所愿的是以贵族身份住在君士坦丁堡，
而不是去捍卫他所继承的蛮族事业。[3] 而提奥多里克的女儿阿马拉 44
松塔（Amalasontha）则完全罗马化了。[4] 他的女婿提奥达哈特更是以一位柏拉图信徒而自诩。[5]

甚至勃艮第人中的那位十分纯正的国王冈德鲍德(480—516年在位)，也于472年里西默死后，继承其名号，成为罗马皇帝奥利布里乌斯（Olybrius）[6] 麾下的一位显贵，并在奥利布里乌斯死后，拥立格利塞里乌斯（Glycerius）[7] 为帝，[8] 此后，他自己于480年，继其弟



① L. HARTMANN, *op. cit.*, vol. I, p. 64.

② 见齐诺致图林根国王之信函，他把自己的侄女嫁给了后者。CASSIODORUS, *Variae*, IV, I, 2nd ed. TH.MOMMSEN,M.G.H.SS.ANTIQ., vol. XII, p. 114. 参见 SCHMIDT, *op. cit.*, p. 340。

③ L. HARTMANN, *op. cit.*, vol. I, p. 261.

④ *Ibid.*, p. 233.

⑤ PROCOPIUS, ed. DEWING（The Loeb Classical Library）, vol. III, pp. 22–24.

⑥ 472年在位。——译者

⑦ 473年在位。——译者

⑧ A. COVILLE, *op. cit.*, pp. 175 *et seq*.

兄奇尔伯里克（Chilperic）之后，当上了勃艮第国王！[①]

L. 施密特认为，[②]冈德鲍德非常文雅，善于雄辩，博学多识，并对基督教神学问题极为热衷，一直与圣阿维图斯（Saint Avitus）[③]保持着密切联系。

汪达尔诸王的情形也同样如此。而在西哥特，这种情形的发展也同样明显。斯多尼乌斯（Sidonius）[④]曾对提奥多里克二世时期的文化大为赞赏。在其朝臣中，他曾提及大臣利奥（Leo），称其为历史学家、法学家和诗人，另一位大臣拉姆普里迪乌斯（Lampridius）则是修辞学教授和诗人。[⑤]正是提奥多里克二世，在455年，将阿维图斯拥立为罗马皇帝。这些蛮族国王均全然同他们自己民族各种古老传统相分离；而这一切都留待后世靠查理曼予以复兴。

在法兰克人中，甚至出现了一位国王诗人奇尔伯里克。[⑥]

随着时间推移，罗马化的进程愈发变得更加突出。戈梯埃[⑦]认为盖撒利克以后的汪达尔诸王又重新回归到罗马帝国的轨道中来。而在西哥特，罗马化持续地向前发展。及至6世纪末，阿里安教派

---

① 据史乘所载，冈德鲍德是在杀死其弟奇尔伯里克及其全家后，夺占王位的。参见中译本《法兰克人史》，第2卷，第83页。——译者

② L. SCHMIDT, *op. cit.*, vol. I, pp. 146 and 149.

③ 5、6世纪之交法兰克克莱蒙主教，著名正统神学家。——译者

④ 5世纪中叶罗马晚期著名作家，贵族，曾任罗马城行政长官，其妻为罗马皇帝阿维图斯之女。后任奥弗涅主教。卒于480年。——译者

⑤ L. SCHMIDT, *op.cit.*, vol.I, pp. 527-528.

⑥ GREGORY OF TOURS, *Hist. Franc.*, V, 44, and VI, 46.

（墨洛温王朝有两位名为奇尔伯里克的君王，分别为奇尔伯里克一世和奇尔伯里克二世，依据文中上下文判定，此处提及的当为奇尔伯里克一世，561—584年为苏瓦松国王。——译者）

⑦ E. GAUTIER, *op. cit.*, p. 270.

已在各地消失。

历史又一次地出现这样的情形，即日耳曼传统仅仅在北方地区保持着自己的地位，伴随它的还有那些异教信仰，直到7世纪，这些异教信仰才被消除。当奥斯特拉西亚（Austrasian）[①]的军队进入意大利，向东哥特人施以援手之时，那些东哥特人却对这些法兰克人非常厌恶，[②]他们或许宁愿同拜占庭人而不是法兰克人结成同盟。45

简而言之，尽管在北方地区有所减弱，但是就总体而言，“罗马化”依旧存在着。[③]当然，那种最糟糕的局面已经发生了巨大改观。在生活中的每一个领域，如艺术、文学和科学，那种倒退都是非常显著的。正如都尔的格雷戈里坦诚指出的那样：“各类有关农业的著述皆被毁坏。”（*Pereunte...liberalium cultura litterarum*）[④]“罗马化”凭借着自己内在品性继续存留下来了。没有任何一种事物能够取代它的位置，并且也没有任何人能够对它提出异议。不论是基督教教会还是普通信徒都不相信会有一种另外类型的文明。在这普遍衰落大潮之中，唯有一种道德的力量能够把握住自己，这就是基督教教会，而且由于基督教教会，罗马帝国才得以继续存在。伟大的格里高利（Grcgory the Great）[⑤]曾致信罗马皇帝说，陛下统治着

① 奥斯特拉西亚系北欧莱茵河和默兹河之间的地区，为法兰克人进入罗马帝国境内之前的居住地。——译者

② L. HARTMANN, *op. cit.*, vol. I, p. 284.

③ 除了适当的名词之外，便没有什么是从日耳曼人处借鉴而来的，这些名词也并不能作为民族性存在的证据；它们皆为阿谀奉承之词。

④ *Hist. Franc. Praefatio,* ed. ARNDT, M. G. H. SS. RER. MEROV., vol. I, p. 7.

⑤ 约540—604年，590—604年为罗马教皇。——译者

人类，而那些蛮族则统治着奴隶。[①] 基督教教会或许会同拜占庭的皇帝们发生争执，但是仍一如既往地保持对他们的忠诚。难道那些教父们不都是主张罗马帝国正是依据上帝意愿而存在于尘世间的吗？并且一直在鼓吹罗马帝国对于基督徒来说是不可缺少的吗？难道基督教教会不是按照罗马帝国的模式来构建自己组织的体制吗？难道基督教教会不是一直在使用罗马帝国的语言吗？难道不是基督教教会保存了罗马帝国的法律和文化吗？并且基督教教会的所有显贵人物不都是出自古代元老豪门家族的吗？

## 4. 西方诸日耳曼王国

有一个问题显然已没有必要再予以强调了，即在这些创建于罗马帝国大地之上和处于广大罗马民众之中的各个新王国里，那些日耳曼人的部落制度已经无法保留下来了。[②] 那些古老的部落制度
46 只是在几个小王国中保留下来，如那些都是由日耳曼人组成的盎格鲁-撒克逊的小王国。

毋庸置疑，那些定居在罗马帝国境内的日耳曼国王，对于他们的民众来说都是各自民族的国王，用伟大的格里高利的话来讲，

---

① GREGORY THE GREAT, *Regist.*, XIII, 34, ed. HARTMANN, M. G. H. EPIST., vol. II, p. 397.

② 这并不是说一点问题都没有了，正如某些作家所曾指出的，在这些新国王所奉行的社会政策之中以及他们在对待罗马帝国的各种体制方面所持有的“保守态度”上，这些问题都有不同程度的体现。

都是“民族首领”（*reges gentium*）[①]。他们自称是“哥特人之王”、“汪达尔人之王”、“勃艮第人之王”和“法兰克人之王”（*reges Gothorum, Vandalorum, Burgondionum, Francorum*）。但对罗马人而言，他们只是罗马帝国皇帝麾下的将军，只不过罗马皇帝将对公民的统治权让渡给了他们而已。既然做了罗马将军，那他们就必须靠近罗马人，[②] 而且，当冠以这类头衔之时，他们各个都感到极为自豪：我们只要回想一下在被任命为执政官头衔时，克洛维所乘坐的那支车队的豪华排场就足够了。[③] 在提奥多里克统治意大利时期，事情本身就更加鲜明清楚了。他是一位真正的罗马总督。他所颁布的并非法律，而仅仅是一些法令公告。

东哥特人仅仅是组建了一支军队。[④] 所有掌管民政事务的官员都是罗马人，而且整个罗马行政管理都被最大限度地保留下来了。那些元老依旧存在。然而，所有的权力都集中到国王和他的朝堂之上，即集中到宫廷之中。提奥多里克只担任国王（*rex*）一职，仿佛十分渴望人们忘却他的蛮族血统。同以往的罗马皇帝一样，他也驻跸于拉文纳。各个行省的政区划分依旧保留着，并且各自拥有公爵（*duces*）、摄政（*rectores*）、行省长官（*praesides*）等各种头衔，以



① JAFFÉ-WATTENBACH, *Regesta pontificum Romanorum*, vol. I, 2nd ed., p. 212, No. 1899.

② 作者们不必再徒劳地坚持他们身上的那些日耳曼的特征了。请见那个非常有趣的牛车（ox-wagon）的故事。H. PIRENNE, *Le char à bœufs des derniers Mérovingiens. Note sur un passage d'Eginhard*, MÉLANGES PAUL THOMAS, 1930, pp. 555–560.

③ 请参见中译本《法兰克人史》第 2 卷，第 97 页。——译者

④ 卡西奥多鲁斯（Cassiodorus）称他们的官衔为：*barbari* 或 *milites*。参见 L. SCHMIDT, *Zur Geschichte Rätiens unter der Herrschaft der Ostgoten*, ZEITSCHRIFT FUR SCHWEIZERISCHE GESCHICHTE, vol. XIV, 1934, p. 451。

及那些库里亚会议(curiales)和辩护法庭(defensores)等自治组织和财政机构。提奥多里克可自行铸造钱币,但是以罗马皇帝的名义。他自己取了一个名字,叫弗拉维乌斯(Flavius),此乃他本人业已采用罗马人传统的一个标志。[①] 各种铭文则称他为“唯一的奥古斯都,罗马皇室的承继者”(*semper Augustus, propagator Romani nominis*)。这位君王的禁卫军是按照拜占庭模式组建起来的,同时,
47 其宫廷所有礼仪规范也皆以拜占庭为楷模。所有司法组织机构也都为罗马式的,甚至那些专门针对东哥特人的司法组织机构也不例外;提奥多里克所颁布的各种法令公告则更是罗马式的。当时并不存在什么哥特人的特别法律。事实上,提奥多里克极力反对东哥特人和日耳曼人式的各种私战。这位国王不保护自己民族的法律。[②] 东哥特人组成各个城市的卫戍部队,并依赖自己地产上的收入维持生计,[③] 并且还拥有一份薪俸。他们从不担任各类民政事务的官职。对于政权管理,他们也不施加自己的任何影响,除了那些同罗马人一道,担当国王的贴身随从以外。在西哥特王国,由西哥特人的国王进行统治,而西哥特人实际上却是外邦人,只不过是收入颇丰的外邦人:他们构成一个军事等级,这一职业为其提供了安逸舒适的生活保障。他们之所以能够组成一个整体并对查士丁尼一世(Justinian I)[④] 进行顽强抵抗,完全是由这一缘故所使然的,而非什

---

① 他的名号称谓是:国王弗拉维乌斯·提奥多里克(*Flavius Theodoricus rex*)。(弗拉维乌斯为当时罗马皇帝之姓氏。——译者)

② L. SCHMIDT, *op. cit.*, p.387.

③ 哥特人必须缴纳土地税。但是提奥多里克认为他们有能力以低价获得谷物。

④ 东罗马帝国皇帝,527—565 年在位。——译者

么民族共同特性所致。L. 施密特[①]认为自在意大利定居之日始，东哥特人那种忠诚观念意识便已消失了。[②]提奥多里克充其量只是罗马皇帝齐诺的一位官员而已。当他抵达意大利后，基督教教会和当地民众便很快地就将他看作法律秩序的代表。这位国王的个人权力是由萨克森人（*sajones*）来行使的，从这些哥特式名称上看，他们仅仅是对罗马派驻到各个部族的特使（*agentes in rebus*）这一官衔的模仿而已。[③]简而言之，西哥特人只是当时王室权力的军事基础，而其他方面则均由罗马人来承担。

当然，我们并没有察觉罗马传统在其他蛮族中也具有如此深远的影响。但在汪达尔人中，尽管他们同罗马帝国的关系已经破裂，可是其国家政权组织形式也并无多少日耳曼的特征。就此而言，尽管存在着各种虚构的盟约，汪达尔人的的确确同罗马帝国彻底地决
裂了，因而，若把盖撒利克还看成是区区一个小官僚肯定是非常荒 48
谬的。盖撒利克所处的地位与提奥多里克似乎截然不同。不像提奥多里克那样总是顾虑罗马民众的感受，竭力迎合奉承，盖撒利克对罗马人施以严加管制的政策，并对其宗教信仰予以镇压迫害。在这里根本就不存在“边地法”之类的问题。所有的汪达尔人集体居住在泽基坦尼亚地区（Zeugitania，即今突尼斯北部地区），他们对当地罗马地主的地产实行剥夺或征用。这些汪达尔人完全依赖他们自己的“殖民地”为生，并且免交各种税赋。他们的那种“千人

① L. SCHMIDT, *op. cit.*, p.292,“das gotische Volkskönigtum Theoderichs war erloschen”.

② 然而，当在意大利定居之时，东哥特人还是比西哥特人具有更多的日耳曼特性。

③ L. HARTMANN, ,*op. cit.*, vol. I, p. 100 .

队”组织[①]，普罗柯比称其为“千夫长”（*chiliarche*），完全是一种军事体制。

但是，所有日耳曼式的法律，或者说，所有日耳曼式的制度，于442年在汪达尔王国全部消失了。是年，那些利用自己权势竭力维护陈旧部落组织的汪达尔贵族掀起了一场反叛，对此盖撒利克予以残酷镇压，从而创建起一种绝对的王朝统治。[②]他的这种统治是罗马式的体制。盖撒利克铸造带有罗马皇帝霍诺里乌斯头像图案的钱币。钱币上的铭文也是罗马式的。盖撒利克在迦太基所建立的统治与提奥多里克在拉文纳所建立的统治一样：是一块大领地（*palatium*）。它既没有造成这一地区的经济紊乱，也不干预业已存在的那些大地产。似乎那些汪达尔的国王仍旧继续向罗马和君士坦丁堡赠送油料礼物。[③]而在确立自己身后王位继承顺序时，盖撒利克是按照一种符合罗马法律规范的遗嘱形式来完成的。[④]



在汪达尔人统治时期，那些业已罗马化的柏柏尔人（Berbers）[⑤]，依旧保留着往昔的那种生活状态。[⑥]汪达尔宫廷体制是罗马式的；[⑦]

---

① E. GAUTIER, *op. cit.*, p. 207.

② L. SCHMIDT, *op. cit.*, p.113.

③ E. ALBERTINI, *Ostrakon byzantin de Négrine*（*Numidie*）, in CINQUANTENAIRE DE LA FACULTÉ DES LETTRES D'ALGER, 1932, pp. 53–62.

④ F. MARTROYE, *Le testament de Genséric*, in BULIETIN DE LA SOCIÉTÉ DES ANTIQUAIRES DE FRANCE, 1911, p. 235.

⑤ 柏柏尔人为北非地区土著居民。——译者

⑥ E. ALBERTINI, *Actes de vente du Ve siècle,trouvés dans la région de Tebessa*（*Algérie*）, JOURNAL DES SAVANTS, 1930, p. 30.

⑦ R. HEUBERGER, *Ueber die Vandalische Reichskanzlei und die Urkunden der Könige der Vandalen,* MITTEILUNGEN DES OESTER. INSTITUT FUR GESCHICHTS–

一位文官长（*referendarius*）列于其最高官阶地位之上，即 Petrus，
他们的一些奏折文献被保存了下来。在盖撒利克统治时期，突尼斯
的“边界”（termi）确立了。文学艺术也仍旧在流传。[①] 维克多·图 49
尼嫩西斯（Victor Tonnennensis）[②] 依旧坚信罗马帝国永垂不朽。[③] 汪
达尔的后继国王们都是按照罗马规定的原则来统治国家，恰如法
国复辟时期 [④] 那些皇帝都是按照波拿巴（Buonaparte）[⑤] 所制定的原
则治理国家一样。例如，484 年，盖撒利克所颁布的反罗马天主
教的檄文，就是对 412 年霍诺里乌斯所颁布的反多纳图教派（the
Donatists）[⑥] 那篇檄文公告的抄袭。[⑦] 总之，汪达尔人中所存在的日
耳曼因素肯定比东哥特人中的日耳曼因素还要少。在汪达尔人定
居阿非利加之时，阿非利加仍是罗马帝国西部最为富庶的省份，并
从一开始，那些汪达尔人就接受了罗马帝国的各种影响。



---

FORSCHUNG, XI ERGANZUNGSBAND, O. REDLICH...ZUGEEIGNET, 1929, pp. 76-113.

① 见后文 See later, pp. 101 *et seq*。

② 此人系 6 世纪蛮族著名作家，卒于 569 年。——译者

③ *Chronicon,* ed. MOMMSEN, M. G. H. SS. ANTIQ., vol. XI, pp. 184-206.

④ 王朝复辟是指 1814 年到 1830 年“七月革命”期间，波旁王室在法国的复辟，经历路易十八（Louis XVIII, 1814—1824 年在位）和查理十世（Charles X, 1824—1830 年在位）的统治。——译者

⑤ 即拿破仑一世，1804—1814 年为法国皇帝，在位期间颁布了《拿破仑法典》，给封建欧洲以沉重打击。——译者

⑥ 4 世纪在北非出现的一个基督教派，由迦太基主教多纳图斯创立。主张教会乃义人之教会，反对罪人担任圣职，反对叛教者二次受洗。与罗马教会分庭抗礼，多次被谴责为异端。7 世纪后逐渐消失。——译者

⑦ CH. SAUMAGNE, *Ouvriers agricoles ou rôdeurs de celliers? Les Circoncellions d'Afrique*, ANNALES D'HISTOIRE ECONOMIQUE ET SOCIALE, vol. VI, 1934, p. 353.

西班牙和高卢两个地区所遭受蛮族入侵带来的冲击并不巨大，而且这两个地区也不像意大利和非洲那样被彻底地罗马化。可是这两个地区的日耳曼特征也被罗马方式和罗马制度加以同样程度的修正。在被克洛维征服之前，西哥特人的国王们皆以罗马式方式居住在他们自己的国都图卢兹，在迁都托莱多（Toledo）[①]之后，亦是如此。这些按照“客居法”原则定居下来的西哥特人，并没有被置于比罗马人更高的司法地位之上。西哥特国王将其臣民看作一个整体，正如“我们的民族”（*populus noster*）一样。但是，每一个民族都保留着自己的法律，而且在罗马人和日耳曼人之间并不存在什么通婚现象。大概由于西哥特人皆为阿里安派教徒，所以才在老罗马人同新征服者之间造成了法律统一的缺失。对通婚的严格禁止，在利奥维吉尔德（Leovigild，卒于586年）[②]统治时期就已消失，而阿里安教派也在雷卡雷德统治时期消亡。及至雷克西斯温斯（Reccesvinth）[③]统治时期，罗马人与哥特人之间的法律统一才告完成。



哥特人各个等级（*sortes*）都享有免除税赋的特权。各个地方省份都保留了下来，各自拥有自己的摄政（*rectores*）或“行省法官”（*judices provinciarum*）、“执政官”（*consulares*）、“行省长官”
50（*praesides*）；他们都被划归到公民等级（*civitates*）之中。根据L.施密特的观点，当时的日耳曼人根本就没有自己的农业组织。

---

① 西班牙中部城市，今托莱多省省会。罗马时代曾为西班牙首府。——译者

② 西哥特国王，568—586年在位。——译者

③ 西哥特国王，649—672年在位。——译者

当时国王的权力是绝对的：是“我们的主人，最显赫的君王”（*dominus noster gloriosissimus rex*）。他的权力是罔替世袭的，广大民众根本不得干预国家政事。L. 施密特未能发现任何全国大会（national assemblies）的证据，这使得我们回想起军事民主大会（military assemblies）的情形，但是事实上，在罗马帝国晚期，我们找到了许多诸如此类的事例。

所有官员皆由国王任命。在其朝堂之上显贵行列中，既有日耳曼人也有罗马人，但罗马人的数量并不是太多。西哥特国王尤里克和阿拉里克二世的首相、那尔滂的利奥（Leo of Narbonne）把罗马帝国宫廷中的祭祀财务官（*quaestor sacri palatii*）和职官总监（*magister officiorum*）的各种职能集于一身。西哥特国王没有由武士组成的禁卫军，但却有一支罗马式的近身卫队（*domestici*）。而地方省份的王公和各个城市的长官（*comites*）则主要是由罗马人担任。

在各个城市中，皆保留着库里亚会议体制，同时配有一位国王任命的防卫长官（*defensor*）。所有西哥特人都被划分为千人队、五百人队、百人队和十人队，每队均有军官，各司其职，但是有关他们各自职能的特性，我们还不得而知。在我们所讨论的这一时期，那些居住在这个图卢兹王国境内的罗马人似乎不能服兵役，这种情形同东哥特人是一致的。在一个时期内，西哥特人似乎在千人队中，曾出现过与东哥特人相类似的自成体系的治安法官（magistrate）。但是在尤里克统治时期，他们已经服从于伯爵（*comes*）的司法管理，这些伯爵按照罗马的方式驻守在各个城市，并由文职幕僚（*assessores*）予以协助，而这些文职幕僚则都是熟谙于法律条文的刀笔吏。而在特别审理裁判方面，连一丝日耳曼传统的痕迹都不存在。[①]

那部475年颁布的专门对哥特人与罗马人之间各种关系进行规范的《尤里克法典》(Code of Euric),就是由罗马法学家们制定
51 的,这是一部已经全部罗马化了的法典。至于那部于507年颁布并对罗马人产生影响的《阿拉里克的日祷书》(Breviary of Alaric),就更是一部近乎纯粹的罗马法律文献。罗马的那些税赋仍在收缴,而且货币体制也是罗马式的。

西哥特国王的官员们都享有薪俸。至于说基督教教会,它必须臣服于西哥特国王,并由国王掌控主教的升迁。除了几个特例之外,对罗马天主教徒真实的迫害,在当时已不复存在。随着时间推移,这种罗马化趋势变得愈发明显。利奥维吉尔德把那些遗存下来的仅适用于哥特人的法律统统予以清除,强制推行两个种族之间的通婚,并把罗马的各种家庭法规引入到哥特人中间。

初始,西哥特王室的象征还是日耳曼式的,后来就被罗马式的象征所取替。[②]国王的权威是一种公器,而非个人的独裁。蛮族那种军事特征正在消失。哥特人的数量已减少到这样的程度,以至于埃尔维古斯(Ervigus,680—687年在位)不得不强迫大地产主们把他们十分之一的奴隶装备起来,充作兵丁,送往军队。

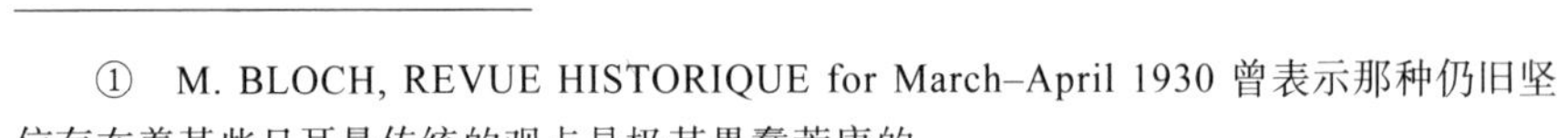

① M. BLOCH, REVUE HISTORIQUE for March–April 1930 曾表示那种仍旧坚信存在着某些日耳曼传统的观点是极其愚蠢荒唐的。

至于有关西哥特人极其迅速罗马化的状况,请参见 E. GAMILLSCHEG, *Romania Germanica*, vol. I, pp. 394 *et seq*。

② F. LOT, *La fin du monde antique et le début du Moyen Age,* in the collection L'EVOLUTION DE L'HUMANITÉ, Paris, 1927, p. 329: 雷克西斯温斯在630年前后,采用了罗马式的服装。

在雷卡雷德统治时期（586—608年），日耳曼法与罗马法两大法律体系的融合最终完成。这一点可由雷克西斯温斯于634年颁布的《审判书》（*the Liber judiciorum*）予以证明。这部法典的精神实质，完全是罗马化和基督教神学化的，因为自雷卡雷德皈依基督教之后，罗马教会便发挥了极其重要的作用。598—701年，西哥特国王共召集了18次会议。国王指派自己宫廷中的世俗官员与那些主教一道参加这些会议。这些会议所磋商的内容，既有民政方面的事务也有教会内部的事务。[①]

由于其精英都是由汪达尔国王陆续加以任命的，故而基督教教会皆由王党分子所组成，他们甚至对那些阿里安派教徒的国王也保持着效忠。

在阿塔纳吉尔德（Athanagild）[②]所发动的反抗利奥维吉尔德的叛乱中，基督教教会保持着对国王的忠诚。633年，教会主张拥有同世俗大领主一道选举国王的权力，并把教会就任圣职的仪式引入 52
进来。[③]

然而，这一切并没有导致对受到基督教教会支持的绝对主义王权做出任何修改："不虔诚会使权力不确定，但很显然，所有的权力使国王可以高高在上控制着所有的审判。"（*Nefas est in dubium deducere ejus potestatem cui omnium gubernatio superno constat*

① F. LOT, *op. cit.,* p. 329.

② 554—567年在位。——译者

③ 有证据表明，672年，瓦姆巴（Wamba）举行了涂抹圣油的仪式，但是这种仪式依旧是更为古老的，甚至这些证据存在的时期还可以推溯到雷卡雷德。M. BLOCH, *Les Rois thaumaturges*, 1924, p. 461。

*delegata judicio.*）[①]

奇因达斯温斯（Chindasvinth）于642年5月被推举为西哥特国王，上台伊始，他就把700个企图反对他无上权威的贵族处以死刑或贬为奴隶。[②]

西哥特国王全然奉行依赖基督教教会支持的政策，目的就是为了在同那些大贵族进行的斗争中保全自己。[③]但是，那些主教都是由国王任命的，基督教教会对他的服从过于卑躬屈膝。故而，当时并不存在什么神权政体。这种君主政体正朝着拜占庭体制的方向演化。那种似乎为洛特[④]所特别看重的君主选举，在齐格勒（Ziegler）[⑤]看来只是一种虚幻的情景而已。事实上，同拜占庭的情形一样，它只不过是一种世袭罔替、宫廷诡计和各种意外暴力行为的混合体。利奥维吉尔德曾娶了一位拜占庭公主，但这却未能阻止他对拜占庭的反叛。并且这些哥特国王与拜占庭皇帝一样，皆拥有“宫廷禁卫”（*spatharii*）。[⑥]

在534年被法兰克国王吞并的那个短命的勃艮第王国，[⑦]那些

---

① 此乃第六次托莱多宗教会议教会法规第30款之内容，引自ZIEGLER, *Church and State in Visigothic Spain*, 1930, p. 101。

② F. LOT, *op. cit.,* p. 329.

③ A. ZIEGLER, *op. cit.,* p. 126.

④ F. LOT. *op. cit.,* p. 329.（费迪南·洛特，1866—1952年，著名法国中世纪史专家。法兰西文学院［即法兰西铭文与美文学术院，法兰西学院下属的五个学术院之一］会员，索邦大学荣誉教授。著有《古代世界的终结与中世纪的开始》（*La Fin du monde antique et le début du Moyen Age*）等。——译者）

⑤ 齐格勒，1895—1979年，德国历史学家。著有《西班牙西哥特教会与国家》（*Church and State in Visigothic Spain*）。——译者

⑥ P. GUILHIERMOZ, *Essai sur l'origine de la noblesse en France au Moyen Age*, 1902, p. 13, n. 55.

⑦ 有关此事件的更为详尽的内容，请见A. COVILLE, *op. cit.*, pp. 77-238。

国王在获得里昂统治权后，便与拜占庭帝国保持着最亲密的联系。同东哥特人、西哥特人一样，勃艮第人也是按照“客居法”的原则定居下来的。[①]

斯多尼乌斯把刚刚定居下来的勃艮第人形容为既幼稚天真又
粗鲁野蛮的蛮族。然而，他们的国王却已经彻底罗马化了。冈德 53
鲍德冠以“军事统帅”(*magister militum prasentialis*)的头衔。在他们的宫廷里，充斥着诗人和修辞学家等各类文人墨客。国王西吉斯蒙德自诩为罗马帝国的一名战士，并宣称他的国家是罗马帝国的一部分。[②] 这些国王有自己的财务官和御用卫队。西吉斯蒙德只不过是拜占庭的一个工具而已，他从拜占庭皇帝阿纳斯塔斯亚(Anastasia)[③] 处接受了罗马显贵的头衔。勃艮第人作为拜占庭皇帝的士兵与西哥特人进行抗争。

由此，勃艮第人认为自己属于罗马帝国。他们的历法是以执政官，也就是说，是以罗马皇帝为纪年的；而他们的国王只是以皇帝之名义而行执政之权的军事统帅。

在其他各个方面，勃艮第的王权是绝对的和唯一的。这种权力是不可分割的；当国王膝下有数个儿子时，他就把他们都封为总督(viccroys)。[④] 他们法庭中的主要人物都是罗马人。一点也找不到武士团队的痕迹；法庭分为地区(*pagi*)或城市(*civitates*)两类，而在他们之上则有一位伯爵。为了便于管理司法，伯爵身边还有一位

① 443 年，定居于萨波迪亚(Sapaudia)，COVILLE, *op. cit*., p. 109.

② L. M. HARTMANN, *op. cit* ., vol. I, pp. 218-219.

③ 491—518 年在位。——译者

④ L.SCHMIDT, *op. cit*., pp.169 and 178.

代理法官（*judex deputatus*），此人似乎也是由国王任命的，并且，这位官员是按照罗马的方式来行使其司法职责的。

最初的那种血缘家庭已经消失了，尽管它还以自由人（*Faramanni*）的名称残留在人们的记忆之中。罗马人的那种市政组织机构仅存留于维耶纳（Vienne）[①]和里昂两地。同时，各种税收机构和流通货币也仍旧为罗马式的。

同西哥特国王一样，勃艮第国王也向自己的官员们支付薪俸。在这个已全然罗马化的王国之中，勃艮第人和罗马人享有同等的法律地位（*una conditione teneantur*）。[②]尽管勃艮第不是那种所谓联邦式的日耳曼国家，但罗马人可以在军队中服役，并且可以同勃艮第人通婚。

54 所以，东哥特人、西哥特人、汪达尔人和勃艮第人均按照罗马方式统治。几乎或者根本就没有一点“日耳曼体制”的痕迹。在这些新兴王国，罗马帝国那种旧的统治体制仍在运转，尽管可以肯定这种体制的运转方式是一种不完备的状态。唯一的一件新奇事物就是：服兵役已经变得毫无必要，这应当归因于土地分配方式的改变。整个国家已经从可怕的战争重负下解脱出来，而这在以往曾是压在所有民众肩上的重负。



从某种程度上讲，这一时期国家行政管理出现了一定的退化，故而其所需的成本也变得不那么昂贵了。基督教教会也可以打理所有事务。但是，我们再一次看到，所有遗留下来并且具有功效的事物都是罗马人的。而日耳曼人的各种制度、自由民大会等则荡

① 位于法国中南部地区。——译者

② *Lex Gundobada*, X, ed. R. DE SALIS, M. G. H. LEGES, vol. II, p. 50.

然无存。在这一时期的法律中，我们在各处所发现的日耳曼传统所渗透、遗留下来的最多因素，也只是诸如“补偿金”（*Wehrgeld*）之类的东西。但是，在由各种民法程序、契约和遗嘱等所构成的罗马式法律的洪流大潮之中，这些日耳曼残留因素简直就是一道涓涓细流。西方这种状况，使我们想起了今天意大利的那些高楼殿堂，尽管它们已变成了普通的出租公寓，可就在那种破败潦倒的境况之中，它们依旧保存着古代建筑的典雅风格与辉煌气派。的确，这一时期存在着衰败，然而，那只是罗马的衰败，其中似乎不存在任何属于一种新文明的基因成分。唯一具有日耳曼特征的事物，就是阿里安教派，而这种教派本身就是一种古老的异端邪说，并没有什么创新性，而且，最初在汪达尔人中间，这种异端也不具有多大的活力。

上述这些，在法兰克人中一直被人们设想为是另外一种状态，[①] 鉴于法兰克人在查理曼时代的确重塑了整个欧洲的缘故，一些学者便赋予了法兰克人一种极为重要的意义，甚至，有些学者认为从日耳曼人入侵之初，就是如此。但是，早在6世纪时，法兰克人就已经发挥出了如此这般重要作用了吗？笔者以为，我们可以对此予以非常明确的答复：他们没有。

毫无疑问，法兰克国家是唯一一个在北方地区幸存下来的纯日耳曼人国家。但是，在墨洛温王朝时代，它并没有发挥出什么重要作用。几乎就在开始对这一地区进行征服的同时，法兰克人国



① 尤其是 H. BRUNNER，*Deutsche Rechtsgeschichte* 就秉持着这种观点。此外，还请参见 G. WAITZ，*Deutsche Verfassungsgeschichte* 中的相关论述。

55 王们便在其南部的巴黎、苏瓦松（Soissons）[①]、梅斯（Metz）[②]、兰斯（Reims）[③]、奥尔良（Orleans）[④]及其附近地带这些罗马帝国领土上定居下来。[⑤]至于为何没有继续向南方拓展，或许是因为他们须得抵御日耳曼尼亚，对于这一地区，他们采取了与罗马皇帝相同的防御态势。[⑥]

531 年，蒂埃里（Thierry）[⑦]在萨克森人的协助下，推翻了图林根人（Thuringians）[⑧]的统治。[⑨]555 年，克洛泰尔（Clotair）[⑩]率军远征萨克森、图林根和下巴伐利亚地区。[⑪]在 556 年[⑫]和 605 年[⑬]，法兰克人继续同萨克森人进行战争。630—631 年，达格伯特一世

① 法国北部城市，今属于埃纳省。——译者

② 法国东北部洛林地区城市，今摩泽尔省省会。——译者

③ 法国东北部历史名城。——译者

④ 法国中部卢瓦尔河畔城市，今卢瓦尔-谢尔省省会。——译者

⑤ 当一位奥斯特拉西亚国王确立起自己对整个王国统治大权之后，他就必须尽快地在巴黎地区定居下来。F. LOT, *Les Invasions,* p. 208. ABERG, *Die Franken und Westgothen in der Völkerwanderungszeit,* Upsala, 1922, and GAMILLSCHEG's philological comments in *Romania Germanica*, vol. I, p. 294 的考古观察，显示出，自 6 世纪中叶始，法兰克高卢便不再向日耳曼尼亚地区施加任何影响。

⑥ R. BUCHNER, *Die Provence in Merowingischer Zeit*, 1933, p. 2, n. 5. 依据 R. 比希纳（R. BUCHNER）的观点，克洛维同其他那些纯地中海的蛮族君主有所不同，因为他必须要关注地中海和日耳曼尼亚这两个方向。他本人，甚至其那些继承者，都不清楚他自己的这一态度，纯粹是一种防御态势。

⑦ 克洛维的长子，法兰克奥斯特拉西亚国王，511—534 年在位。——译者

⑧ 图林根人系日耳曼人一支，原居住在萨克森人以南地区。——译者

⑨ G. RICHTER, *Annalen des fränkischen Reichs im Zeitalter der Merowinger*（1873）, p. 48, and LOT, PFISTER and GANSHOF, Histoire du Moyen Age, vol. I, p. 205.

⑩ 克洛维之子，511—558 年为苏瓦松国王，558—561 年为全法兰克国王。——译者

⑪ G. RICHTER, *op. cit.*, p.61.

⑫ *Ibid.*, p. 63.

⑬ *Ibid.*, p. 102.

(Dagobert I)[①]发动了攻打萨摩(Samo)[②]的远征。[③]640年，图林根人掀起叛乱，并再次独立。[④]689年，丕平二世(Pippin II)[⑤]同弗里西亚人(Frisians)[⑥]开始作战。[⑦]

在墨洛温王朝时期，法兰克这个日耳曼国家没有产生任何影响。在传至加洛林家族之前，法兰克国家基本上是由纽斯特里亚人(Neustrians)[⑧]和罗马人组成，其统治范围从塞纳河流域直到比利牛斯山脉和地中海沿岸。可是，那些定居下来的法兰克人的数量却非常少。

在征服西哥特人和勃艮第人的土地之前，有关墨洛温王朝的制度状况，我们所知甚少。或许，我们可以确定当时这些地区原本存在的制度和由西阿格利乌斯统治地区的制度，一定对法兰克人制度 56
产生了巨大影响。[⑨]但在一个非常重要的方面，法兰克人与西哥特人和勃艮第人截然不同，即他们对“客居法”体制和严禁同罗马人通婚规定等一无所知。而且法兰克人是罗马天主教徒，这使他们与



① 623—634年为法兰克奥斯特拉西亚国王，632—639年为全法兰克国王。——译者

② 此人是一位日耳曼冒险商人，于7世纪20年代进入今德国中东部地区，并创立了一个国家政权。——译者

③ G. RICHTER, *op. cit.*, p. 160.

④ *Ibid.*, p. 165.

⑤ 687—714年法兰克宫相，史称赫斯塔尔的丕平。——译者

⑥ 弗里西亚为西北欧沿北海一个地区，从今荷兰西北部一直延伸到德国西北部，直至丹麦。弗里西亚是古代弗里西亚人的故乡，公元600年前后弗里西亚人在此建立了弗里西亚王国，8世纪下半叶逐渐被查理曼兼并。——译者

⑦ G. RICHTER, *op. cit.*, p. 177.

⑧ 为法国卢瓦尔河以北，塞纳河以西的地区。——译者

⑨ 墨洛温国王的官员是以“治安法官”(*judices*)而为人所知，同罗马帝国皇帝的那些官员一样。

高卢-罗马人的融合极为便利。

不管怎样，有一点可以肯定，即这些法兰克人罗马化的效果并不显著，这是因为法兰克人国王居住在巴黎的缘故，同拉文纳、图卢兹、里昂或迦太基那些城市相比，巴黎的罗马化程度相对较低。此外，北部高卢地区在那时刚刚经历了一个兵祸战乱连绵不绝的外敌入侵时期，这一切给该地区造成了相当大的损害。然而，他们却在最大限度上保留了罗马帝国旧制度体系，而且，在这方面他们并不缺乏主动的热情。因此，他们的国家虽然是一个比较蛮族化国家，但却不是一个过分日耳曼化的国家。① 在法兰克我们再次看到，罗马时代的各种税收制度 ② 和流通货币均被保留下来。同时，每个城市中也都有伯爵（Counts），但行省却正在消亡。

那些负责边疆地区防务的日耳曼伯爵（*grafio*）、百户长（*thunginus*），陪审员（*rachimburgi*），仅仅在其北部地区存在。③ 那种被魏兹（Waitz）④ 认为是出自日耳曼的“附庸”（*leudesamio*），布

① H. VON SYBEL, *Entstehung des Deutschen Königthums,* 2nd ed., 1881，已充分认识了这一点。有关对他反驳的观点，请见 G. WAITZ, *Deutsche Verfassungsgeschichte*, vol. II, part I, 3rd ed., 1882, pp. 81 *et seq*。

② G. WAITZ, *op. cit.*, vol. II, part 2, 3rd ed., p. 273 宣称当时日耳曼人拒绝缴纳个人税，因为这种税同 *ingenuitas* 并不相符。但是这一点并不表现什么日耳曼的特征。他在注释 3 中列举了一份当局的文献，该文献成为支撑其观点的主要证据。

③ G. WAITZ, *op. cit.*, vol. II, part 2, 3rd ed., pp. 122 *et seq* 极力证明墨洛温王朝的官员不是罗马人。在军事官员和民政官员之间已经不存在什么差别；他们皆由国王任命，并且都不拿薪俸！然而，他承认当时的日耳曼人对行政管理是一无所知(第 124 页)，并且他还对罗马的官员和仆吏做了一番概览性的描述。

④ 1813—1886 年，德国著名历史学家、政治家，哥廷根大学教授，1875 年接替佩茨（Petz）主持编撰《日耳曼史料集成》（*Monumenta Germaniae historica*）。——译者

伦纳(Brunner)[①] 却认定是起源于罗马的,是委身依附(*commendatio*)的实践。[②]

法兰克国王的官员们几乎差不多,尽管不是全部,都是从高卢-罗马人之中擢拔上来的。甚至当时最著名的将军之一,穆莫卢斯 57
(Mummolus)[③] 似乎也是高卢-罗马人。[④] 而那些经常簇拥在国王身边的高官,更是从高卢-罗马人中遴选出来的掌管朝廷文书的文官(*referendarii*)。[⑤]

公民大会没有留下丝毫痕迹。[⑥] 同其他蛮族国家的国王相比,法兰克国王本人的确具有更多的日耳曼特征。但是在他身上有哪些才是日耳曼人所独有的特征呢?难道是那一头长发吗?[⑦] 关于这一点的偏见竟是如此顽固,以至于把艾因哈德(Eginhard)[⑧] 对墨洛温王朝末代诸王们那些夸张性的描述都用来作为法兰克国王的日耳曼特征。在墨洛温王朝所有国王中,只有克洛维长子蒂埃里曾被人们以日耳曼式的诗篇加以赞颂,这无疑是与他对图林根人所进行的艰难征伐有关。他是史诗般的古代英雄(the Hugdietrich of the



① H. BRUNNER, *op. cit.*, vol. II , 2nd ed., pp. 77–80.(布伦纳[H. BRUNNER],1840—1915,德国历史学家。——译者)

② *Ibid.*, pp. 364–365.

③ 此人乃6世纪晚期奇尔伯里克国王麾下的行政长官。——译者

④ LOT, PFISTER and GANSHOF, *Histoire du Moyen Age*, vol. I, p. 271.

⑤ H. BRESSLAU, *Handbuch der Urkundenlehre*, vol. I, 2nd ed., 1912, pp. 360–362.

⑥ G. WAITZ, *op. cit.*, vol. II, part 2, 3rd ed., p. 241.

⑦ G. WAITZ, *op. cit.,* vol. II, part 1, 3rd ed., p. 205 *et seq* 对法兰克国王特征所作的描述,简直一点不着边际。

⑧ 770—840年,查理曼的宠臣,加罗林文艺复兴的重要人物,著有《查理大帝传》等著述。——译者

*épopée*)。[①]

而其他法兰克国王，在民众记忆中都不曾被作为民族英雄受到称颂。法兰克王权同罗马帝国皇权极其相似。同其他蛮族国王一样，法兰克国王也是将各种权力集于一身。[②] 他是一位绝对至高无上的统治者。在其所颁发敕令(*praeceptiones*)中写道，“倘若有人胆敢蔑视吾等之敕令，将会受剜去双目之严惩”(*Si quis praecepta nostra contempserit oculorum evulsione multetur*)，[③] 从中我们所看到的全然是一派对胆敢冒犯君主权威者予以严惩的(*crimen laesae majestatis*)罗马式表述。[④]

虽然法兰克国王确信自己是整个王国的所有者，但是法兰克王朝并不具有如有些人所认定的那种私人属性特征。国王已经把自
58 己的财富同公共的财政加以区分。[⑤] 当然，同西哥特王国相比，法兰克王室权力的含义要更加原始一些。当国王辞离人世之际，他的国家就被其诸子所分割，[⑥] 但这纯属是征服所使然的一种后果，并非



① LOT, PFISTER and GANSHOF, *op. cit.*, p. 200, n. 98.

② 尽管“ban”一词是权力的代名词，但它并不是日耳曼的词汇。旧有的军事制度仍被全部保留着。

③ GREGORY OF TOURS, *Hist. Franc.*, VI, 46; G. WAITZ, *op. cit.*, vol. II, part I, 3rd ed., p. 212, 引自 GREGORY OF TOURS, *Hist. Franc.*, IX, 8: “违背意愿和公众利益的举动。”( *agendo contra voluntate vestram atque utilitatem publicam.*)。

④ GREGORY OF TOURS, *Hist. Franc.*, V, 25; VI, 25; VI, 37; IX, 13; IX, 14; X, 19.

⑤ 请参见盎格鲁-撒克逊诸王国的情形。另见 W. STUBBS, *Histoire constitutionnelle de l'Angleterre*, 由 G. LEFEBVRE and CH. PETIT-DUTAILLIS 编辑并译成法文, vol. I, 1907, p.183。

⑥ 克洛维在 511 年去世之际，就将整个王国在四个儿子中进行分配，并将其分别立为梅斯国王、奥尔良国王、巴黎国王和苏瓦松国王。——译者

为特定的日耳曼式特征。[①] 的确，除了克洛维之外，法兰克诸王皆没有什么罗马头衔。但是，他们却一直力求同拜占庭帝国皇帝保持着往来联系。[②]

因此，即使是在法兰克人中也依旧保留着各种罗马的传统。

倘若我们对所有蛮族王国做一番整体的思考，我们就会发现它们普遍具有三个共同特征，即它们都是绝对主义（absolutist）的国家，它们都是世俗国家，并且它们的国家统治机构均为财政机构和国库。

上述特征都是罗马式的，倘若愿意，也可说都是拜占庭式的。这种绝对主义无疑是自发产生出来的。当新的国家得以建成之际，这些蛮族国王皆以军事领袖身份获取了极其广泛的权力。此后，鉴于对地方统治之需要，国王权力必定要以绝对主义形式确立下来。[③] 它不可能是按照其他别的方式行事，除非这些国王处在盎格鲁-撒克逊人各个国家国王的那种境况之中。没有什么能够比对军事领袖的忠诚更加缺乏日耳曼特征的了。军事领袖完全是一种个人权力；这同我们在罗马帝国所见到情形别无二致。



在所有蛮族国家中，这种国王的绝对主义均可以被其所具有的财政权力予以解释。作为罗马皇帝的继承者，各个王国的国王皆握有处置财政和税收的大权。而此时的财富规模是极其庞大的。它

① 这类的分割仅在法兰克人中进行，或许这是因为当克洛维继承王位时整个西方就已不存在一位皇帝，而且，在任何情况下，当时的法兰克人都不曾想到过罗马皇帝。

② 据说，提奥德伯特（Theodebert）曾考虑过对拜占庭帝国发动进攻。LOT, PFISTER and GANSHOF, *Histoire du Moyen Age*, vol. I, p.208.

③ 当时并不存在着什么世袭继承的官职。同罗马皇帝一样，这些蛮族国王皆以自己之意愿来挑选官员。

包括帝国原有的领地、森林、湿地、矿藏、港口和公路，此外还有各
59 种税收和铸币等权力。因此，此时的国王是一个拥有巨大财富的大地产主，同时还拥有着铸造金币所带来的一笔令人惊羡的收益。直至13世纪之前，在西方世界里，没有哪位王公能够拥有同此时的这些国王相埒的现金货币。对这些财富的这种描述，令人不由得想起一条滚滚流淌的黄金之河。首先，这些财富确保当时国王们能够支付他们那些官员的薪俸。[①] 墨洛温王朝国王们正是凭借这些财富而大行赏赐：695年之前，圣但尼（St. Denis）修道院[②]的住持就曾从国库中获得了一笔200金索里达的年金，并从财政部门（*cellarium fisci*）获得另一笔数量为100金索里达的年金；[③] 他们向城市贷款，[④] 给传教士发放薪俸，并且还任意地收买和贿赂人心。以往遗存下来的罗马赋税收入和市场税（*tonlieu*）是法兰克国王财富的两大基本源泉。如果我们像以往那样仅仅把他们视作大地产主则是一个极大的错误，因为这种认识是把他们同其身后那些后继国王进行比较后得出的结论。[⑤] 其实，从墨洛温王朝国王们所拥有的大量货币财

① A. DAHN, *op. cit.*, vol. VI, p. 290.

② 亦译圣德尼、圣但尼斯或圣丹尼斯修道院，中世纪早期法兰克王国的一所王家修道院，位于巴黎郊区。圣但尼，据传3世纪左右中叶为巴黎首任主教，被法国天主教奉为守护圣人。272年或290年被杀，殉道于此。其本名为Dionysius，亦称巴黎的狄奥尼西。475年圣日内维耶在此建立了一所纪念圣但尼的小礼拜堂，后来法兰克国王达格伯特一世将其扩建为一所王家修道院，即圣但尼修道院。法兰克历代国王赐予该院许多特权。——译者

③ H. PIRENNE, *Le cellarium fisci*, ACADÉMIE ROYALE DE BELGIQUE, BULLETIN DE LA CLASSE DES LETTRES ET DES SCIENCES MORALES ET POLITIQUES, 5th series, vol. XVI, 1930, nos. 5-7, p.202.

④ GREGORY OF TOURS, *Hist. Franc.*, III, 34.

⑤ H. PIRENNE, *Liberté et propriété en Flandre du VII$^e$ au XI$^e$ siècle*, ACADÉMIE

富来考虑，他们与拜占庭帝国君主们之间的相似性要远远大于同加洛林王朝君主之间的相似性。

为使作为自己权力基础的财富得以增加，这些法兰克国王竭尽自己所能，从而导致了罚没之风的盛行。奇尔伯里克在其王国各地都“厘定新的税额”（*descriptiones novas et graves*）。[①] 当时出现了由注册、登记、审核等各种机构组成的一个非常完整复杂的财政管理系统。随着法兰克国王不断地战胜自己的敌人，这种财政管理机构便一个接着一个地对那些战败者的财产进行罚没。[②]

此外，法兰克国王们还从拜占庭帝国获得大笔补贴。拜占庭皇帝毛里斯（Maurice）[③] 曾赠送给奇尔德伯特二世（Childebert II）[④]50 000
金索里达，以犒赏他作为盟军共同与伦巴德人（the Lombards）[⑤] 作 60
战。[⑥] 奇尔德伯特于 584 年，为丽贡提丝（Riguntis）[⑦] 置办的大笔嫁



ROYALE DE BELGIQUE, BULLETIN DE LA CLASSE DES LETTRES, 1911, pp. 522–523.

① GREGORY OF TOURS, *Hist. Franc.*, V, 28.

② FUSTEL DE COULANGES, *Les transformations de la royauté pendant l'époque carolingienne*, p.19.

③ 一译莫里斯，582—602 年在位。——译者

④ 墨洛温王朝先后共有三位君主名为奇尔德伯特，依据本书上下文，此处所提及的奇尔德伯特，当为奇尔德伯特二世，575—595 年为奥斯特拉西亚国王，593—595 年为勃艮第国王。——译者

⑤ 伦巴德人是东日耳曼人的一支，伦巴德人原居住在易北河下游一带，6 世纪中叶进入拜占庭帝国统治下的意大利，建立了伦巴德王国。774 年伦巴德王国被查理曼征服，其领土并入法兰克王国的版图。——译者

⑥ GREGORY OF TOURS, *Hist. Franc.*, VI, 42.

⑦ 丽贡提丝乃奇尔德伯特之女。奇尔德伯特曾同西哥特国王柳维吉尔德商议，将其女儿嫁给西哥特王子雷卡雷德为妻。参见中译本《法兰克人史》第 4 卷，第 181 页。——译者

妆、[1]赠送给圣日耳曼修道院(Saint-Germain)[2]住持的那笔高达6 000金索里达以赈济穷人的善款，[3]以及达格伯特一世用白银覆盖整个圣但尼修道院半圆屋室的慷慨，[4]都向我们展示了法兰克国王们所拥有的雄厚财力。如同拜占庭皇帝一样，法兰克国王们也主要将自己的钱财用于政治目的；例如，596 年，布隆希尔德(Brunhild)[5]就曾以支付现金的方式化解了阿瓦尔人(the Avars)[6]对图林根的攻击。[7]

因此不能认为那些蛮族国王积聚财富只是为了他们一己之私利。

东哥特的历代君主们似乎要更富有一些。有关这一点，只要回想一下提奥多里克所建造的那些豪华建筑就足够了。或许，西哥特国王们也是同样富有：631 年，觊觎王位者西塞南德(Sisenand)[8]在同斯温提拉(Svinthila)[9]争夺王位期间，为了获取达格伯特一世支持，曾付给他 20 000 金索里达；[10]而利奥维吉尔德则曾向拜占庭帝国统帅允诺，如果站在他这一方共同反对他的儿子，就付给这位统帅 30 000 之巨的金索里达。[11]



① GREGORY OF TOURS, *Hist. Franc.*, VI, 45; VII, 9; VII, 15.

② 该修道院由克洛维之子，巴黎国王奇尔德伯特于 6 世纪中叶建成。——译者

③ S. DILL, *Roman Society in Gaul in the Merovingian Age,* 1926, p.280.

④ *Gesta Dagoberti regis,* c. 17, M. G. H. SS. RER.MEROV., vol. II, p. 406.

⑤ 西哥特公主，法兰克墨洛温王朝国王希吉伯特王后。希吉伯特驾崩后，与其侄子成婚。在当时法兰克政治舞台上表现活跃，影响颇巨。卒于 613 年。——译者

⑥ 系古柔然人一支，6 世纪中叶在多瑙河中游一带建立汗国。——译者

⑦ G. RICHTER, *op. cit.*, vol. I, p. 98.

⑧ 西哥特国王，631—636 年在位。——译者

⑨ 西哥特国王，621—631 年在位。——译者

⑩ *Ibid.*, vol. I, p. 161.

⑪ GREGORY OF TOURS, *Hist. Franc.*, V, 38.

对西哥特人来说，来自市场税的收益重要性在逐渐下降，这种情形大概是由这样一种事实中显示出来的，即部分失信的包税商人被判处死刑，这同罗马法对此类罪行的处置是同样的。[①] 各种税收的注册登记都是由这些包税商把持着，[②] 而西哥特国王们为他们支付酬劳。[③] 伽尔斯温斯（Galswinth）[④] 有关凡南提乌斯·福尔图纳图斯（Venantius Fortunatus）[⑤] 的描述，为我们了解这些包税商的财富状况提供了一些极有价值的史料。[⑥]

总之，黄金在蛮族国家政治上所继续发挥的作用，同其在拜占庭帝国中起到的作用一样；各种黄金买卖交易都由那些蛮族国王亲自加以操控。

此外，各个蛮族国家对古代传统的继承还体现在另一个方面， 61
即它们都是世俗国家政权。在各个时期，这些国家行政管理系统的性质都是世俗的。虽然，各位国王均同基督教的主教们保持着良好关系，可是那些主教并无一人出任国家的官职：这是这一时代同中世纪时代的一个重大的差别。另一个方面，当时有许多主教出任王室的文书官员。[⑦] 我们发现这也是同查理曼统治政策的明显不同之



① A DAHN, *Könige der Germanen*, vol. VI, p. 290.

② *Ibid.*, p.260 .

③ *Ibid.*, p.275 .

④ 西哥特公主，为布隆希尔德的姐姐，嫁给法兰克墨洛温王朝国王奇尔伯里克一世。在本书原文第 191 页，将其书写为 Galswintha。——译者

⑤ 法兰克墨洛温时代著名文人，约 530—610 年。出生于威尼斯附近，求学于拉文纳，发迹于高卢。曾出任普瓦提埃主教。经常出入宫廷，并与都尔的格雷戈里交厚。著有各类圣徒传记和诗歌。曾被史家誉为墨洛温时代唯一的诗人。——译者

⑥ *Carmina,* VI, 5, ed. KRUSCH, M. G. H. SS. ANTIQ., vol. IV, pp. 136 *et seq.*

⑦ 迪蒂尔·德卡奥尔（Didier de Cahors）是国王的司库和驻马赛的行政长官；圣

处，查理曼完全依赖于他的各种钦命特使（*missi*）进行统治，而其中一半以上钦命特使肯定是由各地主教担任；奥托（Otto）① 大帝的政策也是如此，他把自己帝国统治大权托付给了帝国的那些主教。在日耳曼人入侵之时，所存在的一个事实就是普通信徒仍然具有学识修养，正如我们马上就要看到的。②

因此，世俗的墨洛温国家肯定同虔诚信仰基督教的加洛林国家截然不同。而且，这种情形在东哥特、西哥特、汪达尔和勃艮第等各个国家中也都如此。因而，在这一方面，而且这是一个非常关键的方面，古代的制度仍在延续。国王本人是一个纯粹的俗人，他的权力完全不依赖任何的宗教仪式。

基督教教会臣服于国王。虽然在理论上，这些主教是由教士们任命的，但实际上，他们往往是由国王直接任命的。在此，我们再一次看到了国家教会这一古代的传统。同东部罗马帝国一样，法兰克的主教们始终是在同国王们一起发挥着作用。③ 国王们掌握召开宗教会议（the Councils）的权力。尽管墨洛温王朝后来放弃了对宗
62 教会议的领导，但是，在西哥特王国，自雷克西斯温斯统治时期始，宗教会议便一直同王国统治连为一体。结果，教会对西哥特国王们

---

奎恩（Saint Ouen）是纽斯特里亚的文官。

① 神圣罗马帝国帝国皇帝，936—973 年在位。——译者

② H. BRESSLAU, *op. cit.*, vol. I, 2nd ed., pp. 364–367 列举了许多候补者（referendars）后来出任主教的事例。另外请见 H. SPROEMBERG, *Marculf und die frankische Reichskanzlei,* NEUES ARCHIV, vol.XLVII, 1927, pp. 124–125。

E. LOENING, *Geschichte des Deutschen Kirchenrechts*, vol. II, 1878, p. 262 对于当时国家的世俗性质有着非常准确的理解，尽管他对这一事实的解释是错误的。另请见 C. DAWSON, *op.cit.*, pp. 221–222。

③ L. DUCHESNE, *L'eglise au VIe siècle*, 1925, p. 528。

卑躬屈膝，绝对臣服。[①]

但是，诸日耳曼王国国王对他们所统治的教会抱以极大尊敬。根据都尔的格雷戈里的观点，当时各个王室的信念就是保护基督教教会和广大平民百姓。[②]它们对自己的宠臣大肆奖赏，封赐给教会大量财富，而且这些恩赐往往还具有特别尊敬的色彩。这些国王以及亲属很少有人出家，进入修道院修行，只是除了几位女性之外。虽然这些蛮族国王对基督教信仰的虔诚并不十分坚定和突出，但是他们却把这些主教视为基督教教会的领袖——这是一种非常重要和神圣的权势地位。而那些主教在广大民众之中则享有广泛特权。他们可以作为一种有效的同世俗贵族抗衡的力量，正如他们在西哥特人中间所表现出来的那样。

## 5. 查士丁尼（527—565年）

没有一种观点会比这种观点更为荒谬了，即蛮族将西部帝国各个行省碾成齑粉之后，罗马帝国便不复存在了。那种对统治着君士坦丁堡的皇帝（*βασιλεὺς*）依旧将理论上具有的权威向整个帝国扩展所产生的怀疑，是毫无正当理由的。虽然，罗马帝国皇帝业已

① 请见 GREGORY OF TOURS, *Liber vitae patrum*, VI, 3, M. G. H. SS. RER. MEROV., vol. I, pp. 681–682 中所讲述的各种奇闻逸事。一场选举阴谋诡计被国王所识破，但他考虑那些丰厚礼品，还是任命了那位迫切的候选人，并且，还在那位主教的城市举行了一次盛大宴会。简而言之，一切事务皆仰赖于国王的意愿。另请见 *ibid.*, pp. 727 *et seq*, 记载特里夫斯主教圣尼塞图斯（Saint Nicetus）先由一位国王任命为主教，之后，另一位国王却将他放逐，而第三位国王又将其开释，并恢复其原职。

② GREGORY OF TOURS, *Hist. Franc.*, III, 25.

不再有效地统治整个帝国，但却仍旧高高在上地君临整个帝国。所有人依旧都将目光聚集在他的身上。

首先，由于将罗马帝国视作一件上帝的杰作，罗马教会是永远
63 不会与罗马帝国相分离的。罗马教会的领袖以及罗马城都认可罗马皇帝在法理上是基督教教会的主人。[①]

除了汪达尔人以外，各个蛮族国家的国王们均把罗马皇帝奉为自己的主人，将其肖像铭铸在钱币之上，并且他们还向罗马皇帝恳求并获得了各种头衔与各类恩宠。查士丁尼就曾把提奥德伯特收为螟蛉义子，[②]后来，另一位皇帝毛里斯也将奇尔德伯特收为养子。

这些蛮族国王把他们之间各种各类的恩怨纠葛都向君士坦丁堡呈报，并竭力展开各种各样的阴谋诡计。而拜占庭皇帝却明察秋毫，毫不为其所惑；十分显然，每当这种情况出现时，帝国皇帝们心中唯一所愿就是要尽力寻求收复自己的疆土。就拿查士丁尼来说，他那种收复失地的志向就被他那种重建正统教派信仰（the orthodox）的迫切渴望所进一步地予以强化。即或业已丧失了整个地中海沿岸地区，拜占庭人仍有怀抱重新组建整个帝国这一宏图大志的能力。



① 请见伟大的格里高利的著述；尽管这一著述要晚出一些。只要阅读阿文切斯的毛里乌斯（Marius of Avenches，卒于594年）、维克多·图尼嫩西斯（卒于569年）和比克卡罗的约翰（John of Biclaro）等人的作品，即可认识对他们来说罗马帝国依旧存在着。参见A. EBERT, *Histoire de la littérature du Moyen Age en Occident,* trans. AYMERIC and CONDAMIN,vol. I, 1883, p. 618。

② 提奥德伯特在给查士丁尼的信函中，表现出尽可能的谦卑与恭维的姿态。A. VASILIEV, *Histoire de l'Empire byzantin*, French trans., Paris, 1932, vol. I, p.203, n.2.

拜占庭帝国拥有一支足以可控制整个地中海的强大海军。它还获得了罗马教会的支持，而东哥特国王提奥多里克却同罗马教会处于冲突之中。在意大利，拜占庭帝国可以依靠那些罗马贵族豪门的支持，在非洲，它也可以得到那些汪达尔贵族避难者的支持，这些人为了躲避本国王朝的宗教迫害而向拜占庭帝国寻求庇护。此外，拜占庭帝国还可以指望各个行省民众所不时发动的反抗日耳曼蛮族征服者的暴动。为了确保成功的最大可能性，查士丁尼在大军开拔之前，已于 532 年同波斯帝国签订了和约，并且运用提供金钱等各种方式，以安抚那些在帝国边界四处徘徊的各个蛮族。

拜占庭帝国此时所面对的绝不仅仅是一条战线。当时并不存在着什么日耳曼政策。提奥多里克的确曾有过想把其他蛮族国家 64
都纳入到自己霸权之下的企图。但是此刻，他的目的却仅仅是保卫意大利。根据这一战略目标，提奥多里克支持西哥特人与法兰克人相对抗，并将西哥特人从伏伊耶（Vouillé）[①] 战役之后那种几近彻底覆亡的危境中解救出来；509 年，提奥多里克迫使法兰克国王克洛维把普罗旺斯交给他，并于 523 年，他又对法兰克人摧毁勃艮第的行为进行干涉。[②]

因而，提奥多里克的政策没有使法兰克国王成为自己的盟友，反而使得法兰克墨洛温王朝成为一个与其誓不两立的仇敌。

倘若在提奥多里克牢固确立起对意大利统治之时，拜占庭帝国没有对其进行干预，那是因为它觉得自己还不具备足以制伏这位东

---

① 该地位于法国普瓦提埃以西。——译者

② R. BUCHNER, *Die Provence in Merowingischer Zeit*, 1933, p.3.

哥特国王的强大实力。对于意大利被东哥特人所占据这一现实，它还须忍耐，并且，还得同提奥多里克保持和平的关系，可是对于这一既成事实，它又总是耿耿于怀，绝对不予接受。

正是从法兰克人身上，拜占庭帝国找到了自己反抗东哥特人的天然同盟者。

526年，提奥多里克去世。临终之前，他完全背离日耳曼传统，像一位罗马皇帝一样[①]指定了自己的继承人，即他的外孙，当时年仅十岁的阿塔拉里克（Athalaric），并由其母后阿马拉松塔摄政。

阿马拉松塔只有依靠令查士丁尼满意的方式来确保自己儿子的权位，而她的姿态竟是如此谦卑恭敬，以至于查士丁尼或许感到不用刀兵就可确保意大利重归罗马帝国。

因此之故，查士丁尼才命令自己的部下首先直接进攻汪达尔人。533年，拜占庭大将贝利撒留（Belisarius）[②]只经一战，便大胜汪达尔的篡位者盖利默尔（Gelimer），[③]此人刚刚将远至休达（Ceuta）[④]的整个非洲海岸统治大权握于自己手中。

查士丁尼急忙在迦太基重建起一个边疆防区（*limes*）。同时，他还迅速地接管了整个汪达尔王国的行政统治，其实，在这一地区，整个罗马制度均一直完好无损地保留着。

汪达尔人没有再继续自己的反抗。他们很快便融入到当地广大罗马人之中，而且，从此以后再未制造过任何新的麻烦。



① L. HARTMANN, *op. cit.*, vol. I, p. 229; F. LOT, *La fin du monde antique*, p. 303.

② 6世纪查士丁尼一世麾下著名军事统帅，卒于565年。——译者

③ 530—534年在位。——译者

④ 亦称塞卜达（Sebta），摩洛哥北部港市，位于直布罗陀海峡东段南岸。——译者

阿非利加(Africa)[1] 这一最为富庶的省份又再一次地归属罗马 65
帝国。摩尔人(Moors)[2] 曾单独地进行过抵抗，但是，548 年，他们最终也臣服于罗马帝国的统治。[3]

就在查士丁尼于 533 年收复阿非利加后的第二年，东哥特的那位幼王阿塔拉里克也去世了。为了使自己权势继续得以保全，阿塔拉里克的母后阿马拉松塔下嫁自己的表兄提奥达哈特，但是她的这位新夫君，却在第二年(535 年)将她杀害。

查士丁尼以此为借口，立即进行干预。贝利撒留于 535 年夺占西西里[4]，从而完成了对阿非利加的全部征服。在广大民众的欢呼声中，贝利撒留继续北上，宣称自己为那不勒斯的主人，并于 536 年进入罗马。

罗马化的东哥特王朝没有对拜占庭大军进行任何抵抗。提奥达哈特本人对自己作为一名柏拉图的信徒感到十分满足得意，对军人职业极为鄙视，而他的兄弟埃夫穆德更是迅即向贝利撒留缴械投降，宁愿作为一名贵族久居罗马，也不愿挺身而出领导捍卫自己同胞的抵抗事业。[5]

然而，就在此时，贝利撒留却突然遇到了一种绝望的拼死抵抗。

由于感到自己由分配而得来的土地权利受到了威胁，东哥特人便把一位官员维提吉斯(Vitiges)抬到盾牌之上，将其拥立为王。此

---

① 罗马人曾于公元前 2 世纪在迦太基附近地区建立行省，名阿非利加。——译者

② 系阿拉伯人征服北非地区后，与当地柏柏尔人混合形成的部族。——译者

③ A. VASSILLIEV, *op. cit.*, vol. I, p.178.

④ 地中海最大的岛屿，位于亚平宁半岛西南，今属意大利。——译者

⑤ L. HARTMANN, *op. cit.*, vol. I, p. 261.

人受命之后，即刻率兵向罗马进军。贝利撒留在537年，迅速地关闭了罗马所有城门，顽强抵抗。维提吉斯一时无法攻入城内，在局势逼迫下，他不得已退守拉文纳城。

为了避免在北方遭受攻击，维提吉斯将普罗旺斯交还给法兰克人，而查士丁尼则迅速地对法兰克人获得此地的所有权表示首肯。[①]

鉴于自己无力同贝利撒留大军相抗衡，维提吉斯又同罗马人进行和谈。

66 在自己对牲畜和土地所有权获得承认的前提下，东哥特人提出了由贝利撒留本人担任他们国王的建议。贝利撒留对此表示同意接受，或许这种同意只是一种假装接受的权宜之计而已。540年，贝利撒留率领罗马大军开进了拉文纳城。双方签订一项条约。哥特人守军向他们的新国王宣誓效忠；而就在贝利撒留完成自己收复意大利使命之时，查士丁尼急令其返回君士坦丁堡。哥特人以为贝利撒留在成为一个独立君王时，是不会再继续为查士丁尼效命了，然而令这些哥特人大吃一惊的是，贝利撒留竟然服从了查士丁尼的召唤。他将维提吉斯和一些哥特人一起带回君士坦丁堡，后来在与波斯人作战时，这些哥特人与他并肩作战，出生入死，共同驰骋沙场。

哥特人曾认为贝利撒留给意大利带来了一支近乎完美的近卫军武装（the Praetorium ）和一种罗马的正常统治秩序，可贝利撒留那种誓死效忠罗马皇帝的品性，在哥特人心中，却是一种对他们的实际背叛行为。那些居住在尚未被罗马军队占领的北部意大利的哥特人随即掀起了一场叛乱，并且拥立一位名叫乌莱阿斯（Uraias）

① F. KIENER, *Verfassungsgeschichte der Provence*, 1900, p. 22.

的官员为国王，但为此人所断然拒绝，人们又将东哥特国王休提斯(Theudis)的侄子伊尔蒂巴尔德(Ildibald)拥上王位，[①] 在这位新王率领下，哥特人开始对意大利进行再一次的征服。

此时，意大利民众实在不堪各种税赋的沉重压迫。贝利撒留曾把拜占庭帝国大部分军队都带到意大利；当他奉诏回国之后，那些继续留守意大利的军队皆分别驻扎各地，且无一位统帅对其加以节制。

伊尔蒂巴尔德所率领的军队，虽然只有 1 000 人马，但从帕维亚(Pavia)[②] 起兵之后，在广大民众对新帝国统治怨恨之情的支持下，连获捷报。他们打垮了由伊里利亚军事统帅(*magister militum per Illyricum*)率领的罗马大军，然而就在这胜利时刻，伊尔蒂巴尔德惨遭毒手。[③]

埃拉里克(Eraric)继承伊尔蒂巴尔德的权位。此人并不是哥特人，而是一位鲁吉安人(Rugian)[④]。掌管军权之后，埃拉里克便立即试图与查士丁尼谈判，他提出的条件是全军缴械投降，自己前往君士坦丁堡居住，但是要赐封他本人为罗马贵族。就在这一计划即将付诸实施之际，埃拉里克也在 541 年为人所害。此后，由伊尔蒂巴尔德的堂弟托提拉掌管全军。在继任国王之前，托提拉准备承认查士丁尼的君权，但是一旦登上王位之后，托提拉的举止便呈现出完 67

① L. HARTMANN, *op. cit.*, vol. I, pp. 289–290.

② 意大利北部城市，位于伦巴第区，古称帕皮亚(Papia)。——译者

③ L. HARTMANN, *op. cit.*, vol. I, p. 301.

④ 鲁吉安人，为日耳曼人的一个部落。——译者

全不同的另外一种豪气。[①]

大量罗马军队的逃兵、奴隶和意大利的隶农，被托提拉对那些大地产主的仇视政策所吸引，纷纷投奔到其麾下，使其队伍大为壮大。凭借这支军队，托提拉于546年10月17日攻陷罗马。此后，他曾有意同查士丁尼进行谈判，可查士丁尼将其视为叛徒，不肯纡尊降贵地俯就于他。其实除了停战媾和以外，托提拉别无所求。倘若查士丁尼同意，他愿意向拜占庭帝国皇帝交纳贡品并为其提供兵役。[②]就此看来，实难将托提拉看作一位民族英雄。然而，在所有蛮族国家的君主之中，托提拉的确是一位极具智慧和较为开化的君主，而他所取得的各种辉煌战果，在很大程度上应归功于他的仁慈心怀，正是这一品性方使得当时身处深重苦难之中的广大罗马百姓能够彼此和睦相处。



由于查士丁尼拒绝谈判媾和，托提拉被迫同罗马帝国开战，他重新征服了西西里、撒丁和科西嘉等地，并且用俘获的拜占庭军舰组建起一支舰队，从而使他成为亚得里亚海的主人；在征服了整个意大利半岛之后，托提拉就像当年的提奥多里克一样对这个国家进行统治。

然而，查士丁尼并没有放弃意大利。551年，拜占庭大将纳尔西兹(Narses)[③]率领两万大军在意大利登陆。他同托提拉展开激战，

① LOT, PFISTER and GANSHOF, *Histoire du Moyen Age*, vol. I, p.157 指出托提拉颇具骑士气概，他的愿望就是为了拯救自己的民众。 L. HARTMANN, *op. cit.*, vol. I, p. 302 似乎也持大致相同的观点：在他看来，托提拉只是在与他自己的利益相一致的时候，他才同其人民站在一起。

② L. HARTMANN, *op. cit.*, vol. I, p. 328.

③ 查士丁尼麾下重臣，宦官，480/490—574年。——译者

并取得大胜。托提拉殒命沙场。他的继承人特伊阿斯(Teias)在经过一番殊死搏杀之后，553年，也被纳尔西兹所败，战死在维苏威山(the Vesuvius)[①]脚下。

精疲力竭的东哥特人向法兰克人和阿拉曼人发出求助的请求。但是，接受其请求前来援救的法兰克-阿拉曼联军，却不加区分地对哥特人和罗马人统统进行了一番疯狂掠夺，结果于554年在卡普亚(Capua)[②]附近,被拜占庭军队一举击溃。余下的哥特人最后向拜占庭投降，并被送往亚洲与波斯人作战。意大利被重新组建成一个罗马行省。拜占庭帝国的总督(exarch, patrician)以拉文纳城为自己的驻节之地。但整个意大利被榨干殆尽。

拜占庭帝国与东哥特王国之间这场长达二十年的残酷战争，为 68
法兰克人提供了一个极为有利的时机，使其乘机获取了最大的利益。532年，法兰克人占领了勃艮第;535年，以向维提吉斯用兵相威胁，他们又获得了普罗旺斯地区，并很快就得到了查士丁尼的认可。

尽管如此,提奥德伯特一世(Theudebert I)[③]最终还是于539年率领大军杀入意大利，并将维提吉斯围困在拉文纳，夺占了威尼托(Venetia)[④]和利古里亚(Liguria)[⑤]的大部分地区。虽然由于军中瘟疫肆虐，提奥德伯特一世被迫撤军，但他还是占据了威尼托部分地区，并在此地设立了一位公爵，后来他又说服维提吉斯对此公爵地

① 欧洲大陆著名的活火山，位于意大利南部。——译者

② 意大利北部城市。——译者

③ 法兰克奥斯特拉西亚国王，534—548年在位。——译者

④ 意大利东北部一地区，首府为威尼斯。——译者

⑤ 意大利西北地区，位于利古里亚海沿岸。——译者

位予以认可。或许，提奥德伯特一世当时所怀揣的意图就是要把威尼托作为一个日后向君士坦丁堡发起进攻的基地。[①]

552—553 年，正是从威尼托出发，法兰克人和阿拉曼人的联军进发到意大利各地，只是到了最后，他们才被拜占庭军队打垮。也正是在这时，法兰克人才最终丢失了威尼托地区。

在任何一个时刻，我们都无法认定法兰克人与东哥特人之间存在着一种联盟，只不过在拜占庭帝国眼中，他们二者或许有朝一日会形成一个潜在的统一战线。实际上，拜占庭帝国从未遇到来自日耳曼各个民族的统一抵抗。

征服了意大利和非洲之后，查士丁尼便把矛头对准了西班牙。而此刻西班牙正陷于一场内讧，从而使得查士丁尼有机可乘，对其进行干预。当时阿塔纳吉尔德为了对抗阿吉拉（Agila）[②]，向查士丁尼发出援助的请求，于是查士丁尼下令刚刚完成对西西里重新征服的利伯尔（Liber）在西班牙登陆。阿吉拉在塞维利亚（Seville）[③]大败，被其部下所杀，这些西哥特人于 554 年拥立阿塔纳吉尔德为王，而此人则是拜占庭皇帝的一位忠实臣仆。

此刻，除了普罗旺斯之外，罗马人掌控了整个第勒尼安海（the Tyrrhenian）[④]沿岸的所有地区。西哥特王国，尽管已承认了拜占庭帝国的宗主权，[⑤]也被与地中海隔离开来。

---

① G. RICHTER, *op. cit.*, pp. 57–58.

② 西哥特国王，549—554 年在位。——译者

③ 西班牙南部城市，塞维利亚省省会。——译者

④ 地中海一部分，在亚平宁半岛、西西里岛、撒丁岛和科西嘉岛之间。——译者

⑤ 567 年，接替阿塔纳吉尔德为王的利奥维吉尔德，曾请求拜占庭皇帝查士丁尼二世对自己的王权加以确认。F. LOT, *La Fin du Monde Antique*, p. 310.

地中海又一次成为了一个罗马人的内湖。

拜占庭帝国为此曾付出了极其巨大的努力。为了赢得胜利，它 69
不得不在两条战线作战：就在它在意大利作战期间，波斯人在东哥特人挑唆下向拜占庭帝国宣战；[①] 而在巴尔干地区拜占庭帝国还要承担将入侵的斯拉夫人驱赶出去的重任。

另一个方面，就在这些接连不断并取得胜利的战争期间，拜占庭帝国本身也处于一场转变的过程当中，这场变革使其整个社会和生活方式都发生了转变。那部以查士丁尼名字命名的“法典”，是人类各个历史时代中所取得的最伟大的法律成就之一。

罗马文明再次处于一个极其繁荣辉煌的时代，为了与帝国这种奇妙的复兴相匹配，在帝国首都中心，圣索菲亚大教堂被建造起来，它恰似一座巨大的凯旋纪念碑，铭刻着上帝的荣耀和拜占庭帝国的辉煌。

当查士丁尼驾崩之时，整个罗马帝国已重新复兴，由一座座林立的军事要塞环绕簇拥着。可是，帝国本身也被消耗得精疲力竭。不久以后，拜占庭帝国便堕入到新的重重灾难之中。

紧接着查士丁尼统治时期之后的那个阶段，即 565 年到 610 年，是拜占庭历史上最为衰败的时期。[②] 战争在各条战线全面爆发；波斯人、斯拉夫人和阿瓦尔人皆凶猛地向拜占庭帝国扑来，568 年，伦巴德人也从北方向意大利发起进攻。

然而，在当时人们眼中，拜占庭并未显露出丝毫的衰败迹象；

---

① A. VASILIEV, *op. cit.*, vol. I, p. 181.

② *Ibid.*, vol. I, pp. 220–221.

没有任何人能够预测到灾难已经到来。首先，帝国已在整个西方重新站稳了脚跟，并拥有可支配的各种充足资源：如它的海军舰队，正是凭借这支强大的海军，拜占庭帝国本土方能够保持同拉文纳、西班牙、非洲等各个地区的紧密联系；此外，拜占庭帝国还拥有极为娴熟的外交技艺。同时，对它极为有利的还有，它的那些敌人彼此之间的相互沟通与协调能力还非常低下。

但是，拜占庭帝国很快就丧失掉了各条战线。这一时期最为重要的事件肯定是伦巴德人的入侵。

伦巴德人对意大利发起了进攻。尽管及至575年，已经攻占了斯波莱托（Spoleto）[①]和本尼凡托（Benevento）[②]两地，但是无论是在夺占罗马、拉文纳，还是那不勒斯战役中，伦巴德人均未得手。

70 在另一个方向，西哥特人又重新征服了西班牙；614年，拜占庭帝国在这一地区仅剩下巴利阿里群岛这一弹丸之地。[③]



可是地中海并未丧失；非洲、西西里和意大利南部地区仍牢牢掌握在拜占庭帝国手中。

侵入意大利的这些伦巴德人，是一批同那些侵入不列颠的盎格鲁-撒克逊人非常相似的日耳曼人。意大利第一次遭受到这种同罗马军队及其同盟者完全不同的陌生人的侵略。他们征服了意大利各个民族，剥夺他们的土地，并把整个意大利降低到一个被征服者

① 中世纪早期意大利中部的一个公国。570年由伦巴德公爵法罗尔德（Faroald）创立，起初为伦巴德王国的藩属，后脱离伦巴德王国成为独立公国。776年起臣属于查理曼，成为法兰克王国的一个藩属。——译者

② 意大利东南部城市，属于坎帕尼区。伦巴德人入侵后，本尼凡托形成一个公国，曾在名义上附属于伦巴德王国，归附查理曼后，成为法兰克一藩属。——译者

③ A. VASILIEV, *op. cit.*, vol. I, p. 261.

的地位。伦巴德人的占领同提奥多里克的东哥特人对意大利的占领有着明显的不同。伦巴德人王公都是由军队选出。他们尚生活在一个较为原始野蛮的时代，也即大家族时代（*Farae*）。他们的法律和习俗一点也未被罗马影响所更改。

当时局势对他们非常有利，此时拜占庭帝国正抵御波斯人和斯拉夫人的入侵。可伦巴德人仅仅是一群群结帮成伙，只会打家劫舍的匪徒。他们虽无力攻陷那些罗马人防守的坚固要塞，但是其疯狂蹂躏掠夺和各种野蛮愚蠢的政策，却使他们招致了罗马教会和法兰克人的共同仇恨。

伦巴德人在意大利的出现，迫使罗马教皇倒向拜占庭的怀抱，因为除了拜占庭皇帝以外，罗马教皇再也寻觅不到支持自己的力量。正是从这时开始，在几乎变成一片废墟的罗马城中，罗马教皇才成为一种真正意义上的统治者，但是，罗马教皇是以罗马帝国皇帝的名义来行使自己权利的。就在那位令世人厌恶的福卡斯（Phocas）[①]当选为罗马皇帝之时，罗马教皇曾热情地予以讴歌和赞颂。伟大的格里高利教皇慷慨热情地向这位皇帝大表忠心。罗马教皇同拜占庭皇帝之间的这种友好关系的恢复，实为当时各种现实因素所使然，因为自489—519年的“阿卡西亚大纠纷”（the Acacian schism）[②]以来，由于查士丁尼，双方再没有爆发进一步的宗教冲突。直到“一性论危机”（the crisis of Monophysism, 640—

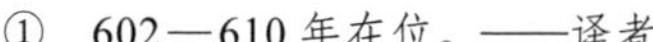

① 602—610年在位。——译者

② 5世纪末6世纪初，基督教东西两派教会的首次分裂。451年卡尔西顿宗教会议谴责了基督一性论。482年在皇帝齐诺支持下，君士坦丁堡牧首阿卡西乌呼吁东派教会反对卡尔西顿会议对一性论的谴责。而罗马教皇菲利克斯二世斥责阿卡西乌为异端，两派争执不休。——译者

681 年）[①] 之前，也没有再出现新的纠纷。罗马教皇的选举必须得到拜占庭总督正式批准，便清楚地显示出罗马教皇对拜占庭皇帝的臣属地位。罗马教皇依旧生活在帝国版图之中，他仍然视自己为拜占
71 庭皇帝的一个属臣。

伦巴德人入侵也导致拜占庭皇帝同法兰克人之间关系开始密切，而在查士丁尼时代，双方曾一度处于彼此仇视的状态之中。569—571 年，伦巴德人对高卢地区的几次进犯，虽不曾得手，但却促成法兰克人和拜占庭帝国之间达成了某种谅解。576 年，罗马元老院向拜占庭皇帝发出求救的请求，然而此刻拜占庭皇帝手中可供调遣的兵力并不充足，于是，他向罗马元老院提出两项建议，第一，向法兰克人寻求援助；第二，采用黄金贿赂的手段，以腐蚀伦巴德的诸位王公。

574 年，伦巴德人向高卢地区发起了新一轮的进攻，[②] 结果以惨败而告终。但这次进攻却致使伦巴德人同勃艮第国王冈特拉姆（Gontram ，亦拼作 Gontran）以及其盟友奥斯特拉西亚的奇尔德伯特二世（Childebert II of Austrasia）[③] 签订了一项和约。这对拜占庭皇帝又造成了一种新的危险。

拜占庭帝国毫不吝惜地展开金钱外交，目的就是挑拨法兰克人同伦巴德人之间爆发战争，从而确保意大利归属于帝国。在罗

---

① 一性论派基督教教派之一，出现于 5 世纪。该派反对基督二位二性的聂斯托利派观点，也反对正统教会的基督一位二性的教义，主张基督只有一个本性即神性。451 年被斥为异端。——译者

② L. HARTMANN, *Geschichte Italiens im Mittelalter,* vol. II, part I, 1900, pp. 58 *et seq.*

③ 法兰克奥斯特拉西亚国王，575—595 年在位。——译者

马教皇支持下，拜占庭皇帝开始同纽斯特里亚王奇尔伯里克一世（Chilperic I of Neustria）[①]进行谈判，此人于581年曾唆使奇尔德伯特二世同冈特拉姆产生分歧。与此同时，拜占庭帝国又将原本住在君士坦丁堡的勃艮第王位觊觎者冈德瓦尔德遣派回高卢地区，并为其提供大量金钱，目的是同冈特拉姆争夺法兰克王位。而另一方面，弗留利公爵格拉祖尔夫（the Duke Grasulf of Friuli）也被拜占庭的黄金所收买，开始同奇尔德伯特二世及其母亲布鲁尼豪特（Brunehaut）展开谈判，拜占庭皇帝于583年向他们馈赠了50 000金索里达。[②]

拜占庭皇帝说服奇尔德伯特二世在意大利发动一场进攻伦巴德人的战役。考虑到可以获得一笔现金收入，奇尔德伯特二世在与伦巴德人签订和约之后便从意大利撤兵了。

与此同时，许多伦巴德公爵都已被拜占庭所收买。那些尚保留独立地位的公爵也肯定意识到了拜占庭帝国同法兰克人之间的联盟对他们来说是一种严重的威胁。584年，奥塔里（Authari）重新恢复了自己的王权，他立刻重新点燃战火，但在拜占庭帝国舰队的干预下，奥塔里并未成为拉文纳的主人。

然而，奥塔里在对法兰克人构成威胁的同时，也威胁到了拜占 72
庭皇帝的利益。结果，奇尔德伯特二世和他的母亲布鲁尼豪特派遣使节前往君士坦丁堡，目的是就预期发动一场攻打伦巴德人的战争，同拜占庭皇帝进行协商。[③]

---

① 法兰克纽斯特里亚国王，581—584年在位。——译者

② A. GASQUET, *L'Empire Byzantin et la monarchie franque*, p. 198.

③ 早在587年，冈特拉姆公爵就已向拜占庭皇帝毛里斯派去了一位使节。请见A. GASQUET, *L'Empire byzantin et la monarchie franque*, p. 185 *et seq*。

590 年，一支由 22 位公爵率领的法兰克大军向伦巴德人杀来。

另一方面，拉文纳总督也举兵向奥塔里进军，迫使其逃往帕维亚。伦巴德王国几乎全部覆亡，最终只是因他的两大敌人之间尚缺乏协调理解，才得以幸免亡国。就在这一时刻，拜占庭帝国同波斯人的战争也接近尾声，于是拉文纳总督重新发起进攻，先后夺取了阿尔提努姆（Altinum）[①]、摩德纳（Modena）[②] 和曼托瓦（Mantua）[③] 等地。[④]

由于此时可供其调配的兵力充足，拜占庭帝国皇帝胸中再次燃起重新征服意大利的激情与渴望。[⑤] 可他却同法兰克人闹翻了。这是一次极具灾难性的变动。

拜占庭帝国同法兰克人之间原本活跃的联盟关系的终结，对伦巴德人来说，就是一个连续不断赢得成功的开端。而且，由于拜占庭帝国被迫再次陷入同波斯人的战争，以及还需抵抗阿瓦尔人的入侵，从而使得伦巴德人可以更加为所欲为。

另一方面，法兰克人在干涉意大利的事务上也采取了极为克制的态度。662—663 年，法兰克人曾对意大利进行过一次远征，结果无功而返；这大概是查理曼王朝之前，法兰克人对意大利的最后一次用兵。

---

① 意大利北部城市，属于伦巴第区。——译者

② 同上。

③ 同上。

④ L. HARTMANN, *op. cit.,* vol. II, part I, p.72.

⑤ 就意大利本身而言，这种再征服也似乎存在着问题，因为在 590 年，阿奎莱亚总督（the Patriarch of Aquileia）曾打算将这场再征服军事行动拖延到他自己同罗马教廷关于“三章案”（the three Chapters）的争论结束之后，再付诸实施。请见 L. M. HARTMANN, *op. cit.,* vol. II, p.89。

上述一系列事件，皆为680年拜占庭皇帝同伦巴德人达成和约做好了铺垫，二者将意大利一分为二。

尽管拜占庭帝国在意大利受到了一定遏制，但是，它仍然在
意大利保持着巨大影响力。629年，希拉克略（Heraclius）[①] 皇帝
大胜波斯人，达格伯特派遣了使节前去祝贺。[②] 伟大的格里高利 73
则在拜占庭皇帝同信奉天主教的西哥特人之间充当中介人。[③] 埃布罗因（Ebroin）[④] 允许盎格鲁-撒克逊的朝圣香客途经高卢，他还曾一度被说服，认为他们不是一个具有官方色彩的使团（a *legatio imperatorum contra regnum*）。[⑤]

怀揣着种种政治或宗教企图的各色人等，[⑥] 络绎不绝地向君士坦丁堡奔来，将其视作一个伟大的国际性和精神上的都城。[⑦]

简而言之，虽遭受到一些损失，拜占庭帝国仍然是当时世界的唯一霸主，[⑧] 而且，君士坦丁堡城是所有文明城市中最伟大的都市。拜占庭帝国所推行的外交政策包容着欧洲各个民族，并且制约着所有日耳曼国家的政策。直到8世纪时，[⑨] 历史进程中唯一积极的因素仍是拜占庭帝国的影响。而且，此时尚存在一个无须证明的事

① 拜占庭皇帝，610—641年在位。——译者

② A. VASILIEV, *op. cit.,* vol. I, p. 263.

③ L. HARTMANN, *op. cit.,* vol. II, p.176.

④ 法兰克墨洛温王朝宫相，卒于680—683年之间。——译者

⑤ L. HARTMANN, *op. cit*., vol. II, part 2, 1903, p. 198, n. 2.

⑥ GREGORY OF TOURS, *Hist. Franc.*, VI, 24.

⑦ 似乎还有一些渴望成为医生的人也都前往君士坦丁堡探求医术。GREGORY OF TOURS, *Hist. Franc.*, X, 15.

⑧ L. HARTMANN, *op. cit*., vol.II, part 1, p. 85.

⑨ C. DAWSON, *op. cit*., p. 221.

实，即拜占庭帝国业已东方化了。

自皇帝戴克里先统治时期肇始的这种罗马帝国东方化过程一直未曾出现过中断，而现在变得越发突出。即使在基督教教会领域，东方化痕迹也很突出，从而导致其内部不断爆发争端。

但是，我们也不必夸大这种危险性。因为除了暂时的陷落之外，罗马城仍然还是基督教会的首都，而且，当拜占庭诸帝停止对东方异端派别的支持后不久，罗马教皇便立即恢复了对拜占庭帝国一贯的忠诚。

从君士坦丁堡，拜占庭的各种影响逐渐地向西方扩展，当时的西方根本就不存在任何可与其相抗衡的事物。通过海上航运等，拜占庭的各种时尚以及其艺术传遍了整个西方世界。它在罗马牢牢地站稳了脚跟，因为此地有一位希腊僧侣们的主人，整个意大利南
74 部地区也是如此。拜占庭的影响在西班牙也被接受，当然，它也传遍了整个非洲。在高卢地区，国库领贮藏库（*cellarium fisci*）是拜占庭商品的聚集之地。威尼斯正在滑入君士坦丁堡的轨道。倘若我们欲对当时西方宗教思潮有所认知、理解的话，那么，那些希腊教父就是不可或缺的人物。当然，在 8 世纪拜占庭皇帝业已变成罗马人的皇帝 / 国王（*βασιλὺς των Ρωμαίων*）的时候，希腊人与拉丁人之间关系的破裂则成为必然。或许我们可将 640—681 年的“一性论”作为希腊人与拉丁人之间爆发巨大危机的开端，而其结尾则是 726—843 年的圣像破坏运动（Iconoclasty）[1]；可是双方关系彻底



① 系 8、9 世纪拜占庭教俗统治集团所发动的一场禁止和破坏圣像崇拜的运动。——译者

破裂之前，他们彼此之间又曾有过多少信誓旦旦的盟约呢！

叙利亚人在罗马城的影响急剧增长，人数众多，甚至还出现好几位叙利亚裔教皇。显然，西方拜占庭化的前景已经清晰可见，其中也或多或少地掺杂着希伯来和盎格鲁-撒克逊的部分传统。不同语言之间的差别并不是什么障碍；而东方文化对其他文化的优势则是极其巨大的。只要地中海成为或继续作为东方与西方之间的交往途经，那么，前者对后者的强大影响就是不可避免的。通过对地中海的继续控制，拜占庭将自己的影响传往四面八方。而且这一时期的文明，无论是在西方还是在东方，都是在地中海的周边地带确立造起来的。就日耳曼传统本身而言，并不存在什么可值得期待的事物。伦巴德人，在7世纪时正处在罗马化的过程之中。只是在盎格鲁-撒克逊人当中，的确有一个新的文化中心显露了出来，可是这种文化也是由地中海地区直接传播到他们当中的。

# 75 第二章　日耳曼人入侵之后的经济和社会以及地中海航运

## 1. 私人财产与土地

在人口和土地经营管理方面，“罗马化地区”并没有因日耳曼人的入侵而发生大的变革。当然一些劫掠和暴力行为不可避免。在西哥特人阿道尔夫到来之际，高卢南部地区所编写的《神谕颂歌》(*Carmen de providentia divina*)曾把西哥特人造成的创伤同一次海啸造成的破坏加以比较。[①]然而，暴风雨过后一切又都归于平静。佩拉的鲍利努斯(Paulinus of Pella)的所有家产皆毁于西哥特人入侵战火，只有他本人幸免于难，后来一位哥特人搭救了他的性命，此人在马赛(Marseilles)[②]附近购置了一块不大的地产。[③]若按浩劫之后社会均衡必然恢复而论，我们几乎再也找不到比这更好的史实了。罗马化地区是一块被遗弃的地产，但是那些入侵者并没有

---

① MIGNE, *Patr . Lat.*, vol. 51, circa 617.

② 为法国第二大城市和最大的港口，位于罗讷河口省，滨地中海。——译者

③ *Eucharisticos*, ed. BRANDES, *Corp. Script. Eccles. Latin.*, vol. XVI, 1888, p.311.

夺占它。日耳曼人按照“客居法”在这一地区站稳脚跟之后，社会再次稳定下来。然而，日耳曼人的定居又是按照什么程序进行的呢？或许我们可以设想日耳曼人利用了他们在政治军事方面的优势，可是其定居并没有导致任何绝对激烈的动荡变故。既没有出现对地产的重新分配，也没有引进任何新的农业技艺。那些罗马隶农（colonists）依旧被束缚在土地之上，并被课以赋税。只不过他们不再向罗马人交纳赋税，而是交给新的主人——日耳曼人。那些罗马奴隶被日耳曼征服者所瓜分，至于农民，也并未出现任何特别巨大的变化。英格兰地区所发生的把农业制度加以置换的情形，在“罗马化”的其他各个地区都不曾发生过。

罗马帝国的领地被日耳曼人所接管，转换为归属于王室的领 76
地，除此之外就再无什么大的变革了。[①] 那些高卢-罗马、西班牙-罗马和意大利-罗马的大地产依旧存留了下来。仍然存在着众多大庄园式（*latifundia*）的大地产，有一则大庄园的史料中记载，这块地产上有1 200名奴隶。那些大地产主照样拥有着自己的庄园（*villae*）和堡寨。至于早在罗马统治时期就归基督教教会拥有的数量巨大的地产，同样也未出现什么变故。没有什么史料证据表明，阿里安教派信徒们曾对这种状况造成任何变革。

即使是在汪达尔人所占据地区，也仅仅是新到来的主人取代了旧有的地产主而已。居住在庄园里的那些汪达尔人，与以往居住于此的罗马人毫无二致。

阿尔伯梯尼（Albertini）[②] 曾表明在日耳曼人入侵时期，非洲的

① H. PIRENNE, *Le fisc royal de Tournai*, in MÉLANGES F. LOT, 1925, p. 641.

② 1880—1941年，法国历史学家，治罗马史。著有《罗马帝国》（*L'Empire romain*）、《法国在北非的历史》（*L'Afrique du Nord fran aise dans l'histoire*）等。——译者

地产制度和向国库缴纳油料的贡奉（prestations）制度没有发生丝毫变动。[①]

倘若存在着什么制度上的变革，或者令罗马人所不知的普遍做法就是在原罗马帝国最北部地区引进了隶农拓耕的地产。

所以我们说，所有的一切事物都保持着原样。当时遗留下来的各类有关土地税收史料也显示没有发生任何剧烈的变动。

大地产组织管理体系也同样地保持原来模式。那些大地产都交由那些承租人（*conductores*）照料，他们承包这些大地产并负责向那些隶农征收各种收益。

另一方面，各类罗马式租佃制度也被全部保留了下来，其中分为不确定租赁和受益人（benefices）等形式。当时各种地产文契中也包含有永久性租佃契约，而日耳曼人的这种制度同罗马时期的制度完全或几乎完全相同。



大地产仍旧保持着繁荣状态。都尔的格雷戈里曾提及一位名叫克罗狄乌斯（Chrodinus）的人，此人建有庄园，种植葡萄，搭建农舍并对地产进行规划管理，后来他又将这一切都捐赠给了教会的主教们。[②]

伟大的格里高利将基督教会所有地产的管理秩序加以恢复，并在所有教区都重建了原有的制度。

77 基督教教会的大片领地交由承租人负责管理经营，他们为此交纳地租，从而使得各地僧侣们能够专心致志地投入纯粹的精神活

① H. PIRENNE, *Le fisc royal de Tournai*, p. 48.

② GREGORY OF TOURS, *Hist.Franc.*, VI,20.

动。[1]

这些承租人同普瓦图(Poitou)[2]阿尔丹(Ardin)的曼斯(Mans)[3]主教领地上的那些地位较低的执事人员(*juniores*)一样，都是俗界人士；他们要预先缴纳地租，而且还须保留各种租赋账册，所以这些人肯定都具备了书写能力。

各种贡奉几乎都是以货币方式交付的，这表明商品还在流通，而且在各地露天市场上被出售。当时并无一点中世纪时代那种庄园建筑(*curtes*)的迹象。

墨洛温王朝时代普罗旺斯地区所实行的租佃制度依旧是罗马式的。[4]似乎在普罗旺斯只存在着由隶农们耕作的小块地产。另一方面，在北部地区，我们发现了领主式地产(*terra indominicata*)占据着相当比重。马孔(Mâcon)[5]的圣维森特(Saint Vincent)的地产簿册为我们提供了一份冈特拉姆国王在位时期(561—592年)这块领地上的劳役(*servientes*)清单，它表明这块领地一直都是由奴隶们和承租者(*corvées*)来耕种的。[6]

谷类食物继续在各个地区之间流动，其数量相当巨大。510年，

① E. LESNE, *La propriété ecclesiastique en France aux époques remaine et mérovingienne,* Paris–Lille, 1910，p. 309. 还请参见阿尔勒的圣恺撒(Saint Caesar)的文献史料，引自 F.KIENEE, *Verfassungsgeschichte der Provence*, p. 37, n. 84。

② 今为法国普瓦图-夏朗德大区。——译者

③ 该地地处法国德塞夫勒省，库隆日苏奥体区尼奥尔市。——译者

④ F. KIENER, *Verfassungsgeschichte der Provence*, Leipzig, 1900, p. 34 *et seq*; R. BUCHNER, *Die Provence in Merowingischer Zeit,* Stuttgart, 1933, p. 30, 他们二人认为当时的农业生产仍在继续发展和富有效益的。

⑤ 法国东南部城市，索恩-卢瓦尔省省会。——译者

⑥ F. KIENER, *op.cit.*, p. 34.

提奥多里克向普罗旺斯地区运送了大量粮食，以弥补该地区所遭受战争蹂躏的损失，[①]而且我们还知道伟大的格里高利曾把教会领地上的产品都加以集中使用。

在这一时期，那些大地产仍旧可以产出巨大的现金收益。593年，迪纳米乌斯（Dinamius）[②]曾从普罗旺斯向伟大的格里高利教皇上缴了400金索里达；两年之后，伟大的格里高利急切等待着用自
78 己领地现金收益所购置的衣物和盎格鲁-撒克逊奴隶的到来。[③]同样，557年，教皇皮莱吉厄斯一世（Pope Pelagius）[④]也在急切等待普罗旺斯各种物资的到来，以解罗马人的燃眉之急。[⑤]

粮食谷物的正常贸易也依然存在着。虽然，伟大的格里高利教皇的收益数量极其巨大，但他还是常常购买粮食。

我们发现在537—538年，有一位“异邦征收者”（*peregrinus acceptor*）在伊斯特拉（Istria, Istra）[⑥]做了一单大生意，可以肯定此人是一位粮商。[⑦]



汪达尔人占领之下的阿非利加，也一定依靠种植谷物和油料来保持富庶，因为当拜占庭帝国重新夺回此地时，它依旧繁荣。同时也没有任何迹象表明，高卢地区在这一方面的开化程度要差一些。

---

① R. BUCHNER, *op. cit.*, p. 30, n. 1.

② 普罗旺斯公爵，575—585年在位。——译者

③ GREGORY THE GREAT, *Registr.*, III, 33, ed. EWALD-HARTMANN, M.G.H. EPIST., vol. I, p.191.

④ 556—561年在位。——译者

⑤ GREGORY THE GREAT, *Registr.*, III, 33, ed. EWALD-HARTMANN, M.G.H. EPIST., VI, 10, pp. 388-389.

⑥ 今塞尔维亚伊斯特拉半岛。——译者

⑦ CASSIODORUS, *Variae*, XII, 22, M.G.H. SS. ANTIQ., vol. XII, p.378.

似乎各个地区的葡萄种植业仍像罗马时代那样继续存在着。倘若我们翻阅一下都尔的格雷戈里的著述，就无论如何也不会产生这时的高卢是处在一个衰败的状态之中的印象；除非以前它曾有过繁荣昌盛时代，否则那些地产主就几乎不会像此时这般富有。

罗马帝国的重量单位里布拉的存在与通用，为当时经济状态的稳定提供了一种间接证据。

至于在社会阶级方面，也如同以往，未见有何变动。社会的上等阶级由自由人（*ingenui*）所构成，① 其中包括拥有大量地产的元老贵族（*senatores*）。② 所谓的自由民阶级大概只是一个少数人群。在 79
这些自由民阶级之下的是隶农阶层，在西哥特人和被释奴隶之中，隶农的数量尤其众多。③

当时还存在着大量的奴隶。我们将会看到这些奴隶中的绝大多数都是客居他乡的各类蛮族、盎格鲁-撒克逊人或者战俘等其他类型的人。

此外还有城市的居住人口，下面我们将会谈到有关这些人口的一些情况。

在那些大地产中存在着一些手工作坊，在这些作坊里，妇女们

① 我们一定不要像有些人那样，试图对当时自由民的数量予以过低估算。这些自由民的基本特征就是他们必须承担兵役。参见 *Leges Visigothorum*, IX, 2, 9, M.G.H. LEGES, vol. I, ed. ZEUMER, p. 377。根据埃维吉法律，每个自由民都必须把自己十分之一的奴隶送往军队。CH. VERLINDEN, *L'esclavage dans le monde ibérique médiéval*, in ANUARIO DE HITORIA DEL DERECHO ESPAÑOL, vol.XI, 1934, pp. 353–355.

② 有关对大家族的考察，请参见 A.COVILLE, *Recherches sur l'histoire de Lyon du V$^{e}$ siècle au IX$^{e}$ siècle*, pp. 5 *et seq* 所给出的西阿格利（Syagrii）家族的事例。

③ CH. VERLINDEN, *op. cit.*, ANUARIO, vol. II, p. 347. 根据威灵顿（VERLINDEN）的观点，隶农很难发挥什么重要的作用。

从事着纺纱、织布等劳动，同时，还有其他一些工匠、奴隶或家内奴仆从事着各种不同的手工业。但是，这类手工作坊在罗马帝国的最后几个世纪就已存在了。[①]

那些有关当时社会人口数据的档案文献，仍旧保留在当时财政管理机构之中，尽管随着军事和行政管理经费被全面地削减，这种财政管理机构的功能遭到了极大削弱。在这一方面，日耳曼人入侵或许还给民众带来了利益。从总体而言，那些大领地依旧保存着最基本的社会和经济因素。正是由于这些大领地，封建制度的经济基础早就已经存在于世了。但是，这些人口中绝大部分人对大地产所有者的臣服则还是从私法层面上体现出来的。那些大贵族尚未把自己固定在国王与其属臣之间的中间层次上。尽管当时整个社会经济构成是以农业为主，但它又绝非一种纯粹的农业社会结构。这一时期，商业贸易和城市在由各个阶级、各种社会和各类知识所构成的全部社会生活中仍旧发挥着相当大的作用。

## 2. 地中海东部的航运。叙利亚人和犹太人

在罗马帝国两大组成部分中，希腊地区一直是以较为先进的文明而领先于拉丁地区的。对于这一事实，我们不必再予以回避和否认。

80 罗马帝国的希腊地区是通过海洋而同威尼托地区和欧洲西部地区进行交往的。位于来自中国和阿拉伯的商队所汇集之处的叙

① GREGORY OF TOURS, *Hist.Franc.*, IX, 38 曾提及有妇女们专用房屋（apartments）的存在。参见 FUSTEL DE COULANGES, *L'alleu et le domain rural*, p. 375。

利亚尤其活跃。

当时的叙利亚人，正如17世纪的荷兰人那样，也是伟大的海上搬运夫。遥远东方的香料和各个伟大地方城市，如安条克、大马士革（Damascus）[①]和亚历山大等地的工业制成品，正是通过叙利亚人的商船才能出口远销。在地中海各个港口都能发现叙利亚人，同时，他们还深入到内陆各个地区。

早在罗马帝国时代，叙利亚人已经在亚历山大、罗马、西班牙、高卢和大不列颠，甚至在多瑙河流域和卡农图姆（Carnuntum）[②]站稳了脚跟。[③]

日耳曼人入侵对这种状况并没有造成任何的改变。汪达尔人首领盖撒利克的行为或许对地中海海上航行造成了些微的妨碍，但无论如何，当盖撒利克消失之后，这种航行仍同罗马时代一样活跃。

萨尔维安（大约卒于484年）曾说："贸易以及叙利亚人所造成的紊乱几乎遍及整个国家。"（*negociatorum et Syricorum omnium turbas quae majorem ferme civitatum universarum partem occupant.*）[④]这肯定是他本人仅仅根据对马赛的观察而做出的结论。

① 位于叙利亚，为今叙利亚首都。——译者

② 也称沙特尔，地处今法国。——译者

③ P. CHARLSWORTH, *Trade-routes and commerce of the Roman Empire*, Cambridge, 2nd ed., 1926, pp. 178, 202, 220, 238.

④ 有关这方面的一般情况，请参见 P. SCHEFFER-BOICHORST, *Zur geschichte der Syrer im Abendlande*, in MITTEILUNGEN DES OESTERR. INSTIT. FÜR GESCHICHTSFORSCHUNG, vol. VI, 1885, pp. 521 *et seq.* ;L. BREHIER, *Les colonies d'Orientaux en Occident au commencement du Moyen Age*, in BYZANT. ZEITSCHR., vol. XII, 1903, pp. i *et seq.* ; FUSTEL DE COULANGES, *La monarchie franque*, p. 357 ; J. EBERSOLT, *Orient et Occident*, 1928-1929, 2 vols.

叙利亚人在这方面的扩张情形已被考古学家所证实，而当时的历史文献则具有更大的价值。[①]

6 世纪，在高卢南部地区存在着大量的东方人。阿尔勒（Arles）[②]的主教圣恺撒里乌斯（Saint Caesarius, 卒于 542 年）[③]的传记中记载，他曾用希腊文和拉丁文为这些东方人撰写赞歌。[④]而在高卢北部地区，东方人的数量也是同样众多，都尔的格雷戈里曾讲
81 奥尔良的希腊商人们曾唱着赞歌迎接勃艮第的国王冈特拉姆。[⑤]据圣热纳维耶弗（Saint Genevieve, 卒于 512 年）的传记记载，当地人们曾对柱上苦行者圣西缅（Saint Simeon Stylites）[⑥]的往返该地的商贸行为（*negotiateores euntes ac redeuntes*）提出质疑。[⑦]

但是，除了往返各地的行商之外，尚有许多定居高卢的商人。[⑧]



① GREGORY OF TOURS, *Hist.Franc.*, IX, 22；参见 L. BREHIER, *L'art en France des invasions barbares a l'époque romane,* pp. 36 and 38。

② 法国南部城市，位于罗讷河口省。——译者

③ 法兰克墨洛温时代著名神学家，约 470/471—542 年。索恩河畔沙隆人，早年为修士，后出任阿尔勒主教。曾制定修道院规则制度，主张恪守清贫，并规定修女一旦起誓出家，终生不得离开修道院。——译者

④ I, 19, SS. RER. MEROV., vol. III, p. 462.

⑤ GREGORY OF TOURS, *Hist.Franc.*, VIII, I.

⑥ Stylite 指长时间站在柱头上苦修的基督教修士。首创这种苦修方式的是 5 世纪的西缅。此人生活在 5 世纪前半叶。曾在安条克附近的一根柱子上，苦修三十年，创立了“柱上苦修派”。——译者

⑦ SS. RER.MEROV, vol. III, p.226. 这份文献的编者克鲁施（KRUSCH）认为此事并不可信（*non credibile*）！

⑧ E. LEBLANT, *Inscriptions chrétiennes de la Gaule,* vol. I, pp. 207 and 328. 另见 Nos. 225 and 613a。参见 HÉRON DE VILIEFOSSE, *Deux inscriptions chrétiennes trouvées à Carthage*, in COMPTES RENDUS DES SÉANCES DE L'ACADÉMIE DES INSCRIPTIONS ET BELLES LETTRES, 1916, p. 435。

当时许多手抄文稿都曾提到他们。在塞纳河河口附近厄尔[①]的圣埃勒奥（Saint Eloi of Eure）礼拜堂就有一位来自叙利亚的商人。此人肯定与不列颠有贸易往来。

在这些商人中，有一些是非常富有的，他们都是在发财之后定居在高卢的。都尔的格雷戈里曾提及过波尔多(Bordeaux)[②]的一位商人[③]，此人在当地拥有一座豪宅，他将其用作供奉圣物的礼拜堂，并且头一次就捐赠了100金索里达，而后，又捐赠了200金索里达，目的就是使那些圣物不要离开他的身旁。还有一位类似的商人，即巴黎的尤塞比乌斯（Eusebius），此人是一位叙利亚裔的商人。[④]他曾以高价购得了主教职位，后来，又以种种借口解雇了前任主教府中的塾师（*scola*），并清一色地换上了自己的叙利亚裔亲信。我们看到在高卢地区存在着大量的东方商人，当然在高卢的南部地区，其数量更加众多。

589年[⑤]，那尔滂的居民由哥特人、罗马人、犹太人、希腊人和叙利亚人等各色人等构成。令人感到奇怪的是，我们没有一点关于意大利、非洲和西班牙等地区的叙利亚人的资料，但我们几乎可以断定，高卢地区的这种情况在其他各个地区也是同样地存在着。

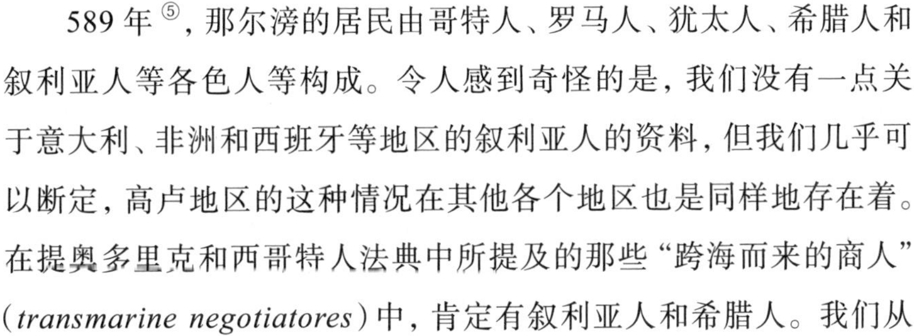

在提奥多里克和西哥特人法典中所提及的那些“跨海而来的商人”（*transmarine negotiatores*）中，肯定有叙利亚人和希腊人。我们从 82

① 厄尔为今法国一省名。——译者

② 法国西南部城市，今纪龙省省会。——译者

③ GREGORY OF TOURS, *Hist.Franc.*, VII, 31.

④ *Ibid.*, X, 26.

⑤ Council of Narbonne, J. MANSI, *Sacrocrum Conciliorum…Collectio,* vol. IX, *circa* 1015 and *circa* 1017.

《众神甫生平》(*Vita Patrum emeritensium*)中获知，那些希腊人都是从东方经海路来到西班牙的(*negociatores graecos in navibus de Orientibus advenisse*，约570年)。[①]

普罗柯比曾说过贝利撒留时期，在那不勒斯存在着数量众多的叙利亚商人，而安提奥奇乌斯(Antiochus)就是当时该城罗马人团体的首领。[②]

从其他史料中，我们还得知在巴黎附近地区也存在着大量的叙利亚商人。[③]杜切斯奈(Duchesne)[④]说，560年左右，一位一性论教派的教士曾在高卢地区四处周游，并同里昂主教圣尼兹尔(Saint Nizier，卒于573年)有过交往，这位主教被这位叙利亚人说服，认定当时东罗马帝国的皇帝是一位聂斯托利派(Nestorians)[⑤]教徒。

在高卢地区，埃及人的影响也在发挥作用：它们解释了一些埃及圣徒的事迹为何在高卢地区广为流传，[⑥]同时，高卢地区的基督教



① A.A.S.S. BOL, Nov., I, p. 323. P. DE MOREAU, *Les missions médiévales* ( HISTOIRE GÉNÉRALE COMPARÉE DES MISSIONS, published by BARON DESCAMPS), 1932, p. 171曾提及大约在585年，希腊人出现在科尔多瓦。6世纪期间，查士丁尼的再征服战争对于地中海的航海活动起到了很大的促进作用。

② PROCOPIUS, V, 8, 21, ed. DEWING, vol. III, 1919, p.74.

③ 见R. DUSSAUD of P. PERDRIZET,*Le calendrier parisien à la fin du Moyen Age*(1933), in SYRIA, vol. XV, 1934, p. 210的评论。

④ Mgr. L. DUCHESNE, *L'Eglise au VI^e siècle*, Paris, 1925, p. 191, n. 2.(路易·杜切斯奈[L. DUCHESNE]，1843—1922年，法国神甫、文献学家、历史学家，1888年成为法兰西文学院会员，1910年擢升为法兰西学院学术院会员。——译者)

⑤ 基督教的一个派别。5世纪初出现在东方教会中。其创始人为君士坦丁堡教区牧首聂斯托利。主张基督是人，基督神人二性只是相对结合而非完全融合。431年被斥责为异端，此后，该派向东转移，曾在唐朝传入中国，称景教。——译者

⑥ P. PERDRIZET, *Le calendrier parisien à la fin du Moyen Age*, 1933, pp.35 and 287-289. 圣科伦班(Saint Columban)传记的作者阿德姆南(ADMNAN)，曾讲

教会像埃及的基督教教会那样享有一种广泛避难权利的事实也可为历史的佐证；而且，这些现象无疑也能为在伊瓦（Yvoy）出现的一位柱上苦行僧的行为做出解释。[①]

然而，在整个西方的东方人并不仅仅只是叙利亚人和希腊人。此外还有犹太人，其数量也是极为众多。早在日耳曼人入侵之前，犹太人就已散布到各个地区，而在日耳曼人入侵之后，他们仍留在各地。

那不勒斯在遭受贝利撒留围攻的时候，城中的犹太商人组成 83
了一个很大的团体。[②]可是，早在提奥多里克统治时代，犹太人的数量就已经相当可观了；在罗马和拉文纳，当地民众曾经毁坏过犹太人会堂，当时的国王为了维护犹太人利益，曾下令当地基督徒对他们给犹太人造成的损坏进行修复。[③]后来，在598年[④]的巴勒莫（Palermo）[⑤]、591年[⑥]的泰拉奇纳（Terracina）[⑦]和598年撒丁的卡利亚里（Cagliari）[⑧]等地也出现了犹太人；在这些城市中，犹太人的数量同样相当众多，且各自都拥有自己的会堂。

---

爱尔兰僧侣们常常前往叙利亚，目的是研究寺院的建筑技艺。J.BAUM, *Aufgaben der frühchristlichen Kunstforschung in Britannien und Irland,* 1934, cited by FORSCHUNGEN UND FORSCHUNGEN UND FORTSCHRITTE, vol. xi, 1935, *circa* 223.

① GREGORY OF TOURS, *Hist.Franc.*, VII, 15.

② L. HARTMANN, *op. cit.*, vol. I, p. 262.

③ *Ibid.,* vol. I, p.222.

④ JAFFÉÉ-WATTENBACH, *Regesta,* No. 1564.

⑤ 意大利城市。——译者

⑥ JAFFÉÉ-WATTENBACH, *Regesta,* No.1104.

⑦ 意大利城市，位于罗马东南70余公里，曾是拜占庭在意大利的军事要塞，872年被约翰八世并入教皇国。——译者

⑧ 为意大利撒丁岛的一个省区。——译者

西班牙的情况也是同样，马德里城居住着犹太人，当地主教对待他们如同基督徒一样。[①]

《西哥特法典》(*Lex Visigothorum*)中，多次提及犹太人。[②] 该法典严格禁止犹太人进行传教鼓动活动。我们发现犹太人此时的社会地位同其在罗马帝国时代的地位完全一致，因为《西哥特法典》中曾提及他们以往是处于罗马法管制之下。[③] 后来，西哥特法律中有关宗教迫害的记录显示，犹太人已达到相当的数量。这种情形在意大利也是如此。[④] 自然，我们还是对高卢地区这方面的资料掌握得最多，这应当感谢都尔的格雷戈里。在克莱蒙(Clermont)[⑤]、巴黎、奥尔良、都尔、布尔日(Bourges)[⑥]、波尔多和阿尔勒等地都居住有犹太人。[⑦] 马赛是他们的居住中心。每当遭受宗教迫害之际，犹太人就以此地为庇身之所。[⑧] 从克莱蒙曾有不少于500位犹太人皈依了基督教这一史实中，我们可以获知其总人数的一些情况。[⑨]6世纪以后，犹太人仍继续保留着相同的社会地位。7世纪中叶的《圣苏尔皮西乌斯传》(*Vita Sancti Sulpicii*)[⑩] 就记载，布尔日也出现了犹

① *Vita patrum Emeritensium,* MIGNE, *Patr. Lat.*, vol. 80, col. 139.

② XII, 2,14, M.G.H. LEGES, vol. I, ed. K. ZEUMER, p. 420.

③ XII,2, 13, ed. K. ZEUMER, *loc. cit.*, p. 419.

④ JAFFÉÉ-WATTENBACH, *Resesta*, No. 1157.

⑤ 法国中部城市，今多姆山省省会。——译者

⑥ 法国中部城市，今谢尔省省会。——译者

⑦ F. KIENER, *op.cit.*, p. 28; F. VERCAUTEREN, *Étude sur les Civitates de la Belgique Seconde*, 1934, p. 446.

⑧ GREGORY OF TOURS, *Hist.Franc.*, V, II.

⑨ *Ibid.*

⑩ M. G. H. SS. RER. MÉROV., vol. IV, pp. 374–375.
(苏尔皮西乌斯，高卢贵族出身，曾出任布尔日主教。——译者)

太人。

即使被当地民众所厌恶，[①]犹太人在初始也没有受到来自王朝当局的迫害压制。然而，在582年，法兰克国王曾强制性地迫使犹太人改变信仰，皈依基督教。[②]据说，拜占庭皇帝希拉克略也曾要求法兰克国王达格伯特对这些犹太人施行洗礼。[③]这些犹太人当中，有的自愿皈依了基督教，[④]而另外一些则逃往马赛，因为在那里他们不会受到迫害。有的时候，犹太人被控以亵渎基督神灵的罪名。[⑤]7世纪上半叶在布尔日，圣苏尔皮西乌斯曾使得大量的犹太人接受基督教洗礼。[⑥]在克莱蒙，主教阿维图斯也曾使许多犹太人接受了洗礼，但是，并没有对他们使用任何的强迫手段。[⑦]同样，奇尔伯里克也曾使一些犹太人接受了洗礼，[⑧]他们之中有一人拒绝接受，结果被押入大牢；但是，伟大的格里高利于591年对阿尔勒和马赛的基督教平信徒们予以训斥，因为他们曾把洗礼强加给当地的犹太人；[⑨]他还对泰拉奇纳的主教予以谴责，因为他把犹太人从他们的会堂驱 84

① GREGORY OF TOURS, *Hist.Franc.*, V, II.

② GREGORY OF TOURS, *Hist.Franc.*, VI, 17.

③ *Chronique du pseudo-Frédégaire*, IV. 65, M. G. H. SS. RER. MÉROV., vol. II, p. 153.

④ GREGORY OF TOURS, *Hist.Franc.*, V, II.

⑤ GREGORY OF TOUR, *Liber in Gloria Martyrum,* ch. 21, ed. KRUSCH, M. G. H. MEROV., vol. I, p. 501.

⑥ 见前文第87页注⑤。

⑦ GREGORY OF TOURS, *Hist.Franc.*, V, II. 有关里昂的犹太人状况，请见A. COVILIE, *op. cit.*, pp. 538 *et seq*。

⑧ GREGORY OF TOURS, *Hist.Franc.*, VI, 17.

⑨ JAFFÉ-WATTENBACH, *Regesta*, No. 1115.

散。伟大的格里高利说，必须要以仁慈之心来对待这些犹太人。[①]他甚至还不允许那不勒斯主教对犹太人在各种基督教节日期间从事工作加以禁止。[②]他对犹太人的唯一限制就是他们必须要对信奉基督教的奴隶保持尊重。[③]伟大的格里高利还要求法兰克的布鲁尼豪特颁布一项法令，严禁犹太人拥有基督徒奴隶。[④]

一些城市的会议，如克莱蒙会议于535年，曾做出过犹太人不得担任法官的规定。[⑤]墨洛温王朝时期法兰克的各个会议曾制定了许多禁令，如严禁犹太人与基督徒之间的通婚，严禁基督徒参加犹太人的宴会，严禁犹太人拥有基督徒奴隶，等等。614年所制定的一项法令还禁止犹太人对基督徒进行公开的反抗。[⑥]

在西班牙地区，自西哥特国王雷卡雷德皈依基督教以后，各
85 种反对犹太人的法律变得愈发严厉。西塞布特（Sisebut，612—631年在位）曾强迫一些犹太人信奉基督教，为此他受到了伊西多勒的严厉谴责。[⑦]克鲁特拉（Chrutela，636—640年在位）曾下令在全王国之内除了基督徒之外，不得再存在有任何其他宗教信徒。雷克西斯温斯曾严禁犹太人行割礼，并禁止庆贺犹太教安息日活动以及其他各类犹太人节日庆典活动。埃尔维古斯严令犹太人限期要向法庭坦承自己的信仰，否则予以罚没财产和流放的惩

① JAFFÉÉ-WATTENBACH, *Resesta*, No. 1104.

② *Ibid.*, No. 1879.

③ *Ibid.*, No. 1157.

④ *Ibid.*, No. 1743-1744.

⑤ M. G. H. CONCILIA. ed,MAASEN, vol. I, p. 67.

⑥ M. G. H. CAPIT.,ed. BORETIUS-KRAUSE, vol. I, p. 22.

⑦ A. K. ZIEGLER, *Church and State in Visigothic Spain*, 1930, p. 189.

罚。埃吉卡（Egica，687—702年在位）也明令禁止犹太人同外国人或基督徒进行贸易活动。696年，爆发了一场反对犹太人的民间暴乱，而其最后结局是宣布所有犹太人皆成为基督徒的奴隶。塞维利亚的伊西多勒组织了一个专门反对犹太人的组织（*contra Judaeos*）。[①] 犹太人曾向国王雷卡雷德馈赠了大量的金线，但却被其拒绝。[②] 在西塞布特的宗教迫害时期，有大批的犹太人逃往高卢地区避难。[③]

犹太人中有一些是水手，或者就是船主；[④] 而另外一些犹太人则拥有地产，这些土地皆由那些隶农或原著居民（*originarii*）耕种；[⑤] 还有一些犹太人则是医生。[⑥] 但是，绝大部分犹太人都是以商业为生，而且主要从事以牟利为目的的钱币借贷买卖。其中很多人都是奴隶贩子；例如，在那尔滂的情况就是如此。[⑦] 有些犹太人还从事着海上贸易活动。[⑧] 都尔的格雷戈里曾数次提到过有几位犹太人，在都尔与当地主教相互串通，以令人咋舌的高价出售香料。[⑨] 在巴黎，一位名叫普里斯库斯的犹太人，同国王奇尔伯里克交往甚密，



① A. EBERT, *op. cit.*, French translation. AYMERIC and CONDAMIN, vol. I, 1883, p. 631.

② JAFFÉ-WATTENBACH, *Regesta,* No.1757.

③ J. ARONIUS, *Regesten zur Geschichte der Juden*, p. 21, No. 59.

④ JAFFÉ-WATTENBACH, *op. cit.*, No. 1564.

⑤ *Ibid.*, No. 1293.

⑥ GREGORY OF TOURS, *Hist.Franc.*, V, 6.

⑦ J. ARONIUS, *REGESTEN zur Geschichte der Juden*, p. 19, No. 53.

⑧ GREGORY OF TOUR, *Liber in Gloria Confessorum*, *circa* 95, ed. KRUSCH, M. G. H. SS. RER. MEROV., vol. I, p. 809.

⑨ GREGORY OF TOURS, *Hist.Franc.*, IV, 12.

他曾向这位国王提供香料，[1]其实此人也是奇尔伯里克的钱商，因为都尔的格雷戈里在其著述一些段落中所使用的香料 这一词汇，往往就是指钱财。[2]《达格伯特传》（*Gesta Dagoberti*）曾提到一位名
86 叫撒洛蒙（Salomon）的商人，而此人就是一位犹太人。[3]但可以肯定的是，绝大多数的犹太人都是从事金钱借贷生意的，而且其中有很大一批人都是富甲一方的巨贾豪商。

除了叙利亚人和犹太人之外，在卡西奥多鲁斯[4]和《西哥特法典》中所提到的跨海而来的商人中无疑也有一些是非洲人。迦太基在当时是一座大城市，一座专供驶往东方海船的商港（*étape*），高卢地区将骆驼用作运送货物的牲畜，大概就是从迦太基人那里学来的。[5]

在地中海海上航行十分活跃的时期，波尔多和南特（Nantes）[6]也是两座十分繁忙的港口，它们的航船曾驶越大西洋前往不列颠群岛——从该地运回撒克逊奴隶——和加利西亚等地。[7]在罗马帝国



---

① GREGORY OF TOURS, *Hist.Franc.*, VI, 5.

② GREGORY OF TOURS, *Hist.Franc.*, IV, 35. 请注意在法语中，spices（香料），这个词汇往往被升格为 épices 和 espèces。

③ Ed. B. KRUSCH, M. G. H. SS. RER. MEROV., vol. II, p. 413. 然而应该注意，这些传记直到 19 世纪才被人们誊抄下来。

④ 此人生卒年代大约为 490 年前—580 年后。中世纪初罗马政治家、历史学家，曾在东哥特国王提奥多里克宫廷担任重臣数十年，且著述甚丰，如《神圣和世俗读物导论》（*Institutiones divinarum et saecularium litterarum*）。——译者

⑤ GREGORY OF TOURS, *Hist.Franc.*, VII, 35. *Vita S. Eligii*, SS. RER. MEROV., vol. IV, p. 702.

⑥ 法国南部城市，今卢瓦雷省省会。——译者

⑦ VENANTIUS FORTUNATUS, *Vita Sancti Germani*, *circa* 47, M. G. H. SS. RER. MEROV., vol. VII, pp. 401–402.

时代曾相当活跃的比利时航海业，[1] 在盎格鲁–撒克逊人入侵英格兰时，肯定受到了极大损害。然而，这种航海活动依旧存留了下来。蒂尔（Tiel）[2]、杜尔斯泰德（Duurstede）[3] 和克恩托维克（Quentovic）[4] 等地仍旧是海上贸易中心，它们大概皆仰赖于佛莱芒的纺织贸易。[5] 但显然这种贸易是被当地人所掌控着。[6] 高卢地区在地中海也有几个港口。除了马赛之外，尚有富斯（Fos）[7]、那尔滂、阿格德（Agde）[8] 和尼斯（Nice）[9]。

罗马式组织体制似乎一直保留了下来。各地码头（*cataplus*）上似乎一直存在着一种市场或交易的场所。[10] 例如，在富斯港就有一个储藏该码头各种货物的货栈。我们知道在东哥特国王提奥多里克统治时期，意大利就存在着专门负责管理商业贸易的各种各样的

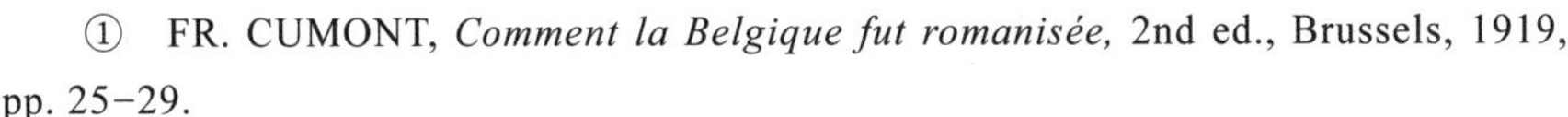

① FR. CUMONT, *Comment la Belgique fut romanisée,* 2nd ed., Brussels, 1919, pp. 25–29.

② 荷兰城市。——译者

③ 位于今荷兰乌特勒支省东南，中世纪早期（7—9 世纪）的商业、港口城市。由于其优越地理位置，对外贸易发达，维金人大规模入侵前一直是加洛林重要的商贸城市，由于频遭入侵，9 世纪中叶以后走向衰落。——译者

④ 位于今法国北部康什河（Canche River）河口，连同杜尔斯泰德，是法兰克王国最重要的港口，西方学者在这里发现大量的墨洛温、加洛林时期的钱币，后毁于维金人频繁入侵。——译者

⑤ H.PIRENNE, *Draps de Frise ou draps de Flandre?* in VIERTELJAHRSCHR. FÜRSOZ. UND WIRTSCHAFTSGESCHICHTE, vol. VI, 1909, p. 313.

⑥ 在该地区南部所发现的盎格鲁–撒克逊人少量的黄金，证实了当时的确有一定数量的商业活动。

⑦ PAULY-WISSOWA, *Real- Encyclopadie,* vol. VII, *circa* 75, No. 12.

⑧ 法国城市。——译者

⑨ 法国东南部城市，滨海阿尔卑斯省省会。——译者

⑩ F. VERCAUTEREN, *Cataplus et Catabolus*, in BULLETIN DUCANGE, vol. II, 1925, p. 98.

87 官吏。[①] 同样，在西班牙也有负责海外商人收益的海关（*telonearii*）。在重新收复迦太基之后[②]，拜占庭的“商业”重新被引入，肯定对整个第勒尼安海地区产生了一定影响。所有这些相关材料都表明，若将当时这种商业仅仅看成一种奢侈品贸易是错误的。当然，考古学为我们所保存下来的只是各种奢侈品，而东哥特人的《审判书》（*Liber Judiciorum*）则提及当时海外商人所输入进来的物品有黄金、白银、纺织品和各种各样的奢侈品。[③] 我们还掌握了许多其他种类商品的情况：如今天各地博物馆中所陈列的那些来自埃及的象牙，[④] 那些有装饰物的专供礼拜仪式所用的短装上衣：Saqqesara，[⑤] 和那些来自腓尼基的手袋。[⑥] 根据都尔的格雷戈里所言，这些物品在当时商人之间使用得十分普遍，此外，还有那些专门用于装饰教堂祭坛的东方式的帷幕帘布。[⑦] 毫无疑问，那些比较奢侈的物品都是来自于东方，而且，当时的时尚是由君士坦丁堡决定的，就如今天的

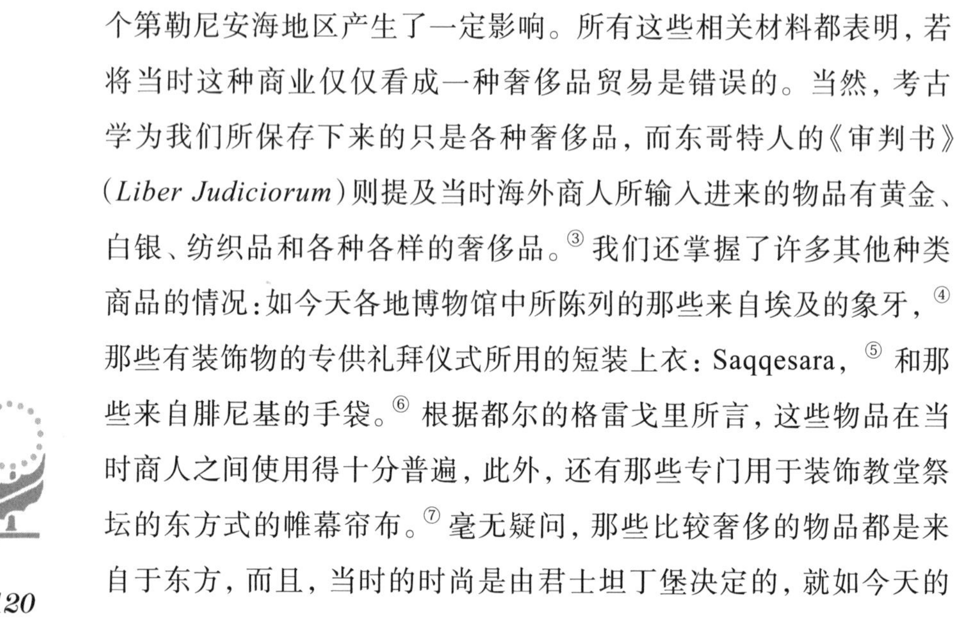



① CASSIODORUS, *Variae*, V, 39, ed. MOMMSEN, M. G. H. SS. ANTIQ., vol XII, p.164 公布了一个关于海运（*transmarini*）市场费用的规则。

② CH. DIEHL, *L'Afrique Byzantine*, p. 500; G. Millet, *Sur les sceaux des commerciaires byzantins*, in Mélanges G. SCHLUMBERGER, vol. II, 1924, pp. 324–326.

③ “*Si quis transmarinus negociator aurum, argentum, vestimenta vel quelibet ornamenta ...vendiderit*”, *Lex Visigothorum*, XI, 3, I, ed. K. ZEUMER, M. G. H. LEGES, vol. I, p. 404.

④ M. LAURENT, *Les ivoires prégothiques conservés en Belgique*, 1912, pp. 9, 11, 20, 84.

⑤ *Coopertorium Sarmaticum.* GREGORY OF TOURS, *Liber Vitae Patrum, circa* II, ed. B. KRUSCH. SS. MEROV., vol.I, p. 701.

⑥ GREGORY OF TOURS, *Liber in Gloria Confess.*, *circa* 110, ed. B. KRUSCH, *loc. cit.*, p. 819.

⑦ FUSTEL DE COULANGES, *La monarchie franque*, p.257.

一切时髦都取决于巴黎一样；我们知道在墨洛温王朝时代的法兰克王国臣民中仍存在着大量的奢侈品消费。[①]大量文献告知我们，当时的西方男女经常是身穿绫罗绸缎。[②]如果这些丝绸制品不是来自于中国，那又是从哪里来的呢？因为直到查士丁尼在拜占庭帝国创 88
办起自己的丝绸纺织业以前，西方所有丝绸都是产自于东方的中国。

当时西方人在餐桌上所享用的美味佳酿也往往是由东方所供应的。都尔的格雷戈里[③]曾说到过那些从加沙（Gaza）[④]输入的叙利亚各类葡萄酒。[⑤]这类美酒在西方各个地区都有发现，并且数量极大。都尔的格雷戈里告知我们，一位里昂的寡妇几乎每天前往自己丈夫的墓前凭吊时，都要带上两加仑的叙利亚美酒；[⑥]他还提到自己在都尔时曾派人前往当地一家酒肆，购买叙利亚佳酿以款待一位贵客。[⑦]这些均表明，当时叙利亚美酒是一种很普通的商品。可能在卡奥尔（Cahors）[⑧]的迪蒂尔（Didier）致凡尔登（Verdun）[⑨]主教保罗的一封信中也曾提及这种美酒，在信中，迪蒂尔说他此次向主教保

① 有关墨洛温王朝时代奢侈品的消费，请见 *Vita S. Eligii episcopi Noviomagensis*, I, 12, ed. B. KRUSCH, M. G. H. SS. MEROV., vol. IV, p. 678。

② GREGORY OF TOURS, *Hist.Franc.*, VI, 10, 35; X, 16; *Liber in Gloria martyrum*, SS. RER. MEROV., vol. I, pp. 491, 535, 549; *Liber de virtutibus S. Martini,* I, II; *ibid.*, p. 595; II, 23, *ibid.*, p. 617.

③ GREGORY OF TOURS, *Hist.Franc.*, VII, 29.

④ 今巴勒斯坦西部城市。——译者

⑤ 有关这些酒类商品，请参见 *Vie de Porphyre*, *évêque de Gaza*, by MARC LE DIACRE, published by H. GRÉGOIRE and M. A. KUGENER, Paris, 1930, pp. 124–126。

⑥ GREGORY OF TOURS, *Liber in gloria Confessorum*, *circa 64*, ed. B. KRUSCH, *loc. cit.,* p. 785.

⑦ GREGORY OF TOURS, *Hist.Franc.*, VII, 29.

⑧ 法国中南部城市，今洛特省省会。——译者

⑨ 法国东北部历史名城、要塞。——译者

罗赠送了 10 桶白葡萄酒（Falerno）；[1] 这充分表明，当时该地区存在着大量的内陆贸易活动。[2]

此外，当时的文献还提到过其他各种优质的饮料。597 年，都尔的格雷戈里曾致信亚历山大的主教，对一种名为 *cognidium* 的饮品大为称赞；[3] 这种饮品是由那些居住在亚历山大城的商人运来的，因为那位主教就居住在该地。

毫无疑问，许多食品也源源不断地从东方输入进来。不管怎样，那些苦行修道者在大斋期间只习惯于吃些从埃及输入的苦味草类植物。都尔的格雷戈里说尼斯附近的一位隐修士除了他从亚历山大带来的草根外，别的食品一律不吃。[4]

现在我们来谈谈珠宝和衣物等商品以外的其他贸易；在当时与东方的商业贸易中，最具有重要性的，也即同人们实际日常生活
89 密切相关的商品就是香料的进口。[5] 任何人都无法对这类贸易的重要性提出质疑。罗马帝国曾从印度、中国和阿拉伯进口了各种各样的香料。正是这种香料贸易方给帕尔米拉（Palmyra）和阿帕米亚（Apamea）[6] 带来了繁荣。老普林尼（Pliny The Elder, Gaius Plinius Secundus）[7] 估计罗马帝国每年用于从印度、中国和阿拉伯进口各种



① M. G. H. EPIST. MEROV., vol. I, 209, about 630–647.

② 福尔图纳图斯也曾提到加沙的美酒。*Vita S. Martini*, II, 81, ed. LEO, M. G. H. SS.ANTIQ., vol. IV$^2$, p. 316.

③ JAFFÉ-WATTENBACH, *Regesta*, No. 1483.

④ GREGORY OF TOURS, *Hist.Franc.*, VI, 6.

⑤ F. CUMONT, *Fouilles de Doura-Europos,* 1926, p. xxxiii.

⑥ 也称迪亚尔，地处今土耳其境内。——译者

⑦ 23 或 24—79 年，古罗马的百科全书式的作家，以其所著《自然史》一书著称。——译者

香料的资金数额，若以今天的法郎计算，至少要多达100万。而日耳曼人的入侵并没有对香料在罗马帝国境内的继续散布造成什么妨碍。如同以往一样，在日耳曼人入侵之后，香料仍旧构成了当时人们日常膳食中的一个组成部分。[①]

从安瑟姆斯（Anthimus）这位希腊医生所拥有的财富之中，我们仍能获得有关这类贸易的一些信息，此人在478年被拜占庭人所放逐，后来他又作为提奥多里克的使节出访法兰克奥斯特拉西亚国王蒂埃里一世（511—534年在位）。[②]

一份由法兰克国王奇尔伯里克二世（Chilperic II）[③]于716年4月29日颁给克尔比（Corbie）修道院[④]住持的文状，使人们对这类商业贸易的状况有了新的了解。[⑤]这使人们对克洛泰尔三世（Clotair III，657—673年在位）和奇尔伯里克二世（Chilperic II）[⑥]颁发给克尔比修道院的文状，在性质上的相似性得以确认。法兰克宫廷赋予这所宗教机构以向来自富斯"国家库"（*cellarium fisci*）商品加以征税的权限。在有关文件中，笔者发现了下列的清单：

油：10 000磅



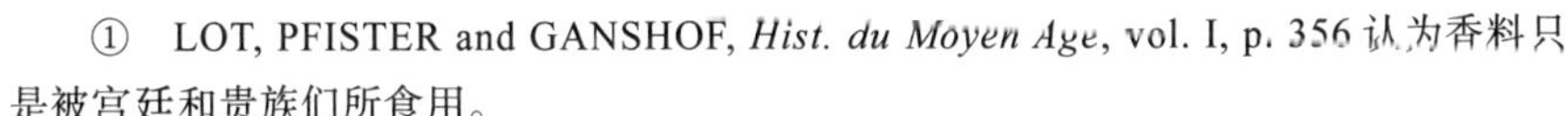

① LOT, PFISTER and GANSHOF, *Hist. du Moyen Age*, vol. I, p. 356认为香料只是被宫廷和贵族们所食用。

② *Epistula de observatione ciborum*, ed. ED. LIECHTENHAN, 1928（*Corpus Medicorum Latinorum*, vol.VIII[1]）

③ 法兰克纽斯特里亚国王，715—721年在位。——译者

④ 法兰克著名修道院，位于今索姆省，大约657年前后创建。——译者

⑤ L. LEVILLAIN, *Examen critique des chartes... de Corbie*, 1902, p. 235, No. 15.

⑥ 673—675年在位，此处原文似乎有误。依据在位年代，此时法兰克国王当为奇尔德里克二世（Childeric II）。——译者

嘎鲁姆(*garum*，一种调味品)：30 大桶[①]

胡椒：30 磅

小茴香：150 磅

丁香：2 磅

肉桂：1 磅

纳德(nard)：2 磅

考斯图姆(*costum*，一种香草)：30 磅[②]

90 大枣：50 磅

无花果：100 磅

杏仁：100 磅

开心果：30 磅

橄榄：100 磅

黑地里奥(*hidrio*，一种香料)：50 磅[③]

嫩豌豆：150 磅

稻米：30 磅

奥罗(*auro pimento*)：10 磅

20 张皮革(油质皮革)[④]

科尔多瓦皮革(Cordova leather)：10 张

---

① BULLETIN DUCANGE, *Glossarium, verbo* garum.

② E. JEANSELME, *Sur un aide-mémoire de thérapeutique byzantin*, in MÉLANGES CH. DIEHL, vol. I, 1930, p.150, No. 12; BULLETIN DUCANGE, *op.cit., costum*, mulled wine.

③ BULLETIN DUCANGE, *verbo* hidrio. 我们在各处都找不到这个词；或许这是一个被拼错的词？

④ BULLETIN DUCANGE, *sub verbo seoda.*

纸草：50 刀。

当然，并非所有这些商品，例如油，都是从东方输入的，但是绝大部分皆来自于东方。这份史料使得我们可以得出各种不同的结论。首先，国库库房里总是装满着各种各样的香料，因为那些君王对修道院僧侣们的恩赐并不是只限定在一个特定日期；只要国王需要，这些官员就必须及时地从其仓库里予以提供。其次，我们绝不能根据这份赏赐史料，就做出只有克尔比修道院僧侣们才有幸获得这种恩宠的假设。然而，即或如此，我们也必须避免那种连修道院厨房也不能支配这些普遍被食用香料的想法。

事实上，对各种香料的使用是如此经常普遍，国王常常通过在富斯修道院的特使将它们赐予僧侣，常常是赐予一磅嘎鲁姆，一盎司胡椒，或者两盎司小茴香，以至于那些僧侣对这些香料的食用早已习以为常。因而，就连修道院里那些贫穷的伙计们都觉得香料就如同咸盐一样，已经成为他们膳食中的必需品。王家特使在他们每一个停留之处，或者在其往返途中的每个驿站都能很方便地获得这些贡奉，这也就是说，这些香料在各个地区都能获得。

在马库尔夫(Marculf)[1] 提供给我们的运输清单中的记载中，也
能发现同样的史料。[2] 尤其是它所提到的香料种类完全与克尔比修 91
道院的文献中所提到的一样。笔者知道克鲁施(Krusch)[3] 曾提出，

① 亦作 Marcoul，约 500—588 年。担任法兰克科唐坦(Cotentin)半岛南图斯(Nantus)修院住持，著有《马尔库夫程式集》(*The formularies of Marculf*)。——译者

② *Formulae*, I, II,ed. EXUMER, p. 49.

③ B. KRUSCH, *Ursprung und Text von Markulfs Formelsammlung*, NACHRICHTEN

马库尔夫所提供的统计就是一份对克尔比修道院各种文状证书的抄本。他以一种戏谑的语调说道，那些宫廷官员们根本就享用不了这么多香料。无可置疑，他是完全正确的。[①]而在另一个方面，倘若这些调味香料皆为稀有之物，那么我们就无法设想马库尔夫的统计能将当时所有的香料都包括在内。他肯定是把这些香料视作人们普遍食用的物品，而这一点具有非常重要的意义，因为他当时正在撰写有关北方地区的著述。然而，马库尔夫是否仅仅只是抄录了克尔比修道院的文献吗？[②]应当注意，马库尔夫对饮食供应所做的统计中包括了克尔比修道院文献中所记载的所有商品。但是，倘若他只是简单地抄录那份文献，那么他为何要省略掉与纸草有关的内容呢？[③]

无论如何，克尔比修道院的文献记载以及由此得出的各种结论，都充分地显示出了在墨洛温王朝，交通在香料贸易中具有重要的基础作用。而且，可以肯定凡是在高卢地区被视为是属实的状况，那么，在第勒尼安海沿岸的各个地区也必然都是属实的。



---

VON DER GESELLSCHAFT DER WISSENSCHAFTEN ZU GÖTTINGEN, 1916, p. 256.

（布鲁诺·克鲁施［B. KRUSCH］，1857—1940 年，德国历史学家，著有《法兰克古文书研究：法兰克的王号》（*Studien zur frnkischen Diplomatik. Der Titel der frnkischen Knige*）等。——译者）

① 从另一个方面讲，在加洛林王朝时期则没有这么多香料可供官员们所食用。G. WAITZ, *Deutsche Verfassungsgeschichte,* vol. IV, 2nd ed., p. 23.

② H. SPROEMBERG, *Marculf und die Fränkische Reichskanzlei*, NEUES ARCHIV., vol. 47, 1927, p. 89 采纳了克鲁施的观点。

③ 人们对香料予以了极大的关注，墨洛温时代的香料贸易同 12 世纪以降意大利各个城市的贸易有很大相似之处。都尔的格雷戈里曾多次提到巴黎的商人们出售香料的情况。请见其 *Hist.Franc.*, VI, 32。

纸草是来自东方的又一类东西，而且是一宗被人们大量消费的商品。[①] 这种罗马帝国普遍使用的书写原料的供应被埃及人所垄断，而羊皮纸（parchment）则被储存用于特殊用途。日耳曼人入侵前后，书写技艺在整个西方地区都依然继续存在。它是整个社会生活中一个必要的组成部分。罗马帝国的司法和行政管理、国家各种特 92
定职能都与这种书写技艺密切相关，而且在社会各种关系中，书写技艺可能也具有同样重要性。当时的商人皆拥有他们自己的文秘雇员，即 *mercenarii litterati*。那些保留财务记录的人、那些专门解决各种争端的公证人、私人之间的书信往来以及基督教僧侣们等都对纸草提出了广泛的需求。正如我们在富斯的国库中所看到的，克尔比修道院每一年都得消费 50 刀纸草。而这类舶来品一定是在那些沿海港口码头上卸下来的。

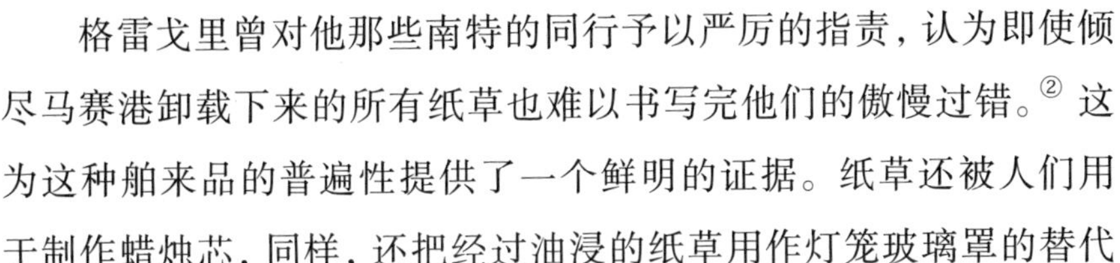

格雷戈里曾对他那些南特的同行予以严厉的指责，认为即使倾尽马赛港卸载下来的所有纸草也难以书写完他们的傲慢过错。[②] 这为这种舶来品的普遍性提供了一个鲜明的证据。纸草还被人们用于制作蜡烛芯，同样，还把经过油浸的纸草用作灯笼玻璃罩的替代



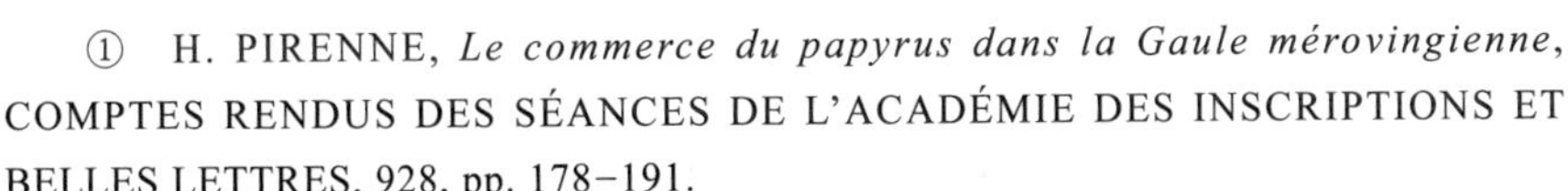

① H. PIRENNE, *Le commerce du papyrus dans la Gaule mérovingienne*, COMPTES RENDUS DES SÉANCES DE L'ACADÉMIE DES INSCRIPTIONS ET BELLES LETTRES, 928, pp. 178–191.

② GREGORY OF TOURS, *Hist.Franc.*, V, 5：“哦！它们为您保留了了马赛的神甫。除了大量的纸草书信之外，那些船只从未运来油料或其他什么精美的物品。用这些纸草，在书信中，您可有机会同那些诽谤者进行论辩，但是，贫穷的处境也大大限制了这种状况的真实性。”（*O si te habuisset Massilia sacerdotem !Numquam naves oleum aut reliquas species detulissent, nisi cartam tantum, quo majorem opportunitatem scribendi ad bonos infamandos haberes. Sed paupertas carta finem imponit verbositati.*）

品。[①]那种在康布雷(Cambrai)[②]的小商铺里就可买到纸草的事实，意味着在该国任何地区都能买到纸草。[③]所以，纸草是一种普遍为人们所消费的商品。当时存在着一种大规模纸草批发贸易，它们由亚历山大港装船，而后运往地中海沿岸的各个港口。我们在巴黎的国家档案馆中便能见到装潢十分精美的王室文书的实物证据，[④]此外，尚有一定数量的私人文状；在那些无数卷册(*scrinia*)的残篇(débris)之中，就有各类私人保存的有关商业买卖的文献资料和他们之间的往来通信函件，就如同当时各个城市在它们的《自由法案》(*gesta municipalia*)之中所保留下来的各类条文法规一样。

在北方气候条件下，纸草易于破碎的特性，可对为何在北方地区纸草保留下来的数量是如此稀少做出清楚的解释；但是我们必须
93 记住不能因此就对当时纸草被使用数量做出任何过低的估算。对于高卢地区，我们拥有着极其丰富与纸草相关的史料信息，这应当感谢都尔的格雷戈里。同时，我们也要记住在意大利和西班牙地区，纸草仍在被广泛使用的事实，以及它同当地所存在的那种格外活跃的进口贸易之间的必然关联。

这一时期，西方还有一种消费数量极为巨大的消费品贸易，这就是油料。对于这种物品，各个地区都存在着巨大的需求。首先，

---

① GREGORY OF TOURS, *Liber in gloria martyrum*, M. G. H. SS. RER. MEROV., vol. I, p. 558; *Liber de virtutibus S. Martini, ibid.*, p. 644; *Liber Vitae Patrum, ibid.*, p. 698.

② 法国北部城市，今位于北部省。——译者

③ F. VERCAUTEREN, *Étude sur les Civitates*, pp. 211–212.

④ LAUER and SAMARAN,*Les diplômes originaux des Mérovingiens,* Paris, 1908.

这种需求源自于食用的用途。高卢南部各个地区都同西班牙和意大利一样，几乎任何食物的烹饪都需要用油。而当地橄榄树则无法满足这类需求。这就必然地要从外部地区进口油料；可以肯定地讲，正是由于油料是如此充足，这一时期各地基督教教堂在满足照明需要时，不是如它在以后岁月中那样用蜡烛，而是用油灯。当时，非洲是罗马帝国境内最大的油料产地，并且这种状况一直延续到穆斯林征服之时。西方用成“罐”（*orcae*）的方式从非洲进口油料。509—511年，东哥特国王提奥多里克曾致函萨罗纳（Salona）主教，[①] 目的是维护一位名叫约翰尼斯商人的利益，此人为这位主教供应了60大罐用以照明的油料，并要求付款。这份信函的其余内容表明，这只是微不足道的（*parvitas*），也就是说，只是无足轻重的小事一桩。都尔的格雷戈里告知了我们一些有关马赛地区油料贸易的情况：[②] 他说有一位商人曾在马赛的码头上盗窃了70罐的油料。[③] 692年，法兰克国王克洛维三世（Clovis III）[④] 颁发了一份文状，并且这份文状于716年又再次被颁发，然而实际上，这份文状最早颁布的日期还可以继续往前回溯，它是由国王达格伯特一世（卒于639年）所颁布的，其中记载了这位国王馈赠给圣但尼修道院的一笔100金索里达的年金，根据 *ordo cataboli*，这笔款项的实际用途

① CASSIODORUS, *Variae*, III, 7, ed. MOMMSEN, M. G. H. SS. ANTIQ., vol. XII, p. 83. 这份史料文献是M. 库格纳（M. KUGENER）非常慷慨地馈赠给笔者的。

② R. BUCHNER, *Die Provence*, pp. 44-45. 他的这一观点主要是依据 GREGORY OF TOURS, *Hist. Franc.*, V, 5。

③ *Ibid.*, IV. 43.

④ 690—694年在位。——译者

是用于从国库购买油料。[①] 马库尔夫所做的一份统计中多次提到作为海港的马赛，人们一般都在此地购买那些专门用于照明的油料。[②]

94 那些来自非洲的油料甚至还远销到了北方地区。克尔比修道院一份 716 年文状中曾提到多达 10 000 磅的油料，这足可作为非洲油料远销北方地区的一个佐证。不能设想这些油料是来自于普罗旺斯，因为国库曾收到过购买这些油料的定金。[③] 另外，波尔多的有关油料出口的一份税收史料文献也为我们将这些油料视为是来自于马赛提供了进一步的根据。[④]

上述所有这一切均证明当时西方同非洲之间存在着活跃的贸易往来。而最为奇特的事实是骆驼这种动物在西班牙和高卢地区被用作驮载物品的牲畜，它为我们进一步地认识西方同非洲之间的各种关系提供了极有力的证据。因为这些骆驼只能从非洲地区引入，公元 2 世纪时罗马人将其引入到帝国境内。日耳曼人入侵之前，在地中海北岸各地显然已经使用了这种牲畜。都尔的格雷戈里[⑤] 曾讲过运载着大量金银的(*cum ingenti pondere auri atque argenti*)的骆驼和马匹，后来被冈德瓦尔德(Gondevald)[⑥] 的军队在大撤退时所遗弃。然而，布鲁尼豪特在被流放之前，曾乘着一匹骆驼检阅自己

---

① R. BUCHNER, *Die Provence.,* pp. 44–45.

② MARCULF, *Supplementum,* I, ed. ZEUMER, p. 107.

③ 比希纳曾对此做过估算，见 BUCHNER, *op. cit.*, p. 45。根据他的估算，富斯地区每年进口的油料多达 200 000 磅，故而这份 10 000 磅油料的意义并不太重要。

④ *Vita S. Filiberti abbatis Gemeticensis*, M. G. H. SS. RER. MEROV., vol. V, p. 602.

⑤ GREGORY OF TOURS, *Hist. Franc.,* VII, 35.

⑥ 此人自称是法兰克国王洛塔尔的王子。——译者

的军队。[①] 倘若我们将这一史料同以往的各种文献加以比照，那么，就似乎证明了当时日耳曼蛮族军队是依靠骆驼来运送自己的辎重物资。《圣埃里吉传》(*Vita Sancti Eligii*)中[②]曾提到这位主教在旅途中一直是骑骆驼。在西班牙，西哥特国王瓦姆巴(King Wamba)为了镇压保卢斯(Paulus)的叛变，曾剃胡，赤足，骑着骆驼，穿着一件脏兮兮的外套前往托莱多。[③]

上述已清晰地证明了在第勒尼安海上存在极为活跃的同东方
地区和非洲沿岸的航运。迦太基似乎是与东方贸易的中转站。在 95
意大利、普罗旺斯和西班牙等地的沿海地区还存在着一种海岸性贸易。那些从北方到罗马的游客，可在马赛登船前往位于台伯河河口的博尔图。[④] 那些前往君士坦丁堡的游客也都可经由海路到达。而经由多瑙河流域的陆路，由于被各个蛮族所包围，鲜有人敢走。[⑤] 还有另外一条路线通往君士坦丁堡，即通过拉文纳和巴里(Bari)[⑥]。马赛与西班牙两地之间似乎存在着经常性的并且类似于我们今天货运的航行。我们可以找到许多类似于都尔的格雷戈里所使用的

① PSEUDO-FREDEGARIUS, *Chronica*, IV, 42, SS. RER. MEROV., vol. II, p. 141; *Vita Columbani*, I, 29, *ibid.*, vol. IV, p.106; *Liber Historiae Francorum, circa 40, ibid.*, vol.II, p. 310.

② *Vita S. Eligii*, II, 13, *M. G. H. SS. RER. MEROV.*, vol. IV, p. 702.

③ JULIAN OF TOLEDO, *Historia Wambae*, SS. RER. MEROV., vol. V, p.525. BULLETIN DUCANGE, *sub verbo* Camelus 引用了一份与西班牙有关的文献 *the Vita SS. Voti et Felicis*，在这份文献中我们一定会读到 Camelus 并且不能像杜康之(DUCANGE)那样将其错误地插入 rupicapra(chamois)之中。

④ R. BUCHNER, *op.cit.*, p. 32.

⑤ *Ibid.*, p.33.

⑥ 意大利东南部港市，今普利亚区首府。——译者

“贸易传统”（*negotio solito*）这一词汇的内容。[①] 笔者认为，我们至少可以说，此时的海上航行如同罗马帝国时代一样活跃。盖撒利克之后，我们就再也没有听到有人提及海盗，很显然当时所进行的贸易是一种大规模批发性贸易。当把这种贸易的性质及其规律性以及当时商人们手中所握有的财富等诸种因素都加以考虑之后，我们就不会再对它产生疑虑了。

我们所获得的大量的各种信息皆来自于当时唯一的一座海港——马赛，这一事实本身就清晰地显示出当时的马赛肯定是一个巨大的海港，就是一个大都市。当整个王国陷于分崩离析之际，法兰克国王显露出了一种急不可待的夺取马赛的渴望，然而也正是由此，马赛的重要性开始降低了。[②] 当时，马赛有很多的犹太人、叙利亚人，更不用说希腊人了，同时，也肯定有一些哥特人。据《帕塔维亚年代记》（*Annales Petaviani*）[③] 记载，有一位名叫波图（Botto）的盎格鲁-撒克逊商人，其子于 790 年死于该地。据此我们可以断定，此人早在 8 世纪初期就已经在此地扎根落户，这就是说，马赛的衰落正是始于这一时期。可以肯定马赛一直拥有非常众多的人口，而且还肯定有许多大货栈，这些货栈就如我们在奥斯提亚所看到的那种废弃货栈的遗迹一样。都尔的格雷戈里 [④] 曾说过，有八个人死在同一所房子里，由此我们可以推断出这大概就是一个储存货物的库
96 房。倘若人们关注一下在提奥多勒大主教在任期间（大约 565—591

① GREGORY OF TOURS, *Hist. Franc.*, IX, 22.

② LOT, PFISTER and GANSHOF, *Hist. du Moyen Age*, vol. I, pp. 258 and 259.

③ *Annales Petaviani,* M. G. H. SS. Vol. I, p. 17.

④ GREGORY OF TOURS, *Hist. Franc.*, IX, 22.

年)，这座海港的瘟疫流行的情况，大概就能得出相同的结论。一艘来自西班牙的海船把一种瘟疫传入马赛港，这场天灾连续肆虐了两个多月。[①] 并且这种瘟疫还传入内陆，最远处抵达里昂的附近地区。[②] 都尔的格雷戈里还记载了其他许多瘟疫天灾的情况，如在普罗旺斯和那尔滂。[③] 弗利德伽对当时一场瘟疫所描述的情形，使我们不由得想起了后世那场极为可怕的黑死病。[④]

## 3. 内陆贸易

我们很难设想当时那些东方商人，如犹太人和其他人，甘愿自己在地中海地区的商业贸易中被束缚于仅仅从事单向的进口贸易，而不向外输出任何货物。他们必然要在返程货船上装载某些货物。而这些货物主要就是奴隶。我们知道在5世纪以后，无论是在家内服务还是农业生产中，对奴隶的使用仍旧十分广泛。就笔者本人观点而言，还是倾向于日耳曼人入侵促进了奴隶贸易的再度复兴。对于奴隶制，日耳曼人同罗马人一样地熟悉，并且他们也带来了大量奴隶。他们同来自莱茵河以远地区其他各个蛮族之间的战争以及同伦巴德人之间的战争，都使得他们的奴隶数量猛增。

① GREGORY OF TOURS, *Hist. Franc.*, IX, 21 and 22.

② *Ibid.*, X, 25.

③ *Ibid.*, VIII, 39, and VI ,14.

④ *Chronica*, IV, 18, SS. RER. MEROV., vol. II, p. 128: “每年伴随着大规模瘟疫的爆发，各个行省的人口数量都会大量地减少。”(*Eo anno cladis glandolaria marsilia et reliquas Provinciae civitates graviter vastavit*)

从另一个方面来看，尽管基督教教会允许奴隶参加圣礼、圣事、圣餐，承认他们的权利，甚至允许他们可以结婚成家，从而使奴隶处境大为改善，但是这一切既没有在原则上对奴隶制度进行谴责也没有进行任何攻讦。[①]结果，奴隶（*Mancipia*）几乎随处可见，不仅
97 在权贵的大领地之上，而且在所有富人家中都有奴隶在劳作。对奴隶的释放一点也没有导致奴隶数量的减少；整个社会到处都是奴隶，而且随着新成员的不断到来，奴隶数量还在持续地增长。[②]

当时奴隶的最大来源是那些蛮族。弗利德伽笔下所记载的那位名为萨摩（Samo）的人，一位于623—624年闯入温德人（the Wends）[③]地区的商人冒险家队伍的先锋，就肯定是一位奴隶贩子。[④]这些闯入温德人地区的商人，同9世纪进入古罗斯地区的瓦兰吉亚人（the Varangians）一样，目的就是要掠夺奴隶和毛皮。身为异教徒的温德人，可以任意地被买卖，不受任何规定束缚，因为当时各地（宗教）会议只是试图阻止向法兰克王国境外人士出售基督徒奴

① 此时的基督教教会在奴隶问题上的原则同罗马帝国时代完全一致。请参见CH. VERLINDEN, *op. cit.*, ANUARIO DE HISTORIA DEL DERECHO ESPAÑOL, vol. XI,(1934),p. 312。

② The *Lex Visigothorum,* III, 4, 17, ed. ZEUMMER, M. G. H. LEGES, vol. II, p. 157 尽管提及生活在简陋的贫民屋舍中的奴隶，实际上，为了满足那些奴隶主淫荡生活的需要，甚至将那些妓女重新回到奴隶般的生活境地之中。

③ 在中世纪早期日耳曼语中，文德人乃是当时法兰克人对斯拉夫人的称谓。——译者

④ FREDEGARIUS, *op. cit.*, IV, 48, M. G. H. SS. RER. MEROV., vol. II, p. 144. 参见CH. VERLINDEN, *Le Franc Samo*, REVUE BELGE DE PHILOLOGIE ET D'HISTOIRE, vol. XII, 1933, pp. 1090-1095。FUSTEL DE COULANGES, *La monarchie franque*, p. 258曾把萨摩同大商业公司首领加以比较！

隶，这表明奴隶是可以在境内出售给外邦人的。[①]

这位萨摩绝非唯一一位具备这种特征的商人，因为在当上温德王国国王之后，他曾屠杀了一些法兰克商人，结果导致其与达格伯特一世之间爆发了一场战争。对王位的攫取，是萨摩与瓦兰吉亚人之间最明显的相似性。从另一个方面讲，我们或许可以揣测出萨摩本人同那些往来于边境地区走私商人们所干的勾当一样，违背当时各种各样法规戒令，向当地蛮族出售各种刀剑兵器。还有，尽管弗利德伽将萨摩本人称作为 *negucians*，将他的同伙称作为 *negutiantes*，但是我们绝不可把他作为一个职业商人来看待，而应当将其视为冒险家。

当时高卢地区还有摩尔人奴隶；其他的奴隶则来自图林根，甚 98
至还有来自英格兰的奴隶。[②]

在马赛市场上，有许多英格兰奴隶供以出售。595 年，伟大的格里高利就曾在此地购买了一批英格兰奴隶，目的是把他们送到罗马之后加以规劝，使其皈依基督教信仰。[③] 这些英格兰奴隶大概是

---

① 639—654 年，沙隆地方官衙禁止把奴隶出售给居住在法兰克王国境外的人士。请见 M. G. H. CONCILIA, ed. MAASEN, vol. I, p. 210。

② *Vita S. Eligii*, II, 13, M. G. H. SS. RER. MEROV., vol. IV, p. 676. VERLINDEN, *op. cit.*, p.379 认为大概在西班牙地区也有贩卖奴隶现象。圣巴蒂尔德（Saint Bathild）曾经说过“那些来自海外地区”的奴隶曾被“廉价地出售”（*de partibus transmarinis...vili pretio venundata*）。SS. RER. MEROV., vol. II, p. 482, 参见 E. LESNE, *La prorpiété ecclésiastique en France,*I, 1910, p. 359。在克莱蒙，曾有一个图林根奴隶，此人被专门用以猎杀野猪。GREGORY OF TOURS, *Liber Vitae Patrum*, M. G. H. SS. RER. MEROV., vol. I, p. 712. P. GUILHIERMOZ, *Essai sur l'origine de la noblesse en France au Moyen Age,*1902, p.74 把他视作为私人武士则肯定是错误的。

③ JAFFÉ-WATTENBACH, *Regesta,* No. 1386.

在同撒克逊人作战时被俘的不列吞人(the Britons)[①],而后又被撒克逊人跨海运抵高卢出售。圣阿曼德(Saint Amand, 卒于674—675年)[②]在高卢所赎救出来的那批战俘,就极有可能是这些不列吞人俘虏中的一部分。[③]可以肯定,这批奴隶被一些商人运到了康布雷的郊区,而我们从《高基里斯传》(*Vita Gaugerici*)中所得知的那批奴隶也是来自于北方地区。[④]

在法兰克王国各个地区都可以买到奴隶。都尔的格雷戈里曾谈到过一批属于一位奥尔良商人的萨克森奴隶。[⑤]

弗利德伽曾谈到[⑥]比利希尔蒂斯(Bilichildis),此人后来成为提奥德伯特的夫人,她是布鲁尼豪特从商人手中买来的女奴,至于其缘由则肯定是她那美若天仙的容貌。

阿拉斯和图尔讷的市场赋税之类史料也为我们提供了运送奴隶的各种证据,因为商人们运送奴隶是须交纳税费的。[⑦]



① 为日耳曼入侵不列颠之前,不列颠的原住民凯尔特人。——译者

② 此人原为阿基坦贵族,后前往根特、安特卫普及弗里西亚地区传教。——译者

③ DE MOREAU, *Saint-Amand,* 1927, p. 133. 有关这批战俘的赎买,请见 E. LESNE, *op. cit.*, pp. 357 and 369。

④ *Vita Gaugerici,* ed. B. KRUSCH, M. G. H. SS. RER. MEROV., vol. III, p. 656. 参见 CH. VERCAUTEREN, *Etude sur les Civitates*, p. 213。

⑤ GREGORY OF TOURS, *Hist. Franc.,* VII, 46.

⑥ *Op. cit.*, M.G.H.SS. RER. MEROR., vol. II, pp. 134 and 135.

⑦ 阿拉斯市场的关税数额,则在12世纪的外衣之下,显露出了古老的墨洛温王朝的根底。有关这一市场的数字,请见 *Cartulaire de Saint-Vaast*,GUIMAN, ed. VAN DRIVAL, p. 167。这份文献是属于《提奥多里克法》(165)中的一个部分。在冠以"牲畜"(De Bestiis)的段落中,提到了有关出售奴隶和女佣的状况。同类的情况或许在图尔讷市场的税赋中也能见到,请见 *servus vel ancilla vel auri uncia vendantur*... P. ROLLAND, *Deux tarifs du tonlieu de Tournai,* Lille, 1935, p. 17。

所有被萨摩之类商人掠获的奴隶[1]和从不列颠获得的奴隶，都被 99
运往地中海各个港口。[2]在那尔滂，我们也查找到了奴隶被出售的记载。[3]此外，在那不勒斯史料中也曾提及这方面情况，[4]毫无疑问，此地的奴隶都是从马赛运来的，马赛是当时最大的奴隶贸易市场。[5]

当时有许多商人都从事奴隶贸易。[6]其中最主要的似乎是犹太

---

① PAULUS DIACONUS（鲍卢斯·迪亚康努斯，又译成祭司保罗，约720—799年，伦巴德史学家、修士，著有《伦巴德人史》。曾服务于查理曼的宫廷学校，是加洛林“文艺复兴”时期重要的学者。——译者），*Historia Langobardorum*, ed. BETHMANN and G. WATIZ., I, I, M. G. H. SS. RER. LANGOR. ET ITAL., p. 48, 说许多蛮族奴隶是从人口稠密的日耳曼地区买来的，而后贩卖给南方的各个民族。

② 有关马赛的奴隶买卖，请见 *Vita Boniti*, M. G. H. SS. RER. MEROV., vol. VI, p. 121。有关奴隶贸易的状况，请见 A. DOPSCH, *Wirtschaftliche und soziale Grundlagen der Europäischen Kulturentwicklung* ,Vienna, 2nd ed., 1924, vol. II, p. 175; BR. HANN, *Die Wirtschaftliche Tätigkeit der Juden im Fränkischen und Deutschen Reich bis zum zweiten Kreuzzug*, *Fribourg*, 1911, p. 23; FUSTEL DE COULANGES, *L'alleu et le domaine rural*, p. 279.

③ JAFFÉ-WATTENBACH, *Regesta*, No. 1467.

④ *Ibid.*, No. 1409.

⑤ *Vita St. Eligii,* I, 10, M. G. H. SS. MEROV., vol. IV, p. 677 谈到被圣埃洛伊（St. Eloi）释放的战俘，在数量上有时为20—30人，有时则为50人：“新来的人群，有时数量达100多人。每当运送船只抵达岸边后，那些来自不同部族的人，无论男女，都被释放，这其中既有罗马人、高卢人和不列颠人，也有摩尔人，特别是还有来自萨克森部族的人。就像驱赶牲畜一样，这些来自不同部族的人都被分散到各个不同的地区。”（*nonnumquam vero agmen integrum et usque ad centum animas, cum navem egrederentur utriusque sexus, ex diversis gentibus venientes, pariter liberabat Romanorum scilicet, Gallorum atque Brittanorum necnon et Maurorum, sed praecipue ex genere Saxonorum, qui abunde eo tempore veluti greges a sedibus propriis evulsi in diversa distrahebantur.*）参见 R. BUCHNER, *op.cit.*, p. 47。

⑥ 来自桑斯（ Sens，地处今法国。——译者）的一份史料文献曾提到一个被国内商人（*homo negotiens* ）所购买的奴隶。M. G. H. FORMULAE, ed. K. ZEUMER, p. 189, No. 9. 而来自昂热（Angers，法国西北部城市，今曼恩-卢瓦尔省省会。——译者）的史料文献则记载着一份有关一位商人逃亡奴隶的搜捕令，*ibid.*, p. 22, No. 51。

人。583年，马孔会议允许基督徒以12金索里达的价格从犹太人手中赎买奴隶，至于是将奴隶释放还是留作自己家用则悉听自便。此外，在那尔滂[1]和那不勒斯也都有犹太奴隶贩子。[2]

根据各方面史料，我们可以得出一个结论，即在第勒尼安海沿岸各个地区活跃着一种具有相当重要性的奴隶贸易；那些运载纸草前往西方的船只，在返航时往往都装载着奴隶。

在这一方面，高卢地区输往东方的商品货物似乎不仅是奴隶，而且还有布匹、各类纺织品以及建筑所需的木材，极有可能还有茜
100 草（madder）。都尔的格雷戈里曾在马赛和阿尔勒等地购买衣物，而他运往亚历山大的木材，就是在高卢购买的。[3]

无论如何，从当时黄金大量流通的现象来看，使得我们确信那时的确存在着规模相当可观的对外出口贸易活动。



除了那种可能大部分为外邦商人所掌控的国际性商业活动以外，内陆贸易在当时西方社会经济生活中也占据着一个重要地位。这种贸易是以不同面貌来呈现的。当然，正如我们业已看到的，犹太商人在这种贸易中发挥了一种主导性作用，此外，还有叙利亚商人也在法兰克王国的这个领域中牢牢地站稳了脚跟，有关这一点我们也已经指出了。但是，除了他们之外，那些本地商人也非常重要。有证据表明，他们中间不仅有小商铺的店主，也有专门职业化的大

① JAFFÉ-WATTENBACH, *Regesta,* No. 1467.

② JAFFÉ-WATTENBACH, *op. cit.*, No. 1629, and also Nos. 1409 and 1242 of the year 593，其中再一次提到一位犹太商人购买奴隶的事宜。

③ *Registr.*, VI, 10, M. G. H. EPIST., vol. I, p.388. LYDUS, *de Magistratibus*, I, 17, ed. WUENSCH, Teubner, 1903, p. 21，也曾提及阿拉斯的纺织品。然而，史学界也存在一些保守的见解，请见 F. VERCAUTEREN, *Etude sur les Civitates*, p.183。

商人。[1]

都尔的格雷戈里[2]在讲述凡尔登商人时所提到的那段逸事就是这一方面的典型：（6世纪上半叶）德西德拉图斯（Desideratus）[3]担任凡尔登主教时，该城正处于饥馑贫困的严峻状态之中，于是这位主教就从国王提奥德伯特处借贷了7 000枚金币（*aurei*），并将它们全部发放给该城市民，“在这一举措促进下，该地商业复兴起来，并在当时保持着较大规模”（*at illi negotia exercentes divites per hoc effecti sunt et usque hodie magni habentur*）。由此，我们获得了当时活跃着大规模商业活动的确凿证据。[4]而且有一个非常明显的事实，即这位主教向国王陈述，他是如何将他自己城市的商业复兴到现今状态的（*sicut reliquae habent*）；从这一点，我们就可以得出一个结论，即商业活动是当时所有城市的一个特征。[5]

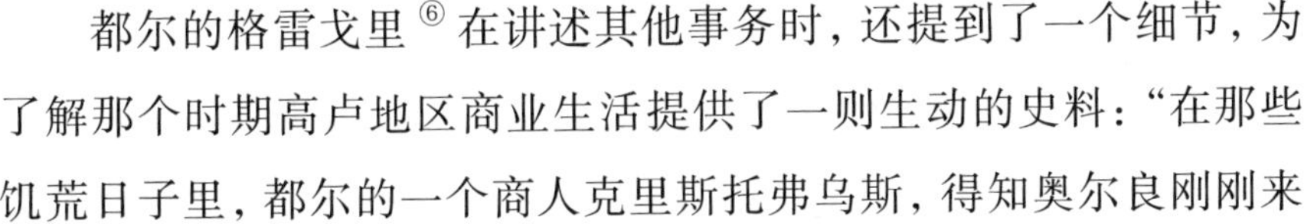

都尔的格雷戈里[6]在讲述其他事务时，还提到了一个细节，为 101
了解那个时期高卢地区商业生活提供了一则生动的史料：“在那些饥荒日子里，都尔的一个商人克里斯托弗乌斯，得知奥尔良刚刚来



① A. DOPSCH, *Wirtschaftliche Grundlagen*, vol. II, 2nd ed., p. 439对那种认为当时仅存在着外国商人的观点予以批驳。

② GREGORY OF TOURS, *Hist. Franc.*, III, 34

③ 此人卒于554年。——译者

④ 南特的主教们也在从事商业贸易活动。主教费利克斯（Felix）扩建了南特港。VENANTIUS FORTUNATUS, *Carmina,* III, 10, M. G. H. SS. ANTIQ., vol. IV[1], p. 62.

⑤ 洛特在LOT, PFISTER and CANSHOF, *Histoire du Moyen Age*, vol. I, p. 365中，列举凡尔登这一特殊的事例，目的在于证明当时资本主义的发展尚无足轻重。但是，倘若我们将当今的时代同13世纪相提并论，加以比较，也自然会对13世纪的资本主义的发展得出同样的结论。然而，有一点是非常肯定的，即我们所探讨的这些人都是零售商人，而且是非常活跃的零售商人。

⑥ GREGORY OF TOURS, *Hist. Franc.,* VII, 46.

了一批美酒。于是，他便立即启程前往该地，随身携带他岳父提供的金钱，可以确定，他岳父同他一样也是一位商人。待把酒买好之后，这位商人便经水路将酒运回都尔，而他自己则骑马返回。不料途中却被两位萨克森奴隶随从所杀害。”这是一则从事商业投机的事例，而它同中世纪时代却毫无关联。这位克里斯托弗乌斯显然是一位巨贾，即一位从事批发贸易的商人，他做的是一笔大买卖，即由他一人把市场上所有的酒都迅速地加以抢购。可我们需要注意的是此人完全是单独行动。在整个交易过程中，令人无法将其同行会或商品交易所等加以联系；这是一种罗马类型的个人商业行为。[①]此外，都尔的格雷戈里还提及其他一些从事类似投机的商人。[②]

当时也存在着大量的商业欺诈行为。都尔的格雷戈里[③]曾讲过，有一位商人通过贩卖掺水的劣质酒，赚得了100金索里达的暴利。无疑，此人是一个零售商人。



在意大利也肯定有许多专业商贾；有关这方面情况，我们也有大量在军队中服务的伦巴德商人的史料。这些商人通过生意买卖，已经构成了一个独立的社会阶级。当时有一条专门针对他们军事服役的特别规定，便证明了这些商人的数量众多。[④]

---

① 6世纪时，也有商人结伴而行，从事商贸的情况。请参见本书以后有关瓦多（Waddo）的部分内容。

② GREGORY OF TOURS, *Hist. Franc.,* VII, 45.

③ GREGORY OF TOURS, *Liber in Gloria Confessorum, circa* 110, SS.RER. MEROV., vol. I, p.819.

④ *Leges Ahistulfi regis*, ed. F. BLUHME, M. G. H. LEGES, vol. III, in–f$^0$, p. 196, *a*$^0$ 750.

显然，这些商人是那些从提奥多里克于507—511年颁布的法令的获得利益者的继承人。

可以肯定，商业贸易在当时是一个利润极为丰厚的行业。似乎 102
瓦多（Waddo）的儿子们在普瓦提埃从一些商人身上抢劫赃物的数量就相当丰厚。[①]

除了这些，我们还收集到了更多有关这方面的证据。里昂一位商人的墓志铭就称颂他是一位“受苦受难人的安慰者，是穷苦大众的庇护人”；因而，此人肯定是一位富贾豪商。[②]

626年，商人约翰将自己部分财产捐献给了圣但尼修道院和巴黎主教区的几座教堂。[③]从他这一行为得到了当时法兰克国王的首肯与称赞来看，这些捐献的数额和价值肯定不菲。福尔图纳图斯也曾为商人朱利亚努斯（Julianus）撰写墓志铭，对其慷慨施舍的善举大加赞颂。[④]651年，奥尔良圣埃甘修道院住持列奥德波德（Leodebode, Abbot of Saint Aigan）向位于卢瓦尔河畔的弗勒里（Fleury- sur-Loire）的圣皮埃尔修道院（Abbey of Saint Pierre）捐赠了一批城市房产，这些房产是他以前从一位商人手中购得的，由此而论，这位商人一定是奥尔良城的一位房地产主。[⑤]

他们“不是按照普通人的方式生存，而是只为利益而活着，但死的时候却很风光”（*ne genus hominum, quod vivit lucris, ad necem possit pervenire dispendiis.*）。CASSIODORUS, *op. cit.*, II, 26, M. G. H. SS. ANTIQ., vol. XIII, p. 61；参见 A. DOPSCH, Wirtschaftiche Grundlagen, vol. II, 2nd ed., p. 437; A. DOREN, *Italienische Wirtschaftsgeschichte*, 1934, p. 122 指出：奥多尔夫的这些法规可以回溯到更为久远的年代，因为这些商人此时也已分化成数种类型。

① GREGORY OF TOURS, *Hist. Franc.*, X, 21.

② E. LEBLANT, *Inscriptions,* vol. I. p.41. 参见 A. COVILLE, *op. cit.*, p. 534。

③ J. HAVET, Œuvres, vol. I, 1896, p. 229（definitive text）.

④ E. LEBLANT, *Inscriptions,* vol. II. p.520, No. 645.

⑤ “他是帕劳尼商业贸易事业的继承人。您可以看到在城镇里，有一大块地产供这位奥尔良商人居住，主人住在楼上，其他的人则住在别的地方。”（*Quod de heredibus*

有一位商人名叫鲁杜尔夫(Rodulfus),我们曾在一部罗马著述中见到过此人的名字,他肯定是一位墨洛温时代的商人。① 都尔的格雷戈里还曾提到过一位孔曼热(Comminges)② 的商人,笔者倾向认定此人是一位拥有多家店铺的主人。③

我们还听说过一位普瓦提埃的商人,此人常常在特里夫斯和梅斯一带周游,④ 在此地,他同另外一位商人相遇,这个商人所从事的生意是贩卖食盐,并且经常乘坐舟船在摩泽尔河(Moselle)⑤ 来回航
103 行。这些证据都充分证实了我们的判断,即 7 世纪末以前,除了犹太商人和各类东方商人之外,尚有大量本地商人的存在;他们之中肯定有些人是极其富有的;而我们再次听说有富商巨贾重新出现,则要到一个相当长的时期以后。

罗马帝国时期的商业在日耳曼人入侵之后,极有可能仍旧保持着与日耳曼人入侵前一样的繁荣状态。



那么,这些商业又存在于何处呢?显然是存在于城市之中。

---

*Pauloni negociatoris, quondam visus sum comparasse, areas scilicet in oppido civitatis Aurelianensium cum domibus desuper positis, acolabus ibidem residentibus.*)PROU and VIDIER, *Recueil des chartes de Saint-Benoît-sur-Loire*, vol. I. 1900, p. 7. 有关同一位商人的情况,请见 FUSTEL DE COULANGES, *La monarchie franque*, p. 256, No. 5。

① M. PROU, *Catalogue des monnaies carolingiennes de la Bibliothèque Nationale,* Paris, 1896, p. xxxviii.

② 即孔弗内(Convenae),法国城市。——译者

③ GREGORY OF TOURS, *Hist. Franc.,* VII, 37: "卡里乌尔夫极其富有,而且有权势,他的仓库和店铺遍及整个城市。"(*Chariulfus valde dives ac praepotens, cujus adpotecis ac prumtuariis urbi valde referta erant.*)

④ GREGORY OF TOURS, *Liber de virtutibus S. Martin*i IV, 29, M. G. H. SS. RER. MEROV., vol. I, p. 656.

⑤ 莱茵河中游左岸支流,源出法国孚日山脉,在德国科布伦茨附近注入莱茵河。——译者

根据我们现在所获得的各类信息，只有城市才是商人们的居住之地。所有商人皆居住在围墙之内，居住在城镇之中（*oppidum civitatis*）。[1]

当时这些城市同时具备了基督教会和商业两个方面的特征。甚至在北方的城市里，诸如在莫城（Meaux）[2]，都有带拱廊的街道，这些拱廊街道有些都延伸到了郊外。[3] 而这些带有拱廊的房屋必然使得这些城市，即使在北方地区，也具有了一种意大利式的外观。无疑，这些带拱廊的房屋遮蔽下的就是各类店铺，而这些店铺往往都相互聚集在一处；根据都尔的格雷戈里的描述，此类情形在巴黎尤为突出。[4]

除了商人以外，这些城市中的居民还有各类工匠。然而有关这些人的情况，我们却知之甚少。圣恺撒利乌斯讲过 6 世纪的时候，这些工匠曾在阿尔勒出现。[5] 玻璃制造业似乎在当时非常重要；墨洛温王朝的各种陵墓建筑中，有许多物品都是用玻璃制造的。

那些城市的管理和卫戍官员（the *curator civitatis and* the *de-*

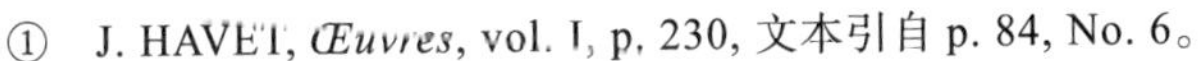

① J. HAVET, *Œuvres*, vol. I, p. 230, 文本引自 p. 84, No. 6。

② 位于今法国。——译者

③ 在莫城，圣徒法隆（Saint Faron）继承了一处“带庭院的房产，这样一来，它的围墙就要比外面的城墙要矮一些”（*casas cum areis, tam infra muros quam extra muros civitatis*）。PARDESSUS, *Diplomata* , vol. II, p. 16, No. cclvii.

④ GREGORY OF TOURS, *Hist. Franc.*, VII, 37 曾提及孔曼热的店铺和和仓库的情形。他对巴黎的修道院做了这样的描述：“要考察周围的邻居、风景和所要支付的款项以及所提供的服务”等各个方面的状况（*domus negutiantum circumiens, species rimatur, argentum pensat atque diversa ornamenta prospicit.*）。他还谈到了这些房屋的贸易所，*ibid.*, VIII, 33, 它们似乎呈现出弓形的形状。

⑤ 引自 F. KIENER, *op. cit.*, p.29, No. 38：“鞋匠”（*sutores*）、“金匠”（*aurifices*）、“工匠”或其他工人（*fabri vel reliqui artifices*）。

*fensor civitatis*）负责市场的治安、监督，并保护商品货物的安全。[1]在拉文纳，似乎某些古代手工工匠社团的遗物被保存下来了。

我们是否可能对日耳曼人入侵之后各个城市的面积大小予以
104 估量呢？在这方面，我们只有十分零散的一些史料。在高卢，各个城市由围墙围圈的部分不是很大。弗考特伦[2]估算这些城市的平均人口数量为 6 000 人，而且往往要更少一些。

这些城市人口的居住状况肯定是非常拥挤的，马赛式的那种大房屋可能是非常普遍的，[3]而在巴黎，有许多房屋是建在大桥之上的。[4]

南方城市的面积较大。根据其遗迹估算，弗雷瑞斯（Fréjus）[5]这座古城的面积肯定相当于现代该城面积的五倍之大。尼姆城（Nîmes）[6]的面积大约为320公顷。[7]图卢兹城的罗马城墙周长据说长达三公里。[8]哈特曼估算在提奥多里克时期，米兰人口一定达到了30 000人。[9]

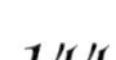



① F. KIENER, *op. cit.*, p.15.

② F. VERCAUTEREN, *Étude sur les Civitates de la Belgique Seconde*, Brussels, 1934, pp. 354 and 359.

（此人即本书的校勘者之一。——译者）

③ 参见 Angers, GREGORY OF TOURS, *Hist. Franc.,* VIII, 42。

④ *Vita S. Leobini, circa* 62, ed. B. KRUSCH, SS. ANTIQ., vol. IV$^2$, p. 79.

⑤ 法国东南部城市，今位于瓦尔省。——译者

⑥ 法国南部城市，今加尔省省会。——译者

⑦ A. BLANCHET, *Les enceintes romaines de la Gaule*, Paris, 1907, pp. 211 and 208.

⑧ *Ibid.,* p.202, No. 3.

⑨ 从《西哥特法典》中，我们发现了职业的娼妓，其中既有自由人也有奴隶，可以肯定在西班牙各个城市里，娼妓数量相当多。请见 *Lex Visigothorum*, III, 4, 17, ed. ZEUMER, M. G. H. LEGES, p. 157。

当然，这些城市都曾遭受过外敌入侵的劫难。各种桥梁建筑已被破坏，并被各类舟桥所替代。然而，所有城市仍旧存留下来了；并且，各地主教们又将它们恢复起来。正如作为各种市政和宗教管理的中心一样，城市还是当时西方的商业中心。古代社会的经济活动依然在继续。我们没有发现当时存在着同中世纪时代那些大市集（fairs），如香槟（Champagne）[①] 市集，相类似的现象。

然而，当时的确是有一些市集，但肯定都是一些地方性的市
集。[②] 各种新市集多建立在北方地区：709 年，圣但尼市集第一次出 105
现在历史文献之中。[③] 但这些市集所起的作用并不大。根据沃尔德维兰诺（L. de Valdeavellano）的观点，[④] 在西班牙就没有什么市集。而且，无论在何地，我们都没有发现像加洛林时代所拥有的如此众多的市场。但切不可将此作为商业凋敝与落后的一个证据。从相反的方面看，对于那些拥有专业商人并且一直是商业中心的城市来说，市场并非商业中一个基本要素。只有在商业业已消失的时候，这些具有补充性质的小规模经济市集才能够形成，它们所发挥的作

---

① 一译香巴尼。法国东北部地区名，位于洛林高原和巴黎盆地之间。——译者

② M. G. H. EPIST., vol. III, p. 214，一封日期为 630—635 年，致卡洛尔主教迪蒂尔的信函中写道：“在鲁特尼科或邻近城镇的那些节日”（*istas forias in Rutenico vel vicinas urbes*）；也即鲁德兹那些集市的日子里，都经常禁止卡奥尔的居民出入，这主要是考虑当时马赛地区瘟疫流行的现状。

③ F. VERCAUTEREN, *op. cit.*, p.450. 根据勒维兰（LEVILLAIN）的观点，圣但尼市集是在 634 年或 635 年建立的。*Étude sur l'abbaye de Saint-Denis*, BIBL. DE L'ÉCOLE DES CHARTES, vol. XCI, 1930, p. 14.

④ L. G. DE VALDEAVELLANO, *El mercado. Apuntes para su estudio en Léon y Castilla durante la Edad Media*, ANUARIO DE HISTORIA DEL DERECHO ESPAÑOL, vol. VIII, 1931, p. 225.（沃尔德维兰诺，1904—1985 年，是西班牙历史学家，西班牙皇家历史学院会员。——译者）

用局限在一个有限区域之内，而且经常光顾它们的只是一些非职业商贩。另一方面，都尔的格雷戈里著述中的那些记载给我们留下的印象是，当时还是一个都市商业的时代。商人们的各类行会性组织（*conventus*）还都保留在城市。[①] 至于当时农村状况究竟如何，我们并不知晓。正如魏兹[②] 所指出的那样，把那些被铸币商（*monetarii*）烙在墨洛温王朝货币上的无数个地方名称看作市场地点的观点肯定是荒谬的。我们发现在墨洛温时代所存在的这些地方，正如古代遗迹一样，都是港口（*portus*），也就是说都是商站（*étapes*）和 码头（wharves）或者货物装卸地，而不是什么市场。当时的法兰克国王向这些市场和港口征收市场赋税。[③] 古代罗马时期所上缴的赋税簿册，在这些地方都存留了下来。[④] 当然，各种盘剥也已悄悄地滋生
106 出来了。某些地方伯爵为了自己的私利，试图开征一些新的税赋，国王克洛泰尔二世（Clotair II）[⑤] 曾在 614 年，对此类行为予以干涉，严令各地官府所征收税赋种类不得超过以往。[⑥]



① *Lex Visigothorum*, IX, 2, 4, ed.ZEUMER, M. G. H. LEGES, vol. I, in-4°, p. 368.

② G. Waitz, *op. cit.*,vol. II, part 2, 3rd ed., p. 309.

③ 根据法令，凡经过“城市、要塞、港口或关卡”都须纳税（*per civitates seu per castella per portus seu peu trexitus* ），M. G. H. DIPLOMATA, in-f°, ed. PERTZ, p. 46, No. 51。还有一处提及“港口”（*portus*）的是 *Receuil des chartes de Stavelot-Malmédy*, ed. J. HALKIN and ROLAND, vol. Ⅰ, p. 13, No. 4。我们从西格伯特三世 652 年的公文中找到相同的文本，这是一个商业协议，国王有税吏。

④ Formula No. I of the supplement of Marculf, ed. ZEUMER, M. G. H. FORMULAE, p. 107 列举了罗讷河谷征收市场税的地方：马赛、图伦（Toulon）、福斯、阿尔勒、阿维农、苏瓦永（Soyon）、瓦朗斯（Valence）、维恩（Vienne）、里昂、索恩河畔沙隆（Châlon-sur-Saône）。

⑤ 法兰克纽斯特利亚国王，584 年；全法兰克国王，613—629 年。——译者

⑥ Edict of Clotair II, October 18th, 614, M. G. H. CAPIT., vol. I, p. 22.

提奥多里克也曾向派驻西班牙各个地区的特使颁发过类似诏令，目的就是防止这些属下征收虚假的市场税费，从而对海外市场（*transmarini*）造成损害。①

当时各种课征的市场税费由以下种类构成：港口税（*portaticum*）、车马税（*rotaticum*）和土地税（*pulveracitum*）等。很显然，这些税费的特征是财政性的，而不是经济性的。它们似乎都得以货币方式缴纳。② 当时国王们有权免除各地修道院交纳此类税费，但是这些恩惠却不能施于其他人等，除了特定的衰败时期之外。商品运输税是一种基于国王的利益而开征的税种。它给国王带来的收益非常丰厚。与此有关，我们从国库中掌握了一些由国王本人每年签发的——实际上更多的是颁发给某些修道院的——豁免此类税费文献的史料。

这些税费之所以能够继续被征收，是因为当时各国国王皆拥有一批具备读写能力的代理人，即税吏（*telonearii*），他们肯定承包了这类税费，这大概就是为何犹太人被赋予了征收这类税费的缘故，尽管宗教会议对此并没有批准。③

正如我们从提奥多里克时代所颁布的各类法律中所获知的那样，各个大的海港都有各种库房和货栈，④ 并且各个口岸皆驻有王朝官吏。

至于驿站，仍在整个第勒尼安海地区继续存留。沿着罗马大

① CASSIODORUS, *Variae,* V, 39, M. G. H. SS. ANTIQ., vol. XII, p.165.

② G. WAITZ, *op. cit*., vol. II, part 2, 3rd ed., p. 301 认为这些税费都是以实物交纳，笔者则认为这种观点是错误的。

③ 我们得知有一位名为所罗门的商人，肯定是犹太人，此人曾任达格伯特的承包商（*Hoflieferant*），达格伯特曾授权他负责巴黎的一座城门的征税事宜。*Gesta Dagoberti, circa 33*, ed. KRUSCH, M. G. H. SS. RER. MEROV., vol. II, P. 413.

④ 请参见前述的有关国库的内容。

道，交通向四外延伸。那些被破坏的桥梁都已被舟桥所替代。那些
107 有能力的权力机构严格规定航道两侧都须清理干净，至少在航道一侧要留出一定的空间（*pertica legalis*），以便拖拉驳船。

## 4. 货币和货币流通

曾被皇帝君士坦丁加以调整的罗马货币金索里达，在日耳曼人入侵之际，依旧是通行罗马帝国各地的货币单位。[①]这种货币体系，早就为各个蛮族所熟悉，正是由于曾从罗马帝国获得了大量货币津贴，才使得他们未对这种货币体系进行任何改动。

在任何一处被蛮族占据的地区，我们均未发现流通货币有过任何的变化。的的确确，那些日耳曼君王仍在继续铸造各种带有罗马帝国诸位皇帝头像的钱币。[②]

没有什么能比货币更清楚地证明罗马帝国时代经济统一性的持续存在了。要想剥夺当时货币统一性所带来益处的任何企图都是绝对不可能实现的。直到加洛林时代爆发剧烈激荡的变革之前，那些希腊化东方人，如同被日耳曼人占领的西方一样，整体上还在坚持使用罗马时代黄金本位货币体系。叙利亚裔水手们从第勒尼安海各个港口登陆，并在这些地方创建了一种他们在爱琴海各个港

---

① 君士坦丁的金索里达重 4.48 克（gr.）；72 金索里达等于 1 磅黄金。索里达对法郎的比值是 15∶43。E. STEIN, *Geschichte des Spätrömischen Reiches*, Vienna, 1928, vol. I, p. 177.

② GUUNAR MICKWITZ, *Geld und Wirtschaft im Römischen Reich des IV. Jahrhunderts nach Christi*, Helsingfors,1932, concludes, p. 190, 不可能把 4 世纪看成一个自给自足的世纪。

口就已熟悉的流通货币体系。在货币领域，那些蛮族王国所造成的唯一新变化，就是引进了拜占庭人在货币流通方面的一些变革。[①]

当然，当时还存在着各种铜币和银币，但是对A.道普什根据这些铜币和银币的存在就认定当时已经引进了金银复本位货币体制的观点，[②]我们不能予以赞同。黄金依旧是官方通货。各个蛮族 108
国家的货币体系仍然还是罗马式的。而以银本位为基础的那种加洛林式货币体系则完全是属于中世纪时代的。

当时只有盎格鲁-撒克逊人构成了一种特殊例外；他们之间所通行的是银币。然而，在不列颠南部那些同高卢保持着商业往来关系的港口尚铸造出少许的金币，并且我们有理由认定这些金币皆出自墨洛温王朝那些铸币匠之手。[③]

我们仅在远离高卢的麦西亚王国（the Kingdom of Mercia）[④]，发现有银币，其中一些还刻有古日耳曼文字。[⑤]墨洛温王朝君王们则铸造罗马帝国金币的赝币，其连续铸造赝币的时期与拜占庭帝国



① 在6世纪末，各类钱币上，罗马帝国的凯旋图案被十字架图案所代替，紧接着马赛以及其他一些铸币厂都对此加以模仿。M. PROU, *Catalogue des monnaies mérovingiennes de la Bibliothèque Nationale*, Paris, 1892, p. lxxxv.

② A. DOPSCH, *Die Wirtschaftsentwicklung der Karolingerzeit, vornehmlich in Deutschland*, vol. II, 2nd ed., 1922, p. 300.

（阿方斯·道普什[ALFONS DOPSCH]，1883—1956年，奥地利著名中世纪史学家，长于经济社会史研究，维也纳大学教授，著有《欧洲文明的经济与社会基础》等。——译者）

③ ENGEL and SERRURE, *Traité de numismatique du Moyen Age*, vol. I, Paris 1891, p. 177.

④ 盎格鲁人于6世纪末7世纪初，在位于今英格兰中部地区所创建的王国，9世纪后消亡。——译者

⑤ ENGEL and SERRURE, *Traité de numismatique du Moyen Age*, vol. I, Paris 1891, pp. 179-180.

皇帝希拉克略(610—641 年在位)时期非常接近。东部罗马帝国同阿拉伯人陷于一种相互仇视的状态，正是从这位皇帝开始的。[①]

各个蛮族国家所铸造的赝币同罗马帝国货币之间的差别，通常一眼就能被识别出来。但从另一个角度讲，这些赝币彼此之间又极为相似。人们几乎不可能辨别出这些钱币究竟是由西哥特人、勃艮第人，还是由法兰克人所铸造的。[②] 正是由于经济上的必需方促使各个蛮族继续保留着罗马货币体系。[③] 这一点可由罗马钱币的赝品在马赛及其邻近地区存留时间要比其他地区更长予以证明。[④] 同时，在当时各种钱币上也很难发现有法兰克国王们的名号。当提奥德伯特一世在意大利发起反抗查士丁尼的战争之时，蛮族国王的名号才首次出现在他们的钱币之上，这一现象曾使普罗柯比感到极为震惊。这些钱币还刻有“胜利者”的字样，而这在罗马的钱币上则是十分罕见的。[⑤] 较之其他钱币，这些钱币的质量要好很多，因而，普鲁(M. Prou)[⑥] 猜想它们应是提奥德伯特一世在意大利远征期间铸造的，或者，是他在意大利远征之后的一个时期内，在自己占领区
109 铸造的。[⑦] 只是从克洛泰尔二世统治时期(584—629/630 年)始，在

① M. PROU, *Catalogue des monnaies mérovingiennes*, pp. xxvii and xxviii.

② M. PROU, *op. cit.*, p. xvi.

③ *Ibid.*, p. xv.

④ *Ibid.*, p. xxvi.

⑤ *Ibid.*, p. xxxii.

⑥ 1861—1930 年，法国档案学家、古文书学家、钱币学家。法国档案学院(或译成文献学院)教授，1916—1930 年为院长。著有《教皇乌尔班五世与法国国王约翰二世、查理五世关系研究(1362—1370 年)》(*Tude sur les relations politiques du pape Urbain V avec les rois de France, Jean II et Charles V, 1362-1370*)、《墨洛温高卢》(*La Gaule mérovingienne*)、《加洛林铸币》(*Les monnaies carolingiennes*)等。——译者

⑦ *Ibid.*, pp. xxxiv and xxxv.

马赛、维尔维耶(Viviers)[①]、瓦朗斯[②]、阿尔勒和乌斯(Uzès)[③]等地铸造的钱币上，各位蛮族国王的名号才开始代替了罗马皇帝的名号。那种胜利者奥古斯都的肖像(the formula *Victoria Augustorum*)才被胜利者克洛塔(*Victoria Chlotarii*)所取代。[④]

查士丁二世(Justin II)[⑤]统治时期，高卢地区最初在普罗旺斯的铸币厂用重量为21西利克(siliquae)取代了24西利克重的金索里达。这些大概就是所谓的高卢金币(*solidi Gallicani*)，伟大的格里高利曾在一封信函中说，这些金币似乎在意大利并不能通用。[⑥]

在法兰克人和西哥特人中，蛮族铸造的金币数量是非常巨大的。汪达尔人则没有金币；东哥特人除了提奥多里克的金币之外也几乎没有其他金币。这种现象无疑可以被罗马金币在他们中间传播得非常广泛的事实来加以解释；我们知道，汪达尔的确是一个非常富有的国家。

那些钱币的铸造自然都保留着王室特征，但是这些铸币场的组织分布又相当分散。西哥特国王曾在不同城市设立铸币场。[⑦]

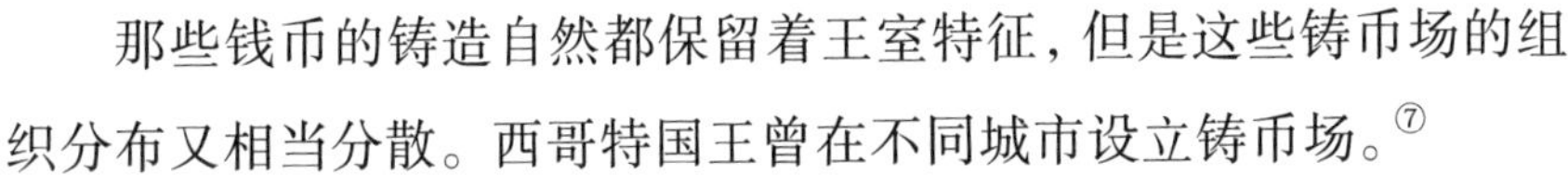

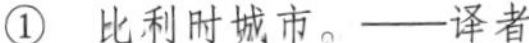

① 比利时城市。——译者

② 位于法国南部地区的城市。——译者

③ 法国东南部城市。——译者

④ M. PROU, *op. cit.*, p. xxxix.

⑤ 拜占庭帝国皇帝，565—578年在位。——译者

⑥ *Ibid.*, p. lxiv.

⑦ ENGEL and SERRURE, *op. cit.*, vol. I, p. 50. 罗马帝国时代，高卢有四座铸币厂，即特里夫斯、阿尔勒、里昂和那尔滂。*Catalogue des monnaies mérovingiennes*, p. lxv. F. LOT, *Un grand domaine à l'époque franque. Ardin en Poitou, Cinquantenaire de l'École pratiques de Hautes Études*, BIBL. DE L'ÉCOLE DES HAUTES ÉTUDES, fasc. 230, Paris, 1921, p. 127 讲到从各地征集上来的金币索里达都被铸币商人们浇铸成金锭。这种现象早在罗马时代就已经存在了。请见 *Codex Theodosianus*, XII, 6, 13, law

法兰克王国有一处铸币场位于宫廷之内，而其他则分布在不同城市之中。但各地教会和一批为数众多的钱币商（*monetarii*）也可以铸造货币。毫无疑问，这种货币的多样性是源自于当时特定的税赋征收方式。

“对于当局来说，一种省事而便宜的方式就是把一种特定税赋征收权授给那些税吏、盐池承包人、王室领地管家、修道院司库，等等，他们按照不同需要收取各种收益，如以实物方式收取各种贡奉，依照重量收取外国或古代钱币或者金属制品，而后再把那些收
110 回来的各种收益或者那些承包人所交上来的钱币，运往铸造场进行加工铸造，并在上面烙上各种标识，以此作为这些铸币的标准和质量的保证，此外还须铸上它们原产地的地名标志。”①

鲁斯琴（Luschin）② 认为，应将对由税赋收缴上来的黄金重新加以铸造的做法视作一种罗马人的习惯。根据他的观点，这些铸造者绝非小小的工匠，而是那些税赋的承包人。

根据鲁斯琴的观点，我们设想当时必定存在着某种特定的方式，对钱币铸造行为加以严格控制，因为当时所出现的那种多样性钱币并没有导致中世纪时代流通货币领域中所存在的那种混乱。

依据普鲁 ③ 的看法，这些铸币工匠都是从以往罗马帝国铸币场

---

of 367。

① ENGEL and SERRURE, *op. cit.,* vol. I, p. 97.

② A. LUSCHIN VON EBENGREUTH, *Allgemeine Münzkunde und Geldgeschichte*, 2nd ed., 1926, p. 97.（阿诺德·鲁斯琴·冯·埃本格吕特，1841—1932 年，奥地利历史学家、钱币学家，格拉茨大学教授。——译者）

③ M. PROU, *Catalogue des monnaies mérovingiennes*, p. lxxxi. 普鲁的这一看法，笔者以为同 *Vita Eligii*, vol.1, p. 15 所记载的内容完全相符。请见 M. G. H. SS.RER. MEROV., vol. IV, p. 681。

中逃离出来的，后来他们重新开始为社会服务。

在某些铸币者所铸钱币上，我们看到了 *ratio fisci* 或 *ratio domini* 之类的字样，[①] 似乎表明这些钱币是在国库控制下铸造出来的。不仅仅众多的不同城市中可以铸造钱币，而且乡村（*vici*）、军营（*castra*）和庄园（*villae*）等地也可以铸造，这从另一个方面验证了我们的一个假设，即它们是在偶然地情况下用所征收上来的税赋铸造出来的。但是我们切不可像普鲁那样，[②] 认为任何一个地方都有铸币场。况且，普鲁本人也承认那些铸币者并不是王朝的官吏。[③] 在矮子丕平三世统治时期（Pippin of the Short, III）[④] 以后，铸币者的数量就极为稀少，最终在 781 年全然消失了；[⑤] 而这恰好正是罗马式关税（impost）消亡的时候。

在墨洛温时代，法兰克王国并不存在铸造钱币的授权情况。[⑥] 根据勒斯尼蒙席（Mgr. Lesne）[⑦] 的研究，当时各地教会之所以铸币仅仅是为了把它们自己所有的各种财富都积聚起来。“教界的各种 111
铸币，”他写道，“似乎不像是一种王室特权的实践，而更像是各地教士和僧侣为了把他们的结余……转化成为现金货币而做出的选

① M. PROU, *op. cit.*, p. li.

② *Ibid.*, pp. lxx and lxxxii.

③ *Ibid.*, pp. lxx and lxxxi.

④ 丕平三世，史称矮子丕平，法兰克墨洛温王朝宫相（741—751 年在位），法兰克加洛林王朝创建者（751—768 年在位）。——译者

⑤ M. PROU, *Catalogue des monnaies carolingiennes*, p. xlvii.

⑥ 对此，普鲁持有疑义。

⑦ 1870—1940 年，法国历史学家，康布雷、里尔教会司铎，里尔天主教大学校长（1920—1940 年在位），Mgr.，“蒙席”之意，教宗颁赐有功神父的荣衔。——译者

择。”①

上述这些一直存在的各种货币和我们从其他各种来源所获知的各位君王以黄金形式拥有的财富②以及教会和个人所拥有的财富，③都足以证实当时西方黄金贮备相当充足；然而，当时西方并无金矿，所以我们也不能假设数额如此巨大的这些黄金是从金沙中淘捡的。那么，在一个我们所说的“自然经济”条件下，怎么会有这般大量的流动财富呢？

在这一方面，我们有很多典型文献史料和数据！④如都尔的主教巴尔德温（Baldwin）就曾把 20 000 金索里达分配给了穷苦百姓。而且黄金还被大量用于各种衣物装饰；此外，民间私人手中还拥有着大量黄金，法兰克国王们不断罚没私人所藏黄金即可证实这一点。⑤

当时法兰克王国的国库，主要是由各类税赋来填充，但是由拜占庭帝国皇帝所给予的各种巨额津贴也使得法兰克国库的财富不

① E. LESNE, *op. cit.*, p. 273.

② 参见在托莱多（7 世纪）附近的瓜拉萨（Guarrazar）发现的黄金制造的王冠。同时，在这一时期尚存在着各种王室国库财富的证据。参见 A. RIEGL, *Spätrömische Kunstindustrie,* 1927, p. 381。

③ 有关私人拥有的黄金财富和各种宝石的情况，请见 GREGORY OF TOURS, *Hist. Franc.,* X, 21, 首先是 IX, 9. 而劳钦（Rauching）公爵夫人所有的财富就堪同当时国王财富相媲美。

④ F. KLOSS, *Goldvorrat und Gelldverkehr im Merowingerreich,* 1929, 姑且不将 E. LESNE, *op. cit.*, p. 200 所引用的材料数据包括在内。

⑤ 有关教会的财富状况，请见 E. LESNE, *op. cit.*, p. 200。为了应付不时之需，各地教会的财富常常被铸为钱币。在 GREGORY OF TOURS, *Hist. Franc.,* VII, 24 中，我们发现有一位主教，在自己城市面临被洗劫的危难之时，毅然地将自己金制的圣餐杯铸成金币，以充作赎金。

断地增加，拜占庭帝国皇帝所给予法兰克王国的津贴数额相当巨大，其中一次就多达 50 000 金索里达。这是一架巨大的输血泵，同时它也是一架输气泵，因为当时国王的黄金并没有被静静地堆放在其国库之中。这些黄金皆被用于大笔年金的赏赐，用于王室公主出嫁的嫁妆，用于馈赠宠臣好友的礼品以及对贫穷百姓慷慨大方的赈济；同时，法兰克国王们还把这些黄金放贷出去以赚取利润，正 112
如我们所看到的，法兰克国王的确曾经向凡尔登主教放贷；并且历代法兰克国王也用黄金来支付各种津贴，就像我们今天用现金支票来支付此类费用一样；用于救济资助某些窘困穷苦的教士团体；圣阿曼德在规劝法兰克人皈依基督怀抱时，国王也曾向他提供赞助资金；还有，这些黄金还可以用作同那些蛮族媾和，就如布鲁尼豪特当时所做的一样；[①] 达格伯特曾以白银来覆盖圣但尼教堂东侧半圆形的小屋；还曾用于从君士坦丁堡购买战马（*missoria*）、支付宫廷和学校教师等所需的各种费用。笔者认为，在这巨大财源中有一部分是来自于征服日耳曼人、斯拉夫人的战利品，拜占庭人所提供的津贴，提奥多里克以后的东哥特人以及后来伦巴德人所缴纳的贡奉等，[②] 但这一切又不足以对当时法兰克人所拥有的充裕财源予以充分解释。依据笔者本人的看法，仅仅商业贸易这一途径，就足以把这条绵延不绝的黄金之河引到西方。所以，我们得出一个结论，即商业贸易在当时所具有的重要意义要远远大于我们以往所认为的

① G. RICHTER, *Annalen des Fränkischen Reichs im Zeitalter der Merovinger*, 1873, p. 98.

② 我们也已获知，631 年觊觎王位者西斯南德曾向达格伯特交付了 200 000 个索里达金币。G. RICHTER, *Annalen*, p. 161.

程度，并且，我们首先必须摈弃一种观点，即那种认为当时由于现金极度的匮乏而致使商品进口受到严格限制。

对于法兰克国王们在黄金财富方面的巨额积累，有些人将其假设为是整个王国的黄金都流入他们之手的缘故。为了支持这种观点，普鲁引用了格拉提安（Gratian）[①]、瓦伦蒂尼安（Valentinian）[②]和提奥多西乌斯等罗马诸帝所颁布的法令，该法令禁止向蛮族支付黄金。[③]但是，十分明显，对于那些独立于帝国皇帝的蛮族来说，这条法规是不适用的。按照鲁斯琴的看法，当时各个蛮族国王所拥有的黄金足以支撑铸造罗马钱币和金匠们打造金器之用。倘若果真如此，我们就可以确定高卢地区的黄金储备是无法维系从克洛维到查
113 理·马特（Charles Martel）[④]这么长时期的——这可是长达两个半世纪之久的一个时期啊！[⑤]可以肯定，一定有外来黄金流入到这一地区。这些黄金是通过什么途径输入进来的呢？很显然，只有商业贸易这一途径。而且，那些蛮族国王的确也输入了黄金。西哥特的法



① 罗马皇帝，375/378—383年在位。——译者

② 罗马皇帝，375—392年在位。——译者

③ M. PROU, *Catalogue des monnaies mérovingiennes*, pp. xi and cv. M. 洛也认为此时的黄金的确是按照这条途径从全国各地搜刮来的。LOT, PFISTER and GANDHOF, *op. cit.*, p. 358.

④ 法兰克墨洛温王朝宫相，719—741年在位。——译者

⑤ M. BLOCH, *Le problème de l'or au Moyen Age*, in ANNALES D'HISTOIRE ÉCONOMIQUE ET SOCIALE, vol. V, 1933, pp. I *et seq.*; A. SOETBEER, *Beiträge zur Geschichte des Geld-und Münzwesens in Deutschland*, FORSCHUNGEN ZUR DEUTSCHEN GESCHICHTE, vol. II, 1862, p. 307; A. LUSCHIN VON EBENGREUTH, *Allgemeine Münzkunde und Geldgeschichte des Mittelaters und der Neueren Zeit*, Munich and Berlin, 2nd ed., 1936, p. 41.

律可为此提供佐证。[①]都尔的格雷戈里告知我们法兰克国王曾在君士坦丁堡收购黄金，[②]而他所描述的发生在阿格德城的海难事故证实了这些黄金是从海路运回的。还有，谷物出口也一定将黄金带回到该地区。[③]在市场赋税的进口关税簿册中也记载着有关黄金运输的情况，如同记载运送奴隶的情况一样。[④]

此前，我们曾引用过一份史料文献，这份文献表明伟大的格里高利教皇曾下令教士坎迪达斯（Candidas）在普罗旺斯购买衣物、布匹和盎格鲁–撒克逊的奴隶，而所需费用要以在罗马并不通行的高卢金币来支付，这些款项将由教皇负责提供。

的确，在这一方面可供我们参考的史料为数甚微，但是如果历史学家们仅仅依赖于中世纪时代史料来源，那他们对于这一时期的商业的大发展状况又能晓知多少呢？如果仅仅依赖史料档案文献，便显现得尤为明显。目前，就墨洛温王朝时代而言，除了为数甚少的王室文状和极少量的私人文书之外，法兰克王国所有档案皆已散佚了。因而，我们常常就类似的问题争论不休。

当时的法兰克王国是否存在大量黄金，必须要通过某种方式才

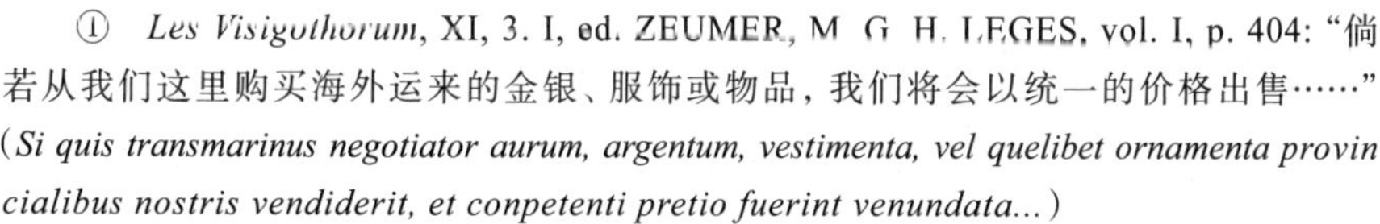

① *Les Visigothorum*, XI, 3. I, ed. ZEUMER, M. G. H. LEGES, vol. I, p. 404: “倘若从我们这里购买海外运来的金银、服饰或物品，我们将会以统一的价格出售……”（*Si quis transmarinus negotiator aurum, argentum, vestimenta, vel quelibet ornamenta provin cialibus nostris vendiderit, et conpetenti pretio fuerint venundata...*）

② GREGORY OF TOURS, *Hist. Franc.*, VI, 2.

③ CASSIODORUS, *Variae*, V, 39, M. G. H. SS. ANTIQ., vol. XII, p.378. 提奥多里克向伊斯特里亚的民众训话，告诉他们倘若他们不出售谷物粮食，那么他们就别想得到黄金。

④ GUIMAN, *Cartulaire de Saint-Vaast d'Arras*, p. 167, and P. ROLLAND, *Deux tarifs du tonlieu de Tournai*, 1935, p. 37.

114 能予以解释清楚。倘若这些黄金逐渐地被对外贸易所消耗，那么，我们就能够发现随着时间推移，这些黄金在逐渐地减少。然而，我们却没有发现这类现象的蛛丝马迹。

有一点是肯定的，在当时西方的货币流通十分活跃。对于那种墨洛温时代法兰克民众生活在一种自然经济体系之中的观点，我们必须予以坚决地否认。洛特[①]曾引用了克莱蒙城的事例来支持这一观点，说克莱蒙城曾以谷物和酒类等实物来缴纳关税。但是在主教要求下，这种实物关税被转换成了货币关税。对于4世纪，也即罗马帝国时代，我们必须还要加上由都尔的格雷戈里所讲述的事例。格雷戈里沉浸在这一回忆中，他强调，主教的干预完全是一种仁慈行为，这就充分证明了在他那个时期所有赋税仍是正常地以货币来缴纳的。在格雷戈里的著述中，没有一处提及赋税是以货币以外的形式缴纳的，我们业已看到当时缴纳给法兰克国王的赋税都是黄金。

因此，当时肯定有数量极大的货币处于流通之中，而且，人们还在试图寻求投资以获取利润。否则的话，我们对于那些众多野心勃勃之人为了获取主教的任命，而向国王缴纳一笔数目相当可观的款项的行径就无法做出解释。而当时那种承包赋税征收权的习俗也可为此提供佐证。[②]都尔的格雷戈里所讲述的一段逸事[③]也清楚地显示出货币在贸易中的重要性。犹太人阿尔门塔里乌斯

① F. LOT, *Un grand domaine a l'époque franque*, BIBILIOTHÈQUE DE L'ÉCOLE DES HAUTES ÉTUDES, fasc. 230, p. 123. 他所引用的史料来源是 GREGORY OF TOURS, *Liber vitae Patrum,* M. G. H. SS. RER. MEROV., vol. I, p.669。

② *Ibid.*, p. 125.

③ GREGORY OF TOURS, *Hist. Franc.,* VII, 23.

(Armentarius)，伙同一位犹太教徒和两位基督徒来到都尔，目的是收取一笔债款，这笔款项无疑是他们以前以包税商的身份(*propter tributa publica*)借贷给代理人(*vicarius*)英尤里奥苏斯(Injuriosus)和伯爵伊奥诺米乌斯(Count Eonomius)的，后者曾应诺将连本带利(*cum usuris*)一并偿还他们。这些包税商还曾贷款给治安官(*tribunus*)梅达(Medard)。他们同样要求梅达也要偿还债务。然
而，除了摆酒设宴款待这些债主予以周旋应付之外，这些有权有势 115
的欠债人当时根本就想不出其他偿还债务的办法，结果他们就在席间将那些债主统统给暗杀了。

显然，这些向高官们放贷的犹太人和基督徒，是通过商业贸易途径积累起自己资本财富的。还应当注意，他们放贷钱款是要收取利息的。这本身就是一个而且是非常重要的一个证据，它证明了一个事实，即在墨洛温王朝时期的法兰克，放贷获取利息是合法的行为。每个放贷者都能获利，甚至连国王本人也不例外，法兰克国王就曾向凡尔登城发放了一笔收取利息的贷款。[①]

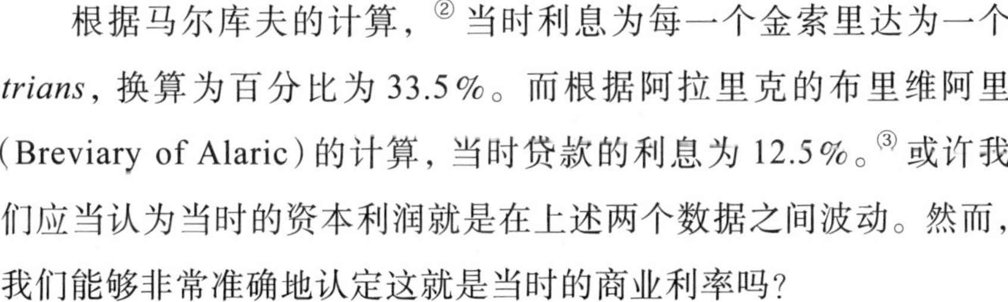

根据马尔库夫的计算，[②]当时利息为每一个金索里达为一个 *trians*，换算为百分比为33.5%。而根据阿拉里克的布里维阿里(Breviary of Alaric)的计算，当时贷款的利息为12.5%。[③]或许我们应当认为当时的资本利润就是在上述两个数据之间波动。然而，我们能够非常准确地认定这就是当时的商业利率吗？

的确，当时的基督教教会一直禁止教士甚至俗人从事高利贷，

① GREGORY OF TOURS, *Hist. Franc.*, III, 34.

② MARCULF, II, 26, M.G.H. FORMULAE, ed. ZEUMER, p. 92.

③ *Lex romana Visigothorum*, II, 33, ed. HAENEL, pp. 68-70.

可基督教教会这一举动却在一定程度上显示出当时的利息是在趋于不断上涨。[①]那些从事这种货币买卖的人绝大多数都是犹太人。[②]前文，我们就曾提及在那些负责征收市场税的税吏当中就有犹太人，并且很显然这些犹太人的数量已经相当多，因为大公会议曾就他们人数众多提出过抗议。[③]在那些铸币商人中也有犹太人，并且，在他们所铸造钱币上面，我们还发现了他们之中一些人的名
116 字。[④]他们的顾客数量，大体上如同那些放贷者的顾客一样，也一定是非常众多。除了那些税吏之外，我们还应把教会地产的那些管家（*locatores*）包括在内，他们同样把自己的官职承包了下来。当时商业贸易也一定在很大程度上仰仗于信贷业。西多尼乌斯[⑤]讲述了一个克莱蒙教士的故事，这位教士前往马赛做进口商品的批发生意，他在该地借了一笔钱款，而后他回到克莱蒙将那些商品零售出去，除了偿还贷款以外，本人还大大地赚了一笔。

毫无疑问，这是一个非法牟利（*turpe lucrum*）的典型事例，正是基于此，基督教教会严格禁止教士们从事与自己本职毫无关联的

---

① Council of Orleans, 538, c. 30. M. G. H. CONCILIA, vol. I, ed. MAASEN, p. 82, Council of Clichy, 626-627, *c.* I, *ibid.*, p. 197.

② 在克莱蒙，教士尤夫拉修斯（Eufrasius），是一位元老贵族的儿子，为了谋取主教一职，曾向国王奉送了一笔钱款，而这笔钱款是他从一位犹太人处借来的（*Susceptas a Judaeis species magnas*）。GREGORY OF TOURS, *Hist. Franc.,* IV, 35. 主教考提努斯（Bishop Cautinus）“对犹太人一味顺从……”（*Judaeis valde carus ac subditus...*），因为他也曾向犹太人贷款，或者向他们购买贵重的奢侈物品。GREGORY OF TOURS, *Hist. Franc.,* IV, 12.

③ M. G. H. CONCILIA, vol. I, p.67, a$^{0}$ 535 and p.158, a$^{0}$ 583.

④ A. LUSCHIN, *op. cit.*, p. 83; PROU, *op. cit.*, p. lxxvi.

⑤ SIDONIUS APOLLINARIUS, *Epistulae*, VII, 7, ed. LUETJOHANN, M. G. H. SS. ANTIQ., vol. viii, p. 110.

闲事。[1]

上述这一切都证实了，在墨洛温王朝时期，整个第勒尼安海地区仍在延续着罗马帝国时代的经济生活；而且，毋庸置疑，凡在高卢地区发生的事情，也必然会在非洲和西班牙地区同样发生。

传统经济生活特征体现在以下诸方面：东方贸易的优势支配地位、东方产品的重要意义、海港、商品税、关税的组织体系、货币的流通与铸造、以获利为目的的货币借贷、小市场的缺失和各个城市之中持续不断的商业活动，而它们之中必定存在着专业商人。毫无疑问，当时的商业领域，也如同其他的生活领域一样，存在着一定的由“蛮族化”方式所导致的衰颓现象，但是并不存在同罗马帝国时代经济生活中种种现象的决裂。地中海地区经济生活继续延续着自己独特的存在。可以说当时农业经济也是同样的。当然，农业经济仍然还是整个经济生活的基础，然而，除此之外，商业贸易则继续发挥着一种根本性的作用，无论是在日常生活之中——如出售香料、布匹等；还是在国家生活之中——如在各种税赋基础上的大 117
量恩赐；还是在社会生活之中均如此，而今这一切都应归结为商人和信贷业的存在。[2]

① The Council of Orleans, 538, *loc. cit.*, p. 82, 严禁执事品级以上的教士“向贪图享受的人贷款”（*pecuniam commodere ad usuras*）。626—627年，克利希会议（Council of Clichy），*ibid.*, p. 197, 重申了对教士的同样的禁令，并且还添加了“我们一定要阻止拿出6倍或10倍给所有的基督徒”（*sexcuplum vel decoplum exigere prohibemus omnibus christianis*）的内容。

② 在5世纪的灾难动荡之后，肯定存在一个重建的时期，这一点是以数量极其众多的纪念碑式的建筑物在不断修建为特征的；倘若我们不能肯定当时存在着一种相当程度的经济繁荣，那么，这些建筑简直就是无法想象的。

118

# 第三章　日耳曼人入侵之后的知识生活

## 1. 古代的传统[①]

有关3世纪以降知识生活和古代文化衰落的详细状况无须再浪费笔墨予以细致描述了。无论科学、艺术还是文学以及任何一个领
162 域，这种衰落都是非常明显的。似乎每一个人心灵都饱尝衰败堕落之苦。悲观主义和沮丧情感遍及整个世界。罗马皇帝朱利安试图振兴帝国的努力全然失败了，此后，古代精神便不再企求摆脱对基督教的信仰了。

新的基督教教会生命长期保持着异教徒生命的外貌。它对古代文学传统仍旧表示尊重，对这种传统的威望极为敬佩。基督教教会将维吉尔（Virgil）[②]的诗篇及其学派以及各类演说家的散文作品都保留了下来。尽管二者各自内容有所不同，外部表现形式却没有变化。

---

① 本章内容只是一个简略考察而已，目的仅在于揭示古代传统仍在继续流传。

② 古罗马时代的著名诗人，公元前70—前19年。著名作品有史诗《埃涅阿斯》等。——译者

从时间上讲，基督教文学的出现要远远晚于基督教观念的形成。

在君士坦丁（Constantine）[1]时代，基督教信仰所取得官方认可和决定性成功同其实际上所获得的辉煌胜利并不相符，因为此时，基督教业已取得了全面的胜利。从此之后，基督教再也未遇到任何敌对势力。对于这种新信仰的支持和拥护是普遍性的，可当时彻底而虔诚地皈依这种信仰的却只有为数不多的隐修士和知识分子。大多数人之所以皈依基督教，进入教会，则是为了他们各自的切身利益：如西多尼乌斯、阿珀利纳里乌斯（Apollinarius）[2]之类的上层人物只是为了保全其社会影响才进入教会的，至于那些贫穷百姓则是为了寻求基督教教会的庇护与救助。

在当时那个时代，许多人的精神生活已不再是纯古代式的了，可他们也未成为真正的基督徒，其实，对于这一点很好理解，因为
除了古代文学之外，这些人别无什么其他文学修养。[3]古代的文法 119 163
和修辞学校依旧在继续塑造所有这些缺乏坚定信念信仰者的内心世界。

日耳曼人入侵无法也的确没有使这种状态发生任何改变。[4]那

① 罗马皇帝，324—337年在位。——译者

② 此人乃西多尼乌斯之子，曾任克莱蒙主教，卒于525年前后。——译者

③ 有关这方面的事例，请见EBERT, *Hist. de la litt. latine du Moyen Age*, translated by AYMERIC and CONDAMIN, vol. I, p.445。他列举了那些除了名字以外再无任何基督徒内涵的基督徒：克劳迪乌斯（Claudius）、弗拉维乌斯（Flavius）、梅罗鲍迪斯（Merobaudes）、西多尼乌斯和阿珀利纳里乌斯等。另外一个有特点的人物是恩诺迪乌斯（Ennodius），此人大概出生于阿尔勒，但其教育则全然都是由修辞学所构成的，*ibid.*, p. 461。

④ R.BUCHNER, *op. cit.*, p. 85所论述的完全属实：古代晚期的延续（continuation of the Spätantike）。

么，他们又做了些什么呢？日耳曼人不仅没有带来任何新的观念，而且无论在哪里扎根——除了盎格鲁-撒克逊人之外——他们都把拉丁语继续作为自己唯一的表达与交流方式。同生活中其他领域一样，在知识领域之中，日耳曼人也同化于新的环境。他们在知识领域之中所持态度，与其在政治或经济秩序所持态度完全相同。当被一批批修辞学家、法学家和诗人所簇拥的时候，那些日耳曼君主鲜有片刻的闲暇。按照古代模式，这些文人为国王起草各类法律，撰写各种文函，记载宫廷各个部门的文件和记录。简而言之，他们将各种已有事物都原封不动地保留了下来。当然，在上述这些领域，大衰退过程也在继续，唯一的区别就是其速度要更快一些，因为蛮族化过程对知识领域的摧残要比对物质文化的破坏更严重一些。但是，在地中海西部各个新王国，这种知识文化大衰落过程开始持续地减缓。



首先，我们来考察一下东哥特王国在这一方面的情形。该王国几乎所有的一切事物都同罗马帝国时代一样，别无二致。我们只要回想一下：卡西奥多鲁斯和博埃提乌斯（Boëtius）[①]，这两位提奥多里克大王的大臣的名字就足够了。此外还有其他一些人。《耶稣基督福音颂歌》（*A Carmen de Christi Jesu Beneficii*）的作者、诗人卢斯梯库斯·艾尔皮迪乌斯（Rusticus Elpidius）就是提奥多里克的御医和宠臣。
120 [②]我们还要提到恩诺迪乌斯，此人大概是471年出生于阿尔勒，虽然他在511年就任帕维亚主教，但却是一位世俗文

① 又译波爱修斯，中世纪初期百科全书式的学者。——译者

② A. EBERT，*op. cit.*, vol. I, p.442.

学作家，曾对帕斯菲阿（Pasiphae）的私下恋情大加赞美。[①] 他曾经是一位修辞学家，后来成为一位专门讲授宗教论辩术的教授。通过此人，我们得知罗马修辞学校如同以往一样繁忙。在504—508年，恩诺迪乌斯曾为提奥多里克撰写过颂文，其文体同他为勒林斯（Lérins）[②] 的修士安东尼（Anthony）所写的传记一样，极具浮夸和自我炫耀的特征。[③] 在语法、修辞领域，恩诺迪乌斯著述颇多，而这些语法、修辞修养对于"所有的一切都有着支配作用"，并且也是基督教教育的基础。他曾建议当时那些渴望成就学业的青年学子一定要到罗马，投拜在著名修辞学家的门下。他还以"其虔诚如同她的智慧一样"之类的词句来赞美一位妇女的宅第。[④] 我们或许可将这种文学归入到警句隽语一类之中。正是这类现象为提奥多里克时代的意大利上层社会仍旧存在大量的文学活动提供了佐证。

博埃提乌斯，480年出生于罗马，属于当地豪门阿尼斯（the Anicii）家族。510年，他出任执政官一职，成为国王提奥多里克的大臣，被委以重任，负责对修道制度进行改革。525年，因涉嫌同拜占庭串通而获罪，被判处死刑。博埃提乌斯曾翻译过亚里士多德的著述，且他对亚里士多德著述的注解对整个中世纪思想都产生了影响；他还翻译过《波菲里导论》（*Isagogue of Porphyry*）[⑤] 等作品以

---

① A. EBERT, *op. cit.*, vol. I, p.464.

② 此地由法国南部戛纳湾附近的两个岛屿勒罗（Lero）和勒林纳（Lerina）构成。——译者

③ A. EBERT, *op. cit.*, vol. I, p.467.

④ A. EBERT, *op. cit.*, vol. I, p.468.

⑤ 波菲里是新柏拉图主义哲学家，约234—305年。他的《导论》（*Isagogue*）一书，是一本关于哲学、逻辑学介绍性著作，其拉丁译本是中世纪最重要的逻辑学教科书。——译者

及几位古希腊音乐家和数学家的著作。身陷囹圄期间，博埃提乌斯还撰写了一部《哲学的慰藉》(*De consolatione philosophiae*)，该书将基督的神性同斯多葛-罗马(stoico-Roman)[①]的道德观念加以融合协调。可以说博埃提乌斯是一位思想卓绝的人物、一位思想家。

出生于477年的卡西奥多鲁斯是一位豪门显贵(*grand seigneur*)，是提奥多里克的股肱重臣。最初，他以一篇赞美提奥多里克的颂文赢得这位君主的宠信。20岁时，他便成为财务官(*quaestor*)和提奥多里克的贴身秘书，此后，又出任执政官。即使提奥多里克死后，甚至新王维提吉斯在位期间，卡西奥多鲁斯在宫廷中仍位高权重；然自535年王后阿马拉松塔摄政之后，卡西奥多鲁斯的影响便开始下降。540年，他遁身世外，躲匿在维瓦里(Vivarium)[②]的修道院中
121 静心地过着自己的宗教生活，这座位于布鲁提乌姆(Bruttium)[③]的修道院是他本人所建造的，[④]布鲁提乌姆是他那位伟大祖父在抵抗汪达尔国王盖撒利克入侵时立下卓越战功而获得的一块属地。当时卡西奥多鲁斯心中怀有一个宏愿，就是让修士们将散佚在各处修道院的各种古代经典文学著述都加以编辑、整理。这种使古代文化成果在修道院中觅得避难之所的观念，大概是受到了拜占庭皇帝查士丁尼所发动的重新征服意大利战争的刺激，因为这场战争对卡



① 斯多葛学派得名于“stoa”，即走廊或游廊。由芝诺(公元前336—前264年)所建，斯多葛学派在罗马共和国十分流行，在罗马帝国时期有了新发展，以马克·奥勒留皇帝(161—180年在位)为代表。——译者

② 位于今意大利斯奎拉切(Squillace)附近，由卡西奥多鲁斯所建。——译者

③ 卡拉布里亚(Calabria)的旧称，位于意大利最南部。——译者

④ 该修道院建造时间大约为555年。其具体地点在今意大利的斯奎拉切海湾圣马蒂诺卡帕尼罗。——译者

西奥多鲁斯实现自己心中那个创建神学学校的梦想造成了极大的妨碍。

现在，我们必须要提及一下阿拉托尔（Arator），此人在阿塔拉里克统治时期入朝为官，先后充任王室家内事务财务官（*comes domesticorum*）和掌管国王土地和财产的财务官（*comes rerum privatarum*）等职。大概在维提吉斯围攻罗马城期间，因躲避兵祸灾难，他才进入教堂。544 年，在维库里的圣皮埃特罗（San Pietro-in-Vinculi）教堂，阿拉托尔公布了自己的诗篇《论使徒行传》（*De actibus apostolorum*）。

凡南提乌斯·福尔图纳图斯，大约在 530—540 年出生，曾在拉文那城研修语法、修辞和法学。560 年，他前往高卢，在此地，他赢得了奥斯特拉西亚的西格伯特一世（Sigebert I）[①] 以及其他大人物的赏识与宠信。在普瓦提埃，他同圣拉德贡达（Saint Radegunda）有过交往，此人刚刚在此创建了圣十字架修道院（the Holy Cross）。[②] 也是在此地，凡南提乌斯成为一名神职人员。后来，他在普瓦提埃主教的任上去世。

福尔图纳图斯的诗歌作品主要是一些颂歌；其中以献给法兰克国王奇尔伯里克一世，赞美其美德的颂歌以及歌颂王后弗雷德贡德的颂歌最为著名。他对卡里伯特（Caribert）的罗马雄辩术大为欣

① 法兰克奥斯特拉西亚国王，561—575 年在位。——译者

② 圣拉德贡达乃中世纪早期著名的女圣徒，法兰克洛塔尔的王后（约 520—587 年）。时人称其为“修女王后”。约 561 年在普瓦提埃创建圣玛丽修道院，后因该院于 569 年前后从拜占庭皇帝查士丁二世处获得了一块纯十字架碎片，故改名为圣十字架修道院。——译者

赏，[1] 并对公爵卢普斯（Duke Lupus）[2] 也是大加赞颂。这位公爵是一位罗马人，他非常喜爱将诸如安达尔西乌斯（Andarchius）之类饱学多识文采杰出的同胞延揽到自己宫廷之中。[3] 对戈哥（Gogo）[4] 的口才，凡南提乌斯也极为欣赏；他曾在西格伯特一世与布伦豪特（Brunhaut）的婚礼上，即兴创作了一首颂歌（epithalamium），其中提及丘比特（Cupid）[5] 和维纳斯（Venus）[6] 等诸位罗马神灵。凡南提乌斯还撰写了一篇诔文，悼念一位名叫威丽图塔（Vilithuta）的蛮族姑娘。正值 17 岁如花似玉的豆蔻年华，威丽图塔便不幸病故，但是她所接受的教育却使其成为一名地道的罗马人。凡南提乌斯还撰写过其他一些赞美歌。

曾在罗马求学的巴塞尼乌斯（Barthenius），是法兰克国王提奥
122 德伯特的职官总监（*magister officiorum*）。都尔的格雷戈里[7] 曾说过此人因向人民勒索过分的税赋，结果被民众用石块砸死。他是阿拉托尔的亲戚。[8]



在汪达尔王国，罗马修辞学家们所发挥的作用也不可小觑。德拉康提乌斯（Dracontius）曾将一首冠以《欣慰》（*Satisfactio*）之名

---

① A. EBERT, *op. cit.*, vol. I, p.556.

② 此人乃香槟公爵，名卢普斯。——译者

③ GREGORY OF TOURS, *Hist. Franc*, IV , 46.

④ 法兰克墨洛温王朝大贵族，曾担任未成年的国王提奥德伯特二世的监护人，权倾一时。卒于 581 年后。——译者

⑤ 罗马神话中的小爱神，维纳斯的儿子。——译者

⑥ 罗马神话中主司爱与美的女神，同时又是执掌航海的女神，相对应于希腊神话的阿芙洛狄忒。——译者

⑦ GREGORY OF TOURS, *Hist. Franc.*, III, 36.

⑧ L. M. HARTMANN, *op. cit.*, vol. I, p.191.

的诗歌献给了汪达尔国王贡塔芒德(Gunthamund，484—496年在位)。德拉康提乌斯是拉丁语法学家菲利西亚努斯(Felicianus)的门生；在其著述中，提供了当时汪达尔人同罗马人一道进入拉丁语语法课堂学习的史料。我们还发现他拥有地产。通过研习拉丁语语法和修辞学，德拉康提乌斯始从事法学事业。后来，遭到国王贡塔芒德迫害，身陷囹圄，财产也被罚没，其罪名是他在一首诗歌中对罗马皇帝的赞美之辞，似乎有损于这位汪达尔国王的声誉。[①]

在特拉萨芒德(Thrasamund，496—523年在位)和希尔德里克(Hilderic，523—530年在位)二人统治汪达尔王国时期，各位诗家的诗篇一时称盛，风靡四方：如弗洛伦提努斯(Florentinus)、弗拉维乌斯·菲利克斯(Flavius Felix)、卢克索里乌斯(Luxorius)、马弗尔提乌斯(Mavortius)、克洛那图斯(Coronatus)和卡尔布鲁斯(Calbulus)，等等，虽然他们都是基督徒，但皆以世俗古代文体进行写作。[②]他们的诗篇都对特拉萨芒德国王的丰功伟业大为赞美，并在阿里安那(Aliana)[③]为其建造了纪念碑；[④]此外，他们还提及卢克索里乌斯的好友、语法学家弗斯图斯(Faustus)。但在他们的诗篇中，崇高的基督神性却同淫秽下流的词句融合杂糅一处。[⑤]

汪达尔的伯爵西吉斯特乌斯(Sigisteus)，是诗人帕尔特尼乌斯(Parthenius)的庇护者，而他本人也是一位诗人。[⑥]同时，我们还不

① A. EBERT, *op. cit.*, vol. I, p. 409.
② A. EBERT, *op. cit.*, vol. I, p. 457.
③ 即 Aryanah，位于突尼斯东北部沿海城市。——译者
④ A. EBERT, *op. cit.*, vol. I, p. 458.
⑤ A. EBERT, *op. cit.*, vol. I, p. 460.
⑥ M. MANITIUS ,*Geschichte der Christlich-Lateinischen Poesie*, p.402.

可将弗尔根提乌斯(Fulgentius)遗忘，此人是一位职业语法学家，曾在5世纪最后二十年间，在迦太基从事文学创作。作为一位风格夸张，技艺却不纯熟的作家，他编撰了一些神话寓言故事，而这正是这位语法学家保存自己所喜爱但却业已衰退的典雅文风的唯一方式。

其他各个日耳曼族群中的状况也完全相同。在勃艮第地区，
123 西多尼乌斯是一位伟大人物。[①]西哥特国王尤里克的身边总是簇拥着一批修辞学家。瓦姆巴、希塞伯特、奇因达斯维斯和奇提拉(Chintila)[②]等一批日耳曼王公均为舞文弄墨的作家。再有诸如托莱多的尤基尼乌斯(Eugenius)[③]、比克拉洛的约翰(John of Biclaro)[④]和塞维利亚的伊西多勒都是用拉丁语，而且还是非常纯正地道的拉丁语进行写作。[⑤]

在法兰克人中，我们要记住国王奇尔伯里克一世本人就是一位著有众多拉丁语诗篇的作者。[⑥]

最后，我们还绝不能忽视君士坦丁堡的影响，这是一个对西方各个蛮族国家的学子和学者都极具吸引力的中心。似乎当时君士坦丁堡最具名气的是医药学校，对此，都尔的格雷戈里曾在其著述中以较大篇幅做过评说。

---

① A.COVILLE, *op. cit.*, p. 226.

② 西哥特王国，636—640年在位。——译者

③ 托莱多大主教，636—646年在位，亦是当时著名的天文学家。——译者

④ 西哥特编年史家，约540—624年以后，著有《编年史》(*Chronicon*)。——译者

⑤ 根据马尼提乌斯(M. MANITIUS)的观点，西哥特人的文学水平要高于其他的日耳曼人，请见其著作 *Geschichte der Christlich-Lateinische Poesie*, p. 402。

⑥ 有关法兰克的文化特征，请参见 H. PIRENNE, *De l'état de l'instruction des laiques a l'époque merovingienne*, REVUE BÉNÉDICTINE, April-July, 1934, p. 165。

总而言之，日耳曼人入侵并没有对地中海西部地区的知识生活造成什么改变。倘若我们无法说这一时期的文学还在继续繁荣发展，那么至少在罗马、拉文纳、迦太基和托莱多以及高卢等地，它仍继续保持着自己的存在，直至盎格鲁-撒克逊人开始使自己的影响显现出来之前，并无一种新的因素出现。虽然当时西方各地的文学衰颓是明显的，可是古代旧有传统依旧流传了下来。那些作家还在继续写作，这就意味着还存在着阅读其作品的公众，甚至还可能存在着一个相当大的学术界读者群。此时的诗人们对日耳曼王公们极尽谄媚奉承之能事，就如当年他们阿谀奉承罗马帝国皇帝们一样。除了更加乏味无聊以外，这些诗人所书写的内容都是对往昔各类主题的重复。

这种保存着各种古代传统的知识文化生活一直延续到 7 世纪，因为伟大的教皇格里高利一世曾指责过维也纳主教迪蒂尔将时光都浪费在研习拉丁语法之上。并且直到阿拉伯人入侵之时，在西班牙地区仍有几位颇值得称道的历史学家。



然而，日耳曼人对这些知识文化生活却没有做出一点自己的贡献。[①]

## 2. 基督教教会 124

显然，西罗马皇帝垮台之后，基督教教会依旧沿着以往路线继

① 倘若，我们依据厄波特（EBERT）的观点，欲从福尔图纳图斯的作品中找到一点日耳曼人的精神，我们就必须将其视为与生俱来的（*a priori*）。见 R. BUCHNER, *op. cit.*, p. 84。

续发展。而且，这种发展的确构成了罗马传统延续性的一个最为明显突出的例证。由于认定罗马帝国是人类社会最为合理的结构组织，所以基督教教会此刻对罗马帝国仍然保持着耿耿忠诚。基督教教会的神职人员都是由罗马人组成，并且从那些与存留下来的文明合为一体的罗马贵族之中补充自己的人员。[①] 直到相当晚的时候，才有为数不多的几位蛮族人进入基督教教会组织机构之中。

从社会角度来看，基督教教会的影响极其巨大。在罗马，最为重要的人物就是教皇；而在各个城市，则是主教。那些为了追求事业或为了躲避乱世的人们，都在基督教教会寻求到了庇护，无论西都尼乌斯、阿维图斯之类的大贵族，还是佩拉的鲍里努斯之类破败沦落之人皆是如此。本书前述的那些作家也几乎都是在基督教教会怀抱里了其终生的。

但是，也有一些远离罪孽的人，是完全凭着纯真信仰进入基督教教会的。毫无疑问，我们必须要将这类现象归结为是东方隐修思潮的巨大影响。虽然这种思潮在西方很早就已为人所感知到了，但到现在，隐修思潮业已构成了这一时期的基本特征之一。[②]

出生于匈牙利的圣马丁（Saint Martin）[③]，曾在 372—397 年出

---

① 见 HÉLÈNE WIERUSZOWSKI, *Die Zusammensetzung des gallischen und fränkischen Episkopats bis zum Vertrag von Verdun*, in the BONNER JAHRBÜCHER, vol. 127, 1922, pp. 1–83。她曾对 6 世纪时期的高卢的历届主教进行过统计，而这一统计表明似乎所有的主教都是罗马人。

② 在勒林斯，埃及的隐修运动潮流显示出自己的影响。432 年，在爱尔兰皈依基督教信仰的不列颠的圣帕特里克（Saint Patrick）曾在勒林斯生活过，正是通过此人埃及的隐修运动的宗教信仰和艺术风格才被引入到爱尔兰。J. BAUM, *op. cit.*, cited by FORSCHUNGEN UND FORTSCHRITTE, vol. XI, 1935, *c*. 222 and 223.

③ 圣马丁，生于 316 年，卒于 397 年，为罗马军事贵族后裔，出生于潘诺尼亚地区，

任都尔主教，并于360年在普瓦提埃附近创建了里古日（Ligugé）[①]修道院。圣约翰·卡西安（Saint John Cassian）[②]，曾先后在伯利恒（Bethlehem）[③]、埃及和君士坦丁堡等地做过隐修士，大约在413年左右，创建了马赛的圣维克多修道院。410年前后，后来出任过阿尔勒主教的霍诺拉图斯（Honoratus）[④]，在格拉兹（Grasse）[⑤]主教辖 125
区内创建了勒林斯修道院；这座修道院就受到了我们所观察到的当时那种遍及整个高卢地区的埃及隐修风潮的深刻影响，[⑥]它是与东方的隐修传统几乎同时发生的。

日耳曼人对这些隐修团体从未发动过任何攻击。我们或许还可以说，正是日耳曼人所造成的巨大混乱才极大地推动了这种隐修运动的发展，因为当时的社会动乱迫使许多优秀才俊遁入修道院之中，以远离无法忍受的杂乱尘世。卡西奥多鲁斯就曾在自己的一处领地上创建了维瓦里修道院；圣本尼迪克（Saint Benedict，480—543年）奠定了著名的蒙特卡西诺修道院（Abbey

童年生活在意大利，成年后主要生活在高卢地区。早年皈依基督教，371年出任都尔主教，创建数处修道院，积极传教，在其身上屡有圣迹发生，去世后被人们尊崇为欧罗巴的守护圣徒。——译者

① 该修道院全称为“里古日圣马丁修院”，391年建立，位于法国西部，普瓦提埃附近（在其以南约8公里）。——译者

② 中世纪早期西方重要的神学家，约360—435年。他所创立的修道院规曾在西方广泛流行。——译者

③ 今巴勒斯坦中部城市，位于耶路撒冷西南。——译者

④ 约350—429年，阿尔勒主教。——译者

⑤ 位于法国东南沿海。——译者

⑥ GREGORY OF TOURS, *Hist. Franc.*, VIII, 15曾提及埃普修姆（Eposium），即伊沃伊（Ivoy）的一位柱上苦行僧（Stylite）。有关其他隐修主义的过分行为，请见S. DILL, *Roman Society in Gaul in the Merovingian Age*, p. 356。

of Monte Cassino)[①] 的基石，并为其制定了著名的《本尼迪克条规》(Benedictine Rule)，后来，伟大的格里高利教皇又将这一条规发扬光大。

这场隐修运动由南向北蔓延扩展。圣拉德贡达奉圣恺撒利乌斯之命前往阿尔勒，将她自己的修道院引入普瓦提埃。

这位恺撒利乌斯是当时一位代表性的人物。[②] 他是索恩河畔沙隆[③] 的一个名门望族的后裔，490 年，即他 20 岁时，在勒林斯修道院寻求庇护。他的一生展示出一种基督徒的忠诚与热情。从 502 年到 543 年，恺撒利乌斯担任古城阿尔勒的主教，该城曾被奥松尼乌斯(Ausonius)誉为"高卢的罗马"。西哥特国王阿拉里克二世曾将恺撒利乌斯流放波尔多。后来我们发现，恺撒利乌斯与东哥特国王提奥多里克过从甚密。在亲眼目睹和亲身经历种种政治和社会变革之后，他对罗马教皇怀有一份极为崇敬的敬仰之情，并将其视作业已消亡的罗马帝国的象征。恺撒利乌斯心目中宗教生活的最理想模式，就是做一名隐修士；这是一种每日都尽心竭力从事慈善事业、传布福音、吟诵赞美上帝诗篇和给人以教诲的神圣生活。他曾对当时教会观念进行改革，主持多次宗教会议。正是由于恺撒利乌斯的不懈努力，位于地中海沿岸的阿尔勒城才成为整个法兰克教会的坚固基石。墨洛温王朝法兰克的所有教会法规皆



---

① 一译圣本笃，约 480—550 年。为天主教修道组织本笃会创始人，意大利人。18 岁出家隐修。515 年制定新的隐修制度。529 年在卡西诺山创建新型修道院，以"祈祷和劳动"为原则，为西方主教修会制度的基本模式。1964 年被尊为欧洲守护圣徒。其瞻礼日为 3 月 21 日。——译者

② 请见其本人的行传，载于 SS. RER. MEROV., vol. III, p. 457。

③ 法国西部城市。——译者

来自于6世纪的阿尔勒城，[①]并且阿尔勒的“告解文集”（conciliary 126
collections）成为后世所有此类文集的楷模。[②]513年，罗马教皇叙马库斯（Symmachus）[③]赐予恺撒利乌斯身披饰有十字架的白色大披肩（*pallium*）的殊荣，并委任他为罗马教皇驻高卢地区的代表。公元500年，恺撒利乌斯还承担起对位于阿尔勒附近罗讷河一座小岛上极为豪华气派的修道院的监督指导之责，并为其制定了院规。[④]此后，在512年，恺撒利乌斯又在阿尔勒为妇女创建一所女修道院，及至523年，该院的修女人数已达400人之多。他为这座女修道院制定了院规，然又非常精心地使其不太过于严苛，他允许修女们可以阅读书籍、缝纫衣物、吟唱赞美诗和誊抄经卷。并且，恺撒利乌斯还把这座女修道院置于罗马教廷的直接保护之下。

恺撒利乌斯的布道演讲简明通畅，深受民众欢迎，而且他还把自己的演讲誊写下来传布四方各地，对高卢、西班牙和意大利等地产生了十分巨大的影响。

同高卢地区的圣恺撒利乌斯一样，圣本尼迪克在6世纪的意大利也是一位伟大宗教人物。他大概出生于斯波莱托附近，先是在罗马接受教育，而后便到苏比亚科（Subiaco）[⑤]隐居起来。在他的身旁都是隐修士。529年，本尼迪克同这些隐修士一道定居在蒙特卡西诺。他所制定的教规多取法于卡斯安努斯（Cassianus）、鲁菲努斯

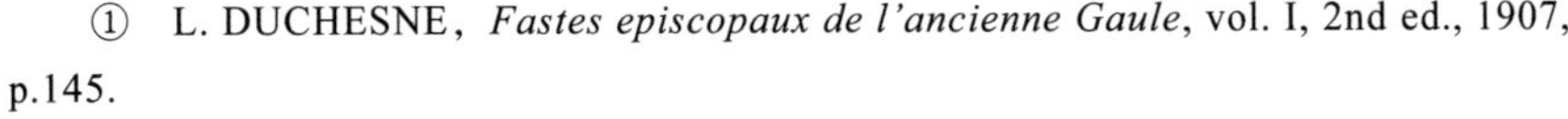

① L. DUCHESNE, *Fastes episcopaux de l'ancienne Gaule*, vol. I, 2nd ed., 1907, p.145.

② *Ibid.*, pp. 142 *et seq.*

③ 498—514年在位。——译者

④ H. SCHUBERT, *Geschichte der christlichen Kirche im Frühmittelalter*, p. 61.

⑤ 意大利城市。——译者

和圣奥古斯丁(Saint Augustine)[①]等人的教规。《本尼迪克条规》并不强求隐修士必须从事神学研究，尽管它其中曾提到一些在大斋期(Lent)[②]期间应阅读的书目;它所倡导的隐修，在实践上主要体现为修道质量，而不是过分的清贫苦行。这一点要归结为与蒙特卡西诺相邻近的罗马正在逐渐具有世界性的重要地位。

127 这一时期，西方隐修运动的扩散极为迅速。[③]各国国王[④]、各地大贵族和主教们[⑤]都纷纷创建修道院。当时隐修运动最大的庇护者是西班牙的布拉加(Braga)[⑥]主教圣弗鲁克图奥苏斯(Saint Fructuosus)[⑦]和罗马教皇伟大的格里高利一世。

在地中海沿岸地区，这种隐修运动的影响特别巨大。显然，这一运动与那些针对异教信仰者的福音传布运动之间有着一定的关



① 354—430年，古代基督教拉丁教父的主要代表，著名神学家和哲学家。曾任北非希波主教。著有《忏悔录》《上帝之城》等著述。——译者

② 亦称“封斋节”。基督教主要斋戒节期，期限为40天。忏悔为大斋节的主题，以纪念耶稣受难。——译者

③ 圣科伦班(Saint Columban, 615年去世)于590年抵达高卢。参见DE MOREAU, *Les missions médiévales*, 1932, p. 188。在A. HAUCK, *Kirchengeschichte Deutschlands,* vol. I , pp. 288 *et seq.*, 我们见到了为数极多的修道院，它们都是7世纪时仿效卢克斯维尔(Luxeuil)而创建的，北部地区尤甚。人们必定要将这种原因归之为地中海地区以外的某种影响。似乎卢克斯维尔要比勒林斯更加有名望，*ibid.*, vol. I, p. 296。但是，由于过分清贫苦行，圣科伦班的教规未能被保持下来，反而被圣本尼迪克条规所取代。

④ 例如，西格伯特三世(Sigebert III)曾创建了斯塔维洛特-马尔梅迪(Stavelot-Malmédy)修道院。*Rec. des chartes de Stavelot-Malmédy,* ed. J. HAIKIN and ROLLAND, vol. I, pp. 1 and 5。

⑤ 有关7世纪的修道院的状况，请见A. HAUCK, *Kirchengeschichte Deutschlands*,vol. I, p. 138。

⑥ 今葡萄牙北部城市，布拉加区首府。——译者

⑦ 中世纪早期西班牙的主要神学家，修道运动组织者，大约卒于665年。656年曾出任布拉加主教。——译者

联，正如我们从圣阿曼德（675—676年去世）和圣雷马科利乌斯等伟大的阿基坦人的传记中所看到的一样，他们这些人往往都是一身二任，既是福音传布者，又是虔诚修道的修士。

前往不列颠，劝服盎格鲁-撒克逊人皈依基督教的那些福音传布者都是僧侣。奥古斯丁（Augusitine）[①]所率领的传教使团有40人左右，他们在597年复活节前后抵达肯特王国。[②]及至627年，基督教已由肯特[③]传播到诺森伯兰（Northumberland）[④]。686年，整个不列颠地区的基督教化全部完成。[⑤]

正是从地中海地区开始，基督教逐渐向北方扩展，它所造成的后果是极其重要的。而完成这一使命的正是像奥古斯丁和他的同伴那样全然罗马化了的和受过教育的人士。

668年，罗马教皇维特里乌斯（Vitellius）[⑥]派遣曾在雅典研习深造的塔尔苏斯（Tarsus）[⑦]的提奥多勒（Theodore）[⑧]出任坎特伯雷大主教。陪同他一起前往不列颠的是其好友阿德里安（Adrian）[⑨]，此



① 史称坎特伯雷的奥古斯丁。生年不详，卒于604年。596年奉命前往英格兰传教，597年受到肯特王款待，并在坎特伯雷为肯特王洗礼。601年任总主教。被后世教会誉为“英格兰使徒”。——译者

② DE MOREAU, *Les missions médiévales*, p. 138.

③ 英国英格兰东南部地区，郡名，东临多弗尔海峡。——译者

④ 英国郡名，位于英格兰最北部地区，与苏格兰接壤。——译者

⑤ DE MOREAU, *op. cit.*, p.165.

⑥ 亦名Vitalian、Vitalianus维塔利昂或维塔利安，657—672年在位。——译者

⑦ 地处讲希腊语的加利西亚省，属于今土耳其。——译者

⑧ 中世纪早期著名神学家、圣徒，约602—690年，668—690年任英格兰坎特伯雷的主教。——译者

⑨ 坎特伯雷的阿德里安，约635—710年。出生于利比亚昔兰尼加（Cyrenaica），据尊者彼得的《英吉利教会史》，阿德里安是柏柏尔人。早年在意大利的那不勒斯附近的小修道院当院长，669年被教皇维特里乌斯派到英格兰协助坎特伯雷大主教提奥多勒

人是阿非利加人，是一位希腊语和拉丁语学者。正是这位阿德里安同爱尔兰人一道，将古代文化在盎格鲁-撒克逊人中广为传播。[①]

因此，地中海沿岸地区就是富有生命活力的基督教信仰的故土家园。特里夫斯主教尼塞提乌斯（Nicetius）是利摩日（Limoges）[②]的当地人，此外尚有许多人的名字可以提及。法兰克国王蒂埃里一世曾从克莱蒙向特里夫斯派遣过一些教士。[③]这一时期，对未来产生影响最大的人物是伟大的格里高利。同卡西奥多鲁斯一样，格里
128 高利也是名门望族之后。最初，他只一位传教布道的教士；后在隐修理想的驱动下，他把自己所有财产全部变卖，凭借所得钱款，格里高利创建起七所修女院。虽然他已身为修士，当时的教皇还是于580年把他作为使节，派往君士坦丁堡。590年，格里高利本人出任教皇，604年与世长辞。作为一名作家，格里高利始终追求文笔的简洁。而对那些媚俗性的修辞学，他则十分厌恶，认为它只是一些毫无实际意义的晦涩的雕虫小技。他是一位饱学之士，对他而言事物本身内容要远远比外在形式更为重要，而且他的著述与传统的古典修辞学之间形成了一种全然的断裂。这种断裂是必然要发生的，这不仅是修辞学本身明显的无效用性所使然，而且还是隐修思潮对基督教教会本身使命的呼唤，是基督教教会更加接近民众的需求所使然。

传教，被任命为奥古斯丁修道院院长，他促进了罗马教会在英格兰的影响，在其领导下，坎特伯雷成为英格兰的学术中心。——译者

① BEDE, *Historia Ecclesiastica*, IV, I ; MIGNE, *Patr. Lat.*, vol. 95, circa 171–172.

② 法国中部城市，今上维埃纳省省会。——译者

③ A. HAUCK, *op. cit.*, vol. I, p. 122.

尤吉皮乌斯(Eugippius),在他的《圣塞维利乌斯传》(*Life of Saint Severius*)中,就断然拒绝使用那种使民众感到困惑的体例方式。[①] 阿尔勒的圣恺撒利乌斯也明确表示,在运用修辞学之类方法,为那些近乎于文盲的民众进行写作时,令其感到极为痛苦。[②]

基督教教会因此要进行自身改革。这就是要创造一种大众文化的文学工具;也就是说要使文学成为一种开启民智的手段。

根据罗杰(Roger)[③] 的观点,伟大的格里高利同古代文学断绝了关系。[④] 他曾对身为基督徒的维耶纳主教迪蒂尔将其全部精力都用于讲授拉丁语语法和教唱朱庇特赞美诗歌的做法痛加斥责。[⑤]

因此,为了自己的使命,基督教教会通过使用一种粗鄙通俗的拉丁语,或者说是一种未加修饰的拉丁语的方式来接近广大民众。[⑥] 它所希望的是用一种适合普通民众的拉丁语进行书写,这是一种富有活力的语言、一种符合时代的语言,但它并不要求人们在语法的正确性上花费多大精力。基督教教会用这种语言为民众书写各位圣徒的传记,其目的是以各种神迹来感化和改变民众的心灵。这种简洁的语言,曾被塞维利亚的伊西多勒(646 年去世)所使用。但是他并没有把科学也排除在外。通过编写实践,伊西多勒力图使各

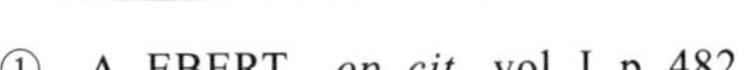

① A. EBERT, *op. cit.*, vol. I, p. 482.

② A. EBERT, *op. cit.*, vol. I, p. 503.

③ 法国历史学家,1863—1941 年。——译者

④ M. ROGER, *L'enseignement des lettres classiques d'Ausone a Alcuin,* 1905, p.187 *et seq.*

⑤ JAFFÉ-WATTENBACH, *op. cit.,* No. 1824.

⑥ GREGORY OF TOURS, *Hist. Franc. Praefatio* :"他们对哲学修辞的理解很少,更多地说些乡村土话俚语。"(*philosophantem rhetorem intellegunt pauci, loquentem rusticum multi.*)参见 H. SCHUBERT, *op. cit.*,p.67。

129 个时代的科学更接近于世人。在其著述中，没有遗留下丝毫古典拉丁语的痕迹。他的作品只是叙述事实，并保存着一些有用的秘门诀窍。伊西多勒是中世纪时代一位百科全书式的人物。并且，他也是一位地中海人。

因此，在南方的“罗马化地区”，这种具有基督教精神新取向的文学形式开始形成了。或许在表面形式上，这种文学还带有某种程度的粗陋和野蛮特性，但却具有极强的活力和影响力。这种文学所运用的拉丁语是拉丁语的最后一种类型，它可以像人们的口头语言或普通信众的语言那样随意书写。这是一种专供普通信众使用的语言，所有的教士都可用它来书写，故而为了方便普通信徒的理解，教士们便放弃了古典传统。英格兰的情形有所不同，因为拉丁语是作为一种专供教会之需的学术语言被输入此地的，而没有为使其在民众中流传做过任何专门的努力，因而当地民众仍旧保留着非常纯正的日耳曼语。

一个让基督教神职人员再次使用古典拉丁语的时代肯定是会到来的。不过到那时，拉丁语将会成为一种专门学术性语言，仅供神职人员书写创作之用。

## 3. 艺术

在蛮族入侵之后，地中海地区的艺术演进历程并没有出现过明显中断现象。这一地区艺术所显示出的东方化进程仍在继续，在波斯、叙利亚和埃及的影响之下，这一东方化进程在罗马帝国内部变得愈发明显。

当时存在着一种对非希腊化艺术的反动，或许可以将其同抵制古典艺术浪漫化的反动加以对比，这种反动在人物风格、动物图案和对设计、装饰、颜色等的青睐方面都有所表现。

面对这种东方化进程，西方社会肯定是要受其影响的。随着同叙利亚、埃及和君士坦丁堡的商业往来关系愈发活跃，这种影响便愈发明显。自 3 世纪以来，叙利亚商人们一直从事着奢侈品贸易，他们专门从事向西方输送东方黄金制品和象牙制品的买卖，最远可抵达不列颠。

诸如隐修运动之类的基督教教会的影响也朝着同一个方向发
展。如同以往一样，西方社会依旧还是将基督教教会奉为自己的楷 130
模。在这一方面，日耳曼人入侵并没有带来任何变革。[①]

相反，或许我们还可以说，日耳曼人还对这一运动起到了推动作用，因为日耳曼人，尤其是哥特人早在俄罗斯平原逗留期间，就已通过黑海航路受到了来自东方的深刻影响。哥特人衣物上所佩的装饰胸针、衣领、耳环和黄金制成的各种掐丝珐琅(cloisonné)等皆受到萨尔马提亚人和波斯人装饰艺术的影响。毫无疑问，这些萨尔马提亚人和波斯人装饰艺术也已经被一种容含着各种青铜时代器皿错综复杂特点的混合性艺术加以改造。正是因为如此，哥特人掌握了一种被罗马人称之为蛮族艺术(*ars barbarica*)的技艺，而且这种艺术早在日耳曼人入侵之前便已扩散到罗马帝国境内各个

---

① ROSTOVTZEFF, *Iranians and Greeks in South Russia,* Oxford, 1922, pp. 185–186 充分显示出我们所称的墨洛温艺术只不过是形成于中亚地区的萨尔马提亚人艺术在欧洲的变形。见 L. BREHIER, *L'art en France des invasions barbares a l'époque romane*, pp. 17 *et seq*., 尤其是 , pp. 23 and 26。

地区，我们发现里昂有一位工匠，就是来自于小亚地区的康马格尼（Commagene）。[①] 早在4世纪，掐丝珐琅的玻璃品就已成为罗马帝国军营中常见的日常用品。[②]

西方工匠们之所以吸收了这些新的艺术，皆源自于好奇、惊叹和羡慕等各种动机。或许有人要问日耳曼人对这些艺术采用的范围究竟有多大？我们从勃艮第人法律中得知，他们已经拥有了专门为武士和妇女提供装饰品的金匠奴隶，这些奴隶最初无疑都是希腊人，后来则有了罗马人。正是这些人在日耳曼人入侵期间，将这种艺术散布到帝国各地；如同在汪达尔人和勃艮第人中间那样，这种艺术在西哥特人中间也十分流行。[③]

131 但随着与古代传统的逐渐接触，这种“蛮族”艺术逐渐制约了日耳曼人。那些王公贵族需要更为精美的器物用品。他们不相信有什么艺术能够比罗马帝国艺术更好。法兰克国王奇尔伯里克一世曾向都尔的格雷戈里炫耀罗马帝国皇帝馈赠给他的各种美妙的黄金制品，并说他曾拥有一件君士坦丁堡制造的金盘子和其他“足以让法兰克人感到荣耀的”物品。[④] 根据泽斯的研究[⑤]，动物装饰物

① L. BREHIER, *op. cit.*, p. 38.

② *Ibid.*, p. 28.

③ 有关西哥特人艺术，见 J. MARTINEZ SANTA-OLALLA, *Grundzüge einer Westgotischen Archäologie*, 1934, cited by FORSCHUNGEN UND FORTSCHRITTE, vol. XI, 1935, *circa* 123。这位作者将西哥特人的艺术分为三个阶段：即公元500年以前的哥特人阶段，到公元600年为止的西哥特人阶段以及此后的拜占庭阶段。在最后一个阶段中，日耳曼传统已被民族的和地中海的社会环境所吸收。

④ GREGORY OF TOURS, *Hist. Franc.*, VI, 2. 参见 FUSTEL DE COULANGES, *Les transformations de la royauté*, pp. 19 and 20。

⑤ H. ZEISS，*Zur ethnischen Deutung frühmittelalterlicher Funde*, GERMANIA, vol. XIV, 1930, p. 12.

（*Tierornamentik*）已经很早就消失了，及至6世纪，西哥特人艺术中那些日耳曼人的智慧业已消耗殆尽了。

日耳曼人在“罗马化地区”定居下来之后，并没有像爱尔兰人和盎格鲁-撒克逊人那样，衍生一种原创的艺术风格。由于罗马艺术影响的缺失，爱尔兰人和盎格鲁-撒克逊人的艺术保留了一种自身的民族特征，正如其法律和制度状况那样。但是，直到很晚以后，爱尔兰人和盎格鲁-撒克逊人的艺术影响才在高卢地区显现出来，爱尔兰人艺术的影响显现于高卢地区的时间是7世纪，而盎格鲁-撒克逊人艺术影响显现的时间更晚一些，要到8世纪。[①]

这种爱尔兰人和盎格鲁-撒克逊人的蛮族艺术水平较之萨尔马提亚艺术的杰作要逊色得多。正是萨尔马提亚人的艺术杰作赋予了蛮族艺术原创的动力。有关这一点，我们掌握了许多典型事例：如提奥多里克的那副精美的铠甲、提奥德林德（Theodelind）在蒙扎（Monza）大主教教堂的那部装帧精美的《福音书》以及瓜拉萨（Guarrazar）的王冠，等等。然而，令人难以置信的是这些精美作品竟出自于蛮族工匠之手。里格尔（Riegl）[②]和泽斯二人认为，就制作工艺水平而言，那些王冠堪称具有罗马工匠作品同样的艺术水准。那位曾创制出各种不同艺术作品的圣伊利奥（Saint Elio），就是一位高卢-罗马人。[③]因而，我们与其把这些作品视为蛮族艺术的天才

① 在这一联系方面，笔者认为 L. BREHIER, *op. cit.*, p.59 把墨洛温高卢的艺术、西哥特西班牙的艺术、东哥特意大利的艺术、伦巴德的艺术和盎格鲁-撒克逊的艺术以及斯堪的纳维亚各个地区的艺术视作一个整体的观点是错误的。

② A.里格尔，1858—1905年，奥地利艺术史学家，维也纳大学教授。——译者

③ L. BREHIER，*op. cit.*, p. 56.

创作，倒不如说是东方艺术的作品。

我们之所以能够将这些影响辨析出来，皆归因于当时那种来自
132 拜占庭、叙利亚和埃及的黄金和象牙制品的批发进口贸易。根据C. 道森（C. Dawson）[1] 的观点，[2] 各个蛮族在6世纪中叶之所以能将伊朗-哥特艺术（Irano-Gothic art）带入高卢地区，甚至更早一些时候带入米迪地区（the Midi）[3] 地区，完全是因为叙利亚和拜占庭艺术早已传入了地中海地区。[4] 一位斯堪的纳维亚作家也指出了东方艺术的各种要素在盎格鲁-撒克逊人的日耳曼艺术中的重要意义。[5]

波斯艺术的影响主要是由波斯地毯的输入而进入西方的，它甚至传播到了高卢地区的核心地带。[6]

埃及科普特人的艺术影响主要是通过亚历山大的象牙和纺织品等商品的输入而传入西方的。我们一定还记得当圣霍诺拉图斯于410年在勒林斯创建修道院时，就有一批来自埃及的僧侣。



总而言之，东方艺术通过地中海与所谓的蛮族艺术相遇，而这

---

① 克里斯托弗·道森，1889—1970年，英国宗教历史学家、文化史学家。曾执教于爱丁堡大学、哈佛大学等。道森的学术观点（主要是基督教在西方文明中的作用问题）在20世纪20、30年代有广泛影响，著有《宗教与西方文化的兴起》（*Religion and the Rise of Western Culture*）、《中世纪文集》（*Medieval Essays*）、《神明时代》（*The Age of God*）等。——译者

② C. DAWSON, *The Making of Europe*, p. 97.

③ 泛指法国南部地区。——译者

④ A. MICHEL, *Histoire de l' art*, vol. I, 1905, p. 397 中曾指出高卢地区的许多纪念碑建筑——如墓碑和石棺，尤其是卡彭特拉斯的主教博埃提乌斯（Boëtius, Bishop of Carpentras）的石棺——所体现出来的艺术就是纯粹叙利亚风格的。

⑤ N. ABERG, *The Anglo-Saxons in England during the Early Centuries after the Invasions*, 1926, pp. 7-8.

⑥ 西多尼乌斯·阿波林纳里乌斯（Sidorius Apollinarius）曾说那些突厥地毯普遍流行于奥弗涅地区（Auvergne）。A. MICHEL, *op. cit.*, vol. I, p. 399.

种蛮族艺术本身也是源自东方的，结果导致了一个两种艺术相互渗透融合现象的出现。由于南方艺术在技艺上的高度发达，故而使其在这种渗透交往中得占据着一定优势地位。[①]

在高卢、意大利、非洲和西班牙等地，这种东方艺术的影响随处可见。它给整个西方艺术烙上了一种拜占庭的印记。

据巴比隆（Babelon）[②] 的考察，法兰克国王奇尔伯里克一世的陵墓就是由拜占庭工匠们在高卢建造的。[③] 当时一批比较完美的艺术作品皆出自他们之手；而那些十分粗糙的作品则是他们那些技艺粗浅的蛮族学生所为。L. 施密特曾总结道，这一时期蛮族艺术作品都是高卢-罗马奴隶们按照日耳曼式——东方式的——模式所制作的。[④] 同类东方化情形在其他装饰艺术门类中都可见到，如黄金装 133
饰工艺。达格伯特赠送给圣但尼修道院的那些薄如蝉翼的精美织物就是东方式的艺术作品。罗马教皇阿德里安在位期间（772—795年），曾将总数不少于 903 件的珍贵纺织品馈赠给罗马城内的各处大教堂。[⑤] 这些都是君士坦丁堡出产的丝绸纺织品或者是其他一些地方出产的波斯风格纺织品。[⑥]



---

① A. MICHEL，*Histoire de l'art*, vol. I, p. 399.

② 1854—1912 年，法国钱币学家、考古学家。著有《罗马共和国的钱币》（*Monnaies de la Republique Romaine*）等。——译者

③ E. BABELON, *Le tombeau du roi Childéric*, MÉM. DE LA SOC. DES ANTIQ. DE FRANCE, 8th series, vol. VI, 1924, p. 112.

④ L.SCHMIDT，*Geschichte der Deutschen Stämme. Die Ostgermanen*, 2nd ed., 1934, p. 193. 另请见 *Lex Burgundionum*，X, 3, ed. VON SALIS, M. G. H. LEGES, vol. II1, p. 50 所记载的有关锡矿工人（*faber argentarius*）的情况。

⑤ L. BREHIER，*op. cit.*, p. 61.

⑥ 在各地教堂中的宝库中皆收藏有各种各样的样品，如在桑斯城（Sens）。L. BREHIER，*op. cit.*,p.63.

在各种手抄本书籍的装潢中，我们也看到了这种东方化艺术的倾向。西哥特王国有一件精美艺术作品，即加洛尼的《告解书》（the sacramentatium of Gallone）。它就是用鹦鹉漂亮的羽毛和孔雀、狮身鹰首兽、猛狮和巨蛇等各种图案加以装潢的，这一切充分地显示出这件作品的艺术风格的起源。从中我们或许还可见到亚美尼亚艺术风格的影响。[①]

那些7世纪时由爱尔兰人所传布的手抄本书籍，则显示出另外一种完全不同的风格，它们具有相当明显的民族化和非常蛮族化的特征。我们发现这些作品中有一种将当地史前起源的各种要素同东方各种要素加以结合的现象，这无疑是高卢艺术的变异。[②]

马赛克艺术的演化也大致按照同样路线向前发展。高卢-罗马时期的那些神秘化和基督教的各种主题逐渐地消失了，代之以各种植物叶梗和动物肖像图案，而这些在5世纪的叙利亚和非洲的马赛克艺术中表现得非常典型。[③]位于罗马特兰斯特维勒的圣克里索贡努斯（Saint Chrysogonus of Transtevere）的一段马赛克铺成的地面，其建成的年代可以回溯到教皇格里高利三世（Gregory III）[④]重新上台的731年，在各种反复交错的装饰图案和玫瑰花图案之中镶嵌着雄鹰和猛龙形象。[⑤]同样，我们或许可将克莱蒙主教圣阿维图斯于575年在梯也尔（Thiers）建成的圣热内修斯教堂（the Church of



① L. BREHIER, *op. cit.*,p.67.

② *Ibid.*, 69.

③ *Ibid.*, 107.

④ 731—741年在位。——译者

⑤ L. BREHIER, *op. cit.*,p.107.

St.Genesius）中所镶嵌的马赛克画像，认定为一幅模仿波斯图案结构的赝品。“没有什么建筑能够比这个小小纪念碑更加精美，几乎 134
没有人能够估量出东方图案艺术在墨洛温王朝时代高卢地区的风靡流行程度。”①

装饰性绘画艺术领域的情形也完全相同。都尔的格雷戈里曾说过国王贡德瓦尔德本人就是一位擅长室内装饰画的画匠。② 从这一描述中，我们可获悉当时各类私人住宅都用鲜艳的色彩加以装饰，而且无疑也是采用了东方图案艺术的风格。

各地基督教教堂同样也用绚丽色彩加以装饰，而且毫无疑问，其中人物塑像发挥了很大的作用，正如拉文纳的圣维塔尔（San Vital）的马赛克镶嵌画所表现的那样。伟大的格里高利教皇曾对马赛的主教瑟勒努斯（Serenus）毁坏其教堂内部绘画的行为大为恼火，予以指责，格里高利认为这些绘画对民众服膺基督教信仰具有导引性功用。③

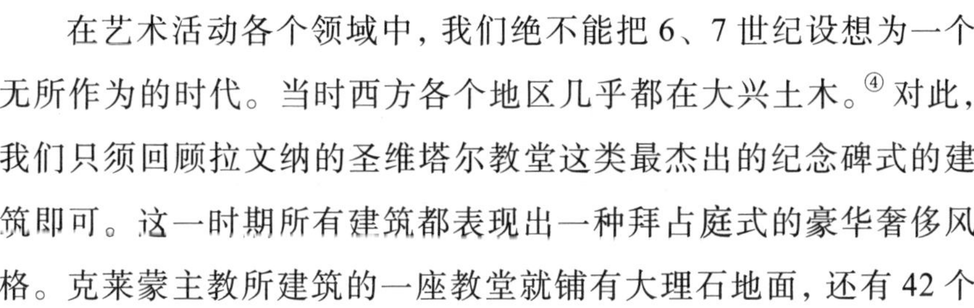

在艺术活动各个领域中，我们绝不能把 6、7 世纪设想为一个无所作为的时代。当时西方各个地区几乎都在大兴土木。④ 对此，我们只须回顾拉文纳的圣维塔尔教堂这类最杰出的纪念碑式的建筑即可。这一时期所有建筑都表现出一种拜占庭式的豪华奢侈风格。克莱蒙主教所建筑的一座教堂就铺有大理石地面，还有 42 个

① L. BREHIER, *op. cit.*, p.109.

② GREGORY OF TOURS, *Hist. Franc.*, VII, p. 36.

③ SAINT GREGORY, *Registrum*, IX, 208, ed. HARTMANN, M.G.H. EPISTOLAE, vol. II, p. 195.

④ *Vita of Saint Didier of Cahors*, Ed. R. POUPARDIN, p.23 告知我们，这位圣徒曾组织发起了许多教堂的建筑和装饰活动。

窗户、70 根大立柱。[1]

福尔图纳图斯曾对圣日耳曼教堂做过描述，该教堂建于 537 年，有大理石圆柱和彩色玻璃窗，而《德洛克托传》（*Vita Droctovei*）中也提及该教堂的马赛克镶嵌画、各种绘画和屋顶上的各种繁华镀金装饰物。[2]

波尔多的莱昂提努斯（Leontinus of Bordeaux）[3] 曾建造了九座教堂。[4]5 世纪末期，即日耳曼人大规模入侵期间，西多尼乌斯曾对当时社会在维护古代教堂方面几乎无所作为的状况大加抱怨。[5] 但是，一俟局势平定下来，各地教堂又开始了对战乱时期的损毁加以
135 修缮。而各个地区教堂建造和恢复的情形，明显地显示出了一种繁荣程度。特里夫斯的尼塞提乌斯（Nicetius of Treves）[6]、梅斯的维利库斯（Vilicus of Metz）[7] 和科隆的卡伦提努斯（Carentinus of Cologne）[8] 都对当地教堂进行过恢复和装饰。[9]

美因茨主教建造了圣乔治教堂，并在克桑腾（Xanten）[10] 修

① GREGORY OF TOURS, *Hist. Franc.*, II, 16.

② *Vita Droctovei,* M. G. H. SS. RER. MEROV., vol. III, p. 541.

③ 此人为 6 世纪 60 年代波尔多大主教和波尔多城主教。——译者

④ A. HAUCK, *op. cit.*, I, p. 220 曾讲当时建成教堂的数量极大。

⑤ A. HAUCK, *op. cit.*, I p. 220.

⑥ 约 525—566 年担任特里夫斯主教。——译者

⑦ 542—568 年担任梅斯主教。——译者

⑧ 565—567 年担任科隆主教。——译者

⑨ 凡尔登的阿基里库斯（Agericus of Verden）曾记载下了福尔图纳图斯的一段文字（A. HAUCK, *op. cit.*, vol. I. 108）：“修复古老的神庙，重建新的昂贵的神庙，当地的那些居民都是这些主人的家奴。”（ *Templa vetusta novas pretiosius et nova condis, cultor est Domini te famulante domus.*）我们还会找到其他一些例证，见 E. LESNE, *op. cit.,* p.338。

⑩ 位于今德国境内。——译者

建了一座礼拜堂。卡奥尔的迪蒂尔在城内和郊区建造了一批教堂和一座修道院。在这方面，我们或许还得加上那些由阿格里高拉(Agricola)在沙隆[①]和达尔马提乌斯(Dalmatius)在罗德兹(Rodez)[②]所建造的教堂。[③]大量的工匠都是从意大利招募而来。我们还知道尼塞提图斯主教曾把意大利工匠派到特里夫斯。[④]但是，其中也有一些是蛮族建筑师。[⑤]

普瓦提埃的礼拜堂提供了一些这方面的情景，从中我们可发现它们也都受到了东方艺术的影响。[⑥]

总而言之，我们在各类艺术领域中所了解的一切情况都表明，正如布瑞赫尔(Bréhier)[⑦]所观察到的那样，这一时期西方艺术的每

① GREGORY OF TOURS, *Hist. Franc.*, V, 45.(此处所提及的沙隆为索恩河畔的沙隆，元老贵族出身的阿格里高拉为该地主教长达四十八年，于580年辞世。——译者)

② 地处今法国境内。——译者

③ GREGORY OF TOURS, *Hist. Franc.*, V, 46.

④ 可能这些建筑者都是米兰人。A. HAUCK, *op. cit.*, vol. I, p. 220, n. 8.

⑤ 福尔图纳图斯曾提及过这一点，见 *Carmina,* II, 8, M. G. H. SS. ANTIQ., vol. IV., p. 37。这则文献史料或许同 *Vita of Saint Didier of Cahors*, ed. POUPARDIN, p. 38 的记载相符，此文献提及一处长方形大教堂的修建："古老的传统……把方块石材削平……实际上并不是我们高卢的传统。"(*more antiquorum…quadris ac dedolatis lapidibus…non quidem nostro gallicano more.*)在同一部"传记"中还提到圣迪蒂尔曾在修建卡奥尔城城墙过程中使用了"方形构架"(*quadratorum lapidum compactione*), *Ibid.*, ed., POUPARDIN, p. 19.

⑥ M. PUIG Y CADAFALCH 认为516—546年所修建的加泰罗尼亚(Catalonia，西班牙历史地理区，位于西班牙东北部，包括莱利达、塔拉戈纳、巴塞罗那和赫罗纳四省。——译者)的塔拉萨(Tarrassa)的埃加拉大主教教堂(the cathedral of Egara)，就显露出各种可归结为小亚和埃及的影响因素。COMPTES RENDUS DE L'ACADEMIE DES INSCRIPTIONS ET BELLES-LETTRES, 1931, pp. 154 *et seq.*

⑦ 1868—1951年，法国历史学家、拜占庭史专家，在克莱蒙费朗大学教授古代、中世纪史。著有《拜占庭世界》(*Le monde byzantin*)、《法国的艺术：罗马遭蛮族入侵的时代》(*L'Art en France, des invasions barbares a l'époque romane*)等。——译者

个领域都是一种“丝毫未受到任何古典影响的西方艺术”。[①]然而，他所宣称的那种倘若没有加洛林文艺复兴，西方艺术将沿着同阿拉伯艺术一样的方向向前发展的观点，则绝对是荒谬的。

一个非常明显的事实，就是当时西方艺术沿着拜占庭艺术方向向前发展演化。整个地中海地区都把君士坦丁堡奉为圭臬。

## 136 4. 社会的世俗特征

长久以来，当时西方社会还有一个现象几乎从未受到人们关注，然而，它却构成了当时西方社会特性的最后一个证据，这就是在日耳曼人入侵之后，西方社会的世俗特征同以往毫无二致，并未发生任何变革。无论当时人们对基督教教会给予了多么崇高的敬重，也无论基督教教会在当时具有多么巨大的影响，基督教教会并没有成为日耳曼国家机构中一个组成部分。如同罗马帝国皇帝一样，日耳曼人国王的政治权力都是纯粹世俗性的。在这些国王登基加冕程序中并无什么宗教性仪式，只有7世纪末年西哥特国王的加冕仪式除外。在各位君主所拥有的各类称谓中，并未演化出什么“凭借上帝恩宠”(*gratia Dei*)之类的表达模式。而他们的朝臣官员行列中也见不到神职人员的身影。各个王国所有的大臣和官员都是由俗界人士充任。世俗君主就是基督教教会的领袖，任命主教和召开宗教会议，甚至有时还参与介入到教会内部事务之中。在这方面，当时各国君主的统治方式与8世纪时他们后人的统治方式全然

① L. BREHIER, *op. cit.*, p. III.

不同。[1]他们在自己宫廷中所保留的那种书院（*scola*）与查理曼时代的宫廷学苑（*palace school*）毫无相似之处。在允许基督教教会自愿地承担一些公共社会服务工作的同时，世俗的日耳曼君主们并没有将任何一种公共职务委任给教会。只是在同教会内部教规相关的范围内，他们才对教会司法权的合法性予以承认。世俗君主向基督教教会征课税赋。他们保护它但不从属于它。而应当注意的倒是由于自身所受到的保护，基督教教会必须要向世俗君主们竭力效忠。甚至当某位君主是一位异端阿里安派信徒时，也未发现基督教教会对其有过任何反叛之举。[2]

这些事实说明当时西方世界在自身社会生活方面还没有依赖于基督教教会；世俗社会仍旧有能力向国家机构提供世俗人才。

那些元老贵族在语法学校和修辞学校接受教育，他们构成了一个源源不断地向国家提供高级官员后备人才的阶层。我们只要回

忆一下卡西奥多鲁斯和博埃提乌斯等人的名字就够了。而此后，虽 137
然社会文化有所衰落，但各种事物的状态并未发生变异，仍在继续。各个君王的宫廷，甚至在墨洛温时代，从不缺乏受过教育的世俗人才。从都尔的格雷戈里的著述中，我们得知那些法兰克君王的子嗣自幼就被认真地教授当时的文学艺术，而在东哥特和西哥特两个王国之中，这种宫廷教育推行的力度更大。在与拜占庭帝国之间的大量往来文书中，墨洛温宫廷文臣所使用的文体极为浮夸，这表明即使在布隆豪特时期，法兰克国家机构中仍存在着酷嗜辞章之学的学

---

① 倘若没有国王或伯爵的批准，任何一个人都无法进入教士的行列。H.BRUNNER，*Deutsche Rechtsgeschichte*，vol. II, 2nd ed., 1928, p. 316.

② H.BRUNNER，*op. cit.,* vol. II, 2nd ed., p. 418.

究型文牍官员。[1] 而且，可以肯定这些人都是俗界人才，因为当时法兰克王国的宫廷以拜占庭帝国宫廷为楷模，由世俗才俊精英们所组成。[2]

我们还可以列举出其他许多事例。国王提奥德伯特一世的两位宠臣阿斯特里奥卢斯（Asteriolus）和塞昆迪努斯（Secundinus）都是精通章句修辞的饱学之士（*rethoricis inbutus litteris*）。[3] 同在提奥德伯特一世身边为臣，并位列职官和地方事务总管（*magister officiorum et patricius*）之职的帕尔特尼乌斯，就曾前往罗马求学深造。[4] 然而，这些官员所接受的教育并非全部都是文学内容。[5]

曾担任克洛泰尔二世王室司库一职的卡奥尔的迪蒂尔，也曾钻研过高卢雄辩术（*gallicana eloquentia*）和罗马法（*Leges Romanae*）。7 世纪期间，法兰克王国宫廷中许多官员的教养远远超出了人们的预想。

就西哥特王国而言，从我们已可释读其当时的各种法律条文之中，便可发现它们措词冗长和华丽浮夸的文风特征，同时，这些法律条文也对当时社会生活各个方面加以种种细腻详尽的规定。这使我们认识到，西哥特王国官员们的文化水平与其处理实际事务的

① L. M. HARTMANN，*op. cit.*, vol. II[1], p.70.

② F. LOT, *A quelle epoque a-t-on cessé de parler latin ?*BULLETIN DUCANGE, vol. VI, 1931, p. 100 认为当时最为常见的还是私塾教师式的教学。

③ GREGORY OF TOURS, *Hist. Franc.*, III, 33.

④ 就是这位帕尔特尼乌斯，由于向民众征收过分的捐税而在特里夫斯被民众处决。GREGORY OF TOURS，*Hist. Franc.*, III, 36.

⑤ 西吉伯特三世（Sigebert III，634—656 年在位）的谋臣博尼图斯（Bonitus），据说也只是一位“略晓语法者，对提奥多里克的法典也只是粗通而已”（*grammaticorum inbutus iniciis necnon Theodosii edoctus decretis*），*Vita S. Boniti*, M.G.H.SS.RER. MEROV., vol. VI, p. 120。

能力相辅相成，同样高超。

因此，蛮族国家的君主们的统治，得到了那些仍旧保持着各种 138
罗马文学和政治传统人士的辅佐；而这些君主任用博学洽闻学者型人才对国家进行治理，似乎是一个更为明显的特征。除了这种方式之外，不可能有别的方式。各国君主们所竭力维系的那种帝国统治组织体制肯定需要大力提拔有学识之士。否则，他们将如何编制和保存税收的资料，如何开展土地调查并将其成果记存下来，如何起草从王室特别法庭到宫廷各个部门的大量而繁杂的文书呢？即使在基层的各类地方官衙中，倘若那些官吏不具有读与写的能力，又该如何保留各种市场的账目簿册档案呢？当时各个城市所遗存下来的那些自治法案（*gesta municipalia*）也令我们得出了相同的结论。

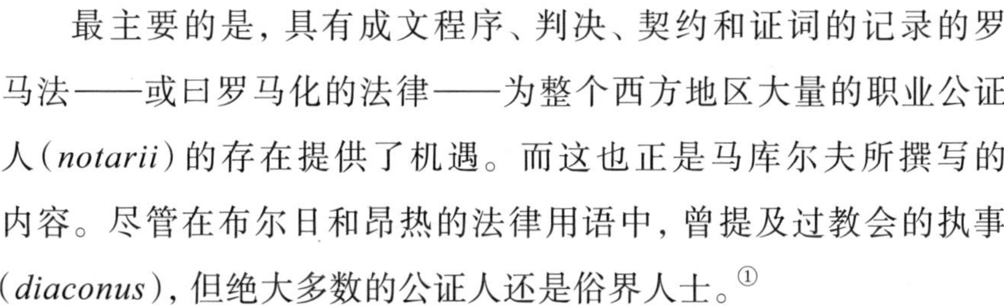

最主要的是，具有成文程序、判决、契约和证词的记录的罗马法——或曰罗马化的法律——为整个西方地区大量的职业公证人（*notarii*）的存在提供了机遇。而这也正是马库尔夫所撰写的内容。尽管在布尔日和昂热的法律用语中，曾提及过教会的执事（*diaconus*），但绝大多数的公证人还是俗界人士。[①]

显然，当时西方各个国家存在着专门培育官吏的学校教育体系，正如笔者在其他著述所阐述的那样。[②] 甚至在伦巴德人中间，

① M. G. H. FORMULAE, ed. K. ZEUMER, pp. 4 and 176. 根据 H. BRUNNER, *op. cit.*, vol. I, 2nd ed., p.577, 昂热的法律用语是被一位市政当局的誊写员记载下来的。其时间大概是在 7 世纪初，起码部分内容如此。而布尔日的法律用语大约是在 8 世纪被记载下来的。

② H. PIRENNE, *De l'état de l'instruction des laiques a l'époque merovingienne,* REVUE BENEDICTINE, vol. XLVI, 1934, p.165.

也存在这类学校教育。[①]

在西哥特王国，书写能力传播得如此广泛，以至于西哥特国王曾对专供出售的各种法律抄本的价格做出了限定。因此，在以各种方式同西哥特国家统治机构发生密切关系的各色人物身上，阅读与书写的能力是非常普遍的。

139 作为经济活动的一种必备素质，当时的商人们也具备了阅读与书写的能力。专门从事长途贸易的职业商人，若没有受过起码的教育，将无法从事他们自己的事业。而且，我们从阿尔勒的恺撒利乌斯处得知，当地的商人们确实也雇有专门的文秘人员。

在墨洛温王朝时期，对于社会生活来说，写作是一种不可或缺的技能。这就可以解释清楚为什么在西方各个蛮族国家之中，草体（cursive）的罗马书写文字能够被保存下来。可以肯定在 5 世纪时，西方各地所流行的就是这种非常小的草书体书写文字；这是一种适于快速书写的文字，专门用于商业，并且没有什么严格书法规则。正是这种文字成为墨洛温时代的法兰克人、西哥特人和伦巴德人的书写文字体系的源头，[②] 有些人曾称这些文字是“民族文字”，绝对是完全错误的，严格地讲，这些文字仅仅只是罗马文字的遗存而已。各级统治者的代理人、国家的官员和商人对这种文字的广泛使用，方使得它们得以存留。

这种罗马草体文字适应了当时生活的种种需要，然而却导致了这一时期罗马语言文字的衰败。在日常生活中，这种拉丁语同罗马

① L. M. HARTMANN，*op. cit.,* vol. II$^2$, p. 27.

② M. PROU，*Manuel de paléographie,* 4th ed., 1924, p. 65.

时期的文学相比，非纯洁化程度要更加严重；它已经成为一种极不规范、到处都是语病和毫无语法可言的语言，虽然如此，它仍旧是一种真实的语言。当时的学者们称这种语言为“粗俗化的拉丁语”。但是学者们还是对其表示首肯，并且加以使用。尤其是在高卢地区，这种拉丁语是一种人人都说的大众语言。而且，西方各国统治机构也都遵循人们的范例。毫无疑问，在当时那些初级学校里所教授的也是这种语言。这一时期没有哪种文献告知我们，普通民众对教堂神甫的演讲布道是无法理解的，可这种情形在某些8世纪文献中则被披露出来。在此，我们再重复一遍，当时的西方语言的确是被蛮族化了，但日耳曼人却未对这种蛮族化语言做出什么新的贡献。这种流传下来的语言，到了8世纪后，构成了所谓的“罗马化地区”的统一性。①

① F. LOT, *op. cit.*, in the BULLETIN DUCANGE, vol. VI, 1931, p.102; H. J. MULLER, *On the Use of the Expression Lingua Romana from the I to the IX Century*; ZEITSCHRIFT FÜR ROMANISCHE PHILOLOGIE, vol.XLIII, 1923, p.9; F.VERCAUTEREN, *Le Romanus des sources franques*, REVUE BELGE DE PILOLOGIE ET D'HISTOIRE, vol. XI, 1932, pp. 77-78.

140

# 结　论

从任何角度讲，以各个蛮族在罗马帝国境内得以立足为开端的这一历史时期并没有导致一种绝对历史创新的出现。[①] 日耳曼人所摧毁的不是罗马帝国本身，只是该帝国在其西部地区的统治。随着在罗马帝国境内安顿下来之后，这些日耳曼蛮族也仅承认自己只是同盟者（*foederati*）而已。他们所追求的远不是以什么新事物来取代罗马帝国，而只是使自身能够定居下来。尽管其定居伴随着一个严重衰落过程，但他们的确没有引入一种新的统治框架；也就是说，古代殿堂虽然已被七零八落地拆分成零散的碎片，但是它仍作为一种上层建筑存留了下来。简而言之，地中海地区仍旧保存着罗马化的基本特征。由日耳曼尼亚和英格兰构成的边疆地区虽一如既往地对罗马化地区发挥着作用，但在这一时期，把它们视作一个新的起点则是错误的。按照事物本真状态来考虑，我们发现这一时期西方所出现的最大新事物，只是一种政治现象，即在西方一批新国家政权取代了罗马帝国的一统天下。当然，这是一种非常新颖的事物。欧洲的形态开始变化，但其生活的基本特征却仍旧保持着原本

---

① 保存下来的事物有：拉丁语言、流通货币、书写材料（纸草）、度量衡、常用的食物种类、社会的各个阶级、基督教信仰——但阿里安教派的影响作用却被人们夸大了——艺术、罗马法、行政统治系统、各种税收以及经济组织。

样式。这些曾被人们形容为是新兴“民族国家”的国家，根本就不具备真正的民族特性，而只是被他们所取替的那种统一性的各个组成部分而已。除了不列颠地区之外，当时西方并不存在着什么深刻意义的转变。

在不列颠地区，无论是罗马皇帝还是罗马帝国的文明都已不复存在。古老的传统消失殆尽。一个新世界自我宣告出现。各种古老的法律、语言和制度全然被日耳曼人的各种法律、语言和制度所取代。一种新型文明自我显现出来，或许我们可将这种新型的文明
称作是北方的（the Nordic）或日耳曼的文明。它同古典文明的最后 141
形式，即那种在晚期罗马帝国所形成的地中海文明全然不同。在不列颠这种新文明之中，罗马国家那些法制理念、公民人口和基督教信仰等各种特征连一点痕迹都没有留存下来，它只是一个保持其内部成员之间血缘关系和家庭共同体的社会，以及在法律、道德、经济等诸方面所表现出来的各种后果；它所信奉的只是一种类似于英雄史诗的异教崇拜；正是这些构成了为取代古代世界而重返古代世界的那些蛮族本初的特性。在不列颠，一个新时代开始了，而且它并没有被南方所吸引。这些北方人征服并独占着这块“罗马化地区”的最偏远的角落，对罗马帝国，他们从未有过任何记忆，对其庄严伟大，他们更是不予承认，他们对罗马帝国没有丝毫的亏欠之情。从任何意义上讲，他们都取代了罗马帝国，而且是以取而代之的方式摧毁了罗马帝国。

那些闯入罗马帝国境内的盎格鲁-撒克逊人来自于日耳曼人的故土，对于罗马帝国的各种影响，他们丝毫没有倾慕之意。进一步讲，他们所占据的不列颠，在罗马帝国所有的行省中是“罗马化”

程度最低的一个行省。因而，他们在不列颠保留着自己本色，即那种日耳曼式的、北方式的和蛮族式的民族灵魂，他们所拥有的那种如荷马史诗一样的文化构成了这块土地历史中的基本要素。

但是，盎格鲁-撒克逊人的不列颠所呈现的是一种独一无二的非凡景观。若欲在欧洲大陆上寻找类似的情形则肯定是徒劳无果。在欧洲大陆，除了那些边远地区或莱茵河谷地带之外，“罗马化”在什一税地区和多瑙河沿岸地区，也就是说在日耳曼尼亚、莱提亚、诺里肯和潘诺尼亚等各个行省继续存在着，居住在日耳曼尼亚附近的所有民族都涌进了罗马帝国，并驱除了横在他们行进路途上的一切障碍。但是这些边疆地区并未发挥出自己的作用，因为它们都已依附于法兰克人或哥特人在“罗马化地区”核心地带所建成的各个国家政权。而且各种事物的旧有状态依旧存在着。这些入侵者在

142 数量上实在太少，并且同罗马帝国接触的时间也非常长久，故而，他们难以避免被同化的结局，同时，他们也从未希求过什么其他更好的境况。令人感到惊奇的是，在这些由日耳曼人各个王朝所统治的新兴国家中，日耳曼色彩竟是如此淡薄。在语言、宗教、制度和艺术等各个领域之中，竟几乎见不到什么日耳曼的色彩。在那些位于塞纳河和阿尔卑斯山以北地区的国家法律中，我们依稀看到了一些日耳曼人的影响，但是直到伦巴德人进入意大利之前，这些影响还算不了有多么明显。倘若有人秉持与此相反的观点，那是因为他们追随着日耳曼学派的主张，并且把在萨利安人、利普阿里安人和阿瓦尔人的诸种“蛮族法典”（*Leges Barbarorum*）中所发现的内容，错误地推广到高卢、意大利和西班牙等地区。他们还把只有在后来加洛林时代才真实出现的事物提前运用到加洛林以前的时代。

同时，他们还夸大了墨洛温王朝时期高卢地区的历史作用，这种夸大方式就是把后世形成的、而当时并不存在的统治思想提前到那个时代。

同提奥多里克相比，克洛维又能算得了什么呢？而且有一点我们还应注意，即克洛维以后的历代法兰克君王，尽管付出了巨大努力，却没有在意大利得以立足，也没有从哥特人手中重新夺取纳博讷。虽然，这些君王的战略谋划中的一个鲜明取向就是地中海地区。在莱茵河以外，他们征战的目标就是对其王国构成威胁的各个野蛮民族加以防御，而这也与所谓的日耳曼化目标相去甚远。对西哥特人、勃艮第人、东哥特人、汪达尔人和法兰克人而言，在当时历史条件下，凭借各自那点极其有限的武装力量，欲使整个罗马帝国日耳曼化简直就是一个无法企及的幻想。“罗马城墙依然屹立不倒”（*Stat mole sua*）。

此外，我们还必须牢记基督教教会所发挥出的历史作用。正是在基督教教会中，罗马人方找到了庇身避难之所；而且在使罗马人皈依自己的同时，基督教教会也使日耳曼人皈依了自己。在西部，作为一种国家政权的罗马帝国已经陷入十分混乱失序的地步，那些日耳曼国王则成为政治结晶化的关键所在。但是那种古老的，或者我们可称之为是古典的社会平衡均势却依旧存在于这些日耳曼国王周围的世界之中，尽管这种平衡均势已经遭受到了不可避免的破坏。

换言之，作为古代世界基本特性的地中海统一性，在所有领域 143
内都一直存留着。此时地中海东部世界希腊化过程虽然在不断地增强，但并没有妨碍它通过贸易、艺术和宗教生活的变革继续影响西部世界的历史进程。我们已经看到了西部世界在一定程度上越来越拜占庭化的倾向。

而且这也可以解释查士丁尼为何发动那场冲动性的再征服战争，这次再征服几乎重新把地中海恢复为罗马帝国的内湖。从我们今天的角度来看，罗马帝国是绝对不会再存留下去了。可是，当时那个时代的人们是绝对不会持这种观点的。伦巴德人入侵的重要性并没有像人们所设想的那么重要。这次入侵最突出特征就是它迟缓拖拉的速度。

查士丁尼的地中海政策是一种真正意义上的地中海政策，因为为了实现这一政策，他牺牲了与波斯人和斯拉夫人所进行的抗争，所以这种政策同 5—7 世纪欧罗巴文明中那种地中海精神的基调是完全相符的。在这个“我们的海”沿岸的各个地区，我们都发现了这一时期生活所有的特殊表现。如同在罗马帝国时期一样，此时的商业贸易仍继续朝着地中海方向发展；正是在地中海地区，博埃提乌斯和卡西奥多鲁斯，这两位古典文学最后的代表人物写下了他们的皇皇巨著；正是在地中海地区，在阿尔勒的恺撒利乌斯和伟大的格里高利教皇的努力下，新的基督教文学得以诞生并向前发展；正是在地中海地区，在勒林斯和蒙特卡西诺，那种来自东方的隐修运动逐渐适应了它所处的西方的社会环境；来自地中海沿岸地区的传教布道者使英格兰皈依了基督教信仰；也正是在地中海地区，那种具有希腊化东方特征的纪念碑建筑特征的艺术开始兴起，它似乎注定一定要成为西方的艺术，就如同它在东方世界所具有的样态一样。

在 7 世纪时，好像还没有什么事物可以标示罗马帝国所创建

的地中海文明共同体的终结，这个共同体遍布在由赫拉克勒斯之柱（the Pillars of Hercules）[①]到爱琴海，从埃及和非洲沿岸到意大利、高卢和西班牙的广大地区。这一新近形成的世界并没有丧失古代 144
世界的那种地中海特征。新世界的所有活动都集中于地中海沿岸各个地区，并且保持着它的繁荣。

没有什么事物可以显示出社会的千年演化过程会戛然而止，也没有哪个人能够预料大灾大难的降临。尽管查士丁尼的那些后继者无力继续奉行他的政策，但是也没有彻底放弃它。他们拒绝对伦巴德人做出任何妥协；他们匆忙地在非洲进行布防；如同在意大利一样，他们在非洲组建起新的军团；他们将法兰克人和哥特人视为同类敌人；他们的海军舰队控制着地中海；而且罗马教皇也将这些拜占庭皇帝奉为自己最高的统治者。

当时西方世界最伟大的智者，590 年到 604 年担任罗马教皇的伟大的格里高利，在 603 年，曾这样地称颂拜占庭皇帝福卡斯，他说这位皇帝所统治的是自由人，而同一时期那些西方世界国王所统治的只是些奴隶：“另一方面，在各个部族首领同皇帝之间也存在差别，事实上，各个部族首领只是奴隶的主人，而皇帝陛下则是自由人的主人。”（*Hoc namque inter reges gentium et reipublicae imperatores distat, quod reges gentium domini servorum sunt, imperatores vero reipulicae domini liberorum.*）[②]

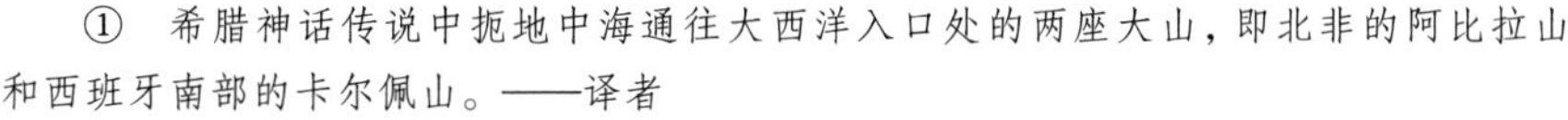

① 希腊神话传说中扼地中海通往大西洋入口处的两座大山，即北非的阿比拉山和西班牙南部的卡尔佩山。——译者

② JAFFÉ-WATTENBACH, *Regesta,* No.1899.

# 第二编



# 伊斯兰世界与加洛林王朝

# 第一章　穆斯林在地中海地区的扩张 147

## 1. 穆斯林的入侵

将穆斯林扩张对罗马帝国的影响同日耳曼人入侵对罗马帝国的影响加以比较，具有极为重要的意义，没有哪种比较堪与这种比较相提并论，也没有哪种比较能够像这种比较使我们对 7 世纪时伊斯兰教扩张予以全面的认识和理解。日耳曼人入侵是与罗马帝国历史一样古老，甚至更为久远情势发展的顶峰，自建国以来，罗马帝国便一直为此种情势所困扰。在其边疆防线被洞穿之后，罗马帝国便放弃了抵抗，而那些入侵者所努力追求的就是自己能够被罗马帝国所接纳，并尽可能地维持罗马帝国的文明，直至使他们自身最终融入到这种文明所赖以生存的共同体之中。

在穆罕默德时代之前，罗马帝国与阿拉伯半岛并无什么实质性的关系。[①] 当时罗马帝国只满足于构筑一道卫墙来保护叙利亚免遭来自沙漠游牧民族的侵犯，就如帝国曾在不列颠北部所修建的那座

① 在此，我并不想提及帕尔米拉王国（Palmyra），该王国是于 3 世纪灭亡的。该王国幅员仅波及阿拉伯半岛的北部地区。见 A. VASILIEV, *Histoire de l'Empire byzantin*, French translation, vol. I, 1932, p. 265。

防御皮克特人（the Picts）[①] 入侵的长城一样；然而，这道人们在穿越沙漠时或许还能见到的叙利亚边疆卫墙（*limes*），却根本无法与莱茵河或多瑙河的罗马卫墙相提并论。[②]

罗马帝国从未意识到这道边墙是其防御体系中的薄弱之处，也从来没有在此处驻扎过重兵。它只是一处边界检查的处所，供那些
148 运送各种熏香物品和香料的商队往来通行。波斯帝国，阿拉伯人的另一个邻居，对阿拉伯人亦持同样防范态度。这主要是因为，生活在阿拉伯半岛的游牧民族贝都因人（the Bedouins）[③] 并无什么可怕之处，这个民族的开化程度尚停留在部落阶段，其宗教信仰也处于与那些神灵崇拜（fetichism）同样原始的状态之中，他们只会在内部相互厮杀，或者牵着驼队从南到北，从也门到巴勒斯坦、叙利亚和西奈半岛（Sinai）[④]，途中穿越麦加（Mecca）[⑤] 和雅特里布（Yathreb）。[⑥]

无论罗马帝国，还是波斯帝国，当时均面临各种矛盾冲突的艰难时局，故而都不曾对穆罕默德在相互激烈冲突的各个部落之间所进行的宣传鼓动有任何警觉意识，这种宣传鼓动赋予了其人民一种即将传遍整个世界而且必将赢得对其统治的宗教信仰。当大马士

① 不列颠古凯尔特人一个部落的名称。——译者

② A. VASILIEV, *op. cit.*, vol. I, p. 265. citing R. DUSSAUD, *Les Arabes en Syrie avant l'Islam,* Paris, 1907.

③ 意即“沙漠之子”，为中东沙漠地区，特别是沙特阿拉伯、伊拉克、叙利亚和约旦等地讲阿拉伯语的各个游牧民族。——译者

④ 位于亚洲西部，介于苏伊士运河与亚喀巴海湾之间。——译者

⑤ 位于阿拉伯半岛西部的希贾兹地区。——译者

⑥ 位于阿拉伯半岛西部，麦加城以北，即后来的先知之城麦地那。——译者

革的约翰（John of Damascus）[①]仍将信奉伊斯兰教的人视为一伙分裂分子，具有与以往各种异端教派大致相同特征之时，罗马帝国就已陷入一场与其皇运国祚紧密相关的危难之中了。[②]

632年，穆罕默德辞世之际，那种在两年之后才显现出来如此普遍的危险尚未露出一点端倪。故而，罗马帝国对于这一地区没有采取任何防范措施。很显然，此刻罗马帝国皇帝们的精力全然被日耳曼人威胁所吸引，因而阿拉伯人发起突然进攻使其极为惶恐。从一定意义上讲，伊斯兰教扩张应当归结为机遇，倘若我们可以用这个词汇来表述由各种原因所导致的一个人们不曾预料的后果的话。能够对阿拉伯人进攻之所以大获成功做出解释的缘由，只能是两个与阿拉伯半岛有所关联的帝国，即罗马和波斯，在历经长期的相互争斗之后皆已处在精疲力竭的困境之中，它们之间的战争在627年希拉克略战胜科斯洛埃斯（Chosroes）[③]时达到顶峰。[④]

此时，拜占庭帝国刚刚恢复了自己的威望，而战胜宿敌波斯帝国和对叙利亚、巴勒斯坦和埃及等行省的重新占领，则预示帝国将拥有一个美好的未来前景。曾在很久以前被掠走的圣十字架（the Holy Cross）[⑤]又凯旋般地由征服者希拉克略重新归还给君士坦丁

① 约675—749年，中世纪早期著名基督教希腊教父，出生于大马士革名门望族，公开反对拜占庭的"圣像破坏运动"。787年被尼西亚宗教会议尊为值得尊敬的教父，后被奉为"教会学者"及东方神学僧的保护圣徒。——译者

② A. VASILIEV, *op. cit.*, vol. I, p. 274.

③ 波斯帝国皇帝，531—579年在位。——译者

④ A. VASILIEV, *op. cit.*, p. 263.

⑤ 据说311年君士坦丁率兵进军罗马，路上看见天空中有一个十字架为他们引路，胜利后，他同其母亲到耶路撒冷朝拜，在那里找到了当年钉死耶稣的十字架，遂将其作为圣物带回罗马，并将9月14日设为圣十字架节。——译者

堡。就连遥远东方的印度王朝也遣使者前来朝贺，而法兰克国王达
149 格伯特一世则与皇帝希拉克略缔结了一份永久和平条约。因此，人们自然地期待希拉克略继续奉行查士丁尼的西方政策。尽管此时伦巴德人还占领着意大利部分地区，西哥特人也在西班牙夺回了拜占庭帝国最后仅存的几个滩头营地；然而，这些些微失利怎么能与拜占庭帝国刚刚在收复东方失地方面所获得的巨大成功相比呢？

但这些辉煌的成就极大地消耗了拜占庭帝国的国力。那些刚刚从波斯人手中夺回的行省，旋即又悉数沦丧于穆斯林之手。面对这种必将使西方世界陷于惶恐不安境地的新势力所发起的首次攻势，皇帝希拉克略注定只能是一位无奈的看客。[1]

对欧洲和亚洲皆造成极大混乱的这场阿拉伯征服，在历史上是绝无先例的。其成功的迅猛速度只有阿提拉、成吉思汗（Jenghiz Khan）和帖木儿（Tamerlane）[2] 等在创建各个蒙古帝国时的成功与之相匹敌。可是，这些蒙古帝国的征服与长期延续的穆斯林征服相比，只不过是几缕昙花一现的过眼云烟而已。在由第一批哈里发确立起伊斯兰教信仰的各个地区，时至今日几乎都还保持着对伊斯兰教的忠诚。而同基督教缓慢传播的过程相比，伊斯兰教风驰电掣般的迅速扩展简直就是一种真真切切的奇迹。

同伊斯兰教这种狂飙般的突飞猛进相比，日耳曼人那种历经艰难、耗时数百载对“罗马化”边缘地区加以蚕食的成功又能算得了什么？

阿拉伯人获得了对拜占庭这个行将崩溃的帝国各个地区的统

---

① A. VASILIEV, *op. cit.*, vol. I, p. 280.

② 1336—1405年，系14—15世纪中亚地区庞大帝国创建者。——译者

治权。634年，阿拉伯人夺取了拜占庭帝国横贯约旦（Transjordania）的战略要地巴士拉（Bothra，Bosra）[①]；635年，大马士革陷入阿拉伯人之手；636年爆发的雅穆克河（Yarmok）[②]战役，使整个叙利亚被阿拉伯人所占领；637或638年，耶路撒冷也向阿拉伯人打开了城门；与此同时，阿拉伯人在亚洲也获得了占领美索不达米亚（Mesopotamia）[③]和波斯的赫赫战果。接下来就轮到埃及遭受进攻了，641年，希拉克略驾崩不久，亚历山大城便陷落了，很快，整个埃及相继被占领。在此后入侵狂潮之中，拜占庭帝国北非地区所有属地也都统统被阿拉伯人所征服。

毫无疑问，所有这一切都可以从下列种种事实中获得解释，如： 150
阿拉伯人入侵的突然性、拜占庭帝国军队的混乱无序、面对一种崭新作战方式的慌乱无措，由于拜占庭帝国拒绝予以任何承认所导致的叙利亚地区的基督教一性论派教徒、聂斯托利派教徒的宗教和民族的不满和埃及科普特基督教教派（the Coptic Church）[④]的作用以及波斯军队的虚弱无能。[⑤]然而，所有这一切尚不足以对伊斯兰教的巨大成功给出充分解释。因为这些后果的重要程度与征服者的有限力量之间是不成比例的。[⑥]

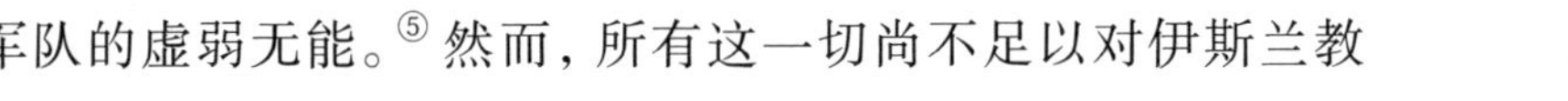



① 位于今伊拉克境内。——译者

② 雅穆克河为约旦河支流，位于今以色列境内。——译者

③ 西亚地区名，即底格里斯河与幼发拉底河两河流域。——译者

④ 基督教东派教会之一。传说由圣马可在埃及创立的基督教会。科普特人，是后来阿拉伯人对埃及居民的称呼。坚持基督一性论观点，使用科普特语。——译者

⑤ L. HALPHEN, *Les Barbares. Des grandes invasions aux conquêtes turques du XI^e siècle,* Paris, 1926, p.132：“阿拉伯人获取成功的原因当归结为这样一种事实，即他们所攻击的那个世界皆已处在一片废墟之中。”

⑥ C. DAWSON, *Les Origines de l'Europe*, French translation, p.153 认为宗教热情是这些征服的基本动因。

在此有一个重大问题需要加以确认，即为什么在数量上并不比日耳曼人众多的阿拉伯人，却没有像日耳曼人那样被其所征服地区的众多人口所同化呢？而且，那些被征服者所拥有的文明程度要远远地高于征服者自身的文明程度。只有一个缘故可对这一问题做出解答，这就是道德秩序。在这一方面，日耳曼人是没有任何东西可以同罗马帝国的基督教抗衡的，可阿拉伯人则因具备了一种崭新的信仰而获得了升华。正是这种新的信仰，也只能是这种信仰才使得他们免于被其所征服的民族所同化。在其他方面，对被其所征服的文明，阿拉伯人拥有的偏见远不如日耳曼人那般强烈。相反，他们还以令人惊奇的速度迅速地融入这种文明之中；他们向希腊人学习科学，向希腊人和波斯人学习艺术。在初始时期，无论面对什么情况，他们都不是宗教狂热分子，他们并不指望让所有被征服者都皈依自己的宗教信仰。但却要求所有阿拉伯人必须归顺于唯一的真神（the one God），即安拉（Allah）和他的使者穆罕默德，因为穆罕默德是一位阿拉伯人。阿拉伯人的宗教是一种“普世性”的宗教，同时，也是一种“民族性”的宗教。所有阿拉伯人都是真主的奴仆。



“伊斯兰”（Islam）的含义是对神的顺从或归顺，而“穆斯林”
151 （Musulman）的含义则为“臣服”（subject）。安拉是唯一的真神，因而从逻辑上讲，所有皈依安拉的人就应将迫使一切不信奉者都臣服于安拉视为自己的使命。正如许多人所指出的那样，穆斯林并不是要求所有人都皈依伊斯兰教，而只是要求人们必须对安拉表示臣服而已。[①] 因而，无论穆斯林到达何地，他们都要求这种臣服。在

---

① A. VASILIEV, *op. cit.*, vol. I, p. 279, citing GOLDZIHER, *Vorlesungen über den Islam*, 1910.

征服之后，穆斯林都把异教徒的科学和艺术作为他们战利品中最为宝贵的财富；他们将这些科学、艺术与安拉的荣耀联系起来。只要感到对自己有利，他们甚至还广泛采用那些不信奉伊斯兰教者的各种制度法规。而穆斯林之所以必须如此行事，盖因其广泛征服本身的要求所使然。为对其所创建的帝国进行有效统治，阿拉伯人无法再仰赖自己的部族制度；正如日耳曼人无法将自己的制度强加给罗马帝国一样。可阿拉伯人与日耳曼人也有所不同，即无论他们到哪里都能确立起自己的统治。那些被征服者都是穆斯林的臣服者：必须单独地缴纳税赋；而且还被排除在穆斯林信仰共同体之外。征服者与被征服者之间的这种畛域界限是不可逾越的。在被征服的广大民众与穆斯林之间不存在任何混淆之处。而东哥特的提奥多里克却将自己置于那些被征服者的服侍之中，并且寻求与他们融合同化。穆斯林与提奥多里克之间的这种差异实在是太悬殊了，犹如天壤之别！

在征服一地之后，日耳曼人往往是主动地接近那些被征服者。而阿拉伯人在征服之后则是完全不同的另一种情景；那些被征服者不得不主动地向征服者靠拢，而他们能够做到这一点的方式只能是像征服者那样虔诚地信奉安拉，皈依真主，只能是像征服者那样认真地咏诵《古兰经》(*Koran*)[①]；进而习得、掌握征服者那种神圣而完美的语言——阿拉伯语。

在传播过程中，伊斯兰教并没有什么宣传鼓动，也没有实行像

① 亦称《可兰经》，主要内容为穆罕默德身前布教的教导。作为安拉的启示，《古兰经》是规范穆斯林社会行为的基本准则，是阿拉伯人最早的成文法典和伊斯兰教法律制度的原型。由穆罕默德的弟子信徒整理而成。——译者

基督教教会在获得胜利之后所采用的那些强制性措施。《古兰经》这样讲道：“如果真主意欲，他必使你们变成一个民族”，[①]而且，伊斯兰教还对在处理各种过错时使用暴力的行径予以谴责。[②]它所唯一要求的只是对安拉的服从，即那些卑微的、没有尊严的生命的表
152 面服从，他们虽然得到了容忍，但生活却处于窘困之中。那些异教徒发现其生活境况是如此难以忍受，如此令人沮丧。自己的信仰虽未遭迫害打击，但却被漠视；然而，这些正是促使他们捐弃原来信仰并导引他们皈依真主安拉的最有效的措施，安拉不仅可恢复一个人之所以为人的尊严，而且还会为其敞开进入穆斯林等级的大门。正是因为异教信仰，才使得那些恪尽职守的穆斯林将异教徒视为一个臣仆来对待，从而促使异教徒以一种与自己国家和人民断绝关系的方式向穆斯林靠近。[③]

在进入“罗马化”地区之后，日耳曼人很快就罗马化了。可罗马人则相反，在被伊斯兰教征服之后却很快就阿拉伯化了。[④]的确，进入中世纪之后，在伊斯兰世界之中尚存留一定数量的科普特派基督徒、聂斯托利派基督徒，尤其是犹太教徒的小社团。然而，整个社会环境却已发生了根本改变。这形成了一条十分明晰的断裂：与

① 参见《古兰经》第5章第48节；另见第11章第118节：“假如你的主意欲，他必使众人变成一个民族。”《古兰经》，马坚译，中国社会科学出版社1981年版，第84、175页。——译者

② A. VASILIEV, *op. cit.*, vol. I, p. 275.

③ 在这一方面，有许多人是基于对利益的考量而皈依伊斯兰教的。在非洲，据伊本·卡尔敦（[Ibn Khaldoun]，阿拉伯著名历史学家，1332年出生于突尼斯，1406年在开罗去世，著有《历史绪论》，又称《伊本·卡尔敦绪论》。——译者）讲，柏柏尔人在七十年里，曾背教变节达十二次之多。

④ 在西班牙，及至9世纪时，甚至那些基督徒也不懂拉丁文，各种政务公文皆需翻译成阿拉伯文。

过去全面彻底的断绝。无论在什么地方，只要阿拉伯人力量是有效的，那么对于这些新统治者来说，任何势力要想脱离安拉的控制都是不能容忍的。源自于《古兰经》的安拉的法律地位要远远高于罗马法，安拉的语言也远远优越于希腊语和拉丁语。

当皈依基督教时，罗马帝国可以说是经历了一次灵魂的变革；而当罗马帝国皈依伊斯兰教时，无论是灵魂还是躯体都经历了一次深刻的转型。这种变革转型对世俗社会的影响与其对宗教社会的影响一样巨大而深远。

在曾经是罗马文明同一化的地中海沿岸地区，随着一个新的伊斯兰世界建成，一种全面彻底的破裂也形成了，而且这种变革一直持续到今天。从此之后，在我们的海沿岸地区形成了两种全然不同并相互敌对的文明。虽然今天，欧洲人制伏了亚洲人，但欧洲人并没有将其同化。至此，一直是基督教世界中心的地中海却成为它的 153
边疆前线。古代地中海世界的统一性已被碾成齑粉碎片。

奥斯曼哈里发（Caliph Othman）[1] 时代，阿拉伯人第一次大扩张的速度稍加减缓，因为这位哈里发于 656 年的被刺杀引发了一场政治和宗教危机，这次危机一直延续到 660 年穆阿维亚（Moawiya）[2] 继承哈里发之位时才告结束。

具有如此强大扩张能量的伊斯兰教政权，欲将自己权势扩展到地中海这样一个巨大内海周边所有地区，本是一件符合自然事理之事。它也的确为此而付出了极大努力。从 7 世纪下半叶始，伊斯兰

① 哈里发意为先知的代理人。奥斯曼乃神权共和时代的第三位哈里发，646—656 年在位。——译者

② 阿拉伯帝国倭马亚王朝的创建者，661—680 年在位。——译者

教便确立起一个明晰的战略目标，即摧毁拜占庭在地中海的海上霸权，皇帝君士坦斯二世在位时期（641—668年）拜占庭帝国一直在这一海域中独霸称雄。哈里发穆阿维亚麾下的阿拉伯舰队，于660年开始向拜占庭帝国海域发起进攻。他们首先占领了塞浦路斯岛（Cyprus）[①]，并在小亚细亚附近海域击溃君士坦斯二世本人亲率的拜占庭帝国海军舰队。接着，他们又攻占了罗得岛（Rhodes）[②]，并向克里特岛和西西里岛发起攻击。[③] 在将锡齐克斯港（Cyzicus）[④] 变为自己的海军基地之后，阿拉伯人开始对君士坦丁堡发起一次又一次的围攻，而拜占庭人则凭借着"希腊火"（Greek fire）[⑤] 的威力进行成功抵抗，直到677年，阿拉伯人才放弃了这一企图。[⑥]

由埃及的埃米尔（Emir）[⑦] 伊本·萨德（Ibn Saud）[⑧] 于647年开始发起的非洲攻势，以大胜拜占庭帝国总督格里高利（Exarch Gregory）[⑨] 而告结束。然而，查士丁尼统治时期所构筑的那些坚固的军事要塞并未被攻陷，柏柏尔人也捐弃了他们自古以来同罗马人



① 位于地中海中部。——译者

② 希腊岛屿，位于爱琴海东南部的南斯波拉泽斯群岛中。——译者

③ A. VASILIEV, *op. cit.*, vol. I, p. 282.

④ 即今土耳其的伊兹米特。——译者

⑤ "希腊火"乃阿拉伯人所使用的一种称谓，拜占庭人将其称为"液体火焰"。这是一种掺有易燃树脂、硫黄的黏稠油脂。拜占庭人常常将其用喷洒到海面上，再用带火的弓箭点燃，以焚烧、阻截阿拉伯人舰只。——译者

⑥ 阿拉伯人曾于668年和669年两度进攻君士坦丁堡；673年，他们又对其进行封锁，并持续了将近五年之久。见 L. HALPHEN, *op. cit.*, p.139。

⑦ 在阿拉伯语中，埃米尔意为统帅或军事首领、军事长官。后一些中东国家元首也称埃米尔。——译者

⑧ 646—656年在位，系埃及640年被穆斯林征服后的第二位埃米尔。——译者

⑨ 拜占庭非洲总督，646—647年在位，647年被伊本·萨德的军队杀死。——译者

结下的深仇大恨，与拜占庭帝国并肩作战，共同抵抗阿拉伯入侵者。非洲的重要性再次显现出来，以往汪达尔人对阿非利加的征服曾宣告罗马帝国西部防御体系的衰败。阿非利加是一个关乎到西西里和意大利安危的战略要冲，并掌控着进入拜占庭帝国西部的海上通道。毫无疑问，在拜占庭皇帝君士坦斯二世最后一次访问罗马城之后，为了防护阿非利加，曾驻跸于叙拉古（Syracuse）[①]。

而就在此时，哈里发政权发生混乱，穆斯林对外扩张短暂停歇。154
随着穆阿维亚于660年承继大统，穆斯林对外征服再起狂飙。664年，又一次“圣战”（*razzia*）给拜占庭帝国造成一轮新的打击。拜占庭帝国派往哈德鲁木特（Hadrumut）[②]的军队被击溃，军事要塞杰鲁拉（Djelula）被攻陷，不久阿拉伯人又从此地撤走。[③]为了防备占据着沿海各个城市的拜占庭帝国发动新的进攻和盘踞在欧雷斯山区（the Aures range）[④]的柏柏尔人，奥克巴-本-纳菲（Okba-ben-Nafi）[⑤]在670年修建了凯鲁万城(Kairouan)[⑥]，直到这一时期结束，此地一直是穆斯林的军事要地。[⑦]正是从凯鲁万出发，有雇佣军参加的伊斯兰军队一次次地向仍盘踞山中的柏柏尔人发起攻击，681年，奥克巴发起的一次军事突袭行动，进至到大西洋岸边。但是，柏柏尔人和罗马人联手进行反攻，又将阿拉伯人击退；柏柏尔人的

① 今为锡腊库扎，意大利西西里岛东南部港市。——译者

② 哈德鲁木特位于阿拉伯半岛南部，靠近阿拉伯海亚丁湾。——译者

③ JULIAN OF TOLEDO, *op. cit.,* p. 318.

④ 阿尔及利亚东北部阿特拉斯山脉的一部分。欧雷斯山意为褐色的山。——译者

⑤ 622—683年，倭马亚王朝将军，对阿拉伯征服北非突尼斯、利比亚等有重要贡献。——译者

⑥ 位于今突尼斯东北部。——译者

⑦ JULIAN OF TOLEDO, *op. cit.,* p. 319.

王公寇萨拉(Kossayla)以征服者姿态进入凯鲁万城，当地那些曾皈依伊斯兰教的柏柏尔人旋即又放弃了这种信仰。[1] 此时，轮到拜占庭人发起进攻了。在攻陷凯鲁万之后，寇萨拉手下的那些穆斯林军队返回到拜尔卡(Barka)[2]，却在此地遭到 689 年登陆的一支拜占庭军队的突然袭击和屠杀。在这场战役中，他们的首领被杀害。[3]

使非洲沿岸地区又回归到拜占庭帝国的这场胜利，对阿拉伯人在地中海地区的整体扩张造成了极大威胁。对此，阿拉伯人不顾一切地发起反攻，进行报复。695 年，穆斯林军队突袭得手，攻占了迦太基。拜占庭帝国皇帝利昂提乌斯(Leontius)[4] 对这一危险有着清醒的认识，他装备了一支舰队，交由大贵族约翰(John)指挥，成功收复了迦太基城。[5]

就在同一时期，柏柏尔人集聚在著名的神秘女王卡希纳(the Kahina)[6] 的麾下，并在泰贝萨(Tebessa)[7] 附近大败阿拉伯人，将其逐回到的黎波里塔纳(Tripolitana)。[8]



但是，在此后的一年中，哈桑(Hassan)[9] 重新组织力量，进行
155 反攻，并于 698 年再次攻占了迦太基，这是最后的一次征服。当

[1] JULIAN OF TOLEDO, *op. cit.*, p. 320. 依笔者之见，这位作者似乎过分地贬低了拜占庭人的作用而夸大了柏柏尔人的成就。

[2] 位于今阿尔及利亚北部。——译者

[3] JULIAN OF TOLEDO, *op. cit.*, p. 321.

[4] 695—698 年在位。——译者

[5] 发生在 698 年。——译者

[6] 传说中柏柏尔女王，7 世纪末(680 年左右)领导了柏柏尔人反抗阿拉伯人的入侵战争。——译者

[7] 位于今阿尔及利亚北部。——译者

[8] JULIAN OF TOLEDO, *op. cit.*, pp. 322-323.(该地区位于今利比亚境内。——译者)

[9] 约逝于 700 年，系倭马亚王朝派驻北非的将领。——译者

地居民都已散失流亡。故而，迦太基这座古城很快地便被位于海湾顶端的一座新都：突尼斯城所取替，该城的港口——高利塔（Goletta）——则成为穆斯林在地中海最大的海军基地。阿拉伯人终于拥有了自己的舰队，开始了对拜占庭舰队的围剿、驱逐。从此之后，穆斯林海军拥有了对地中海的控制权。不久之后，拜占庭帝国军队又重新占领了附带几小块“塞昆达毛里塔尼亚”（Mauretania Secunda）[①] 的战略要塞塞普特姆（Septem，即今日休达）和廷基塔纳（Tingitana）[②]、马略卡岛（Majorca）[③] 以及为数不多的几个西班牙城市。他们似乎要将这几个分散的属地连接成为一个总督属地（exarchate），可是它仅延存了十年左右的光景。[④]

此时，以神秘女王卡希纳为首的柏柏尔人抵抗活动已经陷于穷途末路。卡希纳本人在奥雷斯山区被穆斯林捕获，随即便被斩首，其首级被送往哈里发宫廷。

在以后的岁月里，阿拉伯人将他们的印记深深地烙在了非洲大地。穆萨·伊本·纳赛尔（Musa Ibn Nosair）[⑤] 征服了摩洛哥，并将伊斯兰教强加给了柏柏尔人各个部落。[⑥]

此后不久，正是这些伊斯兰教的新皈依者开始了对西班牙的征服战争。实际上，西班牙地区此刻还遭到来自撒丁岛和西西里岛的穆斯林的侵扰。此乃非洲被阿拉伯人征服占领之后所导致的一个

① 即今北非毛里塔尼亚地区，原为罗马帝国行省。——译者

② 位于今摩洛哥境内，原为帝国行省。——译者

③ 位于地中海西部，为西班牙巴利阿里群岛中最大的岛。——译者

④ JULIAN OF TOLEDO, *op. cit.*, p. 323.

⑤ 640—716 年，系倭马亚王朝在北非易弗里基叶地区的埃米尔、将军。——译者

⑥ JULIAN OF TOLEDO, *op. cit.*, p.327.

必然后果。675 年，阿拉伯人曾从海上对西班牙发动过侵袭，但被西哥特人舰队击退。[①] 狭窄的直布罗陀海峡根本无法阻挡住穆斯林征服大军的前进步伐，对于这个事实，西哥特人早有清楚的认识。694 年，西哥特国王爱吉卡（Egica）[②] 曾以同穆斯林进行密谋的罪名，对本国犹太人进行谴责，而这种谴责所导致的各种迫害极有可能致使居住在西班牙的那些犹太人心中萌发出一种对穆斯林征服西班牙的急切渴望。710 年，托莱多国王阿奇拉（Achila）[③] 被贝提卡公爵罗德里戈（Rodrigo, Duke of Baetica）[④] 所推翻，亡命摩洛哥。这位亡国之君肯定向穆斯林乞求援兵复仇。而穆斯林此时已握有了各种优势，711 年，一支估计有 7 000 人马的大军在塔里克（Tarik）[⑤] 率领下，渡过直布罗陀海峡，向西班牙发起进攻。罗德里戈在第一次与穆斯林大军的交锋中就遭惨败，几乎所有城市都向穆斯林征服者敞开了大门，而在 712 年，随着阿拉伯人新的援军陆续抵达，穆斯林最终占领了整个西班牙地区。713 年，阿拉伯帝国北非总督穆萨
156 在托莱多城宣告了大马士革哈里发政权开始对西班牙行使统治大权。[⑥]

可是，穆斯林征服浪潮为什么在西班牙停止下来了呢？其主要缘故是这一地区同那尔滂地区相接壤。720 年，占领那尔滂之后



---

① LOT, PFISTER and GANSHOF, *Histoire du Moyen Age* , vol. I, p. 240.

② 687—702 年在位。——译者

③ 710 或 711—约 714 年在位。——译者

④ 710—711 年在位，与阿奇拉南北分治。——译者

⑤ 670—720 年，系倭马亚王朝将军，曾率部在 711—718 年入侵西哥特王国。——译者

⑥ L. HALPHEN, *op. cit.*, pp. 142-143.

不久，穆斯林大军就征服了整个比利牛斯半岛，并对图卢兹形成包围，进而开始侵入法兰克王国。面对穆斯林的进攻，懦弱无能的法兰克国王们毫无作为。只有阿基坦公爵厄德（Duke Eudes of Aquitaine）[①] 率军抗敌，并于 721 年将穆斯林击退。但是那尔滂仍保留在阿拉伯人手中。725 年，从该地出发，穆斯林又发起一轮新的进攻。他们攻陷了卡尔卡松（Carcassonne）[②]，这次“新月”（the Crescent）武士的兵锋最远已挺进至欧坦（Autun）[③]，并于 725 年 8 月 22 日攻占此城。

732 年，穆斯林西班牙的埃米尔阿卜德-尔-拉赫曼（Abd-er-Rhaman）[④] 发动组织了一次新的圣战，他率军由潘普洛纳（Pampeluna）[⑤] 出发，翻越比利牛斯山脉，一直攻打到波尔多附近。厄德公爵被穆斯林打败之后，向查理·马特求援。由于无力对地中海地区进行直接救助，他们最后从北部开始对穆斯林发起反攻。查理在厄德的陪伴下，一同上阵，在普瓦提埃附近与敌相遇，许多年前，法兰克国王克洛维也曾在同一地点，战胜过西哥特人。732 年 10 月，双方军队展开会战。结果，穆斯林军队战败，阿卜德-尔-拉赫曼也在此役丧命，[⑥] 但是，危难并没有因此而完结。穆斯林对法兰

① 又称 Odo the Great，700—735 年在位。在查理·马特崛起之前，他率部抵御阿拉伯人对法国南部的入侵。——译者

② 法国南部城市，今奥德省省会。——译者

③ 法国南部城市。——译者

④ 731—732 年在位，拉赫曼在位期间，伊斯兰教军队征服了伊比利亚半岛的绝大部分，并进入法国。——译者

⑤ 即 Pamplona，西班牙北部城市，今纳瓦拉省省会。由古罗马统帅庞培所建，意为庞培之城。——译者

⑥ 这场战役的意义并不像后人所赋予的那般重要。其重要性无法同战胜阿提拉

克的威胁此后向普罗旺斯，即沿海地区转移。735 年，阿拉伯帝国那尔滂总督约瑟夫·伊本·阿卜德–尔–拉赫曼（Jussef Ibn Abd-er-Rhaman），联络周边各地友军，携手作战，占领了阿尔勒城。[①]

此后，737 年，阿拉伯军队凭借毛康图斯（Maucontus）的援兵，攻陷了阿维农（Avignon）[②]，并对这一地区和远及里昂、阿基坦等地大肆烧杀劫掠。法兰克宫相查理·马特再次率军抗敌。在收复了
157 阿维农之后，他继续进兵攻打那尔滂城，在此之前，查理还曾击溃了一支经由海路前来增援那尔滂城的穆斯林援军，然而直到最后，查理也未能攻陷此城。查理·马特在返回奥斯特拉西亚时，随军携带着大量的战利品，因为他曾先后攻占、摧毁和焚烧了马格隆尼（Maguelonne）[③]、阿格德、贝济耶（Béziers）[④] 和尼姆等地。[⑤]

法兰克人这一系列胜利并没有遏制住阿拉伯人入侵势头，739 年，穆斯林再次对普罗旺斯发起新一轮进攻。此时，阿拉伯人甚至对伦巴德人也构成了威胁；在伦巴德人的援助下，查理·马特再次将穆斯林击退。[⑥]

此后态势则隐晦不明，似乎阿拉伯人又一次占领了普罗旺斯沿

---

的大捷相比。这次大捷的确是遏制住了一次入侵，但是其作用却不具有真正决定性的意义。倘若查理在这场战役中失败，那么将要发生的就是穆斯林对这一地区展开更大规模的劫掠。

① T. BREYSIG, *Jahrbücher des Fränkischen Reiches. Die Zeit Karl Martels*, pp. 77–78.

② 一译阿维尼翁，法国东南部城市。——译者

③ 法国南部城市，今埃罗省（Hérault）境内。——译者

④ 法国南部城市。——译者

⑤ T. BREYSIG, *Jahrbücher des Fränkischen Reiches. Die Zeit Karl Martels*, p. 84.

⑥ *Ibid.*, p. 86.

海一带，并在此盘踞了多年。752 年，丕平（Pippin）[①] 曾将阿拉伯人逐出上述地区，但是，对那尔滂的收复还是徒劳未果。[②] 直到 759 年，丕平才最终攻克了那尔滂城，这一胜利，倘若不是标志法兰克人对普罗旺斯地区远征的结束，至少标志着穆斯林在欧洲西部扩张的终结。[③] 正如君士坦丁堡在 718 年顽强抵住了阿拉伯人的大进攻，从而使这个东方帝国得以保全一样，来自奥斯特拉西亚地区未受损伤的军队，即加洛林王朝的封臣们则保全了整个西欧地区。

在成功地将阿拉伯人从爱琴海水域驱逐出去的同时，拜占庭帝国舰队也在西方获得了对第勒尼安海的控制权。

穆斯林曾在 720 年、727 年、728 年、730 年、752 年和 753 年对西西里岛连续发动多次军事进攻；只是因非洲穆斯林内部动 158
乱才暂时停歇，[④] 但是，这种军事行动在阿格拉卜王朝的埃米尔塞

① 即矮子丕平。此人乃查理·马特之子，曾任墨洛温王朝宫相，751 年加冕称王，开创了加洛林王朝。——译者

② H. HAHN, *Jahrbücher des Fränkischen Reiches,* 741–752, p.141.

③ 普罗旺斯注定要继续承受着更多的苦难。799 年，撒拉森人洗劫了阿基坦沿海地区，他们肯定是从大西洋一侧发起攻击的，见 *Miracula S. Filiberti*, M.G. H.SS., vol. XV, p. 303. 参见 W. VOGEL, *Die Normannen und das Fränkische Reich,* Heidelberg, 1907, p. 51, No. 4。768 年，摩尔人已经在马赛附近地区引起了恐慌，见 *Chronique du pseudo-Frédégaire, Continuatio*, M.G.H.SS.RER.MEROV.,vol.II,p.191。778 年，摩尔人对意大利构成了威胁，见 JAFFÉ-WATTENBACH, *Regesta*, No. 2424。793 年，他们攻击了塞普提曼尼亚，见 BÖHMER-MUHLBACHER, *Regesten,* p. 138; 在 813 年，尼斯、奇维塔韦基亚遭到攻击，838 年，马赛遭到攻击。848 年，马赛城被占领。857 年和 850 年，普罗旺斯地区遭到洗劫。889 年，阿拉伯人在圣·特鲁皮兹（Sant Tropez）和拉格拉特·福利尼奈特（La Garde Freynet）确立自己的统治。而在大西洋一侧，则存在着撒拉森人，他们是于 8 世纪时，从努瓦尔穆捷鸟（Noirmoutier，位于今法国。——译者）而来。见 R. POUPARDIN, *Monvments de l'histoire des abbayes de Saint-Philibert*, 1905, p. 66。

④ L. HARTMANN, *op. cit.,* vol. III, pp. 170–171.

德·阿拉一世(Aghlabite Emir Siadet Allah I)[①]的统治时期又得以恢复,这位统治者抓住拜占庭帝国内部一次爆发反叛皇帝的内乱的有利时机,试图对叙拉古发动突袭。827 年,一支阿拉伯舰队驶离苏萨(Susa)[②],但拜占庭帝国此时尚有战力,甚至还对叙拉古发起了围攻。

穆斯林先是从西班牙,而后又从非洲获得了增援。831 年 8 月至 11 月,在长达一年之久的围攻之后,他们攻陷了巴勒莫,从而在西西里赢得了一个防御基地。尽管受到此种遏制,拜占庭帝国仍在陆地和海上进行着顽强抵抗。然而,他们却无法阻止穆斯林,后者在那不勒斯人支援下,又于 843 年占领墨西拿。及至 850 年,拜占庭帝国的抵抗仍在继续,直到 878 年 5 月 21 日,在历经英勇的抵抗之后,叙拉古才落入穆斯林军队之手。

在拜占庭帝国竭尽全力营救西西里的同时,查理曼在西班牙前线,也奋起抵抗穆斯林大军。778 年,他将一支曾在萨拉戈萨(Saragossa)[③]失利的军队再次派出,其前锋兵力挺进至龙塞斯瓦列斯(Roncesvalles)[④]。但此后,直到 793 年撒拉森人(Saracens)[⑤]入侵塞普提曼尼亚(Septimania)[⑥]之前,查理曼一直处于防御态势,

---

① 817—838 年在位,阿格拉卜王朝第三位埃米尔。该王朝系北非东部易弗里基叶(Ifriqiya,位于突尼斯)地区建立的穆斯林王朝(800—909 年)。——译者

② 位于今突尼斯。——译者

③ 西班牙东北部城市。——译者

④ 位于今西班牙那瓦尔,比利牛斯山西部,西、法边境,是巴斯克人聚居区。——译者

⑤ 为当时西方人对穆斯林的称谓。——译者

⑥ 位于罗讷河以东,阿基坦以南,加泰罗尼亚以北。中世纪早期先被西哥特人占领,后被纳入到加洛林王朝,并设塞普提曼尼亚公爵区,主要城市有那尔滂。——译者

795 年，他建立起西班牙边区（Spanish March）[①]，其子，阿基坦王路易（Louis）[②]在 801 年攻占巴塞罗那（Barcelona）时，就是将此地作为进军的大本营。在历经各种成效甚微的远征，特别是 810 年那场由钦差大臣英格伯特（*missus* Ingobert）所领导的远征之后，图尔图萨（Tortosa）[③]也于 811 年[④]落入路易的手中。但其攻占韦斯卡（Huesca）[⑤]未能得手，因而，路易的扩展未能走得更远。[⑥]

实际上，查理曼在西班牙也遇到穆斯林极为顽强的抵抗；而艾因哈德（Eginhard）[⑦]宣称查理曼业已占领了远至埃布罗河（the Ebro）[⑧]的整个地区，有些过分夸张。其实，查理曼只抵达该河流域的两个地区，即在该河上游谷地抵达那瓦尔（Navarre）[⑨]的南部，在该河下游谷地抵达图尔图萨，倘若我们能够确信该城确实被他攻占的话。[⑩]

占领巴塞罗那之后，查理曼所获得战果之所以如此之少，应归 159



① RICHTER and KOOHL, *Annalen des Fränkischen Reichs im Zeitalter der Karolinger,* p.132.

② 778—840 年，法兰克加洛林王朝阿基坦国王（781—814 年在位）；加洛林帝国皇帝（814—840 年在位）；史称虔诚者路易。——译者

③ 位于今西班牙境内的城市。——译者

④ 原书为 1811 年，有误。——译者

⑤ 位于今西班牙境内的城市。——译者

⑥ A. KLEINCLAUSZ, *Charlemagne,* Paris, 1934, pp. 326 *et seq*.

⑦ 770—840 年，法兰克王国史学家、政治家，加洛林“文艺复兴”的代表人物之一。著有《查理大帝传》。——译者

⑧ 西班牙最长的河流，在伊比利亚半岛北部。伊比利亚即源于埃布罗河的古称。——译者

⑨ 西班牙东北部一省区。——译者

⑩ A. KLEINCLAUSZ, *Charlemagne.,* p.330.

因于这样一个事实，即他缺乏海上舰队。在与盘踞在突尼斯、占据着西班牙海岸并拥有沿海岛屿的那些撒拉森人相对抗方面，他几乎就是束手无策，毫无作为，只能望洋兴叹。查理曼虽力图确保巴利阿里群岛的安全，并且也赢得了短暂的胜利，然而，798 年这些岛屿还是遭到了穆斯林的洗劫。[1] 此后几年，应岛上居民们的吁请，查理曼向该群岛遣派了一些军队，运送他们的船只无疑是由那些岛民提供的。这一军事行动似乎取得一定成效，因为阿拉伯人舰队的旗帜曾被作为战利品呈现给这位君主。[2] 但是，我们并没有发现法兰克人继续占据这些岛屿的证据。

实际上，在比利牛斯山区，查理曼一直在进行着战争。而伊斯兰世界内部动荡所造成的混乱也确实对查理曼的军事行动十分有利。765 年，在科尔多瓦（Cordove）[3] 所建立的倭马亚哈里发政权同巴格达的阿拔斯哈里发政权（Abbasids of Baghdad）之间的抗争，给法兰克人造成了一种极为有利的局面，因为从各自利益计，这两大王朝在对待法兰克人时都相当谨慎。



查理曼在地中海其他地区获得的成就甚微。806 年，撒拉森人攻占了潘泰莱里亚（Pantellaria）[4]，并将岛上基督教隐修士作为奴隶卖往西班牙。后来，这些隐修士被查理曼赎回。[5] 就在同一年，查

① RICHTER and KOOHL, *op. cit.,* p.141.

② *Annales regni Francorum*, a° 799, ed. KURZE, M. G. H. SS. *in us. schol.*, p.108.

③ 西班牙南部城市，为古腓尼基人所建，后为罗马殖民地。——译者

④ 属于意大利。——译者

⑤ A. KLEINCLAUSZ, *op. cit.,* p. 332, No.2.

理曼之子、意大利王丕平(Pippin)[①]欲将盘踞在科西嘉的撒拉森人驱逐出去。他装备了一支海上舰队，据加洛林王朝年代记史家们的记载，丕平曾自行宣布为科西嘉岛的主人。但是，就在次年，科西嘉岛又落入他那些死敌的手中。[②]

查理曼立即派遣大将伯克哈特(Burchard, Burkhard)与阿拉伯人进行抗争，在摧毁了对方13艘军舰之后，迫使他们退出了这
一地区。然而这又是一次短暂的胜利，因为808年，罗马教皇利奥 160
三世(Leo III)[③]曾对查理曼在意大利海岸所采取的防卫措施表示不满，要求由他本人亲自担负起保卫科西嘉岛的责任。[④]而事实是，我们发现撒拉森人又分别在809年和810年重新占领了科西嘉和撒丁岛。

在穆斯林的阿格拉卜王朝统一非洲之后，整个局势对基督教西方来说变得更加严峻，因为这个曾遭到地方叛乱所伤害的穆斯林政权，现在却得到了巴格达的哈里发哈伦-拉-希德(Haroun-al-Raschid)[⑤]的认可。

812年，不顾一支希腊人舰队到来所造成的威胁，非洲的撒拉森人由一位贵族所统率并在来自加埃塔(Gaeta)[⑥]和阿马尔菲(Amalfi)[⑦]舰队的支援下，连续洗劫了兰佩杜萨(Lampedusa)[⑧]、蓬

---

① 系查理曼三子，781—810年在位。——译者

② *Annales regni Francorum,* a[is] 806 and 807, ed. KURZE, pp. 122 and 124.

③ 795—816年在位。——译者

④ JAFFÉ-WATTENBACH, *Regesta,* No. 2515; A. KLEINCLAUSZ, *op. cit.*, p. 331.

⑤ 786—809年在位。——译者

⑥ 意大利中部城市，属于拉齐奥区，濒第勒尼安海。——译者

⑦ 意大利城市，濒第勒尼安海。——译者

⑧ 位于意大利。——译者

扎(Ponza)[①]和伊斯基亚(Ischia)[②]诸岛。教皇利奥三世[③]立即宣布整个意大利沿海各地处于全面戒备状态[④]，而查理曼也派遣自己的堂弟瓦拉(Wala)[⑤]前往罗马教皇身边协助部署作战。查理曼本人还亲自与那位名为乔治的贵族进行协商，但是，后者仅与其达成了一项为期十年的和约。而且，这项和约根本不受重视，海上战事仍在继续；甚至在813年，一支有上百艘军舰组成的阿拉伯舰队被一场暴风雨所吞噬，也只是暂时耽搁了一下西班牙阿拉伯人圣战的进程，他们继续对奇维塔韦基亚(Civita Vecchia)[⑥]、尼斯、撒丁和科西嘉等地进行劫掠，在返航时，他们掳回了500余名战俘。

就在这些战争期间，外交活动并未停止。早在765年，法兰克国王丕平就曾遣派一位使节前往巴格达。768年，丕平还在阿基坦接见了途经马赛而来的一批西班牙撒拉森人的使节。810年，哈伦-拉-希德又向查理曼派去了一位外交使者；在812年，查理曼与西班牙的哈卡姆(El-Hakem)[⑦]签订了一项和约。

但是这些外交努力皆徒劳无功。由于无力抵御穆斯林海军，查理曼被迫在防御撒拉森人方面耗费越来越多的精力，极其艰难地抵挡自己所受到的各种攻击。



① 位于意大利。——译者

② 位于意大利。——译者

③ 此处原文为利奥二世，有误，当为利奥三世。——译者

④ A. KLEINCLAUSZ, *op. cit.*, p. 33.

⑤ 约755—836年，其祖父同为查理·马特，查理曼、虔诚者路易重要的顾问，克尔比修院住持，与同为克尔比修院住持阿达哈德(Adalhard, 751—827年)为同父异母的兄弟。——译者

⑥ 意大利中部城市，濒第勒尼安海。——译者

⑦ 倭马亚王朝科尔多瓦埃米尔，795—822年在位。——译者

查理曼驾崩之后，整个局势变得越发艰难。的确，828年，托
斯堪尼的博尼法斯(Bonifacio of Tuscany)[①]曾率领一支主要职能是
保卫科西嘉和撒丁岛的小舰队，对位于迦太基和尤蒂卡(Utica)[②]之
间的非洲沿岸地区发动了一次攻击。[③]我们或许可以做这样一种假 161
设，即他利用了当时撒拉森人正在全力攻占西西里所造成的有利
时机。然而，就在几年之后，整个意大利，一直到拜占庭帝国所控
制的北方各个城市，全部都处于穆斯林任意攻击的威胁之下。838
年，布林迪西(Brindisi)[④]和塔兰托(Tarento)[⑤]被洗劫，840年，巴里
(Bari)[⑥]被攻占，而拜占庭和威尼斯的舰队也被击溃。841年，穆斯
林大肆掠夺了安科纳(Ancona)[⑦]和远至卡特塔罗(Cattaro)[⑧]的达尔
马提亚沿海地区(Dalmatian coast)。[⑨]846年，加洛林帝国皇帝洛
泰尔一世(Lothair I)[⑩]对意大利可能被穆斯林兼并所产生的恐惧已
经成为一个世人皆知的事实。[⑪]

---

① 约逝于838年，路加(Lucca)伯爵、托斯堪尼边疆伯爵(Margrave of Tuscany)。——译者

② 位于今突尼斯最北部，临地中海，腓尼基人所建，在迦太基附近。——译者

③ L. HARTMANN, *op. cit.*, vol. III, p. 179, 据考察，这只是一次法兰克人的海上探险。参见 RICHTER and KOHL, *op. cit.*, p. 260。

④ 意大利东南部港市，临亚得里亚海。——译者

⑤ 意大利东南部港市，临伊奥尼亚海。——译者

⑥ 意大利东南部港市，临亚得里亚海。——译者

⑦ 意大利中部港市，临亚得里亚海。——译者

⑧ 亦称科托尔，位于塞尔维亚。——译者

⑨ 位于今塞尔维亚。——译者

⑩ 查理曼的长孙，加洛林帝国皇帝，840—855年在位。——译者

⑪ M.G.H.CAPIT., vol. II, p. 67. 普罗旺斯于849年再次遭到劫掠，见 L. HARTMANN, *op. cit.*, vol. III, p. 224。890年，该地区第三次遭到洗劫，M.G.H.CAPIT., vol. II, p. 377。

846年，一支由70艘舰船组成的穆斯林舰队向奥斯提亚[①]和博尔图(Porto)[②]发动攻击，其兵锋甚至直指罗马城下，他们不仅对该地区进行劫掠，还玷污了圣皮埃罗大教堂(the church of San Pietro)。而驻防在格里高利奥珀里斯(Gregoriopolis)[③]的防御部队则根本无力遏制穆斯林的进攻。最后，在斯波莱托的圭多(Guido di Spoleto)[④]的指挥下，西方人才将穆斯林驱逐出境。此后第二年，洛泰尔曾发动了一次远征，但未能收复巴里。

849年，在罗马教皇鼓动下，阿尔马菲、加埃塔和那不勒斯等组成了一个抵抗撒拉森人的联盟，并以奥斯提亚为基地组成了一支海上舰队；教皇利奥四世(Leo IV)[⑤]亲自前往该地为这支舰队祈福。[⑥]结果，该舰队果然取得了一场战胜撒拉森人的大捷。与此同时，利奥四世还在梵蒂冈(Vatican)[⑦]城区的四周修筑起一道卫墙，这片在848—852年被围圈的城区，后来就成为著名的利奥城(*Civitas Leonina*)。[⑧]

① 位于台伯河河口，罗马城的门户，9世纪时频遭穆斯林掠夺，后被废弃。——译者

② 位于台伯河左岸，奥斯拉提亚附近。——译者

③ 教皇格里高利四世(827—844年在位)为抵御穆斯林对罗马城的入侵而建，在奥斯提亚附近。——译者

④ 842—860年在位，斯波莱托公爵。846年年在拉丁姆成功驱赶掠夺罗马圣彼得圣座的穆斯林。——译者

⑤ 847—855年在位。——译者

⑥ JAFFÉ-WATTENBACH, *Regèsta*, p.330.

⑦ 罗马教廷所在地，得名于罗马城内的梵蒂冈山。——译者

⑧ M.G.H.CAPIT., vol. II, p. 66. 846年，洛泰尔曾签署敕令，号令整个帝国都须援助利奥城墙的建造。

852年，利奥四世曾将一些科西嘉人迁往博尔图定居，因为该
城是他所支持的，但是，这座新城并没有就此而繁荣起来。这位教
皇还创建了利奥波利城（Leopoli），欲以此来取代奇维塔韦基亚，该
城由于对撒拉森人的恐惧而荒芜败落。[①] 与此同时，利奥四世还修
复了托斯堪尼的奥尔塔（Orta）[②] 和阿梅里亚（Ameria）[③] 二城，并在它
们遭受穆斯林攻击期间为其提供了一批移民。[④] 但是这些措施仍无 162
法防止穆斯林在876年和877年，对罗马平原地区的掠夺。罗马教
皇曾向拜占庭皇帝乞求援助，但毫无成效。因为此时，拜占庭帝国
的西西里岛正经受着深重灾难，叙拉古于878年已经放弃了对穆斯
林的抵抗，使得拜占庭帝国无力干预意大利的事务。结果最后，罗
马教皇只得以每年向摩尔人交付25 000曼库斯（*mancusi*）白银的
方式，来换取暂时的安宁。同时，他还得与那些出售赃物的各类海
盗匪帮进行各种交易。883年，蒙特卡西诺修道院被穆斯林以火焚
之。[⑤]890年，法尔伐修道院（Abbey of Farfa）[⑥] 也遭到围攻，该修道
院坚持抵抗长达七年之久。苏比亚科也被摧毁，阿尼奥谷地（Valley
of Anio）[⑦] 和蒂沃利（Tivoli）[⑧] 也遭到兵火洗劫。撒拉森人不仅在距

① L. HARTMANN, *op. cit.*, vol. III, p. 213.

② 意大利城市。——译者

③ 意大利城市。——译者

④ JAFFÉ-WATTENBACH, *Regèsta,* No. 2959. 872年，意大利沿海地区曾遭受劫掠。

⑤ J. GAY，*L'Italie meridionale et l'Empire byzantin,* 1904, p. 130.

⑥ 位于今意大利拉齐奥北部，初建于6世纪中叶，后被伦巴德人摧毁，7世纪末期（约681年）重建，后屡遭萨拉阿尼奥河森人破坏。——译者

⑦ 阿尼奥河位于意大利中部，台伯河主要支流（两河在罗马城北部汇合）。——译者

⑧ 位于阿尼奥河沿岸，罗马城西北部。——译者

罗马不远的萨拉西尼斯克（Saracinesco）[①]，而且还在西西利亚诺的萨宾山（the Sabine hills at Ciciliano）[②]构建起自己的据点。整个罗马平原已经变成一片荒漠："肥沃土壤皆变成荒芜之地。"（*reducta est terra in solitudinem*）直到906年，和平才重新降临，当时罗马教皇约翰十世（John X）[③]与意大利南部的各位王公以及君士坦丁堡皇帝建立同盟，拜占庭帝国向那不勒斯城运送了一批战舰。在他们联合威逼之下，那不勒斯城及其周边各地才放弃了同撒拉森人的联盟，此后，又在他们的支持下，最终在加里格利阿瑙（Garigliano）[④]彻底战胜了那些可怕的穆斯林入侵者。

因而，我们或许可以说在西班牙被征服，首先是非洲被征服之后，整个西部地中海就变成了一个穆斯林湖泊。由于缺乏海军，法兰克帝国的力量是羸弱的。那不勒斯、加埃塔和阿马尔菲等城市或地区虽然拥有海军，但是，它们的商业利益却迫使它们背弃了拜占庭帝国，与其关系越来越疏远，而同穆斯林发展起一定的联系。



正是由于上述城市或地区背叛，才使撒拉森人成功地攻占了西西里。的确，拜占庭帝国舰队是非常强大的，甚至大大超过了那些处于滨海区域的各个意大利城市，拜占庭帝国舰队所依靠的制胜绝密武器就是希腊火，在当时的海战中，这是一种十分可怕的武器；但是，待西西里被穆斯林占领之后，拜占庭的舰队就几乎断绝了与

① 罗马城西北约40公里处。——译者

② 阿尼奥河的发源地，罗马西北部地区。——译者

③ 914—928年在位。——译者

④ 今意大利拉齐奥大区与坎帕尼亚大区的分界线处，中世纪时是教皇国的南部边界。——译者

西方的联系，在此地很少出现，而且即或偶尔出现，其威力也大为缩减。正是凭借这支海军才使得拜占庭皇帝得以保卫自己的帝国，因为帝国主要地区在沿海一带；[①] 因此，希腊人海域之所以能够保持 163
住自己的自由并最终摆脱了伊斯兰教的束缚，皆当归功于其海军舰队的威力。840 年，巴里被穆斯林占领，直至三十年之后，该岛才由拜占庭帝国皇帝巴塞尔一世（Basil I）[②] 一支 400 艘战舰组成的强大舰队所收复。[③] 这是一个具有十分重要意义的关键事件，因为它阻止了穆斯林势力在意大利地区获得立足点，从而维持了拜占庭帝国在这一地区的权威，并确保了威尼斯的安全。

同样，正是凭借其强大舰队，拜占庭帝国在一定程度上维系着对那不勒斯、阿马尔菲和加埃塔等地的主权，这些地区的地方政权，虽然不时与穆斯林还有一些来往，但仍主要是同拜占庭帝国皇帝以及同本尼凡托公爵保持着一致，目的就是保持自己的独立，而这对于它们的商业利益是至关重要的。



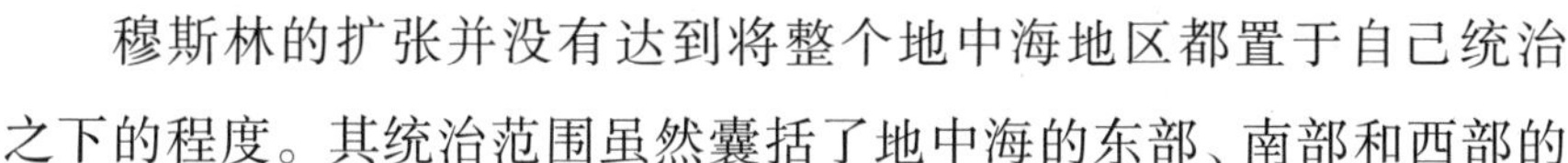

穆斯林的扩张并没有达到将整个地中海地区都置于自己统治之下的程度。其统治范围虽然囊括了地中海的东部、南部和西部的

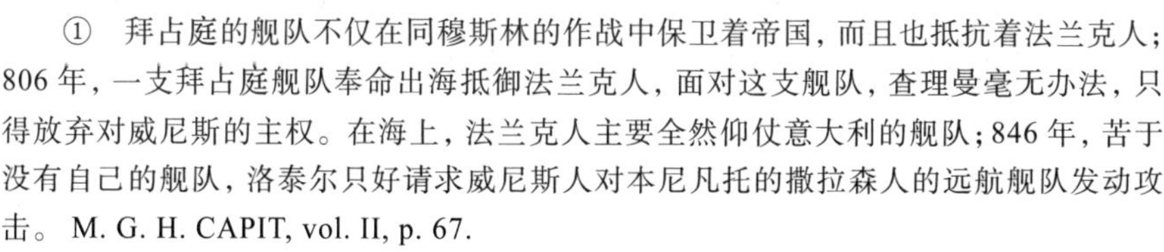

① 拜占庭的舰队不仅在同穆斯林的作战中保卫着帝国，而且也抵抗着法兰克人；806 年，一支拜占庭舰队奉命出海抵御法兰克人，面对这支舰队，查理曼毫无办法，只得放弃对威尼斯的主权。在海上，法兰克人主要全然仰仗意大利的舰队；846 年，苦于没有自己的舰队，洛泰尔只好请求威尼斯人对本尼凡托的撒拉森人的远航舰队发动攻击。M. G. H. CAPIT, vol. II, p. 67.

② 867—886 年在位。——译者

③ A. SCHAUBE, *Handelsgeschichte der Romanischen Völker des Mittelmeergebiets,* Munich, 1906, p. 26. 866—873 年，路易二世在意大利战役中之所以失利，则归因于他同意大利人之间所发生的争吵，意大利人甚至还一度扣押了路易二世本人，见 L. HARTMANN, *op. cit.*, vol. III, pp. 265, 288, 296。

广大地区，但是却未能将其北部地区包括在内。但是，往昔由古代罗马帝国所独享的地中海海域，现在却变成了伊斯兰与基督教两大世界之间的一道边疆。所有被穆斯林征服的地中海地区的省份，自此之后都朝着巴格达的方向转变。[①]

与此同时，东方与西方关系被彻底地斩断。日耳曼人入侵所遗留下来的完好无损的东方与西方联系受到了严重创伤。自此之后，
164 拜占庭帝国日益转变成为仅仅是一个希腊人帝国的中心，而且也不再奉行当年查士丁尼的国策。整个帝国防御体系的功能已经降至最低限度。它在西方最远的前哨是那不勒斯、威尼斯、加埃塔和阿马尔菲等地。帝国海军舰队尚有能力保障帝国同它们维系着联系，故而使地中海东部海域未能转变为穆斯林的内湖。但是，地中海西部海域则的的确确地落入穆斯林之手。曾经是东西方相互交往的通衢大道的地中海，如今则成为东西方之间的一道无法逾越的屏障。

日耳曼人数次入侵都未予伤害的地中海的统一性，如今则被穆斯林骤然入侵砸得粉碎。

这是自布匿战争（the Punic Wars）[②] 以来，欧洲历史上所发生的最为重要的事件。古典传统就此而终结。中世纪时代由此而开始，而这一事件就发生在欧洲越来越拜占庭化的关键时刻。

---

① 马尔赛（M. Marcais）在谈及非洲时说道："非洲同基督教欧洲之间的桥梁被切断。此后，它的生活就目不转睛地凝视着巴格达或开罗。"

② 亦称迦太基战争。公元前 3—前 2 世纪时罗马与迦太基之间的战争，因当时罗马人称迦太基人为布匿人，故有此称。最终迦太基城被攻陷，迦太基遂成为罗马的阿非利加行省。——译者

## 2. 西部地中海的关闭

只要地中海仍保留着基督教，那么，东方航海业就能够使它们与西方的商业贸易交往得以维系。叙利亚和埃及是地中海的两个中心省份；而且这两个富庶省份又都是最早落入穆斯林统治之下的。那种认为伊斯兰教统治导致了所有经济活动终结的观点，显然是错误的。尽管存在大规模混乱和失控，也尽管有众多叙利亚人向西方迁居，但我们仍不可做出地中海地区经济机制发生了崩溃的假设。大马士革成为哈里发政权的第一座都城。各种香料仍在进口，纸草生产还在继续，而各个沿海港口也都保持着繁荣景象。只要向那些征服者缴纳税收，基督徒就不会遭到伤害。因而，商业贸易仍一如既往地存在着，只是其贸易方向发生了改变。[1]

当一场真实的战争正在进行之时，对于征服者禁止自己臣民与 165
被征服者进行贸易往来的状况，我们是无须多说什么的。而当和平将被征服各个省份的商业贸易活动重新恢复之后，穆斯林就将其置于由广泛征服所开辟的新贸易商路之中。

通过伏尔加河（the Volga）[2]，这些新贸易商路把里海（the Caspian）[3]

① 有关西部地中海地区被穆斯林封闭（但这并不包括东部地中海）的情况，请见 11 世纪安条克的一位阿拉伯基督徒亚哈-伊本-塞德（the Christian Arab Yahya-Ibn-Said of Antioch）所遗留下的一份文献，他说自教皇阿格索（Pope Agathon, 678—681 年在位）以后，他就没有一份关于“罗马大主教”的确切可靠名录清单。L. BREHIER, *Charlemagne et la Palestine*, REVUE HISTORIQUE, vol. CLVII, 1928, p. 281.

② 欧洲第一大河，源出瓦尔代丘陵，注入里海。——译者

③ 世界最大的咸水湖，位于亚欧大陆之间。南岸属于伊朗，东、西、北岸分别属于亚美尼亚、阿塞拜疆、摩尔多瓦、哈萨克斯坦和土库曼斯坦等国。——译者

同波罗的海连接了起来，那些时常往来于黑海两岸经商的斯堪的纳维亚人，突然被迫地向这条新商路改道。有关这一点，我们似乎并不需要什么更多证据，因为在果特兰地区（Gothland）[①]发现了大量东方货币。

或许我们可以确认，这种动荡同穆斯林在634—636年对叙利亚的征服，以及后来在640—642年对埃及的征服之间有着密不可分的关系，它们一定妨碍了这些地区的航海交往。[②]

所有在爱琴海航行的商船必须接受穆斯林新组建的海军舰队检查。人们很难想象那些商人是如何从敌方舰队中安然通过的，除非他们利用当时局势中某些有利条件，如他们之间许多人所做的那样，即通过非法偷运的途径。

在一定程度上，我们可以认定自7世纪中叶起，爱琴海那些被穆斯林所占据的港口与那些仍保留在基督徒手中的港口之间的海上航行业已断绝；倘若还有某些航海活动，也是微不足道的。

或许在海军舰队保护下，拜占庭帝国同其所控制的海岸地区之间，如帝国首都所护卫的一些地区，以及在亚得里亚海、南意大利和西西里等希腊人所控制的各个地区之间，尚存在着一些航海活动；但是，我们很难设想拜占庭帆船能够航行到更远一点的海域，因为早自650年始，西西里岛便遭到了穆斯林的攻击。

非洲的商业航海活动，被穆斯林643—708年的持续进攻所终

① 瑞典波罗的海中的大岛，古代海上贸易中心。——译者

② 在希拉克略统治时期（610—641年），高卢地区仿铸帝国钱币的行为接连停止，并非是一种偶然的现象。参见M. PROU, *Catalogue des monnaies mérovingiennes*, pp. xxvii–xxviii。

结。那些为数甚少的商业活动残余，也在穆斯林攻占迦太基和698年在突尼斯确立其统治后销声匿迹了。

穆斯林711年攻占西班牙及其对普罗旺斯沿海地区所造成的极 166
不安全状态，使西地中海的海上贸易活动的各种可能性荡然无存。那些由基督徒所继续控制的港口也无法保持海上商业贸易，因为他们根本就没有海军舰队，或者说没有真正意义上的海军舰队。

由此之故，我们可以确定地中海西部地区同东部地区的海上航行活动，大约在630年前后已经停息，如果将东部地区界定为西西里以东海域的话。此外，在7世纪下半叶，在整个地中海海域，所有海上商业贸易活动也停止了。

及至8世纪开端之际，地中海海上商业贸易全部消失了。除了拜占庭沿岸地区之外，整个地中海的海上交通已不复存在了。正如伊本·卡尔敦所言(随着对拜占庭进行某种制约之后)：“在地中海海面上，基督徒已无法再行驶任何一条帆船。”自此，地中海就处于撒拉森海盗淫威的全面控制之下。整个9世纪期间，他们抢掠岛屿，摧毁港口，到处进行着他们的圣战。往昔曾以地中海西部各省与利凡特(Levant)[1]地区通商而繁华一时的马赛港，如今也败落。地中海经济一体化的传统被彻底砸碎，并且这种状况一直延续到十字军时代。地中海经济的这种一体性虽曾抵挡住了日耳曼人入侵狂潮，然而，却在穆斯林势不可挡的攻势下消亡了。

西方怎样才能抵御穆斯林的攻势呢？法兰克人没有海军舰队。

① 地中海东岸国家和岛屿的泛称，包括从叙利亚、黎巴嫩在内地区到埃及的广大区域。——译者

西哥特人的舰队被摧毁，而其敌人的海军舰队却是精心组建起来的。突尼斯港和它的军械仓库固若金汤，坚不可摧。在地中海沿岸各个地区都建立起里巴特（*Ribat*）：一种半宗教半军事的据点，各个据点之间相互保持着密切的联系，并且一直保持着临战状态。同这种战争力量进行抗衡，基督徒几乎是无所作为；在这方面最有力的证据就是，基督徒仅仅对非洲海岸进行过一次小规模的攻击。

意识到这一点非常重要，因为某些杰出的学者一直不肯承认穆斯林征服会造成如此巨大的断裂后果。他们仍然认为叙利亚商人，
167 如同往昔一样，在7、8世纪期间会经常光顾意大利和高卢。的确，就在叙利亚被阿拉伯人征服之后的数十年间，罗马城曾经非常奇特地迎接了一批叙利亚人的到来。对于这批叙利亚人的影响和他们的数量我们必须予以慎重考虑，绝对不能小觑，因为他们中间的一些人，如塞吉厄斯一世（Sergius I, 687—701年在位）和君士坦丁一世（Constantine I, 708—715年在位）两人还被擢升到教皇这样的高位。这些移民所享有的威望源自于他们所拥有的希腊语知识，不久，他们中间的一部分人就又从罗马继续向北迁移，随身携带着从离开故土家园时就一直精心保存的各类手抄文稿、各种象牙制品和金银珠宝。加洛林王朝诸王不失时机地在他们自己所发起的文学艺术复兴运动中发挥这些人的作用。查理曼就曾用他们中的一些人从事对《四福音书》（Gospel）[①] 的修撰工作。梅斯城迄今尚保存



① Gospel，原意为“喜讯”“好消息”。2世纪后半叶，记录耶稣事迹的书被称为《福音书》，特别是《马太福音》《马可福音》《路加福音》和《约翰福音》四卷。——译者

的一部希腊语的《早祷书》(*Laudes*)，极有可能就是他们所遗留下来的，据传说这部《早祷书》自 9 世纪以来就一直存留在该城。

或许，从 7 世纪以后小亚地区对加洛林时代法兰克人装饰风格发展的影响中，我们还能查找到一些这些叙利亚人敏锐洞察力的证据。此外，我们还知道，为了到巴勒斯坦的各处圣地朝圣，许多“法兰西亚”(Francia)僧侣曾前往东方旅行，而返回时，他们所携带物品中绝非仅仅是些圣物，必定还有一些手抄文稿和各种教堂装饰用品。

有一个史实，在历史上极为著名，即阿拔斯王朝哈里发哈伦–拉–希德在同倭马亚家族争斗中，急切渴望获得加洛林王朝皇帝查理曼的支持，于是将圣墓(the Sepulchre of Christ)赐予查理曼，[1] 同时还授予他一种模糊不清的对圣地(the Holy Places)的保护权。

所有这些证据，无论对于那些专门研究文明的史学家来说具有多大意义，它们也丝毫没有告知有关那个时代经济史的史实。上述那些学者和艺术家的迁徙流亡，无法对当时他们所来自和试图迁往 168
各个地区间的商业交往状态提供任何实证。这与 15 世纪时的情形大不相同。难道此时大批有学识的拜占庭人为了躲避土耳其人而迁往意大利，而且在这个特定时刻，君士坦丁堡已不再是一个伟大港口了？我们一定不要将商业流通同朝圣香客、学者和艺术家们的

① 根据 A. KLEINCLAUSZ, *La légende du protectorat de Charlemagne sur la Terre Sainte,* SYRIA, 1926, pp. 211–233, 哈伦授予这位皇帝的仅仅是基督圣墓而已。L. BREHIER, *op. cit.,* REVUE HISTORIQUE, vol. CLVII, 1928, pp. 277–291 也谈及同样的问题，认为尽管没有将保护者权益授给查理曼，哈伦也肯定使查理曼对巴勒斯坦的基督徒拥有了一种“精神上的权威”。

流动混为一谈。前者是以有组织的运输和经常性进口、出口活动为前提的，而后者只是一种局势危险所造成的产物。在对7世纪之后叙利亚人的持续存在和东方人在第勒尼安海和里昂海湾的航海活动进行确凿性的评估之前，我们应对7世纪以后马赛和普罗旺斯的各个港口同东方利凡特地区之间交往状态进行一番考证。然而，我们所能提供的有关西方同东方之间这种交往的史料文本，则仅仅是一份年代为716年与法兰克克尔比修道院有关的文献。[1]

依据这份史料判断，在当时马赛或福斯的财税档案中，肯定存有关于香料和油料，即从亚洲和非洲进口产品的大量记载。然而，我本人坚定认为这只是一份古代文献而已。这里，我们有一份文献，它确认克尔比修院有某种古老的特权；它大概是一份早些时候史料完整的抄本。的确，这一时期西方已不可能再从非洲进口油料。当然，我们或许可以确信那份国库清单是对它所储存货物的准确记载，即或如此，我们也没有任何证据表明，在716年，当地还存在着与东方活跃的商业联系。不管怎么讲，这份文献是有关普罗旺斯各个港口货场之中尚存放着东方货物的最后记载。四年以后，穆斯林就在这片海岸登陆，并对这一地区大肆劫掠。马赛从此破败死寂。试图以各类香客此后仍从这里踏上前往东方朝圣旅途的事

① R.BUCHNER, *op. cit.*, p. 48 认为在当时双方尚保持着一定的商业往来关系，但在此后则不复存在了；更为特殊的是圣但尼修院不再拥有以往的特权了。695年，该修道院获得了一处庄园，这是以一笔国库领实物收入相交换的结果。PH. LAUER, *Les diplomes originaux des Mérovingiens*, pl. 24. 参见 L. LEVILLAIN（莱昂·勒维兰，1870—1952年，法国著名历史学家。——译者），*Études sur l'abbaye de Saint-Denis*, BIBL. ÉCOLE DES CHARTES, vol. XCI, 1930, pp. 288 *et seq*。

例，来证明马赛依然繁荣并反驳我本人前述观点的做法，显然是徒劳的。这些朝圣香客所反映的只是这样一种事实，因无法经由多瑙 169
河河谷前往东方——当时该河谷已被阿瓦尔人所占领，此后又被匈牙利人所盘踞——，所以他们只得改走海路。但不管什么时候，只要选择路线，那些漂泊旅行者都可能选择海路，我们发现那些虔诚香客都在拜占庭所控制的各个意大利港口登船起航。圣威利巴尔德（Saint Willibald），即后来的艾希斯塔德（Eichstädt）[①]的主教，就是在翻越阿尔卑斯山脉之后，于 726 年从加埃塔登船的。凡尔登的主教马达尔维乌斯（Madalveus）大约也是在 776 年，从阿普利亚（Apulia）[②]登船启航前往君士坦丁堡的。[③]

圣博尼法斯（Saint Boniface）[④]的书信告知我们，盎格鲁-撒克逊人在前往罗马时，已经以经由马赛的海路取代了陆路，他们必然也要翻越阿尔卑斯山脉。9 世纪时，隐修士伯纳尔德（Bernard）则是从塔兰托乘船，前往亚历山大城的。[⑤]

---

① 德国城市。——译者

② 一作普利亚（Puglia），意大利南部一地区名。——译者

③ 在 8 世纪时，尚存在着一定数量的海上航行。例如，罗马教皇就经常派遣使节经由海路（*marino itinere*）前往丕平处，就伦巴德人问题进行磋商。但这一特定事实被特殊地提及就表明它只是一种例外的现象。同样，在查理曼和查理处的那些由哈里发派来的外交使节也是经由马赛、博尔图、威尼斯和比萨等地而来的。

④ 英格兰隐修士，约 680—754 年。原名为温弗里德（Winfrid）。8 世纪 20 年代开始在日耳曼地区传教，719 年由教皇格里高利赐名为博尼法斯。后历任主教、大主教和罗马教廷驻日耳曼地区代理人等职。751 年曾主持加洛林国王矮子丕平加冕礼。754 年卒于巴伐利亚。后世尊为“日耳曼使徒”。——译者

⑤ R. BUCHNER, *op. cit.*, p.49 还给予我们其他更多的事例，这些事例皆表明马赛与罗马之间的海上航行业已不复存在。克莱因克劳斯（A. KLEINCLAUSZ）错误地宣称查理曼派往拜占庭的使节是在马赛登船的。

我们不仅不能凭一份提及叙利亚商人或东方商人仍继续在西方存留的文献，就断定东西方商业贸易仍在继续，因为这只是一例孤证；而且我们还将看到自8世纪以降，那些通常由东方输入各种物品的情形，在高卢地区都不复存在了；而这是一个不容争辩的事实。[①]

最先消失的是纸草。我们目前所知的书写在纸草上的西方著
170 述都是6世纪或7世纪的作品。直到659—677年，墨洛温王朝宫廷仍在使用纸草。此后皮纸(parchment)[②]就出现了。[③]临近8世纪末时，尚有为数不多的私人文献仍在使用纸草，但这只是这种书写材料的库存而已。从此之后，就再也看不到纸草踪迹了。而导致这种现象出现的原因，是不能以纸草不再生产为由来加以解说的，因为开罗的阿拉伯博物馆仍存有7世纪十分精美的纸草文献。纸草在高卢地区的消失，只能归因于当时商业贸易已开始衰落，后来则干脆停止了的事实。皮纸起初并未得到广泛使用。曾称皮纸为

① 笔者承认，有一点是很不好把握的，即在877年《基尔西法规》(the Capitulary of Kiersy)所提到的那些卡皮人(*Cappi*)，是否如同M. THOMPSON, *Economic and Social History of the Middle Ages*, 1928, p. 269所假设的那样，就是叙利亚的商人。倘若我们接受了他的这种假设，那么，我们也必须接受他所依据的那个观点，即卡皮人只是希腊语中*κάπηλος*一词(小商人、小商贩和零售商)拉丁化的形式，该词在叙利亚转变成*Kapîla*，意即商人。

然而，这在语言学中是一个不可能的事实，除此之外，还应注意到卡皮人一词仅用于对犹太人的表达之中。总之，这个极为罕见的用语(*apax legomenon*)，肯定是被西尔蒙(Sirmond)给误读了，此人曾在1623年根据一份手抄文稿对该文献进行过编辑，然而，从此之后，那封文稿便遗失了。

② 以往多将其称为羊皮纸，然实际上各种皮纸既有羊皮纸，也有小牛犊皮纸。故译为皮纸。——译者

③ 墨洛温王朝第一次使用羊皮纸的敕令文告的签署日期为677年9月12日。

*membrana* 的都尔的格雷戈里，仅有一次提及皮纸，[①] 这似乎表明皮纸只是隐修士专门为了自己使用而制造出来的。现在，我们已经知道羊皮纸制造那时已成为法兰克王朝官员的一个根深蒂固的习惯。那么，在 7 世纪结束之时，法兰克王室官员停止了使用纸草，其原因就是纸草变得越来越难以获得。

在意大利，纸草仍在一定程度上被使用。罗马教廷最后一次使用这种书写原料是在 1057 年。我们是否可以像布勒斯劳（Breslau）[②] 一样，做出这样一种假设，即罗马教廷此时所使用的纸草仍是以往的存货？还有另一种假设，认为这些纸草来自西西里地区，因为阿拉伯人曾在 10 世纪时将纸草制造品引入该地？实际上，人们对于这些纸草是否确实来自西西里地区一直有争议。而笔者则倾向于认为这一时期意大利所使用的纸草大概是通过那不勒斯、阿马尔菲、加埃塔、威尼斯等港口城市的贸易活动而获得的。

但就此时高卢地区而言，它已无法再继续获得纸草了。

至于各种香料，如同纸草一样，统统从 716 年以后的各类历史文献中消失了。

克尔比修道院的《阿达哈德法规集》（the statutes of Adalhard 171
of Corbie）中，仅仅提到过一次调味品（*pulmentaria*），可这只是一种蔬菜汤。[③]

事实上，香料肯定是与纸草同时消失的，因为它们都是舶来品。

---

① *Liber Vitae Patrum,* M. G. H. SS. RER. MEROV., vol. I, p. 742.

② Breslau 与前文鲍维科一文中提及的 H. Bresslau 疑为同一人。哈里·布勒斯劳，1848—1926 年，德国历史学家，《日耳曼历史文献集成》编者之一。——译者

③ B. DUCANGE, *Glossarium,* $v^0$ *pulmentum.*

让我们通过《法令集》(the capitularies)先来浏览一下。实际上只有那些能够在农庄[①]地区播种的香料和外地引进的物种才被人们提及，如茜草、小茴香和扁桃(almonds)等。[②]但是却没有一处提到过胡椒、丁香(*cariofilo*)、甘松(*spico*)、桂皮(cinnamon)、大枣或阿月浑子(pistachios)。

加洛林时代的《使节书》(*tractoriae*)在列举作为旅行必备的食物中，曾提到面包、猪肉、鸡肉、鸡蛋、盐、芳草(herbs)、各种蔬菜、鱼和奶酪等，但不见有任何一种香料。[③]

同样，829年的一份专门记载"皇家钦命特使"行踪的《使节书》(*tractoria "de conjecta missis dando"*)中，[④]列出了专门为皇室钦差所提供食物的清单：共计40个大面包、猪肉或羊肉、4只鸡、20个鸡蛋、8塞提亚(setiers)葡萄酒、2个标准计量的啤酒、2蒲士尔面粉。这是一份具有乡村风格的菜谱。

843—850年的《主教法令集》(*Capitula epicsoporum*)[⑤]专门为主教们在各地旅行时开列了一张清单：100个大面包、猪肉、50塞提亚葡萄酒、10只鸡、50个鸡蛋、1只羔羊、1头小猪、用作喂马的6个计量的燕麦、3马车干草料、蜂蜜、油料和蜂蜡。然而这封清单所开列出来的所有物品中根本就没有提及任何佐餐的香味调料。



---

① M.G.H.CAPIT., vol. I, p. 90. Capitulary "*de villis*", *circa* 70.

② *Ibid.*, vol. I, p. 91.

③ *Formulae*, ed. K. ZEUMER, p. 292.

④ M.G.H.CAPIT., vol. II, p.10.

⑤ *Ibid.*, p. 83.

从圣博尼法斯的书信中，我们看到香料是如何稀少和珍贵。他本人所接受或馈赠的礼品也仅仅包括为数很少的香料。[①]742—743 年，一位大主教曾送给他“一些炒制过的香料”（*aliquantum cotzumbri quod incensus, Domino offeratis*）[②]，748 年，罗马的一位助祭长（archdeacon）[③]也向他赠送了一小包香料和熏香。[④]这些馈赠礼品表明了在阿尔卑斯山以北地区各种香料的极度稀缺性，因为它们都被视作极为珍贵的礼品。然而，我们还须注意到一点，即这些香料皆来自于意大利。它们已不再能够被运抵马赛港。此时，国库领已经是空空如也，或许极有可能是被曾入侵这一地区的撒拉森人所焚烧。当时法兰克地区的普通商品贸易中不再将香料作为一项内容。即或有少量此类物品进入到这一地区，也是通过流动小商小贩的渠道。 172

在这一时期数量非常罕见的各种文学作品中，几乎不见有关于各种香料的描述记载。

从这种严重匮乏性来看，我们可以肯定在 7 世纪末 8 世纪初，香料业已从西方人日常的饮食中消失了。直到 12 世纪以后，香料才再次出现在西方，这是由于此时地中海的贸易被重新开放。

此类情形也同样适用于加沙的葡萄酒，这种物品也曾长期消失

① M.G.H.EPIST. SELECTAE, in 8vo, vol. I, 1916, ed. TANGL, p. 156.

② *Ibid.*, p. 97.

③ 亦称执事长、会吏总，为基督教主教制教会中神职六品的最高职位或荣誉称呼。其职责是辅助主教或司祭举行礼仪。——译者

④ *Ibid.*, pp. 189 and 191.

过。油料也不再从非洲进口。那些仍在继续使用的油料源自于普罗旺斯。自此之后，各个教堂都是使用蜡烛照明。

非常相似，这一时期的西方人似乎对丝绸毫不知晓。笔者在《法令集》中发现提到丝绸的记载仅有一处。[1]

我们知道查理曼的日常服饰十分简朴。加洛林王朝宫廷也一
173 定模仿他的衣着风格。毋庸置疑，加洛林宫廷在衣着服饰上的这种简朴实乃一种必然产物，这与墨洛温王朝宫廷那种华衮盛装的奢侈性形成了一种鲜明的反差。

从上述各种情形来看，我们必然会得出一个结论，即西方从东方进口贸易的停止是穆斯林大扩张所导致的一个必然后果。

我们还注意到另外一个明显的事实是，即黄金这种贵金属稀缺性的加剧。我们曾看到过 8 世纪时墨洛温王朝所铸造的金币，这是一种与白银合铸的金币，但是其中白银所占比重在持续地增加。显然，来自东方的黄金已经停止了。就在黄金仍继续在意大利流通的同时，高卢地区黄金是如此稀少匮乏，以至于它已经不再被作为流通货币了。自矮子丕平和查理曼时代始，除了极个别的特殊例外，法兰克各地皆只能铸造银币第纳尔（*denarii*）这一种货币。只有当香料作为日常食物被人们被消费时，黄金才可能在货币体系中保留一席之地。

---

[1] M.G.H.CAPIT., vol. I, p. 251, 在 810 年左右编撰的 *Brevium Exampla* 之中，曾提到一座教堂的宝库中的 *dalmatica sirica, of fanones lineos serico paratos, of linteamina serico parata, of manicas sericeas auro et margaritis paratas et alias sericeas, of plumatium serico indutum*。这些物品皆为教堂中装饰物，但是可以肯定其中有一部分是属于早一些时期的。

这一事实比任何文本文献都更加具有雄辩的说服力。必须承认黄金流通是商业所导致的一种后果，因为凡是商业贸易活动仍然存在的地区，如意大利南部地区，黄金就继续被广泛地流通使用。

东方贸易和海上交通衰败萎缩所导致的一个后果就是职业商人在西方这一社会空间之内消失了。从此之后，这一时期各种文献提及商人的记载极为罕见；任何有关商人字眼的记载，都只是论及那些临时性的商人。在这一时期，笔者很难找到有论及墨洛温王朝那种类型的个体中介商人（*negotiator*）的文字记载：这种专门向别人放贷以赚取利润的商人已被石制雕刻棺材彻底埋葬，他们将自己的商品交由各个教堂和广大贫穷的民众了。此外，也没有任何证据表明还有什么商人移民的城市，或商人的居所（*a domus negatiantum*）继续存在。毋庸置疑，此时作为一个阶级的商人已经彻底地消失了。当然，商品交换本身并没有消失，因为我们无法想象在一个历史时期内不存在任何交换活动，但是此时西方商业活动则具有一种全然不同的特性。正如我们现在所看到的，除了拜占庭帝国之外，当时的时代精神就是对商业的仇视。进一步讲，能够掌握读与写技能的俗人的数量如此微乎其微，也使得一个专门以买卖为生的阶级根本无法继续存在。以赚取利润为目的的放贷业的消失，也为由地中海被封闭所造成的经济衰退提供了进一步佐证。 174

没有任何一个人能够想象那些占据着非洲、西班牙，甚至叙利亚的穆斯林能够取代以往拜占庭利凡特商人们的地位与作用。首先，穆斯林与基督徒总是处于一种战争状态。他们彼此之间根本就没有进行商业贸易的概念，有的只是抢劫。所有历史文献从未提及有哪个穆斯林曾在高卢或意大利创建起自己的事业。一个得以确证的事实是，穆斯林商人们绝不在他们边疆之外安身置业。倘若他们要做买卖，也只在穆斯林商人之间进行。穆斯林大扩张之后，除了我们前面提及的意大利南部的基督教地区之外，我们没有发现非洲同基督教世界还存在什么交往流通。而在普罗旺斯沿海地区也丝毫不见有这类交往的迹象。

在这种情形之下，能够继续从事商业贸易的人就只有犹太人了。这些犹太人遍及各个地区，数量相当众多。阿拉伯人既没有驱逐他们，也没有对他们进行大规模的屠杀，而基督徒对犹太人的态度也未发生什么重大的改变。因此，这些犹太人就构成了当时唯一能够以商业买卖为生的一个阶层。应当感谢他们当时所维系的这种交往联系，因为在这一时期，犹太商人构成了伊斯兰教世界与基督教世界之间，也可以说是东方与西方之间的仅有的经济联系。

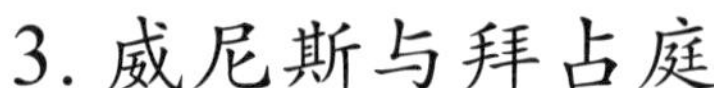

## 3. 威尼斯与拜占庭

可以说穆斯林大规模入侵无论对于欧洲东部还是欧洲西部都具有决定性意义。在这次入侵之前，君士坦丁堡的皇帝仍旧还是罗马帝国的皇帝。查士丁尼在这方面所奉行的国策极具典型性，即他宣称整个地中海地区都须服膺于帝国权威。穆斯林入侵以后，拜占庭帝国皇帝已经退缩到仅仅防守希腊海海域的境地，及至 11 世纪时，甚至沦落到向西方人乞求援助。穆斯林势力使拜占庭皇帝的统治陷于瘫痪，并耗费了其全部精力。下面我们欲对拜占庭皇帝们的政策做出全面解说。从此之后，西方已对拜占庭皇帝全部关闭。

在极为艰难条件下进行一番艰辛顽强抵抗之后，非洲和迦太基 175
陷落了，拜占庭帝国的政策所能有效发挥的空间被限制在意大利；但在意大利，拜占庭人所能有效控制的也只是沿海地区。在意大利内陆腹地，拜占庭帝国对伦巴德人的抵抗已经停止。拜占庭统治的无能引发了意大利人的反抗和罗马教皇与拜占庭帝国的疏远脱离。自此以后，拜占庭帝国所能竭力保留的只有西西里、亚得里亚海地区和意大利南部的几个城市，而且，这些拜占庭帝国前沿据点越来越呈现出自主独立的倾向。

穆斯林扩张大潮在拜占庭帝国边疆地区停顿了下来。通过制造民族不和，穆斯林在一定程度上已经抢夺了叙利亚、埃及和阿非利加等拜占庭帝国各个省份。但是，由希腊人居住的核心地区仍在顽强抵抗，并且正是以这种抵抗，拜占庭才拯救了欧洲，毫无疑问，正是这种对欧洲的拯救，也拯救了基督教世界。

拜占庭帝国同穆斯林两大势力碰撞的规模是极其巨大的。拜占庭帝国之所以能够在伊斯兰教势力达到顶巅状态之时，两度幸存下来，皆仰赖其海军舰队。无论从哪个方面讲，拜占庭帝国保有的舰队都是强大的。

在拜占庭帝国向西延伸的各个地区之中，最重要的也是最原初的地区就是威尼斯这座独特的城市，倘若我们将联合省（the United Provinces）[①] 排除在外，那么，威尼斯的历史就构成了这一时期经济发展史中最为奇特的一个篇章。这个由潟湖、沙洲和孤岛组成的地区的第一批居民，是5世纪时为了躲避匈奴人阿提拉部众对阿奎莱

① 即今荷兰。——译者

亚(Aquileia)[①]的掠杀攻击而亡命至此的。纳尔西兹(Narses)[②]时代，当法兰克人占领伊斯特拉时，又有其他难民迁来此地，[③]而在汪达尔人攻打伦巴德人时期，数量更多的难民继续迁入此地。因此，这些小岛最初只是一批逃难难民临时的栖身之所，到后来则成为一个永久居住之地。格拉多(Grado)[④]容纳了大批阿奎莱亚难民，他们的主教获得了一个大主教头衔，因此格拉多成了威尼斯这座新城精神生活的核心。位于利文查河河口(the estuary of the Livenza)的寇尔莱(Caorle)为来自康克蒂亚(Concordia)移民所居住，他们也带来了自己的主教。紧接着希拉克利亚那(Heracliana)建成，皮
176 亚维人(Piave)则建成阿奎莱亚。阿尔提努姆的居民迁居到托尔塞罗(Torcello )、穆拉诺(Murano)和马佐伯(Mazzorbo)。而来自帕多瓦(Padua)[⑤]的移民则定居在玛拉摩古(Malamocco)、齐奥吉亚(Chioggia)两地。起初，这些威尼斯后来得以兴起的各个小岛的人口十分稀少：里亚尔托(Rialto)、奥里沃罗(Olivolo)、斯宾娜伦加(Spinalunga)和多索都罗(Dorsoduro)等地都还只居住着少量的渔民。[⑥]

6 世纪或 7 世纪初时，威尼斯的宗教中心是格拉多，政治中心

---

① 阿奎莱亚是今意大利乌迪内省的一个市镇，位于亚得里亚海最北端，罗马帝国时期非常繁荣，中世纪早期被东哥特人、伦巴德人、法兰克人统治。——译者

② 拜占庭帝国查士丁尼时代的重臣，宦官。接替贝利撒留，驻守意大利的拜占庭帝国的著名军事将领。——译者

③ L. HARTMANN，*op. cit.*, vol. II², p.102 *et seq*.

④ 今意大利戈里齐亚省的一个市镇，位于阿奎莱亚附近。——译者

⑤ 意大利北部城市。——译者

⑥ CH. DIEHL, *Une république patricienne. Venise*, p. 5.

在希拉克利亚那，而托尔塞罗则是商业贸易中心。在摆脱了征服者的陆地侵扰之后，拜占庭帝国对威尼斯的行政统治权保留了下来，这体现在几位官员和民众选举的首脑(*tribuni*)的保留。

居住在威尼斯的人们基本上都从事海上行业；卡西奥多鲁斯的描述使我们想起了荷兰的那些最初居民。“从远方望去，这些舟船似乎是在草地上飘荡，因为人们看不到它们的船体。”[①] 人们很容易能理解这样的生活，它是非常有利于当地居民的主观能动性和创造能力的成长发展。起初，威尼斯居民是以捕鱼和制盐为生，他们将鱼和盐贩运到内陆地区出售，换回他们所必需的谷物粮食。此时，当地唯一的商业交换中心是位于波河河口的科马奇奥(Comacchio)，经常有拜占庭船只输入油料和各种香料。而作为波河流域入海港市的科马奇奥，无疑乘东方同里昂海湾贸易中断之机而大发其财。大约在 715 年，该城与留特普兰德(Luitprand)[②] 签订了一项商业协定，其条文中提及了胡椒等物品，这表明这座港口同利凡特地区保持着贸易往来。[③]

可以肯定，威尼斯人很快就开始仿效其周边邻居。无论怎样，威尼斯的商业贸易在 8 世纪期间获得了长足发展。787—791 年，在查理曼要求下，威尼斯商人被驱逐出拉文纳地区，这一事件表明当时威尼斯人尚不愿承认查理曼为伦巴德的国君；[④] 同时，它也自然地意味着威尼斯人与拜占庭帝国保持着密切联系。而这种紧密联系

① CH. DIEHL, *op. cit.*, p. 7.

② 伦巴德国王，712—744 年在位。——译者

③ R. BUCHNER, *op. cit.*, p. 58.

④ JAFFÉ-WATTENBACH, *Regesta,* No. 2480.

177 只能给威尼斯带来益处；然而，拜占庭帝国皇帝距威尼斯实在太遥远了，正所谓鞭长莫及。威尼斯人通常是在自己选举出来的一位到两位总督（Doges）的领导下，自主地形成某些决议，而后再由拜占庭帝国正式批准。

随着时间推移，导致威尼斯同拜占庭之间关系不睦的各种原因开始出现了，威尼斯人开始向法兰克皇帝靠拢。例如，805 年，威尼斯曾向查理曼遣派使节，意在请求查理曼对自己加以保护。然而，这一举措或多或少地与威尼斯内部派别争斗有关，特别是与其同格拉多的纷争有关，因为早在 803 年，格拉多大主教就向查理曼提出了获取庇护的请求。[①] 而这一时期，威尼斯也开始将自己的统治向达尔马提亚沿海地区众多小城市扩展，故而惧怕遭到拜占庭帝国的强烈反应。虽然很少有文献提及这一偶然事件，但这绝不意味着此事的重要意义就应被降低。查理曼迅速地对威尼斯使节的请求做出回应，将威尼斯同其意大利王国连为一体；这一事件提供了一个天赐良机，由此可使加洛林帝国成为一个海上强国并在达尔马提亚地区获得一个立足点。然而，这种可能性并非是能够自动实现的。作为敌对一方，拜占庭帝国很快就意识到这种危害性。就在第二年，拜占庭皇帝尼基弗鲁斯一世（Nicephorus I）[②] 派遣一支海军舰队，迅速地迫使威尼斯向其表示臣服。查理曼对此并未做出任何反应；只是在自己帝国境内为格拉多大主教提供了一个避难栖身之所而已。[③]



① RICHTER and KOHL, *op. cit.*, vol. II, p. 166.

② 802—811 年在位。——译者

③ RICHTER and KOHL, *op. cit.*, vol. II, p. 172; HARTMANN, *op. cit.*, vol. III, p. 60.

807 年，意大利国王丕平同拜占庭舰队统帅尼塞塔斯（Nicetas）达成了一个休战协定，威尼斯人被迫把那些犯有过错者交给了这位国王（*βασιλεύς*），他将这些人统统流放；并向自己的拥护者颁发“勇武执剑者”（spatharius）和“至高至伟者”（*ὕπατος*）等头衔以资奖励。[1]

不久，意大利局势再度恶化。810 年，意大利国王丕平凭借从科马奇奥借来的船队，再次占领了威尼斯和达尔马提亚沿海地区。[2]但是，拜占庭舰队在最杰出统帅塞法洛尼亚的保罗（Paul of Cephalonia）完美指挥下，迅速地将丕平舰队击溃，迫使其放弃了胜利果实。丕平亦于同年 7 月 8 日死去。查理曼急忙邀请拜占庭使节们在亚琛[3]会晤，并与他们达成了一项和平约定，同意交出威尼斯 178
和伊斯特拉、里布尔尼亚（Liburnia）[4]和达尔马提亚等城市。这项约定在 812 年 1 月 13 日正式成为明确协定；在证明了自己在海上确实无能之后，加洛林帝国彻底地将地中海拱手交给了拜占庭帝国。[5]威尼斯由此明确地开始被纳入拜占庭帝国的势力范围之中，并在西方边界上标示出一个全然不同的世界。威尼斯的广场（*piazza*）要比所有的历史文献都更能对此加以证实。

812 年和约留给了威尼斯一个极为有利的环境。这是日后威尼

① RICHTER and KOHL，*op. cit.*, vol. II, p. 178.

② L. HARTMANN，*op. cit.*, vol. III, p. 62.

③ 法语全称为 Aix-la-Chapella（艾克斯–拉–沙佩勒），即 Aachen（亚琛），德国西部城市。——译者

④ 位于亚得里亚海东北部沿海地区，达尔马提亚北部。——译者

⑤ RICHTER and KOHL，*op. cit.*, vol, II, p. 188. HARTMANN，*op. cit.*, vol, III, p. 64.

斯获得其伟大辉煌成就的前提。[①]一方面，它与拜占庭帝国联合，使其得以向东方扩展，并且没有对其自主独立带来任何威胁，因为拜占庭帝国在同穆斯林的斗争中非常需要它的帮助。而另一方面，它又为自己的事业打开了通往西方的大门，因为它重申自己是拥有查理曼予以认可的与法兰克帝国进行贸易权利的城市。由于免受来自西方的威胁，威尼斯便可以高枕无忧，只是除了地处波河河口的科马奇奥以外。然而，威尼斯于 875 年摧毁了这一竞争对手，彻底铲除了隐患。自此之后，北部意大利各个市场和港口——如帕维亚、克雷莫纳（Cremona）[②]、米兰和其他地区皆需仰仗威尼斯的商业贸易。[③]



撒拉森人的巨大威胁依旧存在。在抗争撒拉森人方面，威尼斯同拜占庭皇帝的利益完全一致。828 年，拜占庭皇帝请求威尼斯对其舰队施以援手。840 年，威尼斯派遣 60 艘舰船支援拜占庭帝国；基于此，穆斯林焚烧了安科纳并捕获了威尼斯船只。[④]867—871 年，威尼斯与拜占庭和路易二世（Louis II）[⑤]联手向巴里发动战争，威尼斯从海上进攻，而后两者的军队则从陆地进攻。872 年，穆斯林攻打达尔马提亚地区；并于 875 年围攻格拉多。但威尼斯人仍旧保住
179 了亚得里亚海霸主的地位，并同利凡特地区保持着安全畅通的海上

---

① L. HARTMANN, *op. cit.,* vol, III, p. 66.

② 位于今意大利北部伦巴第大区，波河沿岸城市。——译者

③ L. HARTMANN, *Die Wirtschaftlichen Anfänge Venedigs*, VIERTELJAHRSCHRIFT FÜR SOZIAL UND WIRTSCHAFTSGESCHICHTE, vol. II, 1904, pp. 434–442.

④ A. SCHAUBE, *op. cit.,* p. 3.

⑤ 法兰克王国国王秃头查理之子，877—879 年为西法兰克国王，史称“结舌者”。——译者

航行。然而，这一活动并不是以禁绝威尼斯人同穆斯林交往的方式来进行的。事实上，早在814—820年，拜占庭帝国皇帝就曾严令禁止与撒拉森人所控制的叙利亚和埃及进行贸易往来，但是，威尼斯人依旧同这些异教徒进行贸易，甚至一边打仗，一边还做买卖。827年，一支由10艘船只组成的船队正是从亚历山大港起航，偷偷地将圣马可(Saint Mark)[①]之圣物运抵威尼斯城，而亚历山大港的基督徒和穆斯林一样，对此事毫无察觉。[②]

威尼斯贸易中最重要的一个部分，是在达尔马提亚沿海地区从事贩卖斯拉夫奴隶的贸易航行。876年，威尼斯总督曾下令禁止这类贸易，但毫无效果。在9世纪中叶，威尼斯商人甚至还向穆斯林出售基督徒奴隶。[③]

840年，威尼斯同加洛林皇帝洛泰尔一世达成了一项商业协定，[④]该协定表明威尼斯这座城市的经济命脉基本上是以常规商业贸易为主，禁止各种奴隶和阉人的买卖。威尼斯主要是一个港口，一个市场。它发挥着以往马赛港所曾发挥的作用。从威尼斯港出发，大批旅客涌往东方利凡特地区，而大量建筑木材又从威尼斯出口运往埃及。

源自东方的香料和丝绸，经威尼斯迅速地转销到内陆的帕维亚和罗马等地。[⑤]而且可以肯定还有某些商贸活动翻越过了阿尔卑斯

① 马可，又译马尔谷，系《圣经·新约·马可福音》作者。曾追随彼得、保罗传布福音。为亚历山大首任大主教。天主教尊其圣徒。——译者

② L. HARTMANN, *op. cit.*, vol. III. p. 68.

③ A. SCHAUBE, *op. cit.,* p. 3, No. 3 and p.22; A. DOPSCH, *Die Wirtschaftsentwicklung der Karolingerzeit*, vol. II, 2nd ed., 1922, p. 143.

④ M.G.H.CAPIT., vol. II, p. 130.

⑤ M. THOMPSON, *Economic and Social History of the Middle Ages,* 1928, p. 267.

山，[①]尽管在我们所谈及的这个时期，这种贸易数量所具有的意义和作用尚微不足道。

威尼斯还将整个达尔马提亚海岸地区作为它的市场。大概正是仰仗这一海岸地区，繁忙的威尼斯商业贸易活动才得以展开。

同西方相比，威尼斯是一个另外的世界。威尼斯人富有商业精
180 神，同时又不受那些谴责“非法不义之徒”（*turpe lucrum*）各种禁令的束缚。[②]这种心态自阿拉伯人征服之后，在西方世界和意大利业已消失，但在威尼斯和拜占庭所控制的意大利南部其他城市中却依旧存在着。

例如，巴里，直到博希芒德（Bohemond）[③]统治时期，仍旧保留着希腊时代的特征，并继续保持着拜占庭各种市政制度。[④]虽然及至871年，巴里一直被穆斯林所占领，但是穆斯林“苏丹”（Soudan）[⑤]却允许当地隐修士由海路前往耶路撒冷朝圣，并把他们引荐给巴格达的哈里发。[⑥]

萨勒诺、那不勒斯、加埃塔和位于西海岸的阿尔马菲等城市的状况与巴里完全相同。这些城市基本上都是相当活跃的海港，同威

---

① R.BUCHNER, *op. cit.*, p. 59.

② 有关这一点，请见奥里亚克的圣杰拉德的奇异的历史，F. L. GANSHOF, *Note sur un passage de la vie de S. Géraud d'Aurillac*, MELANGES JORGA, 1933, pp. 295-307.

③ 1054—1111年。12世纪末期诺曼人首领，曾为第一次十字军的主要领袖之一。——译者

④ L. BREHIER, *Bulletin historique. Histoire Byzantine*, REVUE HISTORIQUE, vol. CLIII, 1926, p. 205.

⑤ 伊斯兰世界世俗君主的称谓。——译者

⑥ J. GAY, *L'Italie meridionale et l'Empire byzantin*, p. 66.

尼斯一样，它们与拜占庭帝国只保持着松散的联系；并且为了捍卫它们的自治、自主权力而同本尼凡托公爵作战。这些城市的腹地地区要远比威尼斯的腹地更加富有，因为黄金通货依旧还在本尼凡托地区流通，而且这些城市距离罗马也较近。由于大量教堂和朝圣香客的存在，因而对香料、熏香、珍贵的毛棉织物甚至纸草等，罗马有着数量极大的消费需求。此外，本尼凡托公国还继续存留着一种相当精致的文明。鲍卢斯·迪亚康努斯就曾在此为阿德尔佩嘉公主（the princess Adelperga）讲授希腊语；而阿拉齐斯公爵（the Duke Arachis）于8世纪末在此地建造了一座圣索菲亚大教堂，他从君士坦丁堡购回大量饰品，精心地加以装饰；他常常为自己拥有东方进口的丝织服装、紫红长袍、各种金银雕成的花瓶以及各种产自印度、阿拉伯和埃塞俄比亚的稀奇物品而洋洋得意。[①]

我们必须要将注意力集中在这样一个现象，即本尼凡托公爵们
仍继续保留着黄金货币，[②]甚至拜占庭帝国的货币体系。[③]在此地仍 181
可看到地中海的统一性，尽管后来这种统一性消失了。

意大利南部沿海城市都拥有海上船队。一则820年的史料提到当时有八艘商船，在从撒丁返回意大利途中被撒拉森海盗所截获。[④]有一个公认的结论是，正是凭借意大利南部沿海城市的船只，托斯堪尼的博尼法斯才于828年组织了对非洲的远征，因为我们知道拜占庭帝国和加洛林帝国的皇帝们对于这次行动的意义均予以首肯。

---

① J. GAY, *op. cit.*, pp. 46–48.

② 他们曾以黄金向法兰克国王支付罚金。

③ ENGEL and SERRURE, *Traité de numismatique*, p. 288.

④ *Annales regni Francorum*, a° 820, ed, KURZE, M.G.H.SS.*in us.schol.*, p.153: *In Italico mari octo naves negotiatorum de Sardinia ad Italium revertentium.*

罗马教皇曾告知查理曼，正是他的缘故方导致了希腊人船只（*naves Graecorum gentis*）在奇维塔韦基亚被焚毁。这些船只有时可能曾远航至普罗旺斯沿海地区，9 世纪还可能在马赛和阿拉斯等地出现过。但是，意大利南部这些城市的海上航行渐渐地转向利凡特地区，其航路属于拜占庭的势力范围。然而这也并不能妨碍他们，同威尼斯人一样，他们与西班牙和非洲等地阿拉伯人的港口保持联系，甚至可能与那不勒斯人一样，还参与了支持阿拉伯人对西西里的军事行动。实际上，此类行为当归因于第一次世界大战期间那些同盟国国家非常乐于向德国提供军需物资一样的心态。

879 年，负责保卫西西里岛的希腊人海军统帅征集了一支商船船队，这支船队不顾战争危险，在意大利和西西里之间进行贸易活动。这位海军统帅从这些活动中获得油料，有证据表明这些来自非洲油料的数量是如此巨大，以至于君士坦丁堡油料价格暴跌至最低点。[①]



意大利南部各个港口同穆斯林各个港口的贸易，也包括奴隶贸易。罗马教皇曾对这类贸易予以严禁。[②] 早在 836 年那不勒斯同本尼凡托公爵所签订的商业协定中，就赋予了那不勒斯商人在本尼凡托公国境内进行商贸活动最广泛的自由权限，因而对于本尼凡托公爵来说，这些那不勒斯商人是自由的。但是，该协定禁止他们为了
182 再次出售的目的而购买伦巴第（Lombard）[③] 的奴隶。[④] 由此我们可

---

① J. GAY，*op. cit.*, p. 112.

② *Ibid.*, p. 33.

③ 为意大利北部地区。因被伦巴德人所占据而得名。8 世纪该地区曾被法兰克征服。——译者

④ J. GAY，*op. cit.*, pp. 41–42.

以得知，当地奴隶来自于伦巴第地区，也就是说源自法兰克帝国。

然而，就是这伙人肉贩子却于849年为罗马教皇赢得了奥斯提亚海上大捷。结果使圣加努亚利厄斯（Saint Januarius）[①]在那不勒斯，就如同圣马可在威尼斯一样，受到了人们的狂热崇拜。

这些城市之中，阿马尔菲所具有的商业精神最为纯粹。该城所拥有的地域并不大，只有一片很小的山地，但是这些山地盛产木材，阿尔马菲人将这些木材远销至叙利亚地区。[②]

在其他方面，这些城市与本尼凡托公爵之间并无什么默契和谅解。甚至这些城市相互之间也是如此。大约在830年，那不勒斯，这个对本尼凡托公爵抵制最为激烈的城市，就曾从撒拉森人处获得过支持。870年前后，为了与其对手阿尔马菲相抗衡，那不勒斯又一次同撒拉森人结成同盟，其后又于880年，为了反抗日渐强大的巴塞尔一世的拜占庭帝国影响，它再次同撒拉森人联手。[③]这一时期，加埃塔也同撒拉森人维持着良好关系，但是它后来又转向罗马教皇，承认其宗主权（*hypatos*）。[④]875年，一批来自意大利南部城市的船只，与撒拉森人舰队共同展开军事行动，劫掠了罗马教廷控制下的沿海地区，路易二世曾宣称那不勒斯业已变成又一个阿非利加。[⑤]877年，罗马教皇约翰八世（John VIII）[⑥]以金钱和施以绝罚开

① 那不勒斯主教、主保圣人，约逝于305年。——译者

② J. GAY, *op. cit.*, p. 49.

③ *Ibid.*, pp. 98 and 127.

④ *Ibid.*, p. 128.

⑤ *Ibid.*, p. 98.

⑥ 872—882年在位。——译者

除教籍的方式，对阿尔马菲进行威逼利诱，欲离间其与撒拉森人，但毫无功效。然而，就在同一年，阿尔马菲却参加了抗击撒拉森人，保卫意大利南部沿海的战斗。[①]

初看，没有什么能像这些商业城市所奉行的政策更加混乱复杂的了。然而，根据这些城市长久所怀有的目的，是可以理解的，它们只是为了保卫自身的商业利益。它们同穆斯林结成联盟，并不阻碍在忍无可忍之时，对穆斯林征服它们的企图予以抵抗。

为了夺取意大利南部地区统治权，856 年，撒拉森人同时从巴里和西方两个方向出兵，向那不勒斯发起攻击，并摧毁了米塞努姆
183 (Misenum)。[②] 虽然意大利南部城市的确十分情愿与撒拉森人进行贸易，但它们绝没有甘愿接受穆斯林控制的打算，也绝不会允许撒拉森人夺取它们所拥有的海域。在这方面，它们的政策与威尼斯的政策极为相似。除了自己，它们对谁都不信任，更不想服从任何人。但是，它们彼此之间又势同水火，无法消除对竞争对手的仇恨，只要能够消除对手，它们就会毫不犹豫地同穆斯林联手并肩。因而，在 843 年，那不勒斯就曾援助穆斯林从与它自己所归属的拜占庭帝国手中夺占墨西拿。这些城市对拜占庭帝国臣属关系纯粹只是一种名分而已。只有当自己利益受到直接威胁的时刻，它们才会采取行动。由此之故，它们对 846 年洛泰尔发动的和后来路易二世 (Louis II)[③] 领导的攻打穆斯林的各种努力都不曾予以支持。[④] 盖伊

---

① L. HARTMANN, *op. cit.*, vol. III², p. 35.

② *Ibid.*, vol. III¹, p. 249.

③ 意大利国王，后为皇帝，洛泰尔一世之子，855—875 年在位。——译者

④ M.G.H. CAPIT., vol. II, p. 67.

(Gay)[①]非常正确地指出:“在一种无法克服的力量的作用下，加埃塔、那不勒斯、阿尔马菲这些沿海城市都一直与撒拉森人不断地结盟……对它们来讲，最根本的要务就是保卫自己的海岸，保障自己的商业利益。通过与撒拉森人讨价还价，它们获得了对各种赃物的份额，持续地给自己带来财富。那不勒斯和阿尔马菲的政策基本就是商人政策，这些商人的生计一方面凭借常规商业贸易，另一方面就靠海盗掠夺。”[②]这就是这些城市为何不曾援助拜占庭皇帝保卫西西里的缘故。这一点与17世纪时，荷兰商人在日本所奉行的政策完全一致。倘若它们放弃了与穆斯林沿海地区的贸易，那么又将同谁去做生意呢？因为整个东部地中海地区完全被威尼斯人所垄断着。

我们对这种局势做一下归纳总结：基督教的地中海世界已被划分为东、西两个部分，而且被伊斯兰教势力所包围。及至9世纪末，随着对外征服战争接近尾声，穆斯林构建起另外一个自给自足的面向巴格达的世界。它所朝向的中心，是亚洲商队行进的目的地，也 184
是始自波罗的海，途经伏尔加河，那条举世闻名的贸易大商路(the great trade route)[③]的终点。正是从巴格达始，各种产品方出口到非洲和西班牙。穆斯林并不直接与基督徒进行商业贸易，但他们也没有对基督徒关闭港口。穆斯林允许基督徒经常造访自己的港口，这些基督徒给穆斯林运来了奴隶和木材，同时也运走了自己所购买的

① 法国中世纪史专家，1867—1935年。——译者

② J. GAY, *op. cit.*, p. 129.

③ 即伏尔加商道，瓦兰吉亚人(维金人的一支)开辟，始于拉多加(Ladoga)湖，沿伏尔加河直到里海入海口，然后沿着里海西岸走海运，最后走陆运达到巴格达，它连接了西北欧、俄罗斯西北部以及里海沿海、阿拉伯等广大地区。商道从8世纪末期开始建立，11世纪以后开始衰落。——译者

各类商品。

然而，只有在地中海东部地区，基督徒海上航行还保持着活跃，意大利最南端地区依旧与之保持着交通往来。拜占庭帝国成功地阻止了穆斯林对地中海海上霸权的夺占。从威尼斯起航，各类船只继续沿着亚得里亚海和希腊沿岸，驶向那座位于博斯普鲁斯海峡的伟大都市。这些商船还经常抵达穆斯林所控制的小亚细亚、埃及、非洲和西班牙等各个地区。当大扩张时代结束之时，穆斯林地区持续增长的繁荣惠及着意大利各沿海城市。正是得益于这种繁荣，才使一种具有城市、黄金流通和专业商人阶级的高度发达的文明，在意大利南部和拜占庭帝国存留下来；简而言之，这是一种仍旧保持着古代根基的文明。

西方的情形则完全相反，由于没有海军舰队，基督徒对于来自海上的穆斯林侵扰毫无还手之力，故而使得从里昂湾、利维埃拉(Riviera)[①]到台伯河河口之间的广大地区，饱受战争蹂躏和海盗洗劫，默默地陷入一种孤独境地，成为海盗抢劫的目标。各个港口和城市被毁灭。与东方各地的联系严重受阻，同撒拉森人沿海地区没有一点往来。一切都荡然无存，唯有死一般的沉寂。加洛林帝国同拜占庭帝国之间形成鲜明对比。由于没有出海口，加洛林帝国只是一个内陆性国家。而其地中海沿岸一带，虽然以往曾是整个罗马帝国最具活力的地区并支撑着整个帝国的生活，可是如今却成为最穷困、最荒凉和受持续战争威胁最为严重的地区。西方文明的轴心在历史上第一次向北方转移，并在数百年间一直存留在塞纳河与莱茵

① 指法国到意大利之间的地中海海岸。——译者

河之间。以往只承担破坏者这种消极角色的各个日耳曼民族，如今 185
却被要求承担起重新建设欧洲文明的积极角色。

古典传统被砸得粉碎，因为伊斯兰已将地中海古代统一性彻底摧毁。

186

# 第二章　加洛林政变与罗马教廷立场的彻底转变

## 1. 墨洛温王朝的衰变

5世纪末，日耳曼人在地中海地区所建立的各个政权当中，汪达尔和东哥特两个王国具有着十分辉煌的开端，然而，它们最终在查士丁尼的进攻之下轰然倒塌。629年，西哥特人重新征服了拜占庭帝国在伊比利亚半岛上尚存的几块零碎领土。[①]而法兰克人则继续处于与世隔绝的状态之中。至于伦巴德人，似乎正处在一个以有利于自己的方式对意大利王国进行重建的时刻。拜占庭帝国被迫展开的抗击波斯的战争，正朝着有利方向发展；为了获得合作盟邦，向法兰克人寻求结盟便成为一件必需之事，虽然这个联盟并非没有一点危险之虞。然而，就在希拉克略的胜利似乎预示拜占庭帝国重新转入进攻态势之际，穆斯林却骤然间发起进攻，大举侵入帝国境内。

在穆斯林大规模进攻之下，拜占庭帝国做出最后收缩。整个

---

① LOT, PFISTER and GANSHOF, *Hisotire du Moyen Age,* vol. I, p.237.

非洲丧于穆斯林之手，帝国在意大利属地也面临在西西里站稳脚跟的穆斯林的严重威胁。西哥特人已被穆斯林消灭殆尽。虽然穆斯林从南方攻入了法兰克地区，但法兰克人还是成功地收复了普瓦提埃；然而，法兰克人与地中海之间的联系却被彻底地切断了。伦巴德人此时虽未遭到穆斯林正面攻击，但实际上穆斯林已占了上风，因为与拜占庭帝国的关系的疏离，伦巴德人被迫将其精力转向东方战线，可他们又不得不在西方战线上防备法兰克人的威胁。

因此，在新的基础上重建欧洲的使命，就落到了正在遏制穆斯林对西欧大陆持续扩张的法兰克人的肩上。187

西方世界的未来完全仰赖于法兰西（France）。但此时的法兰克同墨洛温时代的法兰克有着极大的不同。此刻，它所关注的重心不再是“罗马化”的内地，而是朝日耳曼的北方转移。伴随着这种转向，一个新法兰西第一次开始显现，成为一种政治实力，而对穆斯林所占优势的地中海地区不再予以关注。由于加洛林王朝之缘故，欧洲最终确定了一种新的发展取向。在此之前，欧洲一直保持着古代生活方式。但这一传统状态却被穆斯林彻底颠覆。加洛林时代的人们意欲将自己置于一个并不是由其自身所创造的境况之中，但却发现自己对这一境况的开发利用正朝着开创一个崭新时代的方向行进。只有通过穆斯林给世界均势造成的变革，才能对加洛林王朝所起到的历史作用予以解释。通过宫廷政变（*coup d'état*），加洛林王朝才取代了墨洛温王朝，而墨洛温这个自蛮族入侵以来唯一尚存的日耳曼王朝，之所以被他人所取替的事实本身又在很大程度上归因于地中海被撒拉森人所封闭。倘若我们毫无偏见地对墨洛温王朝衰变历程加以考察研究的话，这一点就将十分清楚地显现

出来。倘若这种事实真相还未被人们所充分地认识到，那是因为人们常常将法兰克时代视作为一个完整时期，而加洛林王朝就出现在这个时期之中，故而被人们认为它仅仅是墨洛温王朝的延续；并且人们还认定这一时期无论是在法律、制度上，还是在经济和社会组织上都具有明显的连续性。可事实上，在墨洛温时代与加洛林时代二者之间存在着一种本质差异。从一开始，这两个时代的欧洲局势就呈现出完全不同的态势。弗斯特·德·古朗日（Fustel de Coulanges）[①] 曾非常正确地指出："如果我们对克洛维死后一百五十年间的状况进行一番考察……我们就会发现当时人们所处环境与罗马帝国最后一个世纪人们所处环境并无太大的差别。但从另一个方面看，只要我们将目光转向 8、9 世纪，就会看到在相当大的
188 罗马风格外表之下，整个社会则同它在罗马统治之下的境况有着天壤之别。"[②] 如同布伦纳错误地将这两个时代统一为一个整体一样，魏兹则十分正确地将它们二者划分为两个截然不同的时代。



墨洛温王朝与加洛林王朝这两个世界之间的最后分野，是由丕平[③] 发动的宫廷政变所造成的。其实，这一过程早就开始了。639 年，达格伯特一世去世之后，墨洛温王朝经历了一个相当漫长的衰败岁月。而且，这种衰败基本上就是该王朝权势本身的衰败。我们业已指出，此时法兰克王室权力是绝对的，这是从罗马帝国所汲

① 法国历史学家，1830—1889 年。斯特拉斯堡大学、巴黎高等师范学校等学校教授，著有《古代的城市》（*La Cité Antique*）、《古代法国的政治制度》（*Histoire des Institutions Politiques de l'Ancienne France*）等。——译者

② FUSTEL DE COULANGES, *L'invasion germanique et la fin de l'Empire*, p. 559.

③ 即矮子丕平。——译者

取的一个特征。倘若要将整个国家都切实地置于自己统治之下，那么，国王就必须握有贯彻自己统治意志的权力；就此而论，无论是国王本身还是其统治模式都不能容忍任何形式的对抗、抵触，不管这些对抗、抵触是民族的还是政治的。[①] 导致人口和地域时常变更的王国各个部分的划分，是国王们分割自己遗产的一项基本内容。广大民众对这类变更并不关注。墨洛温王朝当时的威望是至高无上的，而能对这种威望做出唯一诠释的是基督教教会，因为当时日耳曼人所拥有的任何观念都无法对王室这种威望予以解说。

就在日耳曼尼亚本土，丕平一世（Pippin I）[②] 之子格利莫阿尔德（Grimoald）[③] 曾在 656 年企图篡夺当时合法国王的地位，结果激起法兰克人极大的民愤，最后，格利莫阿尔德被国人视为罪犯，被拘捕并予以流放。[④]

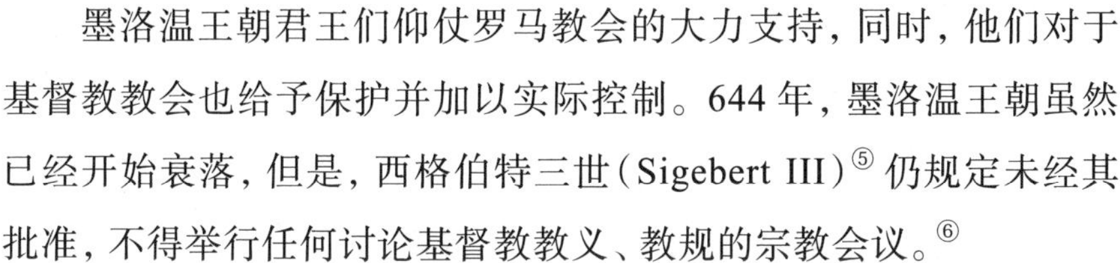

墨洛温王朝君王们仰仗罗马教会的大力支持，同时，他们对于基督教教会也给予保护并加以实际控制。644 年，墨洛温王朝虽然已经开始衰落，但是，西格伯特三世（Sigebert III）[⑤] 仍规定未经其批准，不得举行任何讨论基督教教义、教规的宗教会议。[⑥]

一般来说，墨洛温王朝衰没的开端，要回溯到克洛泰尔二世的614 年敕令。但依笔者之见，这项敕令仅仅只是通过赐予司法特权来 189

① FUSTEL DE COULANGES, *Les transformations de la royauté pendant l'époque carolingienne*, p.85.

② 史称兰顿的丕平，为加洛林家族的先祖，曾任法兰克墨洛温王朝奥斯特拉西亚官相，卒于 639 年。——译者

③ 643—656 年任奥斯特拉西亚官相，卒于 714 年。——译者

④ G. RICHTER, *Annalen des Fränk. Reichs im Zeitalter der Merowinger*, p. 168.

⑤ 632—656 年在位。——译者

⑥ G. RICHTER, *op. cit.*, p. 167.

加强基督教教会地位，从而来确保其对王朝支持的一种手段而已。[①]

无论从什么角度看，达格伯特一世都是一位伟大君王，正是他发动了对其他日耳曼人部落的战争，而且，自提奥德伯特(Theodebert)[②]以来，法兰克墨洛温王朝的列祖列宗在欧洲都不曾享有他这种崇高的地位。

在墨洛温时代，法兰克王国就是一个具有国际性权威的国家，而其统治政策也从未发生过更改；正是这些确保它得以在地中海地区站稳脚跟。而在临近地中海的高卢地区定居下来之后，又使得法兰克人进一步向普罗旺斯进发。东哥特国王提奥多里克曾发兵阻挡他们，自此之后，法兰克人就将其注意力转向西班牙，并同西哥特人发生了矛盾冲突。[③]

查士丁尼所发动的对东哥特人的战争，为法兰克人进入地中海地区提供了一个非常及时的机遇。535年，拜占庭皇帝向法兰克人寻求援助，东哥特国王维提吉斯为了阻止拜占庭与法兰克人结盟，将普罗旺斯割让给法兰克人，而当年东哥特国王提奥多里克所竭力阻止法兰克人从西哥特人手中夺取的正是这一地区。[④]

在地中海地区立稳脚跟之后，为在意大利占据一块桥头堡，法兰克国王提奥德伯特一世一度同东哥特人结盟，并向东哥特人派遣

---

① FUSTEL DE COULANGES, *Les transformations de la royauté pendant l'époque carolingienne*, p. 9 认为从614年的敕令中绝对看不到丝毫预示墨洛温王朝衰败的痕迹。与此相反的观点，请见 LOT, PFISTER and GANSHOF, *Histoire du Moyen Age*, vol. I, pp. 321–322。

② 墨洛温王朝曾有数位君王名为提奥德伯特，依据上下文，此位应是提奥德伯特一世，534—548年在位。——译者

③ G. RICHTER, *op. cit.*, pp. 49 and 53.

④ L. HARTMANN, *op. cit.*, vol. I, p. 267.

了 10 000 精兵。[1] 但是不久，提奥德伯特一世又再次同东哥特人和拜占庭帝国刀兵相向，并于 539 年，征服了威尼托和利古里亚的大部分地区。[2]

此时墨洛温王朝所具有的活力是如此之强大，以至于它非常迅捷地就结束了意大利战役，奇尔德伯特一世（Childebert I）[3] 和克洛泰尔一世（Clotair I）[4] 于 542 年又发起了对西哥特的战争，攻占了潘普鲁纳，劫掠了埃布罗河流域；但是，他们在攻打萨拉戈萨城时失利，最后被西哥特国王修德斯（Theudes）[5] 所击退。[6]

进攻西班牙受阻之后，法兰克国王们再次将进攻矛头指向意大
利。552 年，法兰克军队在阿拉曼人支持下，又一次进军意大利半 190
岛，与拜占庭军队展开激战，并到处抢劫，直到后来由于军中疾病肆虐并遭受拜占庭猛将纳尔西兹的不断攻击，其残余部队才被迫退回高卢地区。

虽然在战场上失利，可法兰克人却运用政治手段成功地获得了一个重要省份。就在 567 年，奇尔伯里克一世与伽尔斯温塔（Galswintha）[7] 的婚姻，把位于加龙河与比利牛斯山脉之间的一块西

① L. HARTMANN, *op. cit.*, vol. I, pp. 282–283.

② *Ibid.*, p. 284. 参见 RICHTER, *op. cit.*, p. 57。

③ 克洛维三子，511—558 年为法兰克墨洛温王朝巴黎国王。——译者

④ 克洛维四子，511—558 年为法兰克墨洛温王朝苏瓦松国王，558—561 年为全法兰克国王。——译者

⑤ 531—548 年为西哥特国王。——译者

⑥ G. RICHTER, *op. cit.*, p. 58.

⑦ 在原文第 60 页中，将其书写为 Galswinth。西哥特王国公主。嫁给奇尔伯里克一世后不久，便被其夫君害死。有关其婚姻、陪嫁嫁妆地产以及后来归属等，请参见中译本《法兰克人史》，第 4 卷，第 169、445、457 页等。——译者

哥特领土并入了法兰克王国版图。[①]

对于墨洛温时代的法兰克人来说，伦巴德人抵达意大利，为他们发动意大利战争又提供了新的理由。

伦巴德人曾在568年攻打过普罗旺斯地区，结果失败了。其后，他们又在575年再次向这一地区进犯。[②]583年，罗马教皇皮莱吉厄斯二世（Pelagius II）[③]向法兰克人发出了干预伦巴德人入侵的请求。法兰克国王奇尔德伯特二世同拜占庭帝国皇帝毛里斯结成反伦巴德人的联盟（这位皇帝为这次联盟提供了50 000金索里达的费用），一支法兰克军队被派往意大利，一直作战到585年，尽管没有取得任何战果。[④]

就在同一年，法兰克国王贡特拉（Gontran）[⑤]对塞普提曼尼亚发起进攻。他的军队被西哥特国王利奥维吉尔德[⑥]的儿子雷卡雷德打得大败，损失惨重。但是，双方敌对状态仍在继续。589年，贡特拉重新发起进攻，结果在卡尔卡松附近遭到最终的失败。[⑦]

法兰克军队这次失败，大概是自568年奇尔德伯特二世在意大利败于伦巴德人之手之后最为严重的一次失利，[⑧]结果，在589年，法兰克国王同伦巴德人签订了和约。



① G. RICHTER, *op. cit.*,p. 69.

② *Ibid.*, pp. 70 and 72.

③ 579—590年在位。——译者

④ G. RICHTER, *op. cit.*, p. 81.

⑤ 法兰克勃艮第国王，561—592年在位。——译者

⑥ 西哥特国王，568—586年在位。——译者

⑦ *Ibid.*, pp. 87 and 93.

⑧ *Ibid.*, p. 92.

然而，奇尔德伯特二世并不曾因此就改变自己对意大利的政策。就在和约签订的第二年（590 年），他又派遣远征军同伦巴德人开战。结果还是失败了，他不得不再次同伦巴德人媾和。①

达格伯特一世，墨洛温王朝最后一位伟大的国王，继续奉行对
意大利和西班牙的干涉政策。605 年，他同拜占庭皇帝希拉克略结 191
盟，同时，他还支持西哥特王位觊觎者西塞南德反叛其国王斯温提拉。② 达格伯特一世是墨洛温王朝传统政策的最后一位代表。在其之后，墨洛温王朝就再没有对意大利或西班牙进行政治干预，除了 662—663 年的一次不成功的军事远征之外。③

墨洛温王朝的统治在北方也愈发虚弱；在日耳曼尼亚地区，图林根人完全独立，巴伐利亚人也几乎全部分离出去，而萨克森人也对墨洛温王朝的统治继续构成一种威胁态势。因而从 630—632 年始，墨洛温王朝统治已回缩到自己本土，并且陷入衰败。毫无疑问，墨洛温王朝各个国王之间绵延不绝的内部争斗以及弗雷德贡德与布鲁尼豪特之间的冲突，皆对该王朝衰败起到了推波助澜的作用；布鲁尼豪特为了争权夺势，一生都在处心积虑地玩弄阴谋诡计，直至其于 613 年悲惨死去。但是，我们应当记住及至 613 年，各种内部争斗冲突一直是墨洛温王朝的一个普遍规律。而这些斗争所造成的更为严重的后果是，此后法兰克国王们的寿命在不断地降低。715 年，奇尔伯里克二世（Chilperic II）④ 登基加冕时，年龄为 25 岁，

① G. RICHTER, *op. cit.*, p. 94.

② *Ibid.*, pp. 159 and 161.

③ L. HARTMANN, *op.cit.*, vol. II, p. 247.

④ 法兰克墨洛温王朝纽斯特里亚国王，715—721 年在位；全法兰克国王，719—720 年在位。——译者

而在其之前却没有哪一位法兰克君王能够活到这么大年纪。对此，我们或许可从这些王公放荡淫逸的糜烂生活中觅得解释，这些王公各个为所欲为，无论做什么都是合理合法的。其中大部分人，无疑都是颓废堕落的登徒子。克洛维二世(Clovis II)[1]就是死于精神错乱。正是这一点，给墨洛温王朝衰微造成了十分凄凉悲惨的后果，这与西部罗马帝国皇帝们以及后来加洛林王朝帝王们的没落情形构成了一种极大反差。这些墨洛温国王中没有一位能够拥有一点威望，个个都是那些宫相(the mayors of the palace)[2]手中的玩偶。反抗宫相，对于他们来说则是不可企及之事。他们之中也没有哪位敢于企望同以往在拉文纳，罗马皇帝享有众臣辅佐那样，能够得到宫相的真心辅弼；相反倒是那些宫相得到了众多属臣的拥戴。这些墨洛温君王都生活在其母亲，有时是其婶母的监护之下。然而，自那位哥特女人布鲁尼豪特登上王后宝座之后，历代王后都是凭借其美貌而被王室选中的。王后诺特奇尔特原本就是一位女仆(*puella*
192 *de ministerio*)，早在其当上王后之前，国王达格伯特一世就与其有了奸情。这一切所导致的后果就是宫相权威日渐显赫。墨洛温王朝宫相的权势地位与日本幕府将军(Shogun)[3]的地位权势极为相似。



由于墨洛温君主们支配的资源在 7 世纪时日渐萎缩减少，从而使其越发受制于实力不断强盛起来的地方贵族们的影响。这些一

① 法兰克墨洛温王朝纽斯特里亚和勃艮第国王，639—656 年在位。——译者

② 宫相一职原为墨洛温王朝所设，初始为王宫总管，后权势坐大，成为整个王国实际上的掌权者。——译者

③ 1192—1868 年，日本的武士政权，幕府将军取代天皇，掌握日本的实际政权，先后经历镰仓幕府、室町幕府、德川幕府等。——译者

直对君王施加影响的贵族自然要寻求对王朝的控制，进而掌控国王的废立。

以往只要自身是强大的，国王便可遏制贵族势力。墨洛温国王们常常将地方伯爵之职，实际上还有各地主教之职委任给自己所宠信之人。无论是谁，只要国王认定他犯有“犯上作乱的叛逆”(*lèse-majesté*)之罪过，便可加以制裁，而随之而来的家产罚没，使国库大为丰裕。只要国库能够提供充足的资源供给，那么，国王手中就能够握有一个令人生畏的国家机器(*instrumentum regni*)。应当注意，只要商业贸易继续保持繁荣，那么，国库必将得到充足供应，因为市场税赋归国王所有。

国库充盈使得墨洛温王朝国王可以保持一支亲兵(*trustis*)或者一支王家卫队，或许也可以将其称作国王的常备军。[1]

如今，法兰克国王们仍在继续查办伪誓者，而那些“王家禁卫军”(antrustions)只要继续恪守自己的忠诚誓言，就可获得薪俸。然而，以往作为王权实际基础的国库却在7世纪期间开始枯萎。首先，墨洛温王朝已无法再获得对外作战的战利品了。当时墨洛温王朝已不再进行任何对外战争，而且也不再获得来自拜占庭帝国的补贴。此时的法兰克国王绝对不是一个仰仗自己地产收益为活的“地产主”。[2] 有关这方面的史料，我们只需查阅一下都尔的格雷戈里所撰的著作即可。的确，国王是拥有一定数量的地产和庄园，这些财富构成了他本人的国库领。他常常十分慷慨地将这些财富赏赐

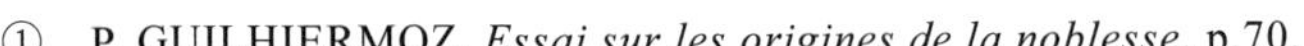

① P. GUILHIERMOZ, *Essai sur les origines de la noblesse*, p.70.

② LOT, PFISTER and GANSHOF, *op. cit.*, pp. 318–320.

193 或捐赠出去，甚至为了奖掖那些宠臣或各个教会，将自己财富挥霍一空，丝毫不加节制。[①]

但是在都尔的格雷戈里的著述中，笔者并未发现有何记载，谈及这些财富所具有的政治影响和作用。只要在其他方面具有强大力量，法兰克国王就有能力将自己恩赐的财富重新收回。此外，笔者也很难看清在这种不断分配情况下，墨洛温国王们是如何将自己权力建立在地产性的国库领基础之上的，这些国库领的分配形式也是多种多样、不断变化的。所有情况都表明，构成了国王年度收入的主要部分正是赋税收入。弗斯特·德·古朗日认为仅仅赋税这一项收入就足以使国王富庶起来，足以满足国家各种需求。[②]

赋税是一种从罗马帝国继承下来的遗产，并且是一种从未中断过的收入，但是，为何其产出的财富数量开始越来越少了呢？根据弗斯特·德·古朗日的解说，我们必须就各地主教的固执以及颁赐给地方教俗两界各类显要权贵豁免权的情形进行一番考察。从中，我们发现正是当时的墨洛温国王逐渐地将自己的权势根基败坏殆尽。[③] 同样，由于国王在恩赐各种豁免权方面的过度行为，致使各种市场税收所产出的收益也持续地减少。

---

① 当时，墨洛温王朝国王们捐赠土地数额极其巨大，根据 LOT, PFISTER and GANSHOF, *op. cit.*, p. 340 所言，这些馈赠使得当时的僧侣比任何一个时期都富有，这表明墨洛温王朝国王们并没有过分看重这些土地、土地上的产品，甚至因土地而获的罚金收入。因此，我们必须接受市场税赋（*teloneum*）乃国王财富资源中的最大部分。

② FUSTEL DE COULANGES, *Les transformations*, pp.29 *et seq.*

③ 请参见 FUSTEL DE COULANGES, *Les transformations*, pp. 32 *et seq.*, 所提供的有关豁免或废止土地赋税的各类史例。其他相关史料，请见 LOT, PFISTER and GANSHOF, *op. cit.*, pp. 316-317。

但是，对于这种摧毁墨洛温王朝国王权势根基的政策，我们仍然需要寻觅进一步的解释。为什么墨洛温王朝国王们不像后世君王有时所做的那样，把赋税本身也封赐出去呢？他们的确封赐出去了许多豁免权，但是他们并没有放弃王室的所有权力。进一步讲，各种税收豁免权，即所说的对市场税收的豁免权也只是与各类宗教修道团体有关，而主要流通商品则肯定不在其列。这些自然是属于商业的范畴。我们一定会同意这样一个观点，即随着商业贸易的萎 194
缩，各类间接税，如交通费（tolls）和关税（dues），所获得收益则应同比例地减少。正如我们所看到的，商业贸易的衰微肯定是发生在650 年前后，而这个年份与墨洛温王朝无政府状态大肆蔓延的时期正好吻合。及至 7 世纪末时，墨洛温国王货币收入的来源肯定发生了大规模的萎缩。一份十分珍贵的史料可为佐证：695 年，墨洛温王朝国王将马斯格尼庄园（the *villa* of Massigny）馈赠给圣但尼修道院，以此来支付该修道院一笔 300 金索里达的永久性年金，否则的话，他将从国库中来支付这笔现金。如此看来，当时国王在现金通货与地产二者之间，更看重的是现金通货。[①]

对当时墨洛温王朝各种现金收入主要是来自对商品货物流通所征收的交通费这一点，我们无可置疑。收取这种交通费用无疑要比收取土地税更为容易，它几乎不会遇到什么抵制。尚无任何证据表明各地主教曾插手干预此类事务。然而，同市场税一样，土地税必定还保留着，只是其收益越来越少。毫无疑问，此时地方诸侯们

① H. PIRENNE, *Le Cellarium fisci*, BULLETIN DE LA CLASSE DES LETTRES DE L'ACADÉMIE ROYALE DE BELGIQUE, 1930, p. 202.

充分利用王室衰微的有利时机，竭力从国王手中获取更多的豁免特权。但是，如果将这类豁免权视为墨洛温王朝国王权势衰败的根由，那就错了；因为这些豁免权，就其实质来说，只是王权衰败所导致的一种后果而已。

那么很明显，致使墨洛温王室和国家权势出现极大削弱的国库枯竭现象，主要应归结为商业贸易衰落的不断加剧。[①] 此时墨洛温王朝国库衰竭应归因于海上贸易的消失，而这正是穆斯林在地中海沿岸地区扩张所导致的后果。并且，这种商业贸易衰落
195 在商业城市聚集的纽斯特里亚地区显现得尤为突出。这一点就足以解释，为何这个曾是墨洛温王朝发祥之地的地区逐渐地将自己的商业贸易拱手让给了奥斯特拉西亚地区；为何该地区的经济生活对货币经济的依赖程度明显地逐渐地降低。至于赋税，它并不是从巴伐利亚或图林根地区征收的；我们还知道，萨克森地区曾以 500 头牛来充作交纳的贡品。[②] 因此，可以肯定商业贸易对以农业为主的北方各个地区的影响相当微弱。因而在城市和商品经济崩溃之后，经济复兴运动为何源自于这些地区，我们就可以很好理解了。由于整个地区生活都集中于土地所导致的商业贸易的衰落，赋予了大贵族一种任何人也无法阻拦的实力。在纽

① 各位读者千万不要误以为笔者过分夸大了商业的重要地位和作用。从一个绝对的角度上讲，当时的商业规模，毫无疑问，的确是非常小的；但是中世纪时期的商业规模本身也并不太广泛，我们还可以以 13、14 世纪期间，由于贸易禁运对英国的羊毛纺织业所造成的影响后果作为参考。

② F. LOT, *La conquête du pays d'entre Seine-et-Loire par les Francs*, REVUE HISTORIQUE, vol. CLXV, 1930, pp. 249–251.

斯特里亚地区，墨洛温王权不断衰落所造成的有利局势，被大贵族们迅速地夺占。当然，墨洛温王朝也曾试图对此予以抵制。布鲁尼豪特的政策，尽管我们只能根据非常稀少的史料来进行推测，就曾被宫相埃布罗因所恢复。埃布罗因之所以在664年被人指责推行专制主义政策，是因为他力图保持王室的行政管理权力——以往那种罗马式的行政管理权力——与国王个人品格相一致，力图将国王意志强加到每一个臣民甚至大诸侯贵族的身上。

680年或683年，埃布罗因遭到暗杀，人们或许可以将其看成是墨洛温王朝国王们同大诸侯贵族进行抗争的最后失败。这一时间恰好发生在迦太基被攻占的那一年，自此以后，地中海的海上贸易几乎不复存在了。

从此之后，墨洛温国王们就完全被大贵族们所控制。或许为了继续进行抵抗，国王会向教会寻求支持。但是，教会自身也已深深陷入紊乱无序状态之中了。我们只要翻检一下杜奇森蒙席（Mgr. Duchesne）[①]所草拟的主教名录，就会对此时教会情形一清二楚了。[②]
这份名录表明，高卢南部各地主教的混乱状况要远远甚于北部地 196
区。曾在高卢地区基督教教会拥有绝对影响力的南部各地主教，一般来说，在680年前后就已经消失了，直到8世纪末也不曾恢复。当然，我们应当允许可能由于某种特殊缘故致使某些主教的姓名不

① 1843—1922年，法国教士、历史学家，著有《基督教礼拜的起源与发展：到查理曼时代的拉丁礼拜研究》（*Christian Worship: Its Origin and Evolution. A Study of the Latin Liturgy Up to the Time of Charlemagne*）、《基督教会的早期史：从兴起到3世纪》（*Early History of the Christian Church from Its Foundation to the End of the Third Century*）等。——译者

② *Fastes épiscopaux de l'ancienne Gaule*, 3 vols.

见载于史册，然而，如此这般普遍的消失使得我们不得不将其归因于某种深层次的原因。

埃莫诺玛利斯（Ermenomaris, 673—675 年在位）之后，直到 10 世纪，在佩里格（Perigueux）[①]一直没有主教。[②]阿让（Agen）也是如此。[③]在波尔多，673—675 年以及 814 年，主教一直缺位，[④]而在芒德（Mende），从 627 年到虔诚者路易（Louis the Pious）统治期间，主教一直空缺。[⑤]利摩日地区，在埃姆努斯（Emenus）之后的一个世纪之内，只是断断续续地存在过主教，[⑥]比图（Beto, 673—675 年在位）之后，在卡奥尔，主教也是时有时无；[⑦]而直到 836 年，在奥克就没有一位主教露过面。[⑧]在莱克图尔（Lectoure）根本就没有主教的历史记载，[⑨]696—762 年，圣伯特兰德·德·孔曼热（Saint Bertrand de Comminges）[⑩]、圣利兹尔（Saint Lizier）、艾尔（Aire）以及欧坦等地也均不见有主教的史载，[⑪]而 675—779 年的沙隆（Châlons）[⑫]、650—833 年的日内瓦（Geneva）[⑬]、614—788 年的迪

① 法国西南部城市，今多尔多涅省省会。——译者

② L. DUCHESNE, *op. cit.*, II, p. 88.

③ *Ibid.*, vol. II, p. 64.

④ *Ibid.*, vol. II, p. 62.

⑤ *Ibid.*, vol. II, p. 55.

⑥ *Ibid.*, vol. II, p. 52.

⑦ *Ibid.*, vol. II, p. 46.

⑧ *Ibid.*, vol. II, p. 97.

⑨ *Ibid.*, vol. II, p. 98.

⑩ 亦称孔弗讷（Convenae），位于法国南部比利牛斯山地区。——译者

⑪ L. DUCHESNE, *op. cit.*, vol. II, p. 181.

⑫ *Ibid.*, vol. II, p. 194.（从前后行文来看，此处当为索恩河畔的沙隆。——译者）

⑬ *Ibid.*, vol. I, p. 229.

埃(Die)[1] 和683—794年的阿尔勒[2] 等地情况也同样如此。至于在奥兰治(Orange)、阿维农、卡庞特拉(Carpentras)[3]、马赛等地以及土伦(Toulon，697—879 年)[4]、亚琛(596—794 年)、昂蒂布(Antibes，660—788 年)[5]、埃布伦(Embrun，677—828 年)[6]、贝济耶(693—788 年)、尼姆(689—788 年)、洛代沃(Lodève，683—817 年)[7]、乌兹(Uzès，675—788 年)[8]、阿格德(Agde，683—788 年)、[9] 马古隆尼(683—788 年)、卡尔卡松(683—788 年)和埃尔讷(Elne，683—788 年)等不同地区，在不同时期内皆存在着类似的主教严重空缺现象。[10] 根据洛特著述，高卢地区基督教教会最后一次召开宗教会议的时间是在 695 年，直到 742 年才召开了下一次会议。[11]

我们还注意到在 7 世纪最后三四十年，各类有关宗教教义、教会政策和管理的宗教会议也销声匿迹了。而在 8 世纪矮子丕平和卡洛曼(Carloman)[12] 统治时期，也无召开此类会议的记载。勒布兰科(Leblanc)[13] 还注意到各种碑刻铭文的稀缺也同样加剧。

---

① L. DUCHESNE, *op. cit.,* vol. I, p. 235.(迪埃位于法国东南部——译者)

② *Ibid.,* vol. I, p. 261.

③ 法国东南部城市。——译者

④ 法国南部城市。——译者

⑤ 法国东南部港市，属于今滨海阿尔卑斯省。——译者

⑥ 法国南部城市。——译者

⑦ 法国东南部城市，属于今埃罗省。——译者

⑧ 法国东南部城市。——译者

⑨ 法国南部城市，临地中海。——译者

⑩ L. DUCHESNE, *op. cit.,* vol. I, *passim* .

⑪ LOT, PFISTER and GANSHOF, *op. cit.*, p. 332.

⑫ 查理・马特长子，矮子丕平之兄，法兰克宫相(741—747 年在位)。后出家为僧，卒于 755 年。——译者

⑬ 1634—1698 年，法国钱币学家。——译者

197 从7世纪以来各地主教在城市中所具有相当重要作用的角度来看，我们不能不得出这样一个结论，即当时城市各类组织体制业已陷入一种衰败状态；那些以往尚有能力保存的市政机构无疑都在此时的紊乱无序中消亡得一干二净。

曾因商业贸易影响而存在过的城市生活现在都已被破坏殆尽。来自地中海的各种商业资源，在5世纪蛮族入侵时并未受到严重影响，而现在却因地中海的关闭而枯竭了。

在这种深刻变化的环境中，那个时代的特征，即曾为教界主教管区和俗界行政管理机构提供人选的元老大家族也开始逐渐衰败下去。[1] 很显然，自7世纪中叶起，高卢地区社会迅速地向“去罗马化”方向转变，而到8世纪初，这个过程已经近乎于全面完成。此时，人虽然还是那些人，但文明却不再是以往的那种文明了。

有一则史料可为这种变革提供佐证。据655年的《卡奥尔的圣迪蒂尔传》记载，卡奥尔这座曾在圣迪蒂尔出任主教时期相当繁荣富庶的城市，在他死后则萧条破败。[2] 同样，在雷德拉德（Leidrad）[3] 呈交给查理曼的奏折中也称，在601年时还是一座伟大商业重镇的里昂如今已落入十分糟糕的衰败境遇，800年时，更跌落至最低点。[4]

由墨洛温王朝权力衰落所使然的高卢地区这种混乱不堪状况，

---

① 在高卢地区，最后一次提及元老家族出身的人物的记载，是8世纪初年。LOT, PFISTER and GANSHOF, *op. cit.*, p. 311, No. 69.

② *The Vita of Saint Didier of Cahors*, ed. POUPARDIN, p. 56.

③ 时任里昂大主教。——译者

④ A. COVILLE, *Recherches sur l'histoire de Lyon,* 1928, p. 283.

又导致了法兰克国家疆土的分崩离析。从 675—680 年始，阿基坦已经成为主宰自己命运的独立公国。

另一方面，在受商业和城市消失的影响并不严重的奥斯特拉
西亚地区，王室行政管理体系也未得到高度发展，当地社会的注 198
意力全部转向贵族豪门——这是一种不断取得明显优势的势力。在当地贵族上层之中，丕平家族开始崭露头角，在导致布鲁尼豪特垮台的事变中，该家族就曾发挥出重要作用。这个家族是比利吉亚（Belgian）[1] 的大土地贵族。[2]640 年左右，兰顿·丕平一世（Pippin I of Landen）的夫人艾提（Itte）[3] 创建了尼维勒斯（Nivelles）修道院，而且，她的慷慨资助又使得爱尔兰圣徒费兰（Saint Phelan）在福斯（Fosses）[4] 创建起一座苏格兰修道院（*monasterium Scottorum*）。687—714 年，丕平二世（Pippin II）[5] 将其家族一块地产列讷（Lierneux）[6] 捐赠给斯塔维洛特-马尔梅迪修道院（Stavelot-Malmedy）。[7]

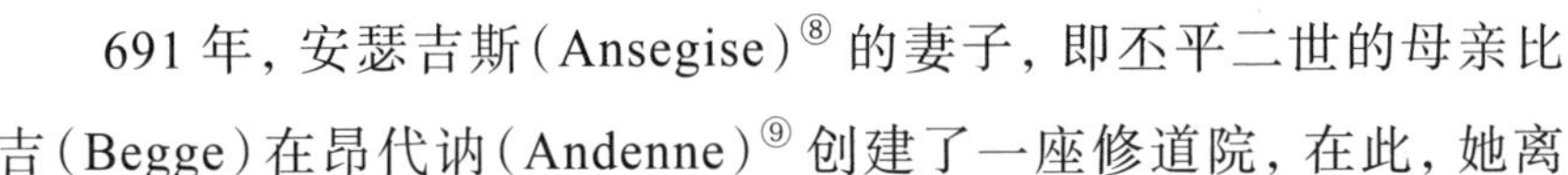

691 年，安瑟吉斯（Ansegise）[8] 的妻子，即丕平二世的母亲比吉（Begge）在昂代讷（Andenne）[9] 创建了一座修道院，在此，她离

---

① 即今比利时。——译者

② F. ROUSSEAU, *La Meuse et le pays mosan en Belgique*, Namur, 1930, pp. 45 and 221（ANNALES DE LA SOCIÉTÉ D'ARCHÉOLOGIE DE NAMUR, vol. XLI）.

③ 592—652 年，赫斯塔尔·丕平的外祖母。——译者

④ 位于今比利时的一座城市。——译者

⑤ 史称赫斯塔尔·丕平，法兰克奥斯特拉西亚宫相，680—714 年在位。——译者

⑥ 位于今比利时境内。——译者

⑦ *Recueil des chartes de Stavelot-Malmedy*, ed. ROLAND and J. HALKIN, vol. I, p. 39.

⑧ 奥斯特拉西亚的大贵族、梅斯主教阿努尔夫（Anulf）之子。——译者

⑨ 位于今比利时境内。——译者

群索居，与世隔绝，并于693年故于该地。丕平二世将莱尔尼斯(Leernes)和特拉兹格尼斯(Trazegnies)的田庄赠给了697—713年任洛蒂斯(Loddes)修道院住持圣乌尔斯马尔(Saint Ursmar)。[①]该家族在谢夫雷蒙(Chèvremont)[②]还有一处十分坚固的堡寨，是其在朱普勒(Jupille)[③]领地中的一部分。距此不远，在默兹河边的赫斯塔尔(Herstal)[④]，是丕平家族最为喜爱的府宅之一，752年以后，此处宅邸常常被人称为“宫殿”(*palatium*)。正是这处紧邻阿登(Ardennes)[⑤]森林的边缘地区，令该家族居住得十分惬意，好似家乡故里一样。同样纯粹的乡村风情，让他们感觉不到是身居他乡，只是他们对位于梅斯的宅邸有点不大喜欢，而这正是奥斯特拉里西亚地区的首府。714年，丕平二世之子格利莫阿尔德就是在列日(Liège)[⑥]被一位弗里西亚人所杀害。查理·马特死后，他的两个儿子卡洛曼和矮子丕平把他们的兄弟格里丰(Grifon)[⑦]囚禁在谢夫雷蒙。



除了沃伦的地产之外，丕平家族在日耳曼地区还有许多地产，但是列日地区才是他们的本土故乡，在中世纪时代的这一地区，经常可以遇到丕平这个姓氏，时至今日，此地还被人称为丕平斯特

① F. ROUSSEAU, *op. cit.*, p. 226.

② 位于法国东北部，法国、瑞士交界处。——译者

③ 位于今比利时境内，列日省一部分。714年赫斯塔尔·丕平逝于此地。——译者

④ 位于今比利时列日省。——译者

⑤ 位于今比利时东南、卢森堡北部和法国东北部。——译者

⑥ 比利时东部城市，今列日省省会。——译者

⑦ 格里丰乃查理·马特之幼子。其母名为斯瓦纳希尔德(Swanahilde)，为巴伐利亚公爵奥迪罗(Odilo)之侄女。受其母蛊惑，格里丰在其父死后，向其两位兄长开战。后被人于753年所杀。——译者

(Pepinster)。

历史上第一次，一个北方家族开始在法兰克国家事务中发挥出领袖作用，从里普里安法兰克人家族法规而论，该家族至少有一半 199
日耳曼人血统，而且该家族与那些罗马元老贵族没有一点干系，也从未与罗马人有过任何结盟的行为。加洛林家族无法很好地适应纽斯特里亚的环境，因为此地的人们总是对其抱有敌视态度。这就解释清楚了为何墨洛温国王居住在奥斯特拉西亚时，丕平一世无可争议地具有对国王施加影响的力量，而当国王居住在纽斯特里亚时，他却无能为力。[①] 这势必使奥斯特拉西亚大贵族产生对国王的不满，从而导致国王达格伯特一世于632年，任命其子，即未来的西格伯特三世(Sigebert III)[②]，担任此地的总督。

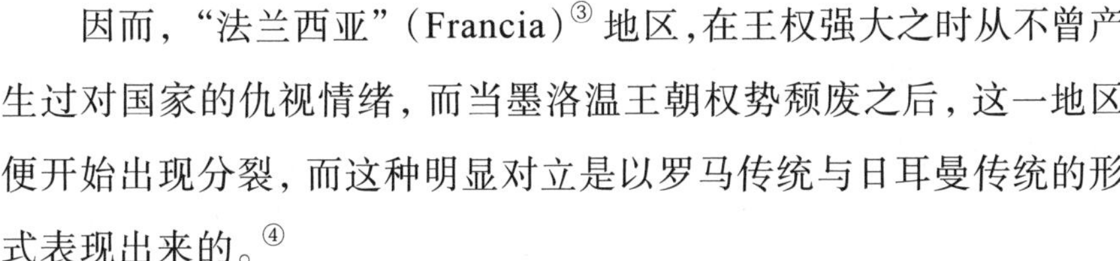

因而，“法兰西亚”(Francia)[③] 地区，在王权强大之时从不曾产生过对国家的仇视情绪，而当墨洛温王朝权势颓废之后，这一地区便开始出现分裂，而这种明显对立是以罗马传统与日耳曼传统的形式表现出来的。[④]

在《萨利克法》和《里普里安法》占统治地位的北方地区，其生活方式远不如南方地区那么文明；这一地区的确还存在着一些异教

---

① G. RICHTER, *op. cit.*, p. 159.

② 墨洛温王朝国王，634—656年在位。——译者

③ 根据语境，法兰西亚有时指法兰克王国，有时指代墨洛温王朝的奥斯特拉西亚王国。——译者

④ 从 *Vita S. Eligii*, II, 20, M. G. H. SS. RER. MEROV., col. IV, p. 712 中，人们或许已经察觉到了这种分裂的迹象，当其在高卢北部地区传教时，这位圣徒曾经讲过：“罗马，你从不曾经历过如此的境况，我们的传统必将传递延续下去。”(*Nunquam tu, Romane, quanmvis haec frequenter taxes, consuetudines nostras evellere poteris.*)

徒或无任何宗教信仰者。随着墨洛温王室权力衰落，地方贵族的影响在当地越来越占据优势，其明显标志就是地方官府和教士的招募与组建。[1]

此时，丕平家族业已成为奥斯特拉西亚地区贵族集团的首脑，他们试图摆脱墨洛温王朝宫廷的监护，确保他们自己一定的世袭权利，这充分地体现在对纽斯特里亚罗马人的强烈反感和极端厌恶之
200 上。当其强行担当奥斯特拉西亚宫相之时，他们便立刻感知到自己的这种行为是同墨洛温王朝统治的绝对主义原则截然对立的；这种行为是反罗马的，或者说是反古代传统的。

在纽斯特里亚地区，埃布罗因所代表的是一种与丕平家族全然对立的势力集团。鉴于国王年幼，埃布罗因就被那些大贵族推选出来，行使王朝统治的权力。[2]

上台伊始，埃布罗因便试图对他本人并不归属的大贵族集团加以控制，同时，还试图褫夺各个显贵家族所拥有的世袭权利，并且在656年，他似乎还重用了一批出身卑微之人，这些人由此而对他感恩戴德，俯首听命。他的这种政策自然遭到了各个大贵族家族的抵制与反抗，而这批大贵族的代表人物就是圣莱吉尔（Saint Leger）[3]，此人自659年始出任欧坦主教。

在墨洛温王室权力坚定捍卫者与大贵族之间展开了一场激烈的矛盾冲突。然而墨洛温王朝国王本身却没有介入，没有发挥任何

---

① H. WIERUSZOWSKI, *op. cit.*, BONNER JAHRBÜCHER, 1921, 曾指出：在丕平统治时期，僧侣已经开始日耳曼化，而这一过程肯定肇始于奥斯特拉西亚地区。

② 请见 FUSTEL DE COULANGES, *Les transfor-mations*, p. 80 所述。

③ 614—679 年。——译者

作用。

就在克洛泰尔三世(Clotair III)[①]于673年[②]驾崩之际,为提防贵族豪门插手干政,埃布罗因迅速将蒂埃里三世(Thierry III)[③]扶上了王位。可大贵族们却重申自己有参与推选国王的权利,拒绝承认蒂埃里的合法性,重新推选他的兄弟奇尔德里克二世(Childeric II)[④]为新的国君。[⑤]

作为大贵族集团代表人物,圣莱吉尔在这次行动中发挥了实际主导作用。他迫使国王向大贵族做出了极大妥协:从此以后,所有高级官员不得被由一地调往异地他乡。这些大贵族势力影响仍在不断增强,他们所拥有的权力开始被作为一种世袭特权确定下来;然而,这种由贵族所强加的措施,并没有给丕平家族带来什么益处。正如在前面所提及的,我们已经注意到当时存在着一种南方同北方两大势力的对峙,毫无疑问,造成这种对峙的动因之一就是防止一位在奥斯特拉西亚贵族的扶助下登上王位的新国王,再给纽斯特里亚贵族们强加一位具有奥斯特拉西亚血统的后嗣。[⑥]

宫相一职,在纽斯特里亚和勃艮第两个地区都受到抵制,但是, 201
沃尔夫尔德(Vulfoald)[⑦]仍在奥斯特拉西亚地区担当宫相。似乎当时曾出现过数次由贵族们轮换担任宫相的企图。可是,贵族们无法

① 墨洛温王朝国王,657—673年在位。——译者

② 原书此处记为573年,有误,当为673年。——译者

③ 墨洛温王朝国王,679—690年在位。——译者

④ 墨洛温王朝奥斯特拉西亚国王,662—675年在位;全法兰克国王,673—675年在位。——译者

⑤ FUSTEL DE COULANGES, *op. cit.*, p. 100.

⑥ *Ibid.*, p. 101.

⑦ 656—680年担任奥斯特拉西亚宫相。——译者

就此达成一致，奇尔德里克二世便利用这一有利之机，摆脱了圣莱吉尔，于675年将其流放到吕克瑟(Luxeuil)。[1]贵族们对此做出的回击非常迅速；就在同一年，国王奇尔德里克二世被人暗杀。奇尔德里克三世(Childeric III)[2]继承王位。随着这场谋杀，墨洛温王朝君主们的情感发生急剧转变，埃布罗因又被恢复权势，并被授以宫相高位。弗斯特·德·古朗日对此评论道：无论“在功能上还是荣耀上，它都导致了巨大而广泛的变革”[3]。墨洛温宫廷内部的整个人事关系都发生了调整。按照拜占庭惯例，圣莱吉尔在被挖去双眼之后，又被处以死刑。[4]然而，整个贵族集团却都联合起来，组成了一个坚定的反埃布罗因阵营，并将所有希望都寄托在丕平二世一人的身上；当沃尔夫尔德死后，丕平二世就被委以奥斯特拉西亚宫相的重任。他是凭借什么资格而担当此职的呢？毫无疑问，他是以丕平一世和格利莫阿尔德后嗣身份而接任宫相一职的，[5]而这种权利正是埃布罗因在纽斯特里亚所竭力反对的。在奥斯特拉西亚地区，丕平二世手握实权(a *de facto* power)；当时的编年史家曾对此予以极大的关注，称丕平为“奥斯特里亚的统治者”(*dominabatur in Austria*)。[6]丕平所主张的权力和埃布罗因所行使的权力之间的差别十分明显。与埃布罗因不同，丕平二世并不是一般的官员(functionary)。他把自己获得的权力归因于家族的各种婚姻，归因



① 位于法国东北部。——译者

② 法兰克墨洛温王朝国王，694—711年在位。——译者

③ FUSTEL DE COULANGES, *op. cit.*, p. 106.

④ G. RICHTER, *op. cit.*, p. 173.

⑤ 丕平的父亲安瑟吉斯(Ansegisus)并没有担任过宫相。

⑥ FUSTEL DE COULANGES, *op. cit.*, p. 168.

于他本人是当地簇拥在他周围的贵族们所拥戴的领袖。我们似乎应该相信《梅斯年代记》(*Annales Mettenses*)[1] 的记载:681年,“许多不堪忍受埃布罗因粗暴虐待的纽斯特里亚的豪门显贵,纷纷亡命奥斯特拉西亚地区,寻求丕平之庇护”。从而使得奥斯特拉西亚,以其法兰克人血统,成为所有贵族利益权势的代表。[2]

自 679 年达格伯特二世死后,也即自他被暗杀之后,大概受埃 202
布罗因的挑唆,奥斯特拉西亚就一直没有产生过国王。接替沃尔夫尔德出任宫相的丕平二世,必定要抓住这一时机挑战埃布罗因,双方在拉昂城(Laon)[3] 附近展开激战,结果丕平二世兵败。[4] 但随后不久,即 680 年或 683 年,埃布罗因被厄蒙弗里杜斯(Ermenfridus)所杀,此人曾在奥斯特拉西亚寻求丕平二世的庇护。因而,欲断定丕平二世本人与此事毫无干系,则很难判断。

埃布罗因被杀之后,瓦拉瑭(Waratton)继任纽斯特里亚的宫相一职;他旋即同丕平达成和解。可是,瓦拉瑭政权又被其子吉斯勒马尔(Gislemar)所推翻,并且,吉斯勒马尔还向丕平二世发起进攻,并在那慕尔(Namur)[5] 击溃丕平军队。但是,吉斯勒马尔也遭人暗杀身亡。瓦拉瑭再次出任宫相,并重新确认 683 年他与丕平签订的和约。686 年,瓦拉瑭去世,纽斯特里亚宫相一职由其女婿波奇尔

---

① 9 世纪初加洛林帝国的一部重要的年代记,记载了 675—805 年法兰克人的历史,作者不详,或许是由查理曼之妹吉塞拉执掌的谢勒斯修女院修撰的。《梅斯年代记》带有明显的政治倾向,将加洛林家族的崛起看作是上帝的意旨,对墨洛温王室极尽诋毁之能事。梅斯,位于今法国东北部洛林地区,今摩泽尔省省会。——译者

② FUSTEL DE COULANGES, *op. cit.,* p. 178.

③ 法国北部城市,今埃纳省省会。——译者

④ G. RICHTER, *op. cit.*, p. 174.

⑤ 比利时中南部城市,今那慕尔省省会。——译者

(Berchier)所继承。[①]

掌握权柄不久，波奇尔便遭到了贵族豪门的反对抵制；这些贵族中的绝大部分人，特别是他们之中的兰斯(Reims)[②]主教皆同丕平联盟。丕平二世随即向波奇尔和国王蒂埃里三世发起军事进攻，687年，在圣康坦(Saint Quentin)[③]附近，丕平军队赢得大胜。688年，波奇尔被人所杀，国王蒂埃里三世承认丕平二世为宫相。自此之后，在整个法兰克王国，丕平成为唯一宫相。然而，丕平对这一侍奉君王的官职却毫不在意，甚至都没有在朝堂之上举行正式的就职仪式，只是把"他的心腹诺德伯特"(*Nordebertum quondam de suis*)派到了国王身边，[④]而自己返回了奥斯特拉西亚。

## 2. 加洛林宫相



688年，奥斯特拉西亚宫相开始对整个法兰克王国行使监国大权。可这位宫相并没有留在国王身边。对他来说，征服其对手
203 纽斯特里亚宫相，夺占其地位就足够了。所有国家事务中，他所关心的只是有利于加强其雄霸北方的那些事务。称雄北方才是他的根本大业。奥斯特拉西亚此时受到来自近邻弗里西亚人的威胁。各种异教信仰仍旧在弗里西亚地区流行，而当地王公拉特伯

① G. RICHTER, *op. cit.*, p. 175. 据 the *Liber Historiae Francorum* M. G. H. SS. RER. MEROV., vol. II, p. 322, circa 48, 他是"一位高大而低微，聪明而卑鄙，坚强却不明智"(*statura pusillum, sapientia ignobilem, consilio inutilem*)的家伙。

② 一作 Rheims，法国东北部历史名城。——译者

③ 法国北部城市，今属埃纳省，位于索姆河畔。——译者

④ *Liber Historiae Francorum, loc. cit.*, p. 323.

德(Ratbod),大概早在纽斯特里亚人的怂恿支持下,对丕平二世秉持一种对抗态度。不管怎样,689年,一场专门讨伐拉特伯德之战开始了。结果,拉特伯德在维克·勒·杜尔斯泰德(Wyk-lez-Duurstete)[①]战败,不得不把西弗里西亚地区割让给奥斯特拉西亚征服者。[②]这场胜利则使丕平二世各个方面的声名威望都大为增长。正是在丕平二世取胜的第二年,即690年,盎格鲁-撒克逊的威利布罗德(Willibrord)[③]在该地区开始了规劝弗里西亚人皈依基督教的传教事业。此人是加洛林家族与盎格鲁-撒克逊基督教会之间的第一位中间人。这两种势力此时所形成的联系,对于后世具有极为重大影响。此后不久,我们发现丕平还曾对另一位盎格鲁-撒克逊传教士苏特伯特(Suitbert)给予过庇护,而丕平二世的妻子普莱克特露塔(Plectruda)[④]则将位于莱茵河一个小岛上的一块领地馈赠给这位教士,在这块土地上,苏特伯特建起了凯舍斯沃思(Kaiserswerth)修道院。[⑤]

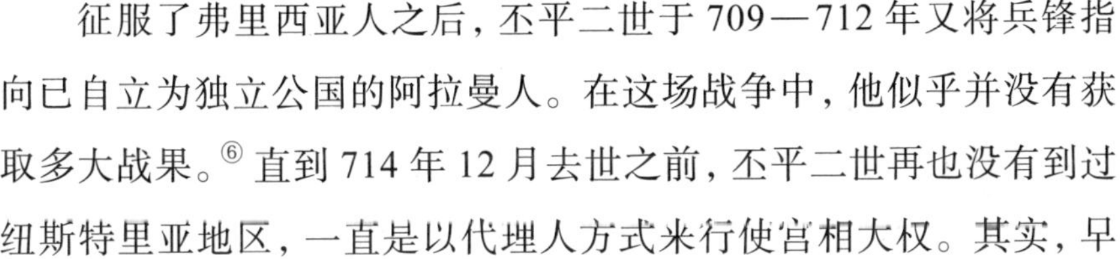

征服了弗里西亚人之后,丕平二世于709—712年又将兵锋指向已自立为独立公国的阿拉曼人。在这场战争中,他似乎并没有获取多大战果。[⑥]直到714年12月去世之前,丕平二世再也没有到过纽斯特里亚地区,一直是以代理人方式来行使宫相大权。其实,早

① 即689年的杜尔斯泰德之役。——译者

② G. RICHTER, *op. cit.,* p. 177.

③ 约658—739年。来自于诺森伯里亚(Northumbria),695年被教皇塞吉厄斯一世任命为乌特勒支主教(也是该地区第一个主教),随后一直在弗里西亚传教。——译者

④ 逝于717年。——译者

⑤ G. RICHTER, *op. cit.,* p. 182.

⑥ *Ibid.*, p. 181.

在 695 年诺伯特去世之时，丕平二世便把自己的儿子格利莫阿尔德派到国王奇尔德伯特二世身边，承担宫相之责。因此，加洛林家族将整个法兰克王国牢牢地控制在自己手中。就在丕平二世去世前几个礼拜，其子格利莫阿尔德遭人暗杀，丕平二世马上便任命格利莫阿尔德的私生子，当时只有六岁的提奥德巴尔德（Theodebald）继任宫相。[①] 自此以后，法兰克宫相一职就被视为丕平家族所拥有的特权，从而形成了一个名义上的王朝同另一个真实的王朝比肩并存的历史场面。

204 然而，丕平二世将自己的事业推进得实在是太远了。纽斯特里亚地区贵族们发现自己已为加洛林家族付出了过多的代价；加洛林家族曾采取过一些令贵族们感到欢心的施政措施，如决定所有伯爵都须由主教和显贵们挑选产生，对此，国王达格伯特三世（Dagobert III）[②] 无计可施，只能俯首听命。



715 年，就在丕平去世几个礼拜之后，纽斯特里亚豪门显贵们掀起了一场反对其遗孀普莱克特露塔的叛乱，当时，普莱克特露塔恰似墨洛温王朝王后一样，操纵着年幼的宫相提奥德巴尔德。这场叛乱不能被看作一场全国性运动。它只是一伙贵族急切渴望动摇对宫相的监控，由他们来重新掌控宫廷发展方向而发起的反动行为。但它却非常清楚地表明，当时存在着一种反对丕平家族及其支持者把持朝政的力量。[③]

---

① G. RICHTER, *op. cit.*, p. 182.

② 墨洛温王朝国王，711—715 年在位。——译者

③ G. RICHTER, *op. cit.*, p. 183: “立即予以残酷的镇压。”（*fuit illo tempore valida persecutio*）

这些显贵豪门任命拉根弗雷德(Raginfred, Ragenfred)为宫相；可是丕平二世的一位私生子却从普莱克特露塔囚禁他的牢狱中逃跑了，此人名叫查理(Charles)，[①] 是丕平家族中第一位冠以这种日耳曼名称的人(*vocavit nomen ejus lingua propria carlum*)，其年正值 25 岁，[②] 他被推为丕平家族在奥斯特拉西亚拥护者首领。为与查理对抗，拉根弗雷德同弗里西亚的拉特伯德结为同盟。与此同时，萨克森人也突破边界，杀将进来。正在此时，年轻国王达格伯特三世突然暴毙，大概为人所害。而他那位尚在襁褓之中的儿子蒂埃里(Thierry)也被人送进切勒斯(Chelles)修道院，贵族豪门挑选奇尔伯里克二世为他们的国王，此人正是 673 年为人所害的奇尔德里克一世之子，同样，这位新君也被关闭在一处幽静之地，过着与世隔绝的日子。然而，他却是墨洛温家族中第一位，也是最后一位以 25 岁这一春秋鼎盛之际登基加冕的君王。其实，所谓的王室嫡亲血缘只不过是当时贵族们所玩弄的一个伎俩而已。[③]

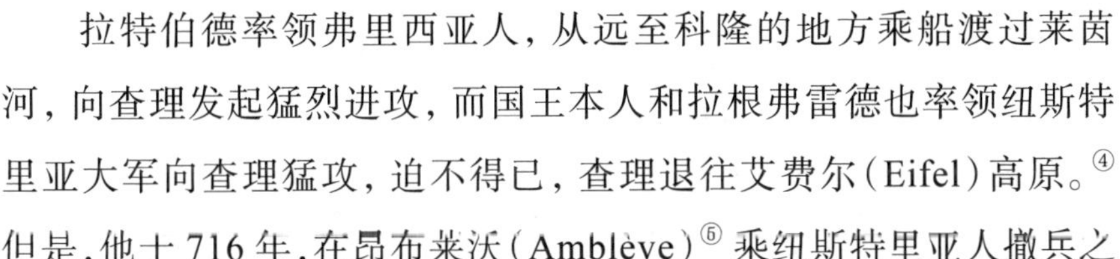

拉特伯德率领弗里西亚人，从远至科隆的地方乘船渡过莱茵河，向查理发起猛烈进攻，而国王本人和拉根弗雷德也率领纽斯特里亚大军向查理猛攻，迫不得已，查理退往艾费尔(Eifel)高原。[④] 但是，他于 716 年，在昂布莱沃(Amblève)[⑤] 乘纽斯特里亚人撤兵之

① 法兰克墨洛温王朝宫相，686 年出生于赫斯塔尔，715—741 年在位，加洛林王朝奠基者，史称查理·马特。Charles，在拉丁语中为 Carolus，而加洛林家族 The Carolingian 这一称谓即源自于他。马特(Martel)，意为“锤子”。——译者

② G. RICHTER, *op. cit.*, p. 176.

③ *Ibid.*, p. 184.

④ *Ibid.*, p. 185.(该地位于今德国西部。——译者)

⑤ 此地位于今比利时境内。——译者

205 际，发动突袭，大获全胜。此役之后，查理非常渴望同其对手达成和约，其条件当然是恢复丕平家族的宫相权位。

然而，他的那些对手对这一建议断然予以拒绝，结果迫使查理继续与其作战。717年3月21日，在康布雷附近的维希（Vincy）[①]，查理大胜墨洛温王军。而后，他又纵兵把巴黎周边地区夷为一片废墟，最后才返回奥斯特拉西亚，并拥立了一位自己挑选的国王，即克洛泰尔四世（Clotair IV）。[②]对于这位君王，除了他与墨洛温家族有一定血缘关系之外，我们对他可谓是一无所知。[③]在凯旋途中，查理罢免了兰斯主教里格伯特（Rigobert），因为这位主教对查理从不曾予以拥戴支持，查理还将该主教区赠给了特里夫斯主教米隆（Milon，Trèves *sola tonsura clericus*），因此这位主教一人拥有了两个主教区，而这种做法显然是与教会法相违。[④]但是，在查理本人看来，罗马教会至多也不过是他赢得更多部众属臣的一种工具而已。[⑤]从此，基督教教会这笔巨大资源便处于他的随意支配之下。[⑥]

① 法国中部城市，今属于阿列省。——译者

② 墨洛温王朝国王，718—719年在位。——译者

③ G. RICHTER, *op. cit.*, p. 185.

④ FUSTEL DE COULANGES , *Les transformations* , p. 189。尽管这是显而易见的，但是，他仍不愿认为这就是一种日耳曼式的反抗。的确，它是无意识的。

⑤ G. RICHTER, *op. cit.*, p. 185.

⑥ 从圣皮埃尔·德冈（Saint-Pierre de Gand）的史著中，我们可以从当时所发生的事件中看到一些事实。西勒斯廷住持（the Abbot Celestin）的敌人曾向王公（*princeps*）查理投诉，控告西勒斯廷曾与拉根弗雷德有书信往来。结果，查理"解散修道院的修士，并解除了他们的职务。查理在修道院的地产上创建起庄园，不再将这些地产用于敬神的目的，而是对其进行分配"（*privavit eum a coenobiali monachorum caterva ac de eadem qua morabatur expulit provincia. Villas quoque que subjacebant dominio monasterii Blandiniensis, suos divisit per vasallos absque reverentia Dei* ）。据编年史家记载，这种状况一直延续到虔诚者路易统治时期。因此，包括修道院地产在内的教会

身为宫相，查理却如一位君王行事。718 年，他对萨克森人发动了一场惩罚性征讨，其攻击和劫掠的范围最远抵达威悉河畔（the Weser）[①]。

719 年，国王奇尔伯里克二世和拉根弗雷德抛弃了北方盟友，与在阿基坦创立了自己公国的厄德进行谈判。此人率兵进军巴黎，向查理开战。因而，一个反查理的罗马式同盟实际上已经形成。但 206
在查理攻势面前，这个同盟却不堪一击，顷刻土崩瓦解。公爵厄德携卷奇尔伯里克二世及王室财宝，逃回阿基坦。可就在此时，查理自己所拥戴的国王克洛泰尔四世驾崩了。于是查理同厄德达成和约，并承认奇尔伯里克二世为整个王国唯一的君主。[②]

奇尔伯里克二世于 720 年死去，法兰克人为其确立的继承人是达格伯特三世之子即蒂埃里四世（Thierry IV）[③]。这同样也是一位少不更事的幼君。至于拉根弗雷德是否还保留着宫相这一荣耀称谓，我们不得而知。他逃往昂热藏身匿迹。724 年，拉根弗雷德在此地曾发动一场反抗查理的暴乱。这大概是纽斯特里亚人最后一次反抗。在与阿基坦公爵厄德达成和约之后，查理已有能力将自己的精力全部投入到北方战事。720 年，他再次发起征讨萨克森人战争，



地产常常被作为战利品，由加洛林家族赏赐给自己的附庸封臣。查理将自己的成功归功于这些附庸封臣的支持，这是一个确凿无疑的事实，参见 *Liber traditionum S. Petri*, ed. A. FAYEN, 1906, p. 5。查理甚至还根本无视教会会议之规定，便将教界人士处以极刑，例如：739 年，阿拉斯的圣瓦斯特修道院的住持维多（the Abbot Wido of Saint-Vaast of Arras）就以组织叛乱的罪名被处死，见下 BREYSIG, *op. cit.*, pp. 87–88。

① 德国北部的一条大河，流入北海。——译者

② G. RICHTER, *op. cit.*, p. 186.

③ 720—727 年在位。——译者

这场战争似乎一直持续到722年。与此同时，查理对威利布罗德在弗里西亚人中的传教事业予以大力支持；毋庸置疑，他对于圣博尼法斯的各种努力也予以同样支持，此人是罗马教皇格里高利二世（Gregory II）[①]专门为推动在日耳曼地区各个异教部族弘扬福音事业而特设的主教。

725年，查理发动了第一次对巴伐利亚的征服战争。由于当时巴伐利亚公爵家族内部争斗造成的有利时机，查理大军的攻势得以挺进至多瑙河一带。似乎为给这一战役提供保障，查理还首次与伦巴德人达成了协议。728年，查理发起第二次远征，然而，这次战争结果并不理想，没有实现使他成为巴伐利亚地区主人的意愿。巴伐利亚仍在公爵休伯特（Duke Hubert）统治下保持自主的地位。730年，我们发现查理又出现在阿拉曼地区，似乎成功地将该地区同“法兰西亚”连为一体。最后，738年，查理还发动过一场征服萨克森人的战争。所有这些北方战争，给查理带来的战果就是吞并了弗里西亚和阿拉曼两个地区。

然而，此时查理的注意力被迫向抗击穆斯林扩张方面转变。720年，西班牙的阿拉伯人翻越比利牛斯山脉，占领了那尔滂，并对图卢兹展开围攻。721年春，公爵厄德向阿拉伯人发起反攻，在图卢兹城墙之下将其击溃，并把他们逐出阿基坦地区，但是，厄德未能收复那尔滂。[②]725年，撒拉森人又发起新一轮大规模圣战，攻陷了卡
207 尔卡松，并似乎是以一种和约方式占据了远至尼姆的整个地区，而

① 715—731年在位。——译者

② G. RICHTER, *op. cit.*, p. 187.

后继续向罗讷河谷进逼。8 月，撒拉森人进攻欧坦，大肆烧杀劫掠，而后满载战利品，返回西班牙。

鉴于阿基坦所面临的严重威胁，出于确保自身安全计，公爵厄德被迫将其女儿嫁给了阿拉伯军队前线统帅奥斯曼（Othman）。

然而，此时阿拉伯人也同基督徒一样陷入了极为严重的内部骚乱。732 年，西班牙总督阿布德卜-尔-拉赫曼，在诛杀奥斯曼之后不久，便提兵翻越比利牛斯山，向波尔多城发起围攻，并在加龙河渡口大败厄德。在对该地乡村劫掠一番后，又挥师北上，扑向卢瓦尔河。厄德向查理乞兵援救，10 月，查理率领主要由奥斯特拉西亚人组成的军队，同阿拉伯入侵者展开激战，大胜敌军并将其驱逐。但查理没有继续进攻便撤军了。

然在 733 年，查理抵达勃艮第地区，攻占了里昂城；可以肯定其意图是夺得米迪地区；因为数位有名望的封臣（*leudes probatissimi*）曾受命前往遏制这些地区。[①] 而就阿基坦而言，查理对公爵厄德无疑是很信赖的。但是这并不意味着，查理将采取什么措施来抵抗穆斯林。

厄德于 735 年辞世。得知这一消息后，查理便迅速地抵达阿基坦。他先占领了各个城市，而后，又把它们交由自己属臣统治，目的是进一步确保安全。对于前不久由那尔滂出发，向阿尔勒进攻的阿拉伯军队，查理却未做出任何抵抗举动，很可能他考虑到前不久曾与阿拉伯人签订过条约；但是这绝不意味着查理对阿拉伯人放弃了进行最后抵抗的权力。因而自此以后，整个里昂海湾皆被穆斯林

① G. RICHTER, *op. cit.*, p. 195.

所占领。据《莫萨克编年史》(the chronicle of Moissac)[①]记载，撒拉森人在此地一直盘踞了四年之久，周边地区皆饱受这些异教徒的蹂躏之苦。[②]

在未能成功地使阿基坦地区臣服之后，查理令厄德之子乔奴尔德(Chunold)在以封臣身份向自己宣誓效忠之后，承继其父的公爵权位。[③]而后，查理便向罗讷河谷进兵，征服了包括马赛和阿尔勒

208 在内的广大地区。及至此时，这位北方枭雄业已取得了对整个法兰克的控制大权。但是，他的征服也激起了一次反抗，其首领是以“公爵”之名出现的墨龙图斯(Maurontus)[④]。有关这方面的史料，尚不足以使我们对当时所发生的事情经过有确切而清晰的了解，但是，这位墨龙图斯的行为与撒拉森人之间似乎有着某种关联。737年，撒拉森人攻陷了阿维农城。在经过一番苦战之后，查理重新夺回了这座城池，并且又一次将兵锋指向罗讷河，继续攻打那尔滂城，最后迫使该城阿拉伯人投降。这时，查理才班师回营，沿途将尼姆、阿格德和贝济耶等城统统焚毁。[⑤]

查理之所以采取这种极端暴烈的举措，目的只是恐吓南方民众；那种为预防阿拉伯人再次入侵，查理才放火焚烧这些城市的猜

---

① 莫萨克为7世纪上半叶在阿基坦的卡奥尔地区所建成的一座修道院。——译者

② G. RICHTER, *op. cit.*, p. 196.

③ G. RICHTER, *op. cit.*, p. 196.

④ 8世纪20、30年代任普罗旺斯公爵，曾试图挣脱查理·马特的控制。——译者

⑤ G. RICHTER, *op. cit.*, p. 197. 在普罗旺斯地区曾经爆发过一次反抗赫斯塔尔·丕平的叛乱，其领导人是大贵族安特瑙尔(Antenor)。M. PROU, *Catal. des monnaies mérovingiennes*, p. cx. 无法设想此时各个方面不存在民族的敌视情绪。H. BRUNNER, *Deutsche Rechtsgeschichte*, vol. I , 2nd ed., p. 581, n. 31.

测纯属无稽之谈。但就在查理同萨克森人再次激战之时，穆斯林又一次地杀入普罗旺斯地区，并占领了阿尔勒城。查理向伦巴德人发出了出兵援助的请求。其边疆也屡屡遭受阿拉伯人威胁之苦的伦巴德人首领留特普兰德，率兵翻越阿尔卑斯山，对穆斯林发起进攻，将其悉数驱逐。与此同时，墨龙图斯仍在顽抗。739 年，查理与其兄弟奇尔德伯兰（Childebrand）[1]一起率军向墨龙图斯进攻，并再一次征服了直到地中海沿岸的这一地区。

741 年 10 月 21 日，在一生取得如此辉煌业绩之后，查理与世长辞了。早自 727 年墨洛温国王蒂埃里四世驾崩之后，查理就在没有国王的情况下统治着整个法兰克国家。辞世之前，他把整个国家——或者应该说是国家政权——一分为二，分给两个儿子：长子卡洛曼（Carloman）和次子丕平（Pippin），[2]前者领有奥斯特拉西亚。此次分配中并不包含巴伐利亚和阿基坦在内，它们均保留自主公国地位。尽管这种分配是经查理与麾下贵族们商议而定的，可还是立刻就引发了各种麻烦。查理的一位私生子格里丰率先叛乱；他的两位兄弟迅即将其囚禁在谢夫雷蒙。不久，勃艮第爆发动乱；阿拉曼人和阿基坦人也都举戈造反，同时，萨克森人又重启战端。卡洛曼和矮子丕平兄弟二人对国内各种暴乱毫不手软，一一予以严惩，他 209
们首先向阿基坦公爵乔奴尔德发起进攻，当时的编年史家仍按照弗利德伽的笔法，将乔奴尔德称为罗慕洛（*Romanos*）[3]。卡洛曼和矮子

① 此人为丕平二世三子。——译者

② 查理·马特之次子，史称丕平三世，绰号矮子丕平。741 年与其长兄共为宫相，后成为唯一宫相，751 年称王，开创加洛林王朝。——译者

③ 罗慕洛为罗马建成者之名字。此处意指其为皇帝、君主之意。——译者

丕平追击乔奴尔德直至布尔日，并摧毁了罗什契斯(Loches)要塞；[①] 接着，他们掉转兵锋，直扑阿拉曼人，横扫阿拉曼全境，一直打到多瑙河沿岸，使其彻底臣服。[②] 最后，在743年，他们战胜了巴伐利亚公爵，迫使其俯首称臣。

就在平定叛乱的同一年，即743年，鉴于各种叛乱，卡洛曼、矮子丕平兄弟决定将其父所遗留下来的空缺王位填补上，他们选择的最后一位墨洛温王朝国君是奇尔德里克三世(Childeric III，743—751年在位)，至于这位新君与以往历代墨洛温王朝君王之间究竟是何关系，一直不甚明了。

747年，长兄卡洛曼突然抛弃权势，不理俗界万事，前往蒙特卡西诺修道院，遁世修行。[③] 矮子丕平只好一人在傀儡国君身边把持朝政。那位被他恢复自由的兄弟格里丰继续与他为敌，勾结萨克森人和巴伐利亚人掀起叛乱，不断制造各种麻烦。但这只是转瞬即逝的小事，对当时整个天下局势并无多大影响。



749—750年，兵戈不举，河晏海清，太平安宁。[④] 矮子丕平感到自己权位坚如磐石，江山十分稳固。714年出生，现已36岁的丕平，正值年富力强，一生最为辉煌的时刻。是否还要继续承担“宫相”这个令其感到屈人一等的头衔呢？他又应该做何打算呢？此

① 洛什位于今法国安德尔-卢瓦尔省。——译者

② G. RICHTER, *op. cit.*, p. 202.

③ 据《王室法兰克年代记》所载，卡洛曼745年出家，746年先在罗马索拉泰山(the Mount Soratte)圣西尔维斯特(St. Sylverster)修道院修行，同年转入蒙特卡西诺(Mount Cassino)的圣本笃修道院。——译者

④ G. RICHTER, *op. cit.*, p. 214.

时，其部众属臣遍布天下。除了阿基坦以外，所有地区都向他宣誓效忠，而那些属臣之所以能占据高位，完全凭借他本人的庇护之功。因此，矮子丕平深感自己权力之牢固，下一步就是要以实际的（*de facto*）承继方式，将这种权力合法化。

在对待基督教教会的态度上，矮子丕平甚至做出了一些让步，而其父亲查理·马特对待教会是非常粗暴的，曾将大量教会地产分配给了自己的属臣。742 年，在圣博尼法斯的鼓动下，卡洛曼召开了奥斯特拉西亚的第一次专门讨论决定基督教教义、教理和管理事务的大会，这是数十年间，首次着手恢复教会的秩序，因为当时基督教教会的人事事务处于极度混乱无序的状态之中。[①]744 年，在苏瓦松召开了第二次宗教大会，此后不久，又召开了奥斯特拉西亚第三次宗教大会。

从 8 世纪初年始，基督教教会所有进步发展皆源自地中海地区，
而在 745 年，在上述主要源自米迪地区改革努力的促使下，在圣博 210
尼法斯主持下，召开了法兰克地区基督教教会的第一届全体大会。然而，就在此时，我们看到了罗马教廷对法兰克基督教教会事务的影响，因为这次全体大会本身就是由罗马教皇召开的。

通过圣博尼法斯中间协调斡旋，矮子丕平、卡洛曼兄弟二人与罗马教皇发生了接触。而整个日耳曼教会组织，也是由于圣博尼法斯的影响，仍将矮子丕平、卡洛曼兄弟二人视为保护者。而这兄弟二人又是怎样就他们已经掌握并实际行使着的权力问题，向罗马教

① G. RICHTER, *op. cit.*, pp. 203–204.

皇提出正式认可和批准的要求呢？他们同罗马教廷之间的这种联盟似乎已经对此有所预示。而且，这种联盟对于罗马教廷利益来说也是极为有利，对此，矮子丕平心若明镜，因为罗马教皇早就向他的父亲查理·马特提出过给予援助的请求。

## 3. 意大利、罗马教皇和拜占庭，罗马教廷立场的彻底转变

就在罗马帝国在西方统治崩溃之际，罗马基督教教会却仍然忠诚地保持着对这个帝国的记忆，保持着一种对这个帝国的无限眷恋之情。基督教教会的主教管区（*civitates*）和教省的组织模式，就是罗马帝国行政组织体制的翻版。基督教教会绝不仅仅是对罗马帝国抱有一种崇敬之情，在一定意义上讲，它本身就是罗马帝国存在的一定形式，因为基督教教会上层人士几乎都是由罗马元老家族的后裔充任，帝国往昔的辉煌和荣耀，他们都一一铭刻在心。而整个基督教教会也都服膺于罗马法。对于476年所发生的那些事件，基督教教会并不认为具有多么重要的真实意义。以往，基督教教会对拉文纳的罗马皇帝曾予以尊崇。如今，它则对拜占庭皇帝继续保持尊崇。进一步讲，基督教教会仍把拜占庭皇帝奉为自己的领袖。而在罗马的教皇则是拜占庭皇帝的属臣，与其保持密切的书信往来，并在君士坦丁堡保留了一位高级外交使节（apocrisiary）。罗马教皇怀着忠诚心态参加拜占庭所召开的各种宗教会议和帝国会议。

在正常情况下，拜占庭皇帝也对罗马教皇非常尊重，礼仪有加，将罗马教皇奉为帝国第一宗主教（the first patriarch），将其置于君

士坦丁堡、耶路撒冷、安条克和亚历山大等其他各地牧首之上的地位。[1]

西方基督教教会同拜占庭帝国之间这种并非严格的黏合，是非 211
常全面而广泛的，在伟大的格里高利出任教皇之前，古代罗马帝国的疆界与基督教教会传播的地区全然相符，或相差无几。的确，日耳曼各个王国是建立在前罗马帝国废墟之上的，但这些王国却将基督教教会加以分割，由不同君王所统治；然而面对这些君王，基督教教会仍保留着一种源自初始的绝对忠诚。尽管，此时罗马帝国的实体已经不复存在了，可对罗马教皇来说，在这世界上仍旧存在着一个帝国。[2]

甚至在那位对罗马帝国官员之外的任何称谓从不感到满足的提奥多里克统治时代，罗马教皇仍然不曾中止对罗马皇帝的尊崇。查士丁尼的罗马大军重返罗马城的凯旋，更使教皇进一步明确了自己的从属地位。由全体教士和罗马人民选举出来的教皇，在贝利撒留进驻罗马城之后，仍旧发出敬请皇帝陛下对这一选举结果加以正式批准的请求。并且，罗马教皇维吉利厄斯（Vigilius，537—555年在位）自550年始，在签署各种文件时，一直是以罗马皇帝的名讳来标示日期。

维吉利厄斯还将自己能够戴上特制的教皇三重冠冕（*tiara*）这一殊荣，也归因于拜占庭皇帝。这是因为537年维吉吉厄斯围

① 拜占庭皇帝福卡斯尊奉罗马教皇为“天下所有基督教教会的领袖”，从而同承担着“普世”（Oecumenicus）称谓的君士坦丁堡的大教长相对立。A. VASILIEV, *op. cit.*, vol. I, p. 228.

② 罗马教皇依旧按照罗马皇帝纪年序列来签署自己的各种文件。

攻罗马城时，贝利撒留以当时教皇西尔维利厄斯（Silverius）[①]与哥特人之间关系暧昧为由，将其废除，并流放到帕尔马塔里亚岛（Palmataria）。由皇帝提奥多西乌斯（Theodosius）[②]任命，维吉利厄斯替代西尔维利厄斯，登上教皇的宝座。[③]查士丁尼当然要尽快地从此举之中获取好处：他宣称皇帝在宗教事务方面拥有对教皇的绝对权力，并在“三章案”（the three chapters）[④]，即543年帝国颁布的敕令中，对5世纪的三位被指控与聂斯托利教派有关的神学家予以诅咒。

但是，所有西方国家尤其是非洲各个地区，都坚决地对此提出
212 抗议。查士丁尼要求罗马教皇对此敕令予以认可，教皇维吉利厄斯曾坚决地予以拒绝，并将君士坦丁堡大教长开除教籍，可他最终还是在548年做出了让步。然当面对西方各位主教的一致抗议的局面，维吉利厄斯又被迫收回了自己的默许。君士坦丁堡曾召开了一次普世性的基督教大会（Oecumenical Council），虽然维吉利厄斯在那时就被拘押在该地，但他仍同绝大多数西方主教一道拒绝出席，结果这次名为普世性的基督教大会并无任何实际收效，只不过是一次由君士坦丁堡大教长所把持的希腊地区主教会议而已。由于这次会议对“三章案”做出了谴责的决议，而维吉利厄斯又拒绝服从

① 536—537年在位。——译者

② 原书此处似有误，应为查士丁尼。——译者

③ L. HARTMANN, *op. cit.*, vol. I, p. 384.

④ 5—6世纪，基督教就三位神学家：德奥道罗、狄奥多莱和依巴斯的文章发生争论而出现的宗教案件。此三位神学家主张“基督二性论”，反对神学家尤迪克提出的“基督一性论”。后被基督教教会视为异端。544年，查士丁尼一世召开第二次君士坦丁堡大公会议，谴责上述三位神学家之主张。——译者

这项决议，结果被查士丁尼流放到马尔马拉海的一个小岛上去了。[①]最后，还是在俯首认错之后，他才获准返回罗马城，但在归途当中，于555年死于叙拉古。[②]

同维吉利厄斯本人一样，其继任者，于555年即位的罗马教皇皮莱吉厄斯一世也是由查士丁尼任命的。虽然，当时严酷的战争危机继续笼罩着意大利，整个基督教教会因在“三章案”上立场不同而陷入分裂，但这位新教皇仍尽自己最大努力来维护基督教教会内部和平。

由于拜占庭帝国军事力量都部署在亚洲或多瑙河等战线，[③]使得意大利处于无人防守状态，伦巴德人充分利用这一有利时机，任意地在意大利半岛上纵横驰骋。此时的拜占庭帝国，正在经历其历史上最为严峻也是最为关键的一个时期。查士丁二世根本无力遣派军队投入意大利战场，故而向罗马教皇建议，用黄金同伦巴德人作战，即同法兰克人结成联盟，共同抗击伦巴德人。

然而，在拜占庭皇帝提比略二世（Tiberius II）[④]统治时期，伦巴德人已经攻入意大利内地，直达斯波莱托和本尼凡托等地。教皇皮莱吉厄斯二世遵照皇帝旨令，力求同法兰克人结成同盟，但却毫无成效。意大利沦入饱受战乱蹂躏的悲惨境地。

但是，罗马——教廷所在地，和拉文纳——帝国城市，还在顽
强抵抗。皇帝毛里斯派遣了一位总督前往拉文纳城，并赋予其决断 213

① A. VASILIEV, *op. cit.*, pp. 201–202.

② L. HARTMANN, *op. cit.,* vol. I, pp. 392–394.

③ A. VASILIEV, *op.cit.*, vol. I, p. 225.

④ 578—582年在位。——译者

各种事务的全权，可供他调配的兵力实在是太少了。

在伟大的格里高利登基加冕，担任教皇的时期（590—604年），意大利局势比以往任何一个时候都更加危急。592年，罗马与拉文纳两城之间的联系被切断。斯波莱托大公阿尔努尔夫（Arnulf）[①]的大军似乎已兵临罗马城下；593年，在国王阿吉卢尔夫（King Agilulf）[②]指挥下，伦巴德大军又一次对罗马城造成更为严峻的威胁。面对危局，无论是为了自身还是为了皇帝陛下，伟大的教皇格里高利都是义无反顾，竭尽全力地承担起抗击外敌的使命。

就在罗马城陷于近乎绝望的危急时刻，君士坦丁堡大教长却乘机宣称自己是所有基督徒的领袖。对此恶劣行径，伟大的格里高利教皇迅速地提出强烈抗议。拜占庭帝国皇帝福卡斯也满足了他的要求，再次确认罗马教皇为“所有基督教教会的首领”[③]。

正是在侵略者铁蹄四处横行，罗马城城墙几乎被攻破，而罗马教廷自身又被罗马帝国皇帝所遗弃的艰难危急时刻，格里高利，这位伟大的教皇却断言宣称自己是整个基督教世界最高领袖，从而在教会神圣殿堂上创建起了一座擎天支柱。[④]

事实上，这位被遗弃在罗马城内的教皇的权力和威望在此时大为增长。596年，他向英格兰派出了由奥古斯丁率领的第一个传教布道使团。伟大的格里高利之所以这样做的目的只是为了赢得更多的信众，他从来没有认为自己因此就为庄严的罗马教会大厦奠定

① 592—602年任斯波莱托公爵。——译者

② 590—616年在位。——译者

③ L. HARTMANN, *op. cit.*, vol. II[1], p. 180.

④ A. VASILIEV, *op. cit.*, p. 228.

了新的基石，也不认为自己为罗马教会独立于拜占庭帝国奠定了基础。从此之后，格里高利继续对他的传教士加以指导和激励。但并不能由此就认定格里高利创建了一个决定罗马教廷未来命运的盎格鲁-撒克逊教会。

接下来的数载时光，对罗马教廷来说具有决定性的意义。

皇帝希拉克略刚刚使君士坦丁堡免于一场来自波斯的劫难。拜占庭帝国再次成为一个伟大国家。它所展开的那场从伦巴德人手中收复整个意大利的战争本应取得全面的胜利，可穆斯林却于
634 年突然地闯入了地中海地区。面对来自各个方面的攻击，拜占 214
庭人只好放弃了与伦巴德人的战争。罗马只能凭借自己的力量来保卫自己。

对于罗马教会而言，地中海沿岸的亚洲和非洲各地被穆斯林所征服，实乃一场极其可怕的灾难。除了使基督教世界属地大为缩减，只剩下欧洲之外，这导致基督教教会的大分裂，而在这场分裂中，西方与东方之间相互分离，教皇登基加冕所在地——罗马城，与被伊斯兰教洪流所淹没的东方唯一残存的基督教大主教所在地——君士坦丁堡被隔离开来。

因波斯人的影响，“一性论”教派在叙利亚、巴勒斯坦和埃及等地占据着统治地位，当收复了这些地区之后，希拉克略也如同先皇查士丁尼一样，急切渴望通过在教义教理方面的妥协来赢得整个教会的统一。“一性论”教派与正教之间在教义上的立场截然相反，前者只承认基督仅有神这一种存在形态，而后者则认定基督既是人又是神。而这两种神学立场在观念上似乎永远无法调和，正教坚信基督有两种存在方式，他们绝不能认同神仅有一种生命的观

念。似乎若想使得正教与“一性论”者达成统一，只有遵循“一志论”（Monothelism）[①] 教义一途可行。

为了增强宗教信仰和帝国各个地区的统一，以抵抗穆斯林入侵，拜占庭皇帝认为已经到了公布“一志论”为“一性论”教派和正教徒的共同教义，从而终结它们之间的矛盾的时候了，并于638年以颁布《说明》（Ecthesis）[②] 的方式，将其强加给整个基督教世界。[③]

然而，这一宣言还是来得太迟了，因为此时，叙利亚已被穆斯林征服了。而另一方面，这一法令的颁布还导致了罗马教廷对拜占庭帝国的背离。教皇霍诺利厄斯一世（Honorius I）[④] 宣布“一志论”的教义为异端邪说。

此刻，埃及业已放弃抵抗，为穆斯林所征服。“一性论”教派的两个主要根据地皆迅速地落入敌手。但是，君士坦丁堡并没有放弃“一志论”。648年，皇帝君士坦斯二世（Constant II）[⑤] 颁布《条规》
215 （Type），即《信仰条规》（the type of faith），禁止展开任何有关教义教规问题的争论，并进一步确认“一志论”教义教规的合法权威性。

罗马教会对此绝不屈服，在拉特兰（Lateran）[⑥] 宗教会议上，教

① 中古基督教的一个派别。7世纪是出现在拜占庭。主张基督虽有神、人两性，但只有一个意志和作用，即神的意志和作用。681年第二次君士坦丁堡大公会议认定其为异端。——译者

② 638年由拜占庭皇帝希拉克略颁布的一封信件，将“一志论”定位为官方的信仰。——译者

③ A. VASILIEV, *op. cit.*, vol. I, p. 294.

④ 625—638年在位。——译者

⑤ 原文此处为Constant II，似有误，当为Constans II，641—668年在位。——译者

⑥ 拉特兰宫乃是位于罗马城内罗马教廷所在之处。——译者

皇马丁一世(Martin I)[①]对《说明》和《条规》均给予犀利谴责,宣称二者皆为邪恶的异端学说。

拜占庭皇帝君士坦斯二世对于罗马教皇这种反抗也迅速地予以回应,派遣拉文纳总督前往罗马拘捕了马丁一世,将其押送到君士坦丁堡。以企图煽动西方各个行省反叛皇帝之罪名对马丁进行审讯,并将其关入囹圄,施以各种可怕的羞辱,最后将其流放到克里米亚(Crimea)[②]。655 年 9 月,马丁卒于该地。

在解救君士坦丁堡战役中,君士坦丁四世(Constantine IV)[③]大败阿拉伯人,这大概就是这位拜占庭皇帝转变态度,放弃"一志论"的观点而同罗马教会重归于好的缘故。这个重新修好的《法令》在教皇维塔利安(Vitalianus)[④]统治时期开始生效；680 年,君士坦丁四世在君士坦丁堡召开了第六次全基督教世界的宗教大会,会上谴责了"一志论"教派的教义教规,并承认罗马教皇为"天下所有基督教重要教座的领袖"。穆斯林的压力又将拜占庭皇帝推回到西方。

第六次宗教会议十分清楚地表明,随着叙利亚、巴勒斯坦和埃及等行省脱离了帝国统治,拜占庭帝国也就永远地放弃了同流传于这些地区的"一性论"教派重新媾好的一切希望。因而拜占庭皇帝与罗马教皇之间的和解,就是以放弃帝国东部地区广大"一性论"和"一志论"信众为代价的。

尽管与教皇在教义上有一定的分歧,君士坦斯二世本人还是在

① 649—655 年在位。——译者
② 位于黑海北岸的半岛。——译者
③ 668—685 年在位。——译者
④ 657—672 年在位。——译者

宗教方面采取了面向西方的政策，而当他于 663 年 6 月 5 日巡幸罗马时，受到了教皇维塔利安的热烈欢迎。此时，这位皇帝或许恍惚有一种置身于帝国古都的感觉；但是，他肯定意识到这只能是一种虚幻景象，因为他根本没有足够兵力来抵抗伦巴德人的威胁，仅在罗马逗留了 12 天后，他便前往西西里，居住在叙拉古，因为在此地至少还可依凭拜占庭舰队的保护。668 年，这位皇帝遭人暗杀，客死他乡。

216 此后不久，皇帝君士坦丁四世于 677 年凭借希腊火的威力，将阿拉伯舰队从君士坦丁堡驱逐出去，并迫使哈里发穆阿维亚每年上缴贡金；与此同时，这位皇帝还以同伦巴德人签订某种和约的方式，使帝国对意大利的统治得到了一定保障。[①]

虽然君士坦丁堡获得拯救，罗马城和拉文纳总督辖区也得以保全，但自丧失了西班牙和非洲之后，拜占庭帝国业已被限定在地中海东部地区。而正是在这一时期，随着非洲和西班牙接连沦丧于穆斯林手中，似乎罗马教会愈发背离了向西方转化的初衷。680 年的宗教会议似乎表明，罗马教会将自己的命运同业已成为纯粹希腊教会的拜占庭帝国命运连为一体。在 678—752 年相继登上教廷宝座的 13 位教皇中，只有两位出生于罗马，即本尼迪克二世（Benedict II，684—685 年在位）和格里高利二世（715—735 年在位）。其余诸位教皇都是叙利亚人、希腊人，甚或是西西里人。而此时的西西里，由于叙利亚被穆斯林占领之后，大批叙利亚人迁徙到西西里岛，从而使其希腊因素大为增长，及至 7 世纪末时，西西里岛已经完全

① A. VASILIEV, *op. cit.*, vol. I, p. 283.

希腊化了。[①]

罗马教会这种面向拜占庭的新取向，又绝不可全然归结为拜占庭帝国势力对教皇选举事务干预力度的增长。自希拉克略皇帝以来，拉文纳总督对教皇选举事务虽负有干预之责，但实际上这种权限已是徒有其名而已。教皇选举已不受任何外来的干预，完全由罗马城自身的处境来决定，因此，圣彼得宝座[②]为何总是被希腊人所占据便成为一件令人疑惑不解之事。

自同伦巴德人签订和约之后，拜占庭帝国军队大都转向抵抗阿拉伯人，驻扎意大利的军队则是从当地征募的。因而，在掌控罗马教皇选举事务方面，拜占庭的力量是非常虚弱的。但这支意大利驻军却同罗马教士们一样，在选举教皇方面发挥着巨大的影响和作用。此时，这支队伍中的军官绝大多数都是来自希腊化地区，同样在教会人员中，希腊裔教士的数量也非常众多，这就解释清楚了为何有那么多的叙利亚裔人当选教皇了。

然而，驻扎在意大利的这支帝国军队对于来自拜占庭本土的命 217
令，常常是不予理会。山高皇帝远，同朝廷长期无音信往来，这些军人对拉文纳总督，甚至帝国皇帝的旨令都拒不遵从。692 年，因特鲁罗（*Trullo*）[③]宗教会议的文件中含有一些与罗马惯常用法不相吻合之处，当时的教皇塞吉厄斯便断然拒绝在该文件上签字。皇帝查士丁尼二世（Justinian II，705—711 年在位）对此勃然大怒，下

① J. GAY, *op. cit.,* pp. 9–10.

② 位于圣彼得大教堂。秃头查理为感谢约翰八世（872—882 年在位）对其称帝的支持而献给教皇的礼物。——译者

③ 一种圆形屋顶的大厅。——译者

令将其逮捕，押往君士坦丁堡。结果引发罗马驻军哗变，最后还是教皇本人竭力劝阻，化解矛盾，才使帝国特使未被斩杀。

因此，虽然当时罗马城还处在帝国统治范围之内，但罗马教皇已经拥有了实际的独立地位，已将宗教领袖、军事领袖和罗马城行政领袖等诸种职能集于一身。然而，此时的罗马教皇还是承认与拜占庭帝国之间的各种关系；由于拜占庭皇帝在整个基督教会中，将罗马教皇奉为第一人，所以罗马教皇的权势实际上还是有了极大增长；与此同时，在另一方面，拜占庭帝国皇帝也的确又不再予以强调重申罗马教皇对“普世”教会的领袖地位，这主要是自非洲和西班牙被征服之后，“普世”教会的主体是由东方各个省份组成的缘故。



由此说来，692 年的偶然事件所导致的那场短暂的关系破裂，既不能归因于罗马教皇，也不能归因于拜占庭帝国皇帝。教皇塞吉厄斯后来抵达帝国首都时，受到了极为隆重的款待：据史料记载，当时皇帝陛下亲自为这位教皇引路，并亲吻教皇双足，[①] 双方也很快达成了一项彼此都感满意的协定。一切又都恢复了平静。

然而，正统教派与“一志论”派之间久已存在的那种争吵仍不时爆发。711 年，信奉“一志论”教义的菲利皮克斯（Philippicus）[②] 加冕称帝，就曾在罗马引发了一场暴乱。从另一个方面讲，拜占庭皇帝在意大利的世俗权力越来越虚弱。710 年，驻扎拉文纳的帝国军队就曾哗变；总督被杀，哗变军人自行拥戴了一位首领。[③] 这一

---

① A. VASILIEV, *op. cit.*, vol. I, p. 297.

② 711—713 年在位。——译者

③ L. HARTMANN, *op. cit.*, vol. II, pp. 77-78.

事件导致拜占庭帝国极为强烈的干预。但是，711 年，皇帝查士丁尼二世驾崩，标志着一个新的混乱时期（711—717 年）的开始，从 218
而使保加尔人（Bulgars）[①] 长驱直入，直抵君士坦丁堡城下；与此同时，阿拉伯人也从小亚地区发起进攻，而且其舰队控制了整个爱琴海和普罗蓬蒂斯（Propontis）[②]，并于 717 年，从海上向君士坦丁堡发起攻击。[③]

或许可以说，此时拜占庭帝国是被一位杰出军人所拯救的，这就是刚刚登上皇位的伊苏里亚的利奥三世（Leo III, the Isaurian）。[④] 凭借对阿拉伯人舰队具有绝对优势的希腊火的强大威力，以及与保加尔人所结成的同盟，利奥三世终于迫使伤亡惨重的穆斯林，在 718 年终结了长达一年之久的君士坦丁堡围困，无功而返。

这一历史事件的重要性要远远大于普瓦提埃战役，因为这是阿拉伯人向“上帝保佑的”君士坦丁堡城所发起的最后一次进攻。用布瑞（Bury）[⑤] 的话来讲，这是一个整个基督教世界都应牢牢铭记的

① 中世纪早期生活在东南欧地区的一个突厥语游牧民族，原居于亚洲草原，后迁徙至东南欧。6 世纪，保加尔人始见于史籍。7 世纪中期，保加尔人在库尔特（Kurt）的统治下，建立统一的保加尔汗国。——译者

② 即马尔马拉海，古称普罗蓬蒂斯。——译者

③ A. VASILIEV, *op. cit.*, vol. I, p. 313.

④ 717—741 年在位。——译者

⑤ 1861—1927 年，英国著名历史学家、文献学家，剑桥大学教授。主编《剑桥中世纪史》（*The Cambridge Medieval History*），著有《蛮族对欧洲的入侵》（*The Invasion of Europe by the Barbarians*）、《东罗马帝国史：从埃琳退位到巴塞尔一世登基》（*A History of the Eastern Empire from the Fall of Irene to the Accession of Basil I*）等。——译者

日子。[①] 自此之后，直到埃琳[②] 皇后统治时期（the Empress Irene，782—803 年在位），阿拉伯人势力始终受到遏制，甚至被逼退到小亚地区。利奥三世和其子君士坦丁五世（Constantine V）[③] 共治时期，拜占庭帝国经历了一次复兴，通过在全国各地推行军区制（the régime of the themes）[④] 的方式，对帝国行政管理体制进行重组，从而为这次复兴提供了一种凝聚力，而这正是帝国以往所欠缺的。

然而，利奥三世本人却渴望以圣像破坏运动（Iconoclasty）[⑤] 这一宗教改革方式来完成自己的功业。或许在一定程度上，我们对此可以做出这样的解释，即利奥三世试图以圣像破坏运动来消弭基督教同伊斯兰教之间的对立，并抚慰保罗派教徒[⑥] 数量众多的小亚地区的各个省份。[⑦]

利奥三世于 725—726 年公布了第一道反圣像崇拜法令，但这



① A. VASILIEV, *op. cit.*, p. 314.

② 一译伊琳娜。——译者

③ 即"克普洛尼姆斯"君士坦丁五世（Constantine V, the Copronymus），718—775 年，两岁时（720 年）被其父皇利奥三世确立为共治皇帝，741—775 年在位。克普洛尼姆斯（Copronymus），乃是后世史家根据其过分迫害圣像崇拜信徒的残暴举措而冠以的绰号，意即自大、疯狂、残暴之徒。——译者

④ theme 是拜占庭帝国行政的一种行政区划（Tr.）。A. VASILIEV, *op. cit.*, vol. I, p. 331.

⑤ 以利奥三世 726 年颁布的禁止崇拜圣像法令为开端，至 843 年，持续 117 年的关于圣像崇拜问题的争论和内部争斗。前后分为两个阶段：726—787 年、815—843 年，该运动对中世纪拜占庭的宗教、经济、军事有巨大影响。——译者

⑥ 中古基督教异端教派之一。5 世纪产生于罗马帝国东部的亚美尼亚、美索不达米亚和北叙利亚。该派奉行的独立教义有：基督嗣子论；反对圣母玛利亚崇拜，反对偶像崇拜；强调圣经的权威，不承认《旧约》；反对教阶制度等。8、9 世纪盛行于西亚地区、9 世纪中叶遭迫害，渐衰。——译者

⑦ A. VASILIEV, *op. cit.*, vol. I, p. 339.

一新法令一经颁布，便在罗马引起极为严重的后果。[1]它马上便遭到了罗马教皇格里高利二世诅咒。双方矛盾从一开始便针锋相对，极为尖锐。针对拜占庭皇帝宣称其权力要高于基督教教会的论调，格里高利二世以一种以往各位教皇都不曾使用过的坚定语调回答道：皇权与教权是分离的。[2]他甚至还以要求利奥三世必须克制自 219
身那种异端教派狂热的方式表达对这位皇帝的蔑视。而在断然否认其权威的同时，格里高利二世还对利奥三世在保卫意大利举措上的软弱无力予以谴责，威胁要更改以往传统，转向西方国家，并禁止罗马人向这位皇帝交纳贡赋。驻扎在意大利的帝国军队立即发生兵变，撤换了军队将领；在骚乱中，拉文纳总督被杀；罗马人也将其王公赶跑。整个拜占庭所属意大利地区都起而反叛，并做好一切准备，只要教皇一声令下就推选出一位同利奥三世相抗衡的皇帝。但是，格里高利二世却无意行此之策。其缘故或许是他还对拜占庭保留有一丝忠诚，或许是他并不愿意在自己身边站立着一位皇帝。[3]

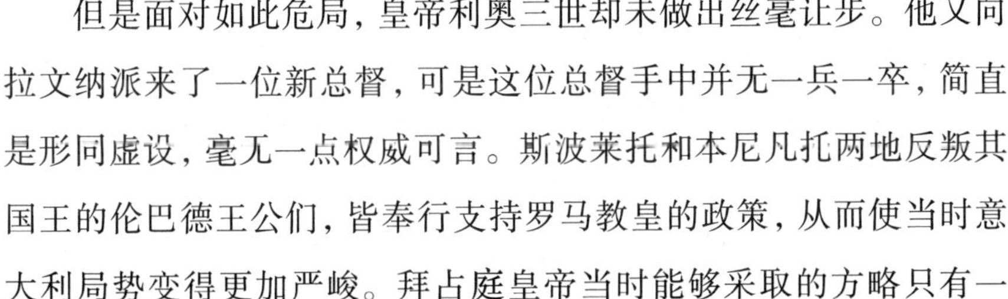

但是面对如此危局，皇帝利奥三世却未做出丝毫让步。他又向拉文纳派来了一位新总督，可是这位总督手中并无一兵一卒，简直是形同虚设，毫无一点权威可言。斯波莱托和本尼凡托两地反叛其国王的伦巴德王公们，皆奉行支持罗马教皇的政策，从而使当时意大利局势变得更加严峻。拜占庭皇帝当时能够采取的方略只有一

① A. VASILIEV, *op. cit.*, vol. I, p. 342

② JAFFÉ-WATTENBACH, *Regesta*, No. 2180. 参见 L. HARTMANN, *op. cit.*, vol. $II^2$, p. 94。

③ L. HARTMANN, *op. cit.*, vol. $II^2$, p. 95.

种，即同伦巴德人国王留特普兰德结成联盟，此人正欲乘机削减那些反叛王公的权势。

在留特普兰德相助下，拜占庭新总督才进了罗马城，尽管罗马教皇对圣像破坏运动仍持反对态度，他还是在政治上表示了顺从。他同意承认拜占庭皇帝的世俗权威，但却继续声称在精神领域拥有独立自主的权力。730 年，对拜占庭皇帝新颁发的圣像破坏运动的敕令，罗马教皇再次表示抗议，并宣称君士坦丁堡大教长应当引咎辞职。

然而在政治上，罗马教皇却同拜占庭帝国总督达成一致，总督权势的重新确立并未受到任何阻碍。托斯堪尼地区一位僭称帝位的叛臣被处死，其首级被送往拜占庭；在驱逐了一支拜占庭舰队之后，拉文纳城又重新回到了主教的手中。



220 格里高利二世于 729 年死去。其继承者是叙利亚裔的格里高利三世（the Syrian Gregory III）[①]，这是最后一位请求拜占庭皇帝对其被推选为教皇一职予以正式加封的罗马教皇。[②]

但在加冕登基后不久，这位教皇便宣称要同圣像破坏运动展开坚决斗争。731 年，格里高利三世召开了一次宗教会议，宣布革除所有圣像破坏者教籍。对罗马教皇发起的这种正面攻击，利奥三世所做出的回应是，将位于亚得里亚海东部（伊利里亚）主教区，以及西西里、布鲁提乌姆和卡拉布里亚（Calabria）[③] 等主教区统统从罗马

① 731—741 年在位。——译者

② JAFFÉ-WATTENBACH, *Regesta*, p. 257.

③ 位于亚平宁半岛南端的意大利地区名。——译者

教廷管辖范围内剥离出来，划归到君士坦丁堡大教长的管辖之下。[①]与此同时，这位皇帝还剥夺了罗马教会对上述三个主教区的统治权，而这三个主教区原本每年可为罗马提供350磅黄金的贡赋。因此，在拜占庭皇帝看来，罗马教皇从此就将降为一位仅仅管辖意大利地区的主教而已。而在教阶、教义和教理等各个方面，罗马教皇的影响也在东部基督教世界不复存在了，因为他已经从这一地区被清除出去了。如此看来，是拜占庭皇帝本人亲手把拉丁教会逐出了拜占庭帝国。

然而此时，罗马教皇并没有同拜占庭皇帝决裂。他对拜占庭帝国的忠诚似乎可以从留特普兰德所持态度发生的变化上得到解释，这位伦巴德国王同拜占庭驻拉文纳总督闹翻，攻占了拉文纳城，并显露出欲征服整个意大利的企图。在这种情形下，倘若罗马被其攻陷，那罗马教皇也就随之而降到伦巴德主教的地位。因而，罗马教皇不顾一切地支持希腊人。他敦促格拉多主教促使居住在潟湖地区的居民，即威尼斯人出动舰船，向没有海军舰队的伦巴德人发起进攻。真应当感谢这些坚强水手，是他们从伦巴德人手中夺回了拉文纳城，此后不久，帝国总督于735年，又重新回到拉文纳。然而，伦巴德国王留特普兰德仍旧令人感到可怕和担忧。[②]738年，罗马教皇同斯波莱托和本尼凡托两位伦巴德王公结成反抗留特普兰德的同盟，而他们二人也力图捍卫自己的独立自主。[③]但是，739年，
留特普兰德向斯波莱托公爵发起了进攻，迫使其逃往罗马城避难，221

① L. HARTMANN, *op. cit.*, vol. II$^2$, pp. 111–112.

② *Ibid.*, p. 134.

③ JAFFÉ-WATTENBACH，*Regesta*, No. 2244.

留特普兰德随即纵兵对整个罗马平原大肆洗劫。[①]

就在这些连绵不绝的危难时期，在盎格鲁-撒克逊教会的帮助下，罗马教皇一直坚持开展对日耳曼各个异教地区的布道传教事业。盎格鲁-撒克逊教会是希腊籍修士提奥多勒（Theodore）组织建立起来的，此人于669年，被教皇维塔利安任命为坎特伯雷（Canterbury）[②]大主教，[③]这是罗马教廷在北方的一座坚固堡垒。

日耳曼地区的那些伟大福音传播者皆来自于盎格鲁-撒克逊教会：维恩弗瑞斯（Wynfrith，即圣博尼法斯）于678年进入日耳曼地区，威利布罗德也于690年抵达大陆传教。在其开始传教事业之前，威利布罗德曾前往罗马，请求教皇塞吉厄斯一世为其祝福，教皇正式赋予其往日耳曼地区传播福音并建立教会的使命，为此，教皇塞吉厄斯还赠赐他一批圣物。

威利布罗德的传教首先是在弗里西亚地区。他的这一事业得到了丕平[④]的支持；而丕平之所以对其予以支持，固然有一定的宗教原因，但更主要的是出自政治方面的考虑，因为法兰克人觉得倘若弗里西亚人皈依基督教更利于他们进入弗里西亚地区。696年，威利布罗德返回罗马，接受了教皇塞吉厄斯所赐的“克莱蒙”（Clement）姓氏和“白色大披肩”（*pallium*）[⑤]，并被提升为乌特勒支

① L. HARTMANN, *op. cit.*, vol. II$^2$, p. 138.

② 位于英格兰东南，今肯特郡境内，坎特伯雷大主教驻地。——译者

③ H. SCHUBERT, *Geschichte der Christlichen Kirche im Frühmittelalter*, p. 269.

④ 即赫斯塔尔·丕平二世。——译者

⑤ 罗马天主教会中教皇、大主教和部分主教穿在外面的礼服。由教皇赐予大主教和管辖大主教区的主教，作为他们分享教皇职权的象征。——译者

(Utrecht)[1] 主教。[2]

719 年 5 月 15 日，罗马教皇格里高利二世向维恩弗瑞斯下达一项谕令，命他以同罗马教廷相符合的方式，继续在弗里西亚传播福音。也正是在这个时候，维恩弗瑞斯获得了“博尼法斯”这一称谓，因为 5 月 14 日正是博尼法斯这位基督教圣徒的纪念日。[3] 在弗里西亚传教岁月中，博尼法斯始终都同威利布罗德一同工作，并得到了查理·马特的庇护。722 年，他返回罗马，被教皇格里高利二世任命为主教，并接受了在莱茵河右岸的日耳曼人地区传播福音的使命。[4] 格里高利二世所赐之信函，使其成为了一名真正的罗马传
教士。724 年，罗马教皇把他举荐给了查理·马特，[5]732 年，教皇 222
格里高利三世将他拔擢为大主教，并授予其在上帝所征服的地区拥有自行任命主教的权力。

因此，在拜占庭皇帝将罗马从基督教东部世界排除出去的同时，圣博尼法斯的传播福音活动却为罗马提供了一种向远西地区(*extremas occidentis regiones*)挺进的前景，格里高利二世早已对这一地区信仰皈依拟定好了规划。博尼法斯，这位将罗马教皇权势扩展到整个日耳曼地区的伟大传教士，也受到了当时形势的驱动，特别是受到查理·马特这位重要人物的影响。查理·马特曾对教会进行大规模掠夺，剥夺其大量地产，以作为向自己的附庸分封土地

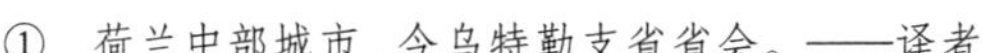

① 荷兰中部城市，今乌特勒支省省会。——译者

② JAFFÉ-WATTENBACH, *Regesta*, p.244.

③ H. SCHUBERT, *op. cit.*, p. 300.

④ JAFFÉ-WATTENBACH, *Regesta*, Nos. 2159–2162.

⑤ JAFFÉ-WATTENBACH, *Regesta*, No. 2168. 参见 H. SCHUBERT, *op. cit.*, p.301。

之用。在意大利处于极其艰难的困境之中的罗马教皇，怎能不向圣博尼法斯的这位雄霸有力的庇护者提出祈求呢？739年，圣博尼法斯又一次回到罗马，并逗留了一年之久。除了日耳曼地区教会组织建设之外，他还肯定与教皇格里高利三世探讨了许多其他方面的事务，其中必然包括他向教皇提出的向查理·马特寻求保护的建议，因为就在739年，罗马教皇开始同这位西方霸主进行交往。他向查理·马特馈赠了一份极为宝贵的“奖赏”，即圣彼得陵墓的钥匙，并且作为受其保护免受伦巴德人欺凌的回报，教皇还表达了要同拜占庭帝国相脱离的意愿。[①]

然而，此时查理·马特并未打算与伦巴德国王相抗争，后者刚刚为查理·马特发动了一场对盘踞在普罗旺斯的撒拉森人的远征。因而，查理·马特只是向教皇格里高利三世派去了一位特使，这位特使肩负着若教皇需要便及时给予援助的使命，但是，这种援助却从未兑现。[②]



罗马教皇格里高利三世、法兰克宫相查理·马特和拜占庭帝国皇帝利奥三世这三位重要历史人物皆于741年辞世。罗马教皇之位由扎卡里亚斯(Zaccharias)[③]继承，法兰克宫相一职则由矮子丕平继任，拜占庭帝国皇帝的皇冠则落在了“克普洛尼姆斯”君士坦丁五世的头上，这是一位狂热的圣像破坏者。

由于受到宗教迫害，大约有五万名希腊裔修士亡命罗马城避

① JAFFÉ-WATTENBACH, *Regesta*, No. 2249.

② L. HARTMANN, *op. cit.*, vol. $II^2$, pp.170–171.

③ 741—752年在位。——译者

难，这令将他们驱逐出去的拜占庭皇帝十分恼怒。扎克莱厄斯当 223
选教皇后，并未请求帝国皇帝对自己的权威予以确认。但是，在登上教皇宝座之后不久，他便同伦巴德国王留特普兰德签订一项为期二十年的和约，可留特普兰德却借此之便，于 743 年，向拉文纳总督发起了一次新的进攻。然而，罗马教皇还是不顾一切地站在了拜占庭帝国一边，并且在拉文纳总督请求下，劝说留特普兰德同拜占庭皇帝签订一份和约。[①]

在圣博尼法斯的从中斡旋下，罗马教皇与新的法兰克宫相矮子丕平之间的关系日益密切起来。与其父亲查理·马特相比，矮子丕平对罗马教会的态度要和善得多。与此同时，在摆脱了兄长卡洛曼之后，矮子丕平正开始着手准备自己的宫廷政变。当然，这一后来居然转化为现实的想法，在当时还只是他心中所怀抱着的一种希冀而已。可矮子丕平并不想错过一切机会，并深知自己须当借助罗马教皇扎克莱厄斯的支持，于是，他向这位教皇提出了请其予以祝福的请求。

751 年，一位在日耳曼新近设立的主教，即维尔茨堡主教博尔恰德（Berchard, Bishop of Wurtzburg）[②]和住持弗尔拉德（Abbot Fulrad）[③]一同前往罗马，向教皇陛下提出了那个举世闻名的问题：究竟由谁来佩戴王冠——是那位徒有其名的国王呢，还是那位真正行使国家权力的人呢？教皇对此所做出的回答，十分有利于矮子丕平，从而导致墨洛温王朝统治历史的终结。

① L. HARTMANN, *op. cit.*, vol. II², p.144.

② 博尔恰德，维尔茨堡（一译符兹堡）主教，任职时间为 742—753 年。——译者

③ 弗尔拉德，圣但尼修道院住持，故于 784 年。——译者

那位可怜无助的墨洛温王朝末代国王，当时只能默默地等待自己命运的降临，最后被送往一座修道院静修，没有任何人继续为难于他。

从这一刻起，一个极为重要的取向转变彻底地完成了。北方地区占据了明显优势。自伊斯兰教占据高卢南部地区以来，北方地区便成了西方世俗权力的所在地，而且这是当时唯一能够向罗马教廷提供保护的世俗政权，因为罗马教廷同东方的关系已被拜占庭帝国彻底截断。[①]

224 751年，加洛林家族与罗马教廷之间形成联盟。这个联盟是由教皇扎卡里亚斯所策划的，而最后完成的是教皇斯蒂芬二世（Stephen II）[②]。在当时局势彻底扭转之前，那种因罗马教皇与拜占庭皇帝之间关系所导致的最后威胁也必须要打破，而在相当长一个时期内，罗马教皇往往不顾自己本意，也要被迫地保留这种与地中海霸主的关系。倘若穆斯林尚未夺占拜占庭所属的非洲和西班牙，拜占庭帝国或许还是整个地中海地区的霸主。但是现在，北方地区的日耳曼人所发挥出的影响则要强大得多。



然而，传统影响还是如此强大，以至于在拜占庭皇帝驱逐伦巴德人的可能性几乎不复存在的情况下，罗马教皇还是要保留对皇帝

---

① H. SCHUBERT, *op. cit.*, p.287. 这位史学家还以下列语词对这一转变做出了非常恰当的描述：“西方基督教世界的家园以及它的历史舞台皆被北方所取替；其界线为罗马—梅斯—约克。罗马，这位往昔的女主人，已不再位于这个舞台的中心，而是屈居在边缘地带。地中海地区统一的文化已被砸得粉碎。各个新的民族如海浪一般涌向这新的曙光，一种新的统一正在形成。一个新的时代正在开始；而那个转变时代业已结束。”

② 752—757年在位。——译者

陛下的忠诚。但是，在749年，埃斯图尔夫(Aistulf)[1]获取王位之后，伦巴德人重新确立了征服意大利的国策。

751年，伦巴德人占领了拉文纳，并且这一次他们怀有永久占据该城的意图。罗马的厄运也在劫难逃。752年，埃斯图尔夫的大军抵达罗马城下。只有立刻获得援兵，罗马城才有可能逃此劫难。斯蒂芬二世一开始是向拜占庭那位圣像破坏者皇帝乞求援助，恳请其即刻亲率兵马驰援罗马城。[2]但君士坦丁五世只是以派遣一位使节前往伦巴德人处加以协调的方式来满足这一乞求。埃斯图尔夫虽然接待了拜占庭使节，却决不肯做出任何让步。面对这种局面，罗马教皇斯蒂芬二世只好向法兰克国王丕平请求援助，但是在采取这一决定性行动之前，这位教皇还是亲往帕维亚，直接向埃斯图尔夫本人哀求放弃其征服计划。在遭到轻蔑回绝之后，斯蒂芬二世才启程前往丕平的宫廷，于754年1月到达。

一个不可避免的结局终于到来了。那种被矮子丕平在751年就已撼动的传统，三年之后，终于由教皇本人彻底地抛弃了。

## 4. 新的帝国

754年，斯蒂芬二世亲自抵达那片远西地区，而早在729年，教皇格里高利二世就已指明了抵达此处的道路。此时此刻斯蒂芬二世能够做什么呢？就是乞求法兰克人对罗马施以援手，因为伦 225

[1] 749—756年在位。——译者

[2] JAFFÉ-WATTENBACH, *Regesta*, No. 2308.

巴德国王埃斯图尔夫拒绝了他的乞求，而拜占庭皇帝使节也在试图获得某种妥协方面失败了。当然，倘若斯蒂芬二世在帕维亚向伦巴德人示好获得成功的话，他也就不会劳驾远行，翻越高高的阿尔卑斯山了。对这一步骤的重要意义，他大概已有了相当充分的意识，但还是感到有些惶恐不安。754 年 1 月 6 日，矮子丕平在蓬蒂昂（Ponthion）[①] 会见了斯蒂芬二世。罗马教皇请求丕平对伦巴德人进行干预。丕平则向教皇发誓：定将拉文纳总督区和沦丧的疆土交还给罗马教皇（*exarchatum Ravennae et reipublicae jura sue loca reddere*）。[②]

从上述这段文献来看，其中某些表述有点模棱两可。这就是要恢复被伦巴德人夺走的国土（*respulica*）。但是，这片国土既是指拜占庭帝国，也是指罗马城本身，因为该城属于帝国范围之内。此时，矮子丕平并不想同伦巴德人开战，于是，他派出一位使节前去会见埃斯图尔夫。但埃斯图尔夫拒绝听命于矮子丕平；更为严重的是，他还挑唆卡洛曼与矮子丕平为敌，因为埃斯图尔夫已经设法劝说卡洛曼尽快从蒙特卡西诺修道院动身。然而卡洛曼一踏上法兰西的土地就遭拘捕，最后死于维恩。[③]



由于奉行这种极为愚蠢的政策，伦巴德国王同矮子丕平成为了敌人。此时，这位君主似乎也已下定决心要攻陷罗马并征服整个意大利。对于矮子丕平来说，则应当就谁才是他应予以支持的对

---

① 位于法国东北部，今马恩省境内。——译者

② BÖHMER-MUHLBACHER , *Die Regesten Des Kaiserreichs*, vol. I, 2nd ed., p. 36.

③ LOT，PFISTER and GANSHOF, *op. cit.,* p. 410.

象，在埃斯图尔夫和斯蒂芬二世之间做出选择。于是在发动战争之前，矮子丕平在瓦兹河畔的奎尔兹（Quiersy-sur-Oise）[①]召开贵族会议。4 月 14 日，他向罗马教皇派遣使团，转告了自己的承诺。三个月以后，大战开始之即，在圣但尼修道院，教皇斯蒂芬二世庄严地重申了圣博尼法斯此前曾授予矮子丕平的圣职，并宣布若从丕平家族后嗣以外选举国王，法兰克人就将被处以开除教籍的绝罚。从而，加洛林王朝同罗马教会首脑之间的联盟正式形成。为了确保这一联盟，斯蒂芬二世还向矮子丕平及两位王子授予“罗马贵族”（*patricius Romanorum*）称号。当然，他的这一举动是对皇帝权力的僭越。拜占庭帝国驻拉文纳总督就拥有这个称号。由此，矮子丕平就和拉文纳总督一样，成了罗马城的保护者。但是，这一官衔是由罗马教皇而不是帝国皇帝授予的。[②]罗马教皇这一切行为都是出自于他一己之私心，全然没有考虑矮子丕平本人的感受，实际上，就矮子丕平本人来说，他从来就不曾使用这一头衔，大概他也根本就不需要这一头衔。 226

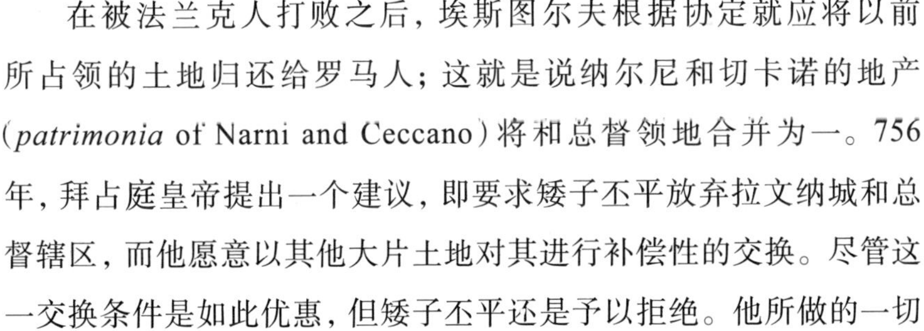

在被法兰克人打败之后，埃斯图尔夫根据协定就应将以前所占领的土地归还给罗马人；这就是说纳尔尼和切卡诺的地产（*patrimonia* of Narni and Ceccano）将和总督领地合并为一。756 年，拜占庭皇帝提出一个建议，即要求矮子丕平放弃拉文纳城和总督辖区，而他愿意以其他大片土地对其进行补偿性的交换。尽管这一交换条件是如此优惠，但矮子丕平还是予以拒绝。他所做的一切

① 位于法国东北部，今埃纳省境内。——译者

② LOT，PFISTER and GANSHOF, *op. cit.*, p. 411.

都是出自对圣彼得的尊敬，没有任何事物可以使他放弃自己的诺言。[①]然而，当拜占庭帝国使节抵达之时，矮子丕平与埃斯图尔夫又重启战端，因为后者很快就背弃了诺言。他甚至在 756 年 1 月 1 日向罗马城发起了围攻。但是当帕维亚第二次遭到法兰克大军围攻时，伦巴德人又一次请求和解。埃斯图尔夫归还了他所夺占的土地，矮子丕平则将这些地区返还给了罗马教皇。自此，罗马教皇就成了罗马城和周边地区的主人。[②]但在理论上，罗马教皇仍旧承认帝国皇帝的统治权。

矮子丕平的两次远征意大利具有一个共同特征，即他从未进入过罗马城。而且从此之后，他也再未到过意大利。尽管埃斯图尔夫的继任者迪蒂尔（Didier）[③]能够成为伦巴德国王，部分是受惠于丕平的影响和作用，可这位伦巴德新君却给丕平带来了更多麻烦。迪蒂尔虽曾许诺将留特普兰德所夺占的各个地区都归还给罗马教皇，但实际上，却无意归还其中任何一部分。



斯蒂芬二世的继任者、罗马教皇保罗一世（Paul I, 757—767 年在位）对迪蒂尔的抗议全然无效。这样一来，似乎拜占庭皇帝可以从当时局势中获取某种利益。758 年，拜占庭使臣乔治（George）到达那不勒斯，开始同迪蒂尔进行谈判，此人曾于 756 年出访法兰克，
227 与矮子丕平进行过协商。这次他就重新收回罗马和拉文纳问题，试图与伦巴德人达成一项协议。而后，乔治又再次前往丕平宫廷，但

---

① L.OELSNER, *Jahrbücher des Fränkischen Reiches unter König Pippin*, 1871, p. 267.

② BÖHMER-MUHLBACHER, *op. cit.*, pp. 42-43.

③ 756—774 年在位。——译者

是收获甚微，矮子丕平继续保持对罗马教皇的忠诚。[①]760年，罗马城内盛传拜占庭皇帝派遣了一支由300艘战舰组成的舰队，准备攻打罗马和法兰克。[②]大概教皇本人也十分希望通过这种传言能够促使矮子丕平向意大利进军；后来，他又讲过那些“不忠实于主的希腊人”（*nefandissimi Greci*）准备进攻拉文纳，[③]从而将那些异端教徒同“纯正的信仰者”（*vere orthodoxus*）矮子丕平区别开来。[④]

这位教皇非常清楚皇帝与矮子丕平仍在进行谈判。762年，矮子丕平的使节和罗马教皇的使节均抵达君士坦丁堡。很明显，这主要是拜占庭帝国皇帝力图同罗马教廷重归于好（*rapprochement*）。大约在765年，皇帝将大贵族安提（the spatharius Anthi）[⑤]和宦官斯尼修斯（Sinesius）派往法兰克国王矮子丕平处，与其讨论圣像崇拜问题以及矮子丕平之女吉斯拉（Gisla）公主[⑥]与拜占庭皇子之间的订婚事宜。[⑦]767年，双方在让蒂伊就圣像崇拜问题又进行了一次

① L. OELSNER, *op. cit.*, pp. 320-321.

② L. OELSNER, *op. cit.*, p. 346. 参见 *Codex Carolinus* , ed. GUNDLACH , M.G.H. EPIST., vol. III, p. 521。

③ *Codex Carolinus* , ed. GUNDLACH, M.G.H. EPIST., vol. III, p. 536.

④ 他给他的信中写道：“忠诚于上帝，忠诚存在于您的崇高和强大无比的王国之中”（*post Deum in vestra excellentia et fortissimi regni vestri brachio existit fiducia*），他进而对一段《圣经》的经文做了一番解释：“上帝啊！保佑基督徒丕平的王国吧。您以涂抹圣油的方式来教化这个王国。听吧，她天天在向您祈祷。”（*Salvum fac, Domine, Christianissimum Pippinum regem, quem oleo sancto per manus apostoli tui ungui praecepisti, er exaudi eum, in quacumque die invocaverit te*）*Codex Carolinus*, *loc. cit.*, p. 539.

⑤ 有学者认为 spatharius 乃是拜占庭一种具有极大特权的高级荣誉性的官衔。——译者

⑥ 757—810年。曾与利奥四世（775—780年在位）订婚，后毁约。——译者

⑦ L. OELSNER, *op. cit.*, pp. 396-397.

大讨论。[①]

矮子丕平始终保持坚定不移的立场，其所作所为皆与罗马教皇保持一致。至于教皇同伦巴德国王迪蒂尔之间的争端，矮子丕平在763年以一项协约方式予以妥善调停，即罗马教皇重申自己在领土方面的各种要求，同时他还企图宣布自己对斯波莱托和本尼凡托两地拥有保护权。[②]总而言之，应当感谢丕平，罗马教皇感觉到在面对各方敌对势力时，自己是有靠山的，感到了正统基督教信仰是安全的，同时他也感到自己已不得已地全然委身于矮子丕平的保护之下。

从各个方面来看，查理曼在自己统治时期，将父王矮子丕平
228 的各种意愿都予以完成了。父王遗留给他的意大利政策，就是对伦巴德人和罗马的政策。768年10月16日，查理曼与其弟卡洛曼(Carloman)[③]一道，在继承王位的同时也戴上了罗马贵族这一头衔。然而，直到卡洛曼在771年12月死去之后，查理曼才真正地有能力采取行动。



伦巴德国王迪蒂尔对充当罗马主人这一念头，依旧耿耿于怀。773年，罗马教皇阿德里安一世(Adrian I)[④]被迫向查理曼求助以对抗伦巴德人。查理曼即刻挥兵，向意大利发起进攻，他一边调兵遣将，将迪蒂尔顽守的帕维亚城团团围住，一边前往罗马城，目的是要参加罗马的复活节庆典(774年)。此刻，他如一位伟大的施主一

---

① BÖHMER-MUHLBACHER, *op. cit.*, p. 53.

② LOT, PFISTER and GANSHOF, *op. cit.*, p. 413.

③ 约750—751年出生，768年与其兄查理曼同时称王。——译者

④ 772—795年在位。——译者

样君临这座圣城。他不仅是要将自己父王赠送给罗马教皇的领土再重新赠送一次，而且还要使这份礼物更加厚重，把斯波莱托、本尼凡托两个公国以及威尼托和伊斯特拉等地都包括在内。[1]而后，这位君王又返回帕维亚，接受迪蒂尔的投降，774 年 6 月，查理曼自己加冕为伦巴德王国国王。

此前，查理曼满足于自称为：加洛林，蒙上帝恩宠的，法兰克人国王和显赫之人（*Carolus, gratia Dei, rex Francorum vir inluster*）。如今，其头衔则是：法兰克人之王和伦巴德人之王，罗马贵族（*Rex Francorum et Longobardorum atque particius Romanorum*）。[2]

这一新的头衔清晰地表明，对于他本人来说，罗马贵族这一头衔同他的伦巴德人之王相比只具有次一等的意义，尽管这肯定不是罗马教皇所期望的。这位法兰克国王成了权力强大的意大利君主。他将源自于日耳曼地区的奥斯特拉西亚的权势扩展到了地中海地区。但是，这位君王并不在罗马驻跸；所以，他还没有成为一位地中海人，仍是一位北方人。意大利和罗马教廷从此之后被纳入他的轨道。查理曼虽让伦巴德王国继续保留一定的自主独立性，但是，他却把一些法兰克伯爵安插在那里，并不时地将这块属地分赐给法兰克的各大教会。

至于罗马教皇，自然要将这位贵族视作罗马教廷的保护者，因
为他首先是在奎尔兹从教皇斯蒂芬二世手中获得自己权力的。但 229
是，其中存在着一个十分关键的自相矛盾之处，即这位保护者开始

① BÖHMER-MUHLBACHER, *op. cit.*, p. 73. LOT，PFISTER and GANSHOF, *op. cit.*, p. 422.

② LOT，PFISTER and GANSHOF, *op. cit.*, p. 423.

向主人的角色转化。这一点在矮子丕平身上却是从来没有的，因为他忠诚地按照罗马教皇的政策来制订自己的意大利政策；而查理曼则是要成为意大利的主人。征服了伦巴德王国之后，他对自己的罗马贵族头衔加以确认的事实明确地表明，查理曼将这一称谓视为一种征服；是一种凭借自己权力所获得的成果。对罗马教皇来说，从772年开始，就不再以拜占庭帝国皇帝朝代作为自己诏书、训谕的纪年日期，而且从781年开始，所有的教皇诏书都以教皇自己任期作为纪年的日期[①]——显然，他也力图扩展自己的权势。但是，罗马教皇却面对着本尼凡托那些伦巴德王公和西西里贵族的抵制，他们常常是以拜占庭皇帝、西西里、卡拉布里亚和那不勒斯王公的名义，来统治或行使自己的统治权。

查理曼并无将整个意大利交给罗马教皇的打算。他本人就是伦巴德国王，而且还力图成为整个意大利半岛的主人。因此，780年复活节，查理曼第二次来到罗马时，又重申了他在尚未征服伦巴德，戴上伦巴德王冠之前时所做的承诺，并防止罗马教皇向斯波莱托扩展权力，因为当地王公已经归附于查理曼统治之下。

另一个方面，在利奥四世死去之后，拜占庭皇后埃琳放弃了圣像破坏的宗教政策，这似乎预示着某种和好的迹象。781年，来自君士坦丁堡的一位使者面谒查理曼，请他为自己女儿罗瑟露德公主（Rothrude）[②]着想，给予年幼皇帝以支持，当时他们已经订婚。[③]显



① JAFFÉ-WATTENBACH, *Regesta*, p. 289.

② 775—810年。查理曼次女，幼时被查理曼许配给拜占庭皇帝君士坦丁六世（776—797年在位），然最后并未成婚。——译者

③ LOT, PFISTER, and GANSHOF, *op. cit.*, p. 425.

然，查理曼认为此时并不是自己同拜占庭帝国发生对抗、争吵的最佳时机，所以对罗马教皇同拜占庭帝国就领土展开抗争的计划，他无法予以明确的支持。

786 年年底，因本尼凡托公爵阴谋反叛，查理曼再一次驾临罗马，逼迫本尼凡托公爵臣服。然而，就在查理曼刚刚离开罗马之际，本尼凡托公爵阿利奇斯（Duke Arichis）[①]便同拜占庭帝国签订了一项同盟条约，据此条约，他将从拜占庭帝国处接受贵族头衔，并成 230
为该帝国在意大利甚至在罗马的代理人。这一行为使罗马教皇和查理曼立刻感受到了拜占庭主动进攻的威胁。788 年发生的这场冲突，最终以查理曼加固了在本尼凡托的统治以及在北方征服伊斯特拉而告结束。[②]然而，查理曼从未真正地拥有将其统治施加于本尼凡托的能力，尽管他曾先后于 791 年、792—793 年、800 年和 801—802 年数次发兵远征本尼凡托，但均无成效。[③]

查理曼之所以对罗马教皇予以保护，是因为他对圣彼得的尊崇，但他并没有像其父王矮子丕平那样，把自己降至从属于罗马教皇的地位。他甚至还企图在教义、教规方面确立自己的独裁地位。787 年尼西亚[④]宗教会议（the Council of Nicaea）再次禁止圣像破坏运动，从教义、教规方面，使罗马和君士坦丁堡之间的矛盾得以缓和，但是查理曼却断然拒绝接受此次宗教会议的所有决定。他身边的神学家们编撰了《加洛林书》（*Libri Carolini*）等一系列神学著

---

① 758—787 年为本尼凡托公爵。本尼凡托原是伦巴德王国的公爵区，774 年伦巴德王国被查理曼灭亡后，阿利奇斯欲谋求自治独立。——译者

② LOT, PFISTER and GANSHOF, *op. cit.*, p. 427.

③ *Ibid., op. cit.*, p. 427.

④ 位于安纳托利亚半岛东北部，马尔马拉海东岸。——译者

述，专门对这次宗教会议的成果予以驳斥，他还派遣使节前往罗马，向教廷递交了一份致罗马教皇本人的抗议书，其中包括了 85 个要点；最后，查理曼于 794 年，将西部地区所有主教都召集到法兰克福（Frankfort）[①] 开会，这次会议对尼西亚会议所做出的若干决议予以废除，并对那些圣像崇拜的教义进行了批驳。[②]

796 年，在教皇阿里德安去世以后，查理曼致函新的教皇利奥三世[③]，称自己为“所有基督徒的主人和父亲、国王和祭士、首领和导师”[④]。同时，还特别强调作为世俗帝王的他和作为精神领袖的教皇之间的权限划分，对此罗马教皇必须十分清楚，严格遵守。[⑤]

231 与此同时，利奥三世在承继阿德里安之后，向查理曼赠送了一面罗马城的锦旗；[⑥] 并为了表明查理曼对意大利的有效控制（*a quo cepit Italiam*），这位罗马教皇还以查理曼朝代作为他自己纪年的



① 位于德国中部地区，美因河畔。意为“法兰克人的渡口”。——译者

② C. DAWSON, *Les origines de l'Europe*, French translation, p. 227.

③ 795—816 年在位。——译者

④ C. DAWSON, *Les origines de l'Europe*, French translation, p. 226.

⑤ “我们的权力是：在保卫基督教堂免遭异教徒的破坏和战火的摧残以及在捍卫基督徒的过程中，忠诚于无处不在的神佑之恩。而你们，神甫：你们的权力则是通过向上帝祈祷来帮助我们战斗，由于你们处于领导者和赋予者基督与信仰基督的民众之间。伟大的上帝以其无所不在的威名克敌制胜，我们的主，基督的名字永远闻名于天下。”（*Nostrum est: secundum auxilium divinae pietatis sanctam undique Christi ecclesiam ab incursu paganorum et ab infidelium devastatione armis defendere foris, et intus catholicae fidei agnitione munire. Vestrum est, sanctissime pater:elevatis ad Deum cum Moyse minibusnostrum adjuvare militiam, quatenus vobis intercedentibus Deo ductore et datore populus Christianus super inimicos sui sancti nominis ubique semper habeat victoriam, et nomen domini nostri Jesu Christi toto clarificetur in orbe.*）*Alcuini Epistolae,* No. 93, ed. DÜMLER, M. G. H. EPIST., vol. IV, pp. 137–138.

⑥ BÖHMER-MUHLBACHER, *op. cit.*, p. 145.

日期。

显然，查理曼不再将自己视作为一位罗马贵族。他以基督徒保护者身份而自诩。这一时期，他连续战胜了萨克森人和伦巴德人，制伏了阿瓦尔人，并于796年将其赶过蒂萨河；在其权势臻于顶峰之际，查理曼是有能力提出这种权力要求的。除了英格兰和西班牙一些小小王公之外，查理曼是当时整个西方世界唯一的统治者。他权势地位的牢固程度超过了历史上任何一位君王。尽管残破的拜占庭帝国仍旧维系着与“罗马帝国”的谱系关系，但在北方地区，它的影响远远不能与查理曼的影响相提并论，在盎格鲁-撒克逊地区和查理曼所居住的日耳曼人区域更是如此；故而，阿尔昆(Alcuin)[①] 在同查理曼的交谈中，称其为皇帝。[②]

就罗马本身而言，虽然教皇没有否定拜占庭皇帝的统治权，但实际上，他已不再是拜占庭皇帝的属臣了。他是不是不可避免地生发出这样一种观念，即为了查理曼的利益，以自己对这位法兰克君王的权力和威望予以承认的方式，将自5世纪以来西部地区早已不存在的那个帝国加以重建呢？有一点是明显的，即教皇内心所设想的绝非仅仅是在西部地区(*partibus Occidentis*)重新创建起一个帝国，也就是说，创造出一个奥古斯都·罗慕洛斯的继承人来。如果仅仅是这样，就等于是让皇帝重新回到罗马，重掌帝国的权力。他心中所想的是保留自己的独立地位。这一点可以从他摆放在拉特

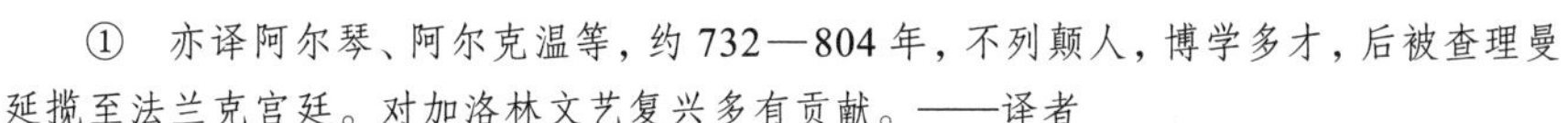

① 亦译阿尔琴、阿尔克温等，约732—804年，不列颠人，博学多才，后被查理曼延揽至法兰克宫廷。对加洛林文艺复兴多有贡献。——译者

② *Ad decorem imperialis regni vestri.* LOT, PFISTER and GANSHOF, *op. cit.*, p. 457, n. 10.

兰宫的宴会大厅（*triclinium*）的马赛克壁画中得到明确证明，在这幅壁画中我们看到圣彼得将法衣（*pallium*）交给了利奥三世，而将旗帜交给了查理曼。罗马城已不再是世俗帝国的罗马，而是圣彼得的罗马，以这种方式重建的帝国，才是罗马教皇本人所深为赞许的；
232 罗马，是基督教教会（*ecclecia*）的首脑，而查理曼宣称他自己只是基督教教会的士兵。难道不是他本人曾亲自对利奥三世说过，他的臣民就是信奉基督教的民众吗？

当然，查理曼本人是完全有能力给自己加上帝国皇帝的尊号的，或者由其治下的各地教会以宗教大会名义来赋予其这种荣誉。然而，倘若这一称谓最初是由罗马教皇主动提出的，那在整个基督教世界将会带来多大的合法性呀！在“罗马贵族”这一头衔与查理曼实际掌握的权力之间的差距也将随之消失。如同教皇是圣彼得在精神世界的代表一样，查理曼将成为圣彼得在军事领域的代表。而这两种代表又都合并在同一种体制，即基督教教会之中。

及至公元 800 年，查理曼已经征服了萨克森和巴伐利亚，大胜阿瓦尔人，并对西班牙地区发动进攻。几乎整个西部基督教世界都掌控在查理曼的手中。

800 年 12 月 25 日，通过为查理曼加冕方式，罗马教皇为这个基督教帝国祝圣。按照拜占庭的方式，即“宣授”（*acclamatio*），查理曼接受了皇帝头衔。罗马教皇将皇冠戴在他的头上，并向其表示深深的敬爱。①

---

① L. HARTMANN, *op. cit.*, vol. II$^{2}$, p. 348 对爱因哈德所持查理曼在利奥三世为其戴上皇冠时感到非常惊奇的说法表示疑虑。在他看来，整个加冕仪式都是事先周密安排好的。

就其形式而言，查理曼登基加冕与法律法规完全相符。[①]与拜占庭的做法一样，查理曼也是被人民拥戴为皇帝的。然而，实际上查理曼的登基加冕同拜占庭皇帝的登基加冕之间存在着一个关键的不同之处。那些拥其称帝的罗马人，与君士坦丁堡的人民不同，并不能代表整个帝国，他们仅仅只是罗马这一座城市的居民，而在这座城市中，这位皇帝最多只能被推举为一名贵族。这种拥戴并不能令查理曼将从易北河到比利牛斯山的所有臣民连接为一体。故而，这次拥戴纯粹是一幕戏剧而已。其真实意义在于，罗马教皇，这位基督教教会的首脑和基督教教会本身赋予了查理曼这个帝国；从而使得他成为这个帝国的捍卫者。与古代罗马帝国的皇帝头衔 233
不同，查理曼这一皇帝头衔中并不具备世俗意义。因此就实质而言，查理曼登基称帝与罗马帝国任何一种法律都不相符。它只是宫廷鼎革的一种类型而已，在这场鼎革中，这位保护罗马城的贵族摇身一变就成了保护整个基督教教会的皇帝。

加诸其身上的这种权力，不仅使查理曼成为一位皇帝，而且使其成为特定意义上的皇帝。正如不能同时有两位教皇存在，也绝不可能有两位皇帝同世并存。如教皇所设想的那样，查理曼是基督教教会的皇帝，而罗马教会是一种“普世性”教会。[②]他是“最公正

① L. HARTMANN, *op. cit.*, vol. II², p. 350.

② 作为基督教世界的首脑，查理曼的地位在其所发行的钱币上有进一步的反映，这种钱币上刻有这样的文字：*Christiana religio*，见 L. HARTMANN, *op. cit.*, vol. II², p. 334。根据 M. PROU, *Cat. des monnaies carol.*, p. xi, 这些钱币是在查理曼加冕之后铸造的。这些钱币上有一幅这位皇帝的半身雕塑像，他面向右方，旁边刻有“D. N. Karlus Imp. Aug. Rex F. et L”的文字。他头戴一顶由月桂花花冠装饰的皇冠，双肩披着一件战袍（*paludamentum*），颇具古代罗马皇帝的风采。

的奥古斯都，由主授予皇冠的，伟大的和平的皇帝”（*serenissimus Augustus, a Deo coronatus, magnus, pacificus, imperator*）。注意，查理曼并没有将古代罗马皇帝所拥有的那些头衔加在自己的头上，他既不称自己是“罗马人的皇帝”（*Romanorum imperator*），也不称自己是“奥古斯都”（*semper Augustus*）。他只是把“统治罗马权”（*Romanorum gubernans imperium*）添加在自己的头衔之上，而这是对他实际拥有的“法兰克人之王和伦巴德人之王”这一称谓的一种更为生动的表达方式。罗马教皇利奥三世在其文书的纪年上则这样称谓查理曼：“统治我们的加洛林帝国最虔诚的永恒的奥古斯都，由主授予皇冠的伟大的和平的皇帝”（*imperante domino nostro Carolo piissimo perpetuo Augusto a Deo coronato magno et pacifico imperatore*）。①



这位基督教教会保护者与神圣而虔诚的皇帝的权力中心不在罗马。此地，只是他接受帝国统治权力的处所，其权力中心位于欧洲的北部地区。从逻辑上讲，古代地中海帝国是以罗马为核心。而这个新帝国则是以奥斯特拉西亚地区为核心。面对这一切，拜占庭帝国皇帝站在一旁很是无奈，只能眼看着这位新皇帝登基加冕。他所能做的就是拒绝承认查理曼的皇权。但是，812 年 1 月 13 日，这两位皇帝达成了一项和平协定。拜占庭皇帝对这种现实的情形表示接受。而查理曼则将威尼斯和南部意大利交还给拜占庭帝
234 国。②然从总体上讲，查理曼对意大利的政策已全然失败了；他并

① A. GIRY, *Manuel de Diplomatique*, p. 671. 而在查士丁尼时代，罗马教皇则这样写着：统治我们的查士丁尼皇帝，永恒的奥古斯都（*imperante domino nostro Justiniano perpetuo augusto*）（A. GIRY, *op. cit.*, p. 668）。

② L. HARTMANN, *op. cit.*, vol. III$^1$, p. 64.

没有成为一位雄霸地中海的霸主。

没有任何东西能够将曾延续数百年的古代地中海秩序所发生的剧烈动荡揭示得更加清晰。查理曼所创建的帝国是穆斯林所造成的欧洲平衡破裂的一个关键点。从一个方面而言，他之所以能够创建这个帝国应该归因于东部地区同西部地区的分离，正是这种分离将罗马教皇权力限定在了西部地区；而从另一个方面讲，也应该归因于这样一个事实，即穆斯林对西班牙和非洲的征服造就了称霸基督教西方世界的法兰克国王。

故而，严格而正确地说来，倘若没有穆罕默德，查理曼就根本是无法想象的。

在 7 世纪，古代罗马帝国实际上已转变成一个东方帝国；而查理曼的帝国则是一个西方帝国。

实际上，这两个帝国彼此都蔑视对方。①



依据历史所示方向，查理曼帝国中心位于北方地区，整个欧洲都朝着这个新的中心而发生转向。伴随着这个法兰克人王国——一个奥斯特拉西亚-日耳曼人的法兰克王国的出现——中世纪时代拉开了自己的帷幕。在经历了 5—8 世纪这一尚保留着地中海统一性的阶段之后，这种统一性的破裂取代了地中海世界的中心。②

① 在任何意义上，都不能用此刻君士坦丁堡正处于一位女性的统治之下这一事实来解释查理曼的称帝。

② L. HARTMANN, *op. cit.*, vol. II², p. 353 做了这样一种十分清楚的观察，作者写道："无论是在地理上、经济上还是在政治上、文化上，信奉基督教的各个民族的群体都出现一种变革，这个变革为中世纪时代贴上了一种独特的标签。"

另请参考：C. DAWSON, *op. cit.*, p. 147: "我们必须将 7 世纪，而不是 5 世纪，作为古代地中海文明最后阶段的结束，作为基督教帝国时代和中世纪时代的开端。"

日耳曼传统开始在历史上发挥出它的作用。而及至此时之前，古代罗马传统一直未受到干扰。如今，一个起源于罗马-日耳曼的文明开始了自己的发展历程。

235 加洛林帝国或查理曼帝国是中世纪时代的基础框架。建立在这个框架之上的国家政权是极其脆弱的，并且迅即就崩溃瓦解了。但是，作为西方基督教世界高度统一性的象征，这个帝国将继续地存留下去。

# 第三章　中世纪的开端 236

## 1. 经济与社会组织

人们常常将查理曼统治时期视为一个经济复苏阶段。有些学者甚至走得更远，认为这一时期的经济领域，确如各种历史文献所记载的那样，出现了一次真正意义上的复兴。然而，这却是一种明显错误的观点，而致使这种错误解释出现的原因，不仅仅是对一位伟大帝王的偏爱，也是由某种或许可称为不正确的观察角度所使然的。

历史学家们常常将前一个历史阶段的墨洛温时代与查理曼时代加以比较；倘若这样，我们自然不用花费什么气力就可以观察到一种恢复。在高卢地区，无政府混乱状态之后是一个井然有序的秩序时代；而在日耳曼地区，伴随着武力征服和基督教福音的传播，社会进步也是相当的明显。但是，倘若我们欲对历史的真实状态做正确评价的话，那我们就应当对加洛林时代之前的那个时代与加洛林时代本身进行比较。这样一来，就会发现我们所面对的是两种完全不同而且的确存在鲜明反差的经济状态。

8 世纪之前的西方经济是古代地中海经济的延续，而 8 世纪之后，西方经济则是一种与古代地中海经济完全断裂的经济。地中海被关闭。商业贸易已经消失。在我们所考察的这个加洛林帝国中，土地是唯一的财富，而且商品流通已降至最低点。因而我们看不到任何进步的迹象，而只能见到一种倒退。以往高卢那些最为繁忙的地区，如今成了最贫穷地区。以往南方地区最为繁荣、进步；而现在则是北方地区将自己的特征烙在了整个时代之上。

然而，在这种非商业性文明之中，却存在着一个例外，它与上述状况有着极大的矛盾。

237 9世纪前半叶，加洛林帝国最北部的地区——后来发展演变为低地地区（the Low Countries）[①]——成了一个最为繁忙的航运中心，这与当时整个加洛林帝国其他地区那种凋敝萎缩形成一种极为鲜明的反差。

但这并不是什么全新的事物。早在罗马帝国时期，这片由斯海尔德河（the Scheldt）[②]、默兹河和莱茵河相汇而成的水网地带，就同不列颠进行着海上贸易。它给驻守在莱茵河地区的罗马军团输送谷物粮食，并把经由地中海商路输入的各种香料和其他物资输入进来。然而，这种类型商业不过就是第勒尼安海商品流通的延伸而已。这种贸易构成了“罗马化地区”的普遍商业活动的一个组成部分，并且这一地区本身就位于罗马帝国边陲地带。尼海勒尼亚（Nehalennia）女神雕像和凯尔特人航海守护神，都令我们想起了当

① 此地区为欧洲一历史地区，包括今荷兰、比利时等。——译者

② 亦译些耳德河、埃斯科河（the Escout），欧洲西部河流。发源于法国北部，在法国境内名埃斯科河，经比利时，于荷兰流入北海。——译者

年这种交通的重要性。[①] 这些船只最远可航行至易北河（the Elbe）[②] 和威悉河的入海口。在 3 世纪蛮族入侵时代，这些船只若欲继续前行，就必须组织一支护航舰队来抵御萨克森人各种袭击掠夺。当地供海上航行的船只同内河船只相汇合的港口是位于乌特勒支附近的菲克提奥（the Fectio）河口。[③]

这种在 5 世纪因蛮族入侵和撒克逊人对不列颠征服而遭到巨大破坏的海上航行，后来自行恢复了，并在墨洛温时代继续发展。很可能，到 8 世纪时这种水上交通已经延伸到斯堪的纳维亚半岛。[④] 菲克提奥港也被位于莱茵河的杜尔斯泰德和位于康什河（the Canche）[⑤] 入海口的克恩托维克所取代。在克恩托维克出土了大量墨洛温王朝的钱币；[⑥] 而在马斯特里赫特（Maastricht）[⑦] 我们也发现了大量此类钱币，[⑧] 而且其数量远远超过了在科隆和康布雷等地所发现的钱币。我们在安特卫普（Antwerpen）[⑨] 同样也发现了这类钱币，并在于伊（Huy）[⑩]、第农（Dinon）[⑪] 和那慕尔等地也发现许多。[⑫]

---

① FR. CUMONT, *Comment la Belgique fut romanisée,* pp.26 and 28.

② 欧洲中部河流，发源于波兰、捷克边境，在德国北部注入北海。——译者

③ 菲克提奥河亦称费赫特河、费希特河（the Vechten），流经今德国、荷兰。——译者

④ W. VOGEL, *Die Normannen,* pp. 44 *et seq.*

⑤ 法国境内的一条河流。——译者

⑥ M. PROU, *Catalogue des monnaies mérovingiennes*, pp. 245–249.

⑦ 荷兰东南部城市，今林堡省省会，位于马斯河畔。——译者

⑧ M. PROU, *Catalogue des monnaies mérovingiennes*, pp.257–261.

⑨ 比利时西北部港市，位于佛兰芒区。——译者

⑩ M. PROU, *Catalogue des monnaies mérovingiennes.*, pp.261–264.（于伊为今比利时一城市。——译者）

⑪ 第农位于比利时西南部，默兹河上游。——译者

⑫ M. PROU, *Catalogue des monnaies mérovingiennes*, pp.265–266.

我们发现大量钱币都是在弗里西亚境内[①]的杜尔斯泰德铸造的。[②]

238 北方各省这些曾经十分繁荣的商业贸易为何在加洛林时代衰落消失了呢？毗邻北方地区的各个海域，在当时都是自由的。而且，自罗马时代以来一直支撑着这一地区海上贸易的佛来米人的纺织业并没有衰败消失。[③]目前存在着许多关于促使这一地区商业贸易持续繁荣的新的史料证据。首先，加洛林王朝宫廷就驻跸在艾克斯-拉-钱伯勒（Aix-la-Chapelle）[④]；其次，法兰克人对弗里西亚地区的绥靖与兼并。我们已经知道直至诺曼人入侵灾难到来之前，弗里西亚人的船只在这一地区和莱茵河上游一带是非常繁忙的。[⑤]而在弗里西亚，我们还发现了金币。[⑥]此外，加洛林王朝的各个税赋重镇（principal *tonlieux*），即鲁昂、克恩托维克、亚眠（Amiens）[⑦]、马斯特里赫特、杜尔斯泰德和蓬圣马克桑斯（Pont-Saint-Maxence）[⑧]

① M. PROU, *Catalogue des monnaies mérovingiennes*, pp.267–269.

② *Ibid.*, pp.269–270. 有关杜尔斯泰德的贸易情况，请见 W. VOGEL, *Die Normannen*, pp. 66 *et seq*。

③ H.PIRENNE, *Draps de Frise ou draps de Flandre?* VIERTELJAHRSCHRIFT FUR SOZIAL UND WIRTSCHAFTSGESCHICHTE, vol. VII, 1909, pp. 309–310.

④ 即亚琛。——译者

⑤ 普鲁曾多次提及查理曼、虔诚者路易和洛泰尔一世在杜尔斯泰德所铸造的第纳尔。M. PROU, *Catalogues de monnaies carolingiennes*, pp. 9–12. 此外，在马斯特里赫特、维斯（Visé）、迪南（Dinant）、于伊、那慕尔、康布雷、凡尔登（数量极其众多）、阿登堡（Ardenburg）、布鲁日、根特、卡斯尔（Cassel）、库特赖（Courtrai，Kortrijk，亦译库特赖克，位于比利时境内。——译者）、泰鲁南尼（Thérouanne）、克恩托维克（数量非常众多）、图尔讷、瓦朗谢讷（Valenciennes）、阿拉斯、亚眠、克比埃和佩鲁讷（Peronne）等地也都发现了第纳尔。*Ibid.*, pp. 14–38.

⑥ M. PROU, *op. cit.*, p. xxxiii.

⑦ 法国北部城市，今索姆省省会，位于索姆河畔。——译者

⑧ 位于法国境内。——译者

等地皆位于北方。[1] 因此，在加洛林帝国北部这个角落，商业贸易非常活跃，而且似乎比以前更为活跃。

这种商业活动都是以北方地区为其取向的，同地中海地区并无任何联系。除了同低地地区的河流、不列颠以及北方诸海域发生一定联系之外，它似乎仅局限在自己的范围之内，自成一个体系。因此，我们又获得了一个证明地中海被关闭的有力证据。在北方这一
商业贸易地区，弗里西亚人所发挥的作用就是叙利亚人在地中海地 239
区所发挥的那种作用。

亚眠和克恩托维克的内陆腹地最远曾扩展至勃艮第的边缘地区，并未再向更远地区发展。[2] 图尔讷的贸易在 9 世纪时似乎仍具有相当重要的地位。[3]

但是，9 世纪下半叶诺曼人的入侵终结了这一地区贸易。[4]



这一贸易活动毕竟有过一段繁荣活跃时期，并且还曾作为一种特别卓绝的经济活动而受到过保护。但从更大范围上讲，这一贸

---

① F. VERCAUTEREN, *Etude sur les Civitates*, p. 453. 790 年，格沃尔杜斯（Gervoldus）是多年来王国所设立的贸易管理者，他取消了各个港口和城市的贡赋和税收，尤其是在克恩托维克（p. 46）。831 年，虔诚者路易赐予斯特拉斯堡教会在其整个王国属地之内享有免除市场赋税的特权，只有克恩托维克、杜尔斯泰德和克鲁塞（*Clusae*，位于法国境内。——译者）三地除外。参见 G. G. DEPT, *Le mot "Clusa" dans les diplômes carolingiens*, MELANGES H. PIRENNE, vol. I, p. 89。

② F. VERCAUTEREN, *L'interprétation économique d'une trouvaille de monnaies carolingiennes faite près d'Amiens,* REVUE BELGE DE PHIL. ET D'HIST., vol., XIII, 1934, pp. 750–759 表明在这一钱窖中没有铸造于洛林南部地区的钱币，该钱窖所藏钱币的 90% 皆铸造于默兹河和塞纳河之间的地区。

③ F. VERCAUTEREN, *Etude sur les Civitates,* pp. 246–247.

④ 有关布奇（A. BUGGE）对诺曼人同法兰克人之间贸易的过分估价，见 W. VOGEI, *Die Normannen*, pp. 417–418。

易活动肯定增加了对斯堪的纳维亚人贸易活动的依赖程度，因为在9世纪，斯堪的纳维亚人曾将法兰西的葡萄酒出口到爱尔兰。[①]斯堪的纳维亚人通过古罗斯商路所保持的与伊斯兰世界的各种联系，一定给予了他们的贸易活动强有力的促进和刺激。9世纪的波罗的海有很多重要港口，或许我们可以将这些港口称之为海上商站（*étapes*）。[②]凭借考古学家们的成就，我们已经知道，在850—1000年，海萨布（Haithabu）[③]的商业贸易已经扩展到拜占庭和巴格达，同时还扩展到莱茵河地区，并进入到英格兰和法兰西北部。

维金文明在9世纪时获得了非常充分的发展，有关这一点已由现在陈列在奥斯陆（Oslo）[④]博物馆，从奥斯伯格（Oseberg）[⑤]船上发现的各种陪葬器物予以了充分展示。[⑥]斯堪的纳维亚地区所发现的阿拉伯人最古老的迪尔汗银币（*dirhems*），在时间上当属于7世纪
340 240 末期（698年）。但是，维金人最大规模的扩张发生在9世纪末和10世纪中叶。在瑞典比尔卡（Birka）[⑦]发现了一些原产自阿拉伯地区的物品以及一些原产自杜尔斯泰德和弗里西亚地区的物品。9世纪期

① A. BUGGE, *Die Nordeuropäischen Verkehrswege im frühen Mittelalter*, VIERTELJAHRSCHRIFT FUR SOZIAL UND WIRTSCHAFTSGESCHICHTE, vol. IV, 1906, p. 271.

② 808—809年，雷里克（Reric）港口被丹麦国王所摧毁，这位国王还强令商人们定居在海萨布，目的是进一步方便收取市场赋税。*Annales regum Franc.*, ed. KURZE, $a^o_7$ 808, p. 126.

③ 位于德国与丹麦交汇处，8—11世纪重要的商业中心。——译者

④ 挪威首都，位于东南海岸奥斯陆峡湾北侧。——译者

⑤ 一艘保存良好的维金时代的船只，发掘于挪威的奥斯伯格坟冢中。——译者

⑥ E. DE MOREAU, *Saint Anschaire* , 1930, p. 16.

⑦ 比尔卡为中世纪瑞典城市，建于9世纪，后逐渐衰落直至消亡。——译者

间，比尔卡的斯堪的纳维亚人曾经向外出口杜尔斯泰德的葡萄酒。[1]

挪威、石勒苏益格（Schleswig）[2]、波美拉尼亚（Pomerania）[3]和丹麦等地均发现了9、10世纪比尔卡的各类钱币。这些钱币都是查理曼和虔诚者路易时期仿造杜尔斯泰德所铸钱币的赝品。

因而，加洛林帝国拥有两个非常活跃的经济重镇：一个位于意大利北部地区，这主要应归功于威尼斯的商业；另一个则位于低地地区，它主要是由弗里西亚人和斯堪的纳维亚人的贸易造就的。在11世纪，上述两个地区开始了经济复兴。但是它们其中任何一个在11世纪之前都没有达到充分发展的程度：前者受到阿拉伯人和意大利混乱局势所造成的严重束缚，而后者则很快就被诺曼人的入侵浪潮所淹没。

对8世纪地中海被封闭以后的斯堪的纳维亚人所具有的重要意义，任何人都不可过分地予以强调和坚持。[4]这些斯堪的纳维亚人虽然占据弗里西亚，并迫使当地各个河谷地区向其缴纳费用，就如同当时在地中海地区阿拉伯人所做的那样。但是在这一地区没有拜占庭和威尼斯，也没有与拜占庭、威尼斯相抗衡的阿马尔菲。斯堪的纳维亚人将他们一路上所遇到的城镇都夷为平地，直到他们自己愿意恢复和平谈判那一刻的到来。



834年，诺曼人对杜尔斯泰德发动了第一次攻击，并把该城一

---

① 有关比尔卡的情况，请见 *Vita Anskarii*, ed. G. WAITZ, M. G. H. SS. *in us. schol.*, p. 41。

② 位于德国北部，地处波罗的海与北海之间。原为丹麦王室领地。——译者

③ 亦称波莫瑞（Pomorez），位于今波兰、德国相交地带。——译者

④ H. PIRENNE, *Les villes du Moyen Age*, pp. 46 *et seq*.

部分加以焚毁。[①] 此后三年中，每年杜尔斯泰德都遭到攻击。结果使它同整个弗里西亚地区城镇一样，从这一时期始就陷入了衰败状态，尽管直到 9 世纪结束时，此地尚残存有些微商业贸易。

842 年，轮到克恩托维克遭受外来攻击了，[②] 844 年，该城遭
241 到一场最为严重的劫掠，从此再未恢复过来。当七十年以后，诺曼人侵略狂飙停息时，克恩托维克的贸易已经转移至埃塔普勒（Étaples）[③]。

杜尔斯泰德和克恩托维克，这两个以出口为主的商港的繁荣商业，同斯堪的纳维亚人所从事的贸易活动有着根本的不同。斯堪的纳维亚人不断通过拜占庭的方式来推进自己的发展，目的就是获取与东方世界的联系，而弗里西亚人的商业并不是同南方发生联系。它被严格限定在北方地区。从这一点而言，此时的弗里西亚人与墨洛温时代高卢的商业也存在着明显区别，正是高卢的商业贸易才使得地中海文明得以凭借葡萄酒、香料、纸草和丝绸以及其他各种东方产品向西方各地渗透蔓延。

在加洛林帝国，除了克恩托维克和杜尔斯泰德两地之外，再没有什么商业中心了。

我们或许应当给予南特以一定的重要地位，该城在 843 年被毁于战火，此前，当地船夫们曾同卢瓦尔河地区进行过一定数量的贸

① W. VOGEL, *Die Normannen*, pp. 68 and 72. 根据霍尔沃达（HOLWERDA）的观点，杜尔斯泰德已于 864 年彻底消失。

② *Ibid., op. cit.*, p. 88.

③ W. VOGEL, *op. cit.*, p100.

（埃塔普勒为位于法国境内。——译者）

易往来，[1]但是我们绝对不能将这种税赋的存在作为商业运输的充分证据。[2]

当然，从提奥多尔夫(Theodulf)[3]、厄尔默杜斯·尼格鲁斯(Ermoldus Nigellus)[4]等人著述和各种圣徒传记以及各种当时诗歌的记载中，我们不难搜集到一些证据，更不用说那位更著名的圣戈尔(Saint Gall)的僧侣[5]也不时地提及商人和商业活动。同时也存在着这样一种可能性，即凭借非常零散的材料去构建一座高楼大厦，可这只能是一种神奇想象。对于一位诗人来说，只要河上有船只行驶，他就可能立即从公共空间的细节角度，得出一个当时的确存在一个伟大商业中心的结论；而只要发现在耶路撒冷城有几位西方朝圣者，或者在加洛林宫廷中发现几位来自东方的艺术家或学

① W. VOGEL, *op. cit*., p. 90.

② W. VOGEL, *Die Normannen*, p. 138. n. 2 给出了一个很好的证据。856 年，布列塔尼公爵埃里斯珀(the Duke of Brittany, Erispoë)的确给予主教对在南特的船只收取市场赋税的权力。但是当时这座城市商业已被诺曼人所摧毁。

③ 史称奥尔良的提奥多尔夫(约 760—821 年)，加洛林时代著名神学家和学者。西哥特人，大约 780 年进入查理曼宫廷，789 年出任奥尔良主教。此人学识广博，曾与阿尔昆一道编辑圣经，著述甚丰，如《论圣灵》《论洗礼礼仪》等神学著述。近来研究表明他还曾为查理曼编辑了著名的《加洛林书》。——译者

④ 原书此处行文为 Ermoldus, Nigellus，似为两个人，其实此处“，”标点为误加。Ermoldus Nigellus 实为一人名。据西方学界考证，这位绰号为“黑小子”(Nigellus)的厄尔默杜斯原为一位教士，曾在虔诚者路易次子阿基坦丕平一世麾下出任幕僚。后遭人攻讦参与反抗虔诚者路易的阴谋，被流放于斯特拉斯堡。为重新获得君宠，厄尔默杜斯著就了一部诗歌体传记《献给最伟大的基督徒皇帝路易》(*In Honor of Louis, the Most Christian Caesar Augustus*)。——译者

⑤ 圣戈尔，一译圣高尔，乃爱尔兰传教士，6 世纪下半叶前往高卢传播福音，并在瑞士创建修道院。文中所提及的那位僧侣，据史家考证为诺特卡·巴尔布鲁斯(Notkar Balbulus)。此人生年不详，卒于 912 年，身前著有《查理大帝业绩》(*The Deeds of Emperor Charles the Great*)。——译者

者，他就可能将其作为西方与东方之间一直存在着持续海上往来的立论根据。

242 有些著作家走得更远，试图从给加洛林王朝经济带来益处的角度，对威尼斯和意大利南部那些当时皆属于拜占庭经济体系中的城市的海上贸易进行考察。

倘若 9 世纪的确存在着数量极少的黄金铸币，那它又具有什么意义呢？①最重要的并不在于有几处史料文献中提及商业和交换，因为在任何时代都存在着商业和交换。问题的关键是这些商业和交换的重要性以及它本身具有的特征。为了对一种经济运动的性质做出准确评价，我们需要占有具有普遍性和全面性的史料；有些事物要比混杂在一起的各种详细资料和各种例外以及稀奇古怪之类的事物更加重要。倘若我们考虑到在加洛林时代，黄金不再被用以铸造货币，牟利的钱款借贷行为已被禁止，职业商人已不复作为一个阶级存在，纸草、香料和丝绸等东方产品已不再被进口，货币流通已减至到最低的程度，以律师为职业的人已不再掌握读与写的技能，各种税收已不再能被有组织地收取，各类城镇仅仅只具有堡寨的军事防卫功用，那么，我们就会毫不迟疑地断定我们所面临的是一个完全退化到纯农业化阶段的文明；因为这种社会组织的存在与维系已经不再需要商业、信贷和常规的交换。

我们现在已经确定导致这种转变的基本原因就是地中海被伊

① F. VERCAUTEREN, in LOT, PFISTER and GANSHOF, *Histoire du Moyen Age*, vol. I, p. 608. 参见麦西亚国王奥法部分（Offa，麦西亚王国乃不列颠七国时代，约 4 世纪中叶至 8 世纪末的一个王国。8 世纪下半叶实力最为强大。此处所提及的奥法当为奥法二世。——译者），此人当时仍铸造了少量的金币，*ibid.*, p. 693。

斯兰教所关闭。加洛林王朝确实有能力遏制撒拉森人向北方的继续进攻；但是它却无法使地中海获得重新开放，而且，它自身也的确没有这方面的意图。

加洛林王朝对穆斯林所持态度纯粹是防御性的。从加洛林王朝第一代君主，甚至从查理·马特开始，整个法兰克王国就一直处于不断混乱无序和抵御四面外敌进犯的防御状态之中。查理·马 243
特时期所有的一切都成了军事事务的牺牲品。甚至连教会也遭到劫掠。各个地区都爆发了严重骚乱，它们都是由日耳曼人封臣在取代罗马贵族、埃布罗因的党徒或阿基坦的厄德等过程所导致的。似乎查理·马特统治时期，当年日耳曼入侵时所造成的大规模混乱又一次爆发。我们必须牢记正是查理·马特焚毁了米迪地区的各个城市，并且由此之故，造成了当时残存的商业和城市自治组织的彻底毁灭。而广大民众信仰礼拜所依靠的庞大基督教教会组织也遭到了同样的灭顶之灾，从此之后，各类医疗机构和学校教育也都关闭停顿了。

当矮子丕平继承其父执掌权柄之时，所有法兰克贵族，自然所有民众也都肯定同他们一样，皆为一字不识的文盲。城市商人都消失了。而整个僧侣阶层也滑落到一种野蛮、无知和极不道德的状态；有关这方面的状况，只要阅读圣博尼法斯的书信，我们便可获得某些印象。辛克马尔(Hincmer)[①]写道："在这个令人心碎的时

① 亦拼作 Hincmar，806—882 年。乃西法兰克国王秃头查理的谋臣，加洛林时代西法兰克王国最为显赫的教界人士之一。出生于法兰西亚东北部的一个贵族家庭，845—882 年任兰斯大主教，一生著述颇丰，并亲自修撰了《圣伯丁年代记》861 年之后的年代词条。——译者

期，他们不仅从兰斯大教堂中窃走了所有宝贵物品，而且那些宗教场所房屋也都被主教破坏摧毁。那些为数甚少幸存下来的几个僧侣只好做些小买卖来维持生计，他们将自己以特许状和抄写书稿赚来的第纳尔金币都藏匿起来。”[①]

倘若整个法兰克王国最为富有的教堂之一的兰斯大教堂尚且如此潦倒落魄，那么我们就可以判断，全国各地教堂皆同样窳败。

雷德拉德（Leidrad）[②]对里昂的描述，告知我们各地情况也是同样糟糕。圣博尼法斯所收到的薰香也仅仅只有几小包，这是他在罗马的朋友馈赠给他的贵重礼品。

至于此时货币流通状况，也是极度混乱。当时的流通中几乎没有黄金。8 世纪的各类合同、契约经常提到的各种价格，都是以谷物或牲畜来标明的。[③]那些在硬币中掺入贱金属的铸币商借此大发横
244 财。当时已不再存在什么规范钱币重量和质量的统一标准了。



在试图改革货币体系方面，矮子丕平未能取得任何成效。他进行货币改革的双重动机导致其与墨洛温时代地中海货币体系全面决裂。自此之后，只有 1 索里达相当于 12 第纳尔的白银铸币，而且第纳尔成为当时唯一的真实货币。丕平改革之后，327 克重的银里弗（livre，即罗马的里布拉 [ libra ]）只相当于 22 金索里达或 264 金第纳尔，而到查理曼时代，更贬为 20 金索里达或 240 金第纳尔。[④]

查理曼完成了其父王开始的货币改革，成为西方中世纪时代货

① *Vita S. Remigii*, M.G.H. SS. RER. MERROV., vol. III, p. 251.

② 此人曾在查理曼时代任里昂主教，799—813 年在位。——译者

③ M. PROU, *Catalogue des monnaies mérovingiennes*, p. vii.

④ LUSCHIN VON EBENGREUTH, *Allgemeine Münzkunde*, 2nd ed., 1926, p.161.

币体系的创建者。然而，这一货币体系是在货币流通程度比以往任何一个时代都低的时期创建起来的。查理曼是在批发贸易业已消失的时候采用了这一货币体系。与此相反，在墨洛温时代，作为繁荣商业活动的产物，黄金仍在被铸成货币。当我们看到黄金货币以 *hyperper* 的形式，即金索里达的替代形式，仍在拜占庭商业世界继续流通和在穆斯林世界立足时，我们就不会对这一时代仍是一个贸易活跃的时代表示怀疑。加洛林时代的一个特征是，黄金也在各地被铸成钱币，而且无论在何处依旧保留着一定程度的商业活动；例如，比利牛斯山脉附近地区就同穆斯林的西班牙地区保持着一定的交通往来，而在弗里西亚地区也存在着一定数量的由斯堪的纳维亚人的贸易所控制的商业活动。

查理曼在伦巴德王国大力推行自己的货币体系之前，也曾在此地铸造过数量不多的金索里达，[①] 这至少在表面上表明，查理曼并不是没有铸造金币。我们手边仍有为数不多的在乌兹铸造的金
索里达，它们都是查理曼统治时期铸造的。此外，我们还有少许在 245
虔诚者路易统治时期铸造的精美金币[②]，上面铸有“圣职”（*munus divinum*）字样。这些金币肯定分布得相当广泛，因为它们曾被那些北方商业民族，可能是弗里西亚人所仿造。[③] 有关这方面已知事例

① M. PROU, *Catalogue des monnaies carolingiennes,* p. xxxii.

② 麦西亚国王奥法曾铸造过金币，不过它们都是阿拉伯金币的仿制品。LOT, PFISTER and GANSHOF, *Histoire du Moyen Age*, vol. I, p. 693. 这种金币同弗里西亚金币一样无疑都是斯堪的纳维亚贸易所提供的。无论在何种情况下，这都证明了在一个覆盖了广大距离的贸易体系中对黄金通货需求的必要性，进一步证实了凡在商业消失的地区，黄金就被白银所取代的事实。

③ M. PROU, *Catalogue des monnaies mérovingiennes,* p. xxxiii.

大多数都来自于弗里西亚地区，但是在挪威也发现了一些金币。

“总而言之，我们的确是发现了一些为数不多具有独特特征并铸有查理曼和虔诚者路易名讳的金币，但我们尚无法判定这些金币是否属于加洛林王朝货币体系的组成部分。加洛林王朝货币体系完全是由银币来构成的；白银才是最基本的铸币材料……”[①] 因此我们不能仅根据这些偶尔发现的少量金币就将其认定为当时存在着金银复本位制的证据。[②]

我们切切不可忘记，在加洛林王朝时代曾出现过一次货币体系的彻底断裂。这种断裂不仅导致了黄金货币终结，也导致了金索里
246 达这一古代货币体系基础的消失。而且进一步看，罗马7克重的里布拉随着一种分量更重的钱币里弗的出现而被抛弃，即491克重的里弗取代了327里布拉。这种重币被分为240个纯银的硬币，它们冠以或保留着第纳尔的称谓。而这些第纳尔以及奥波里(oboli)，即价值为半个第纳尔的硬币，才是当时真正通行的钱币。当时也存

① M. PROU, *Catalogue des monnaies mérovingiennes,* p. xxxv.

② A. DOPSCH, *Naturalwirtschaft und Geldwirtschaft*, 1930, p. 120 在此方面的观点完全是错误的。他重复了自己 *Wirtschaftsentwicklung der Karolingerzeit*, 2nd ed., 1922, p. 306 中的观点。从一开始，他就意图以同货币理论相左的理论来证明这种结论是荒谬的，即白银之所以被铸造钱币是由于没有更多的黄金，因为在8世纪时黄金这种贵金属并没有消失。在此，他所采用的史料为：查理曼和虔诚者路易均曾对本尼凡托公爵收取过黄金罚金(*Ibid.*, p.319)，还有从阿瓦尔人处获得的黄金战利品，以及由西班牙的穆斯林输入法兰西南部地区的黄金(*Ibid.*, p.319)。他列举法兰克宫相馈赠给圣克尔比修士900个金索里达(*Ibid.*, p.319)、在伊兰兹(Ilanz, Coire, 瑞士)收取的小额黄金罚金(*Ibid.*, p.320)，他还提到了弗里西亚人的金币；最后他认为当时那个时代是极其富庶的！根据他在 *loc. cit.*, vol. II, pp. 309 *et seq.*, 的观点，倘若加洛林王朝有人铸造银币，也是因为他们当时面临着一场可怕的货币危机，而且他们试图通过废除信用极低的以黄金为基础的货币，代之以信用较高的白银第纳尔货币。笔者本人却以为这位历史学家把这次货币改革同13世纪的那种重量较大的第纳尔进行的比较，是完全错误的。

在着记账式货币，但它仅仅是为了适应一定数量的第纳尔才被作为数量统计表示形式偶尔被提及。这些货币就是苏(sou)，大概由于日耳曼人数字上的12进位制，一个苏值12个第纳尔，而一个里弗则值20个苏。显然，这些面值很小的硬币绝不是为大规模批发性商业设计的，它们的主要功能是方便于当地小市场上那些消费者的随时购物，所以在各种“法规汇编”中经常提及它们，而在这些“法规汇编”中的购买和出售都是以 *denaratas* 为数量计算单位。除了这些银第纳尔之外，那些“法规汇编”再没有提到其他任何货币。

因此，查理曼时代的货币体系与一直延续到穆斯林入侵之前的地中海经济之间发生了完全断裂，自此之后，地中海经济体系就不再适用了，正如8世纪的货币危机所证实的那样。这种情形可以用适应时势发展真实状况的愿望来加以解释，如为了应对当时社会的新条件必须采取法律手段加以规范，为了承认、接受并遵循各种实际状况，为了以秩序来取代失控局面，等等。这种新的单一白银货币体系同当时加洛林王朝经济衰退的状况是相吻合的。

凡是在必须支付大额款项的地方，黄金就被使用：而这些地区的黄金无论是按阿拉伯金币式样还是按拜占庭金币式样，仍在被铸成各种流通货币。[①]

我们还须注意这种金币铸造的稀少性和对限制货币混乱的作用。正如当时加洛林社会实际状况那样，货币似乎被限定在我们正在加以讨论的那些地方小市场。人们将很容易地认识到，从此之

---

① M. PROU, *Catalogue des monnaies carolingiennes,* pp. xxxi–xxxii ; M. BLOCH, *Le problème de l'or au Moyen Age,* ANNALES D' HISTOIRE ÉCONOMIQUE ET SOCIALE, 1933, p. 14.

后，货币仅在社会中具有次等作用，而在这些社会中各种税赋已不
247 再征收。我们注意到在以往墨洛温时代，宫廷所拥有的财宝曾是该王朝极为重要的物质财富，如今，这些财宝所具有的作用对加洛林王朝来说已是无足轻重了。由此，我们还会得出同样结论，同王室所拥有的固定地产相比，王室所拥有的流动财产简直微不足道。

查理曼还创制了一种新的度量衡体制，这种体制的各种标本原型被保存在宫廷。这又是一种同古代传统的断裂。但是，不迟于 829 年之前，各地主教们曾向虔诚者路易禀报全国各个地区所使用的度量衡皆因地而异的混乱状况。显然，这再一次表明，如同其他方面一样，查理曼试图想做的事情远远超过了他实际上所做的事情。

加洛林王朝在货币铸造上保留着王室的特点。他们将铸币之事置于各位伯爵、各位钦差的监控之下，并规范了铸币场的数量。[1]然而，805 年，他们曾试图将所有铸币场都集中到巴黎，[2]但是未能奏效。从虔诚者路易统治时期开始，几乎所有城市都在铸币。[3]但在秃头查理（the Charles of Bald）[4]时代，各地伯爵僭夺了铸币权。827 年，虔诚者路易曾将铸币权赐给一所教堂，可这所教堂所铸的货币仍旧是王室货币。920 年，一些教堂获得了在钱币上标明它们自己标识的权利。这是一种彻头彻尾的僭越之举，其结果自然就造



① M. PROU, *Catalogue des monnaies carolingiennes*, p. lxxiv.

② *Ibid.*, p. lxlix.

③ *Ibid.*, p. li.

④ 虔诚者路易之幼子，840—877 年为西法兰克国王；875—877 年为帝国皇帝。——译者

成了对国王独有特权的践踏和抛弃。[①]

因此，在加洛林王朝改革之前，我们可以说当时的基督教欧洲仅存在着一种货币体系：罗马的和地中海的体系。而到现在，则存在着两种不同的货币体系，每一种都对应着特定的经济区域：拜占庭体系和加洛林体系，东方体系和西方体系。这种货币状况是当时欧洲经济紊乱状态的反映。加洛林王朝并不是墨洛温王朝的延续。这两个王朝之间的差异，就如同黄金和白银之间的差异一样分明。整个批发性商业的消失以及依据这种现象对黄金的消失所做出的解释，一定要在某种细节方面得以证实，因为这还是一个正在争论的问题。

正如我们所见到和它逐渐被人们意识到的那样，批发性商业贸
易是受地中海西部地区航海手段、途径所制约的。现在，我们已经 248
看到在 8 世纪期间，凡在拜占庭帝国海军所无力予以保护的地区，基督徒的航海活动均因穆斯林的封闭而无法成行。8 世纪期间，阿拉伯人对普罗旺斯发动入侵，与此同时，查理·马特放火焚烧了其余的各个城市。虽然矮子丕平夺回了里昂海湾沿岸滩头阵地，并在 752 年，对尼姆、马格隆尼、阿格德和贝济耶等各处哥特的安西蒙都斯人（Ansimundus）投降的地区重新确立起统治，[②] 但撒拉森人在那些被其占领的西哥特城市里仍旧驻扎有守备军队，当地民众仍然



① M. PROU, *op. cit.*, p.lxi.

② RICHTER and KOHL, *Annalen des Fränkischen Reichs im Zeitalter der Karolinger,* vol. II, part I, p. I; L. OELSNER, *Jahrbiicher des Fränkischen Reiches unter König Pippin*, p. 340.

还得同这些穆斯林守军进行抗争。在这些城市里，撒拉森人固守那尔滂的时间最长。直至759年，该城居民消灭了撒拉森人的守军，并确保了自己民族的各种权利，方才同意法兰克军队进驻该城。[①]

765年，西班牙地区倭马亚王朝的建立，使得加洛林王朝同穆斯林势力之间出现了一种更为和缓的关系。但不论是这种缓和平静，还是对里昂海湾的收复，均未使得地中海海上贸易重新复兴。[②]这是由于加洛林王朝没有自己海军舰队的缘故，故而，该王朝也就无力对在这片海域上四处横行、杀人掠货的海盗予以彻底清剿。

加洛林王朝也的确曾试图获得海上的安全；797年，法兰克人举兵攻占了巴塞罗那城，[③]799年，巴利阿里群岛在遭受了撒拉森人毁灭性的浩劫之后，投附于查理曼。[④]807年，丕平（Pippin）[⑤]凭借一支意大利舰队，将摩尔人驱逐出科西嘉岛。[⑥]此刻，似乎表明查理曼打算发动一场海上战争；810年，这位皇帝曾下令建造一支海军舰队，[⑦]但无果而终，结果813年摩尔人对科西嘉岛、撒丁岛、尼斯和奇维塔韦基亚等地劫掠之时，查理曼还是束手无策，毫无招架之力。



828年，由托斯堪尼的博尼法斯发起的对非洲沿岸的远征并无

① RICHTER and KOHL, *op. cit.*, vol. II, part I, 1885, p. 16.

② 从797年到809年，查理曼同哈伦的关系一直保持着良好状态。A. KLEINCLAUSZ, *Charlemagne*, p. 342.

③ RICHTER and KOHL, *op. cit.*, p. 116.

④ *Ibid.*, p. 144.

⑤ 查理曼之三子，意大利国王，781—810年在位。——译者

⑥ RICHTER and KOHL, *op. cit.*, p. 173. 参见 *ibid.*, p. 184, a° 810。

⑦ *Ibid.*, p. 186.

多大功效。[1] 由于无力确保海上安全，查理曼便改变方略，转而完 249
善海岸防御，以防备摩尔人对其进行海盗式的袭扰攻击。[2] 罗马教皇也被迫加强自己属地的沿海地区的防御，以抵御撒拉森人从海上发动的各种侵扰。[3]

查理曼时代至少还能保有一种有效的防御政策，而在其之后，加洛林帝国便陷入一种无助状态。838 年，马赛被攻陷。842 年和 850 年，阿拉伯人甚至深入法兰克内地，直至阿尔勒城下。853 年，阿拉伯人又夺占了巴塞罗那。法兰克的整个沿海地区面临穆斯林的任意蹂躏。848 年，沿海地区实际上饱受希腊海盗们的侵扰劫掠，及至 958 年时，来自于北方的丹麦人从海上绕过了西班牙半岛，出现在卡马尔圭（Camargue）[4]。

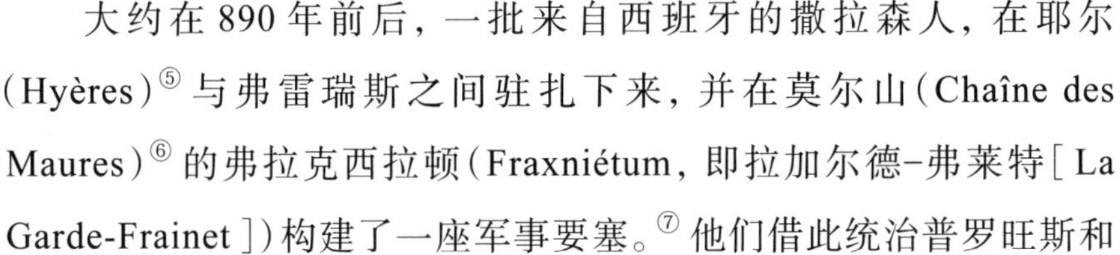

大约在 890 年前后，一批来自西班牙的撒拉森人，在耶尔（Hyères）[5] 与弗雷瑞斯之间驻扎下来，并在莫尔山（Chaîne des Maures）[6] 的弗拉克西拉顿（Fraxniétum，即拉加尔德-弗莱特［La Garde-Frainet］）构建了一座军事要塞。[7] 他们借此统治普罗旺斯和

① A. KOHL, *Annalen des Fränkischen Reichs im Zeitalter der Karolinger* , vol. II, part II, 1887, p. 260.

② ABEL and SIMSON, *Jahrbücher des Fränkischen Reiches unter Karl dem Grossen*, vol. II, p. 427.

③ ABEL and SIMSON, *op. cit.*, vol. II, pp. 488-489.

④ 位于罗讷河口三角洲西部，临地中海。——译者

⑤ 位于法国南部。——译者

⑥ 位于法国南部。——译者

⑦ 890 年 8 月的一份文献告知我们：撒拉森人大肆劫掠土地，使行省人口锐减（*Sarrazeni Provinciam depopulantes terram in solitudinem redigebant*）。M.G.H. CAPIT, ed. BORETIUS-KRAUSE, vol. II, p. 377.

多菲内(Dauphine)[①],并以这两个地区为依托,进一步发动伊斯兰圣战。[②] 然而931年,这支撒拉森人极其偶然地被一支希腊人舰队所打败。

及至973年,阿尔勒伯爵纪尧姆(the Count Guillaume)[③] 才有足够能力将撒拉森人予以驱逐。而在此之前,撒拉森人不仅控制了沿海地区,而且还控制了阿尔卑斯山山口的交通要道。[④]

意大利沿海地区的局势也很不妙。935年,热那亚(Genoa)[⑤] 遭到抢劫。[⑥]

在这种局势下,当时地中海各地港口都已将所有交通往来关闭,就容易理解了。对那些欲前往意大利的北方人来说,唯一通道就是穿越阿尔卑斯山山口,然而经由这条通道,他们必须要冒可能遭受盘踞在弗拉克西拉顿的那些撒拉森人的袭击抢劫的风险。另一方面,我们还发现通往普罗旺斯的各条通道此时已被西方人所放弃。

那种认为在“法兰西亚”与西班牙之间存在着某种贸易的观点
250 也是错误的。[⑦] 当时的西班牙地区是极其富庶的。据说在970年时,

① 法国南部一旧省名。——译者

② A. SCHAUBE, *Handelsgeschichte der Romanischen Völker*, p. 98.

③ 即普罗旺斯的威廉(纪尧姆是威廉的法语形式),生于约950年,卒于993年。980年成为阿尔勒伯爵。——译者

④ A. SCHAUBE, *op.cit.*, p. 99.

⑤ 意大利西北部沿海城市。——译者

⑥ 979年,该城大主教宣称:我们的教堂遭人掠夺破坏,已无人居住(*res nostrae ecclesiae vastatae et depopulatae et sine habitatore relicte*)。

⑦ LEVI-PROVENÇAL, *L'Espagne musulmane au X^e siècle*, 1932, p. 183认为10世纪时,朗格多克(Languedoc,法国西南部地区。——译者)地区无疑已是西班牙穆斯林制造业的一个分支,“但是有关这一方面史料文献的极度匮乏,非常不幸地使得我们只能将这两种制造业视作一种同时发生的现象”。

阿尔梅里亚港(Almeria)[①]遍布着大大小小的客栈。它当时从高卢地区输入的唯一物品，就是我们曾提及过的奴隶，毫无疑问，这些奴隶是由海盗和凡尔登的犹太人运抵此地的。

在这一地区，8世纪初以后，国际性贸易便彻底死寂了。唯一设法能够存留下来的贸易活动就是沿街叫卖的产自东方的各种物品，这种商业活动皆为各类犹太人所从事。提奥多尔夫的笔下肯定对此类活动做过描述。

大概在波尔多与不列颠群岛之间尚存在着一定数量的航行交通，[②]但是这种交往无论从何种意义上讲，都不具有什么重大作用。至此，我们前后所翻检的所有史料的内容都是彼此印证，相互吻合的。

我们已经看到纸草、香料和丝绸等各种物品输入“法兰西亚”已无足轻重了。在“法兰西亚”同伊斯兰世界之间不存在任何商业贸易的交往。利普曼(Lippmann)[③]关于制糖业的论断是完全正确的，即制糖业曾遍布整个意大利南部地区，但在12世纪之前，这种制糖业却始终没有达到意大利半岛北部地区。[④]居住在意大利的希腊人或许有能力充当这方面的中介人，可他们并没有做；其中之原委，则实在过于复杂，难以言说。[⑤]

① 西班牙南部良港，临地中海阿尔梅里亚湾，今阿尔梅里亚省省会。——译者

② M. THOMPSON, *An Economic and Social History of the Middle Ages*, 1928, p. 334.

③ 1857—1940年，德国化学家、自然史学家。——译者

④ E. LIPPMANN, *Geschichte des Zuckers*, 2nd ed., 1929, p. 283.

⑤ 据圣戈尔的僧侣们记载，虔诚者路易曾经常在隆重节庆之际，将极其贵重的布料(*preciosissima vestimenta*)赐给宫中重臣。但这些恩赐之物是否就是丝绸呢？请参见R. HARPKE, *Die Herkunft der friesischen Gewebe*, HANSISCHE GESCHICHTSBLAETTER, vol. XII, 1906, p. 309。

那个富有的商人阶级已彻底消失了。我们曾在许多文献中见到过有关商贩（*mercator*）[①] 和运营商（*negotiateor*）的记载，然而他们并非墨洛温时代曾存在过的那种职业商人；没有哪种生意人曾把土地交给基督教教会，又对穷人施以援手；也没有哪位资本家曾承
251 包过税收事宜，并把钱借贷给王朝官员。在各个城市中，我们也没有见到有关商人阶级的详细记载。虽然有些文献曾偶然提及商人，但这是指那种在任何一个时代都有的小商小贩；而在当时，他们并不构成一个商人阶级。可以肯定当时依旧有一些人，利用饥馑灾荒等可乘商机，在自己所居地区之外贩卖粮食，或者出售自己财物。[②] 这其中首先就是那些为了逐利而跟随着军队四处奔波的人。其中一些人甚至冒着生命危险前往边陲前线，向敌人出售各种兵器，或者同当地蛮族进行以物易物的生意。但是，这只是一种冒险家式买卖，绝不能将其视为一种常规性的经济活动。为驻跸在亚琛的加洛林皇室宫廷提供各类供给导致了一种常规性服务的兴起。可这并非一种商业类型；那些供货商都处于宫廷控制之下。[③] 从任何以赚取利润为目的的钱款借贷行为都被禁止这一事实中，我们找到了流动资本大为萎缩的进一步证据。由此，我们无疑地觉察到了基督教教会的影响，它从很早时候起就禁止信徒从事那些以赚取利润为目

① E. SABBE, *Quelques types de marchands des IX<sup>e</sup> et X<sup>e</sup> sièles,* REVUE BELGE DE PHIL. ET D'HIST., vol. XIII, 1934, pp. 176–187.

② M.G.H. CAPIT., ed. BORETTUS-KRAUSE, vol. I, p. 131: 敕令各地主教要对教堂宝藏严加监管："因为对于我们而言，犹太商人和其他人都不满意，他们可以从别的地方得到令他们满意的各种物品。"（*quia dictum est nobis, quod negotiatores Judaei necnon et alii gloriantur, quod quicquid eis placeat possint ab eis emere.*）

③ G. WAITZ，*Deutsche Verfassungsgeschichte*, vol. IV, 2nd ed., 1885, p. 45.

的的货币借贷业务；然而实际上这类禁令对整个商业都具有效用，而且这种禁令贯穿于整个中世纪时代，这就非常确定地验证了大规模商业活动业已消失的判断。早在789年，一项基督教教会禁令规定所有人均不得从钱币或其他类型借贷活动中牟取任何利润。① 此后，西方世俗国家政权也采用了这项原本由基督教教会颁发的禁令。②

结果，作为一种普遍的职业化的商人阶级，在加洛林时代已不 252
复存在了。我们目前所掌握的证据，至多是一些偶尔存在的商人和一些修道院的农奴，他们只是出售各自庄园所产的各种产品或者购买当地不出产的某种稀有罕见之物。大规模商业活动之所以泯灭是它在当时根本就不存在任何销路所致，因为城镇居民已经消失；或者更准确一点讲，查理曼和虔诚者路易时代所存在的唯一商业活动就是对驻跸于亚琛的宫廷的供给。虽然宫廷是由商人们供给的，然而这些商人都是属于一个特殊的范畴，在一定程度上讲，他们只

① G. WAITZ, *Deutsche Verfassungsgeschichte.*, p. 51. M.G.H. CAPIT., vol. I, pp. 53 ff. and 132 ：人的"欲望要比实际得到的更大；假如你付出10枚金币，你就会想得到更多的收益；或者假如你拿出1毛迪乌姆（*modium*）的粮食，那你想得到的东西会更多"（*Usura est ubi amplius requiritur quam datur; verbi gratia si dederis solidos 10 et amplius requisieris ; vel si dederis modium unum frumenti et iterum super aliud exigeris*）。A. 道普什一直徒劳地试图证明加洛林王朝并不反对牟取利润；他之所以如此固执，仅是因为这样一种借口：他说，当时俗人的牟取利润行为并没有遭到禁止，*op. cit.*, vol. II, p. 278。

② 根据A. 道普什的观点，在反高利贷立法方面，查理曼并无任何创新之举，可以肯定他继续沿用了墨洛温王朝传统，这种传统严禁僧侣从事谋取利润的活动，A. DOPSCH, *op. cit.*, vol. II, p. 281。在证明加洛林王朝期间获取利润是实际存在的方面，这位作者所能提供的只是为数不多的几个令人难以信服的事例，其逻辑显然就是：因为这种活动被禁止，所以它一定是存在的。那种遭到禁止事物本身就是利润这一现实，*op. cit.*, vol. II, pp. 282–284。他以一种不切实际的态度断言：因此，毫无疑问，加洛林人或他们的立法有反常规的倾向，*op. cit.*,vol. II, p. 286。

是负责宫廷供给服务的代理人，由宫廷管辖，完全受控于行政长官（*magistri*）的规定秩序。[①]

杜尔斯泰德、克恩托维克和克鲁塞（*Clusae*）[②] 的商人则免交市场税。但是这些商人在同加洛林皇帝进行交易时也似乎力争维护自己的利益。[③]

在某些城市，特别是在 775 年 [④] 的斯特拉斯堡（Strasbourg）[⑤]，当地主教凭借属地民众所提供的资助，也发展起一种粮食补给的形式，这些民众也被查理曼授予除了杜尔斯泰德、克恩托维克和克鲁塞之外整个王国都需交纳的市场税的豁免权。

253 我们已经得知，当时各个修道院也都拥有类似豁免特权。[⑥] 但是，这些史料证据恰好也证明了这种义务并不能构成那种确切意义



① 在 820 年有关宫廷礼仪的规范文献中，M.G.H. CAPIT., vol. I, p. 298 曾经提到："所有商人驿站，或在商铺附近或者在其他地方被人买卖，而基督徒商铺要远远多于犹太人的商铺。"（ entrusts a certain Ernaldus with the supervision of the *mansiones omnium negotiatorum, sive in mercuto sivi aliubi negotientur, tam christianorum quam et judaeorum.*）这似乎涉及长久固定的商店。*Ernaldus seniscalcus*（*?*）at table, say BORETIUS-KRAUSE. 828 年 the *Formulae Imperiales*, ed. ZEUMER, *Formulae*, p. 314 中有一条款提到，商人们需在 5 月将他们的账目上交给宫廷。

② 意为山间狭窄的通道，位于法国东南部，罗讷河支流阿尔沃河谷地。——译者

③ "倘若君主的车子……挡在了我们利益和他们利益的前面，他们会想办法扩大贸易影响的。"（*Et si vehicula infra regna...pro nostris suorumque utilitatibus negotiandi gratia augere voluerint.*）M. G. H. FORMULAE, ed . ZEUMER, p. 315.

④ G. G. DEPT, *op. cit.*, MELANGES PIRENNE, vol. I, p. 89.

⑤ 法国东北部阿尔萨斯地区的城市，今下莱茵省省会。——译者

⑥ 有关归属于各个修道院船只的流通，见 L. LEVILLAIN, *Receuil des actes de Pépin I^er et de Pépin II, rois d' Aqnitaine*, 1926, p. 19, n° VI, p.59, n° XXI, p. 170, n° XLI。参见 IMBART DE LA TOUR, *Des immunités commerciales accordées aux églises du VII^e au IX^e siècle*, ETUDES D'HISTOIRE DU MOYEN AGE DEDIÉES, A. G. MONOD, 1896, p. 71。

上的商业，而只是一种具有某种特权的粮食补给。从其他方面来看，这种粮食补给的适用范围非常广泛，它遍布的区域从北海地区一直延伸到阿尔卑斯山区。

这种理论或许与法兰克帝国各个地区所出现的那种数量极为众多而且还呈持续发展势头的市场状况是相互矛盾的。我们可以确定在每一个城市（*civitas*）之中都存在着一个市场，而且，在许多堡寨和修道院附近也都有市场。但是我们绝不能将这些市场（market）同市集（fair）混淆。事实上，我们仅从加洛林王朝文献中发现了一处市集，即圣但尼修道院的市集。

我们所查阅到的各种数据、史料表明，那些小规模市场通常都是由其邻近地区的农民和小商小贩以及船夫们所构成的。在这种市场中所出售的商品，都是本地出产的各种各类的小物件（pardeniers）。这些供人们用来集会的场所同时也是各类商品汇聚、出售的地点。[①] 有关这些商品的"法规汇编"表明，它们都是由农奴们或者农民们所提供的。这些市场也常有一些未获得执照的流动

---

① M.G.H. CAPIT., vol. I, p. 88："我们的家人要好好地劳作，以满足他们的需求，东西没有卖不出的时候。"（*Ut...familia nostra ad eorum opus bene laboret et per mercata vacando non eat.*）查理曾禁止在礼拜天开放市场，但在"某些天，人们必须工作，以满足顾客们的需求"（ *in diebus in quibus homines ad opus dominorum suorum debent operari*）（M.G.H. CAPIT., vol. I, p. 150, § 18）。另外，有些教士也"在四处购买物品"（*per diversos mercatus indiscrete discurrunt*），见 M.G.H. CAPIT., vol. II, p. 33。有关这些商业买卖的特征和提供掺有贱金属货币的妇女们的各种伎俩的状况，还请参见M.G.H. CAPIT., vol. II, p. 301. *sub anno* 861。至于有关各种贸易进一步的详细情况，请参见 *ibid.*, vol. II, p. 319, a°864："他们按数量出售面包和酒类，并按塞克斯诺里乌斯（一种重量单位）出售葡萄酒。"（*illi, qui panem coctum aut carnem per deneratas aut vinum per sextaria vendunt*）

商贩光顾，例如曾有这样一位商人，他从勃艮地伯爵府上盗得一把宝剑，而后在各地市场兜售，可到最后也没有找到一位买家，无奈之下，他只好将这把宝剑归还原主。[1]那些犹太人也常常光顾这些市场。阿格巴特（Agobart）[2]甚至抱怨为了使这些犹太人进入市场
254 更为方便，每当市场开张的日子为礼拜六时，就得加以调整。[3]

每当某个修道院为某位圣徒举行纪念活动时，都会出现一种家家户户都出动的热闹景象，人们长途跋涉从各地赶来，甚至造成交通堵塞。[4]《圣雷马科利乌斯传奇》（The Miracles of Saint Remaclius）[5]中曾提及一位农奴，其职责本是照管修道院藏于雷马根（Remagen）[6]的葡萄酒，赶着两头公牛去赶集，由于他在路上放纵自己，开怀畅饮，结果酩酊大醉，人事不省，把那两头牛都给弄丢了。[7]而这个宗教节日恰好是与一个市集的日子相吻合。根据魏兹的研究，加洛林王朝并没有被请求批准建立这个市场，除非出现



---

① FLODOARD, *Histoia Remensis*, IV, 12, M. G. H. SS., vol. XIII, p. 576. *Vita S. Germani* 所提到的另一个商人，则是“在一所庄园附近购置各种各样的东西，然后又急急忙忙地运到别处高价出售”的小商贩（*ass quidquid in una villa emebat, carius vendere satagebat in altera.*）P. HUVELIN, *Essai historique sur le droit des marchés et des foires*, p. 151, n. 4.

② 8、9世纪加洛林时代著名神学家和学者，816—140年曾任首任里昂大主教。曾参与虔诚者路易诸子反抗其父皇的活动。一生撰著了众多神学和政论著述。——译者

③ G. WAITZ, *op. cit.*, vol. IV, 2nd ed., p. 47, n. 3.

④ *Ibid.*, p. 52. 这种市场被称为“周年纪念市场”（*forum anniversarium* or *mercata annuale*），以区别于那种每周一次的市场（*forum hebdomadarium*）。

⑤ 圣雷马科利乌斯（Remaclius, Rernaclus, Remacle），卒于673年，为墨洛温时代传教士，死于曾在高卢东北部传播福音，并创建了斯塔维洛特-马尔梅迪修道院。——译者

⑥ 为德国西北部城市。——译者

⑦ *Miracula S. Remacli Stabulenses*, M. G. H. SS., vol. $XV^1$, p. 426.

什么例外或市场税式(*tonlieu*)的捐赠。后来，在某些市场边上出现了一些铸币坊，这就要有皇家的特许了。《皮特雷敕令》(The Edict of Pitres)[①] 表明当时的市场数量在不断地增长，因为该敕令所谈到的内容既包括查理曼时代的市场，也包括在虔诚者路易时代建立的市场，还包括那些在秃头查理时代所开设的市场。此时，加洛林帝国经济衰落的局势由于诺曼人入侵而持续加重，这清楚地证明了此时的市场数量并不是一个同商业发展相关联的问题，而是一个同当时加洛林帝国商业贸易向更加依赖自身的转变的关系更大的问题。

早自 744 年，苏瓦松的《法令集》就已指示各地的主教们要在
每个城市开设一个“合法的空间”(*legitimus forus*)。[②] 而这些小规
模市场并不是经常性的。[③] 大多数情况下，这些小市场所出售的都
是鸡蛋和鸡之类的物品。但在为数不多的几个较为繁荣的市场里，
肯定是会有一些制成品买卖交易的。例如，在佛来米地区的市场里 255
就极有可能有纺织品出售。一份源自根特(Gand)[④] 的《劳顿讷西斯
抄本》(*Codex Laudaunensis*)中就有一封书信记载着此类内容，一
位神职人员交给其朋友五个苏，求他为自己买一顶风帽(*cucullum
spissum*)。[⑤] 但是，我们却不能从这则史料中就得出当时已存在着
批发市场或什么流通商品的汇聚地等其他各种结论。

这些为数甚众的小市场所出售的商品，肯定一直都是由那些

① G. WAITZ, *op. cit.*, vol. IV, 2nd ed., p.53 and p. 54 n.

② M. G. H. CAPIT, vol. I, p. 30.

③ F. VERCAUTEREN, *Études sur les civitates*, p. 334 表明 M. 道普什为了强调说明莱昂市场的重要性，曾提到过纺织品，其实，在这份指令中根本就没提到这个市场。

④ 即 Gent，比利时西北部城市，今东佛兰德尔省省会。——译者

⑤ F. VERCAUTEREN, *op. cit.*, p. 334.

乡村陶工、铁匠和纺织工等家庭手工业提供的，正是这些家庭手工业者满足着当地民众的需求，这种情形同人类各种早期文明所具有的状况毫无二致。但是，有一点却更加突出，即我们找不到当时有任何定居商人或工匠存在的痕迹。在小市场附近经常有小规模的铸币作坊存在的这种现象，更可为在当时并不存在货币流通提供佐证。进一步地说，秃头查理于 865 年曾恩准沙隆的主教开设一家小规模的铸币作坊，就是因为这位主教无力获得皇家铸币厂铸造的第纳尔。[①]

在这些市场上得不到任何产自远方的产品。因此，阿尔昆本人就有一名商人，他常常遣派这位商人往意大利为其购物。[②]8 世纪期间，萨克森人与弗里西亚人或许能够相遇的唯一场所就是圣但尼修道院的市集。[③]



那些较为重要的交易活动，无论是哪一种，都与这类小市场的买卖毫无关联。它们只是一种偶尔为之的买卖交易。这些交易的内容往往都与珍贵物品、珠宝、马匹和牲畜有关。一份《法令集》的内容显示，正是这种交易才可被恰当地称为商人之间进行的贸易；[④]而这些“特殊的、专业的”人士几乎毫无例外都是犹太人。

当时那些犹太人都是依赖商业为活的人，除了少数威尼斯人以外，只有他们才专门从事商业活动。为了使这一点更加令人信服，我们必须认真翻捡一下各种《法令集》文献，在这些文献中，犹太

① M. PROU, *Catalogue des monnaies carolingiennes*, p. lxii.

② G. WAITZ, *op. cit.*, vol. IV, 2nd ed., p. 42, n. 3.

③ P. HUVELIN, *op. cit.*, p. 149.

④ M.G.H.CAPIT, vol. I, p. 129, c. II.

教徒（*Judaeus*）一词总是同商人（*mercator*）这一词汇相伴随。[1] 很 256
显然，这些犹太人仍旧在继续从事符合他们那种同一教徒身份的活动，正如我们所知晓的那样，他们早在穆斯林入侵之前就已散布到整个地中海地区了。[2] 然而，这种散布是在另外一种不同状态下完成的。

在西哥特人占据西班牙的晚期，犹太人曾成为一场严重迫害的牺牲品，当时西哥特国王爱吉卡曾进一步严禁他们同外国人和基督徒进行贸易往来。然而，这种状况并没有传播到法兰克帝国。而且，在法兰克帝国中犹太人的境遇完全相反，颇受朝廷恩宠与保护，皇室还曾赐予他们免予市场税的特权。皇帝虔诚者路易曾宣布了一份犹太人享受恩宠的“法规”条款目录（这份目录清单现已遗失），规定只有当“按照他们自己的法律”（*secundum legem eorum*）之时，才可以对犹太人进行审讯。[3] 任何一位谋杀犹太人的凶手都要被判处向皇室的“秘室”（*camera*）交付一笔罚金。这些非常重要的特权都是犹太人以往所不曾享有的，这些表明，当时法兰克那些帝王君主都将犹太人视为他们生活中不可或缺的人物。

在某些领域，加洛林王朝常常重用犹太人。加洛林王朝派往阿

① 道普什自己宣称：商人与犹太人，通常是一回事（*Die Handelsleute und Juden, was ja vielfach dasselbe war*），*op. cit.*, vol. I, 2nd ed., p. 168。

② 在 9 世纪，我们首先在里昂海湾地区以及在那尔滂和威尼斯等地发现有犹太人存在，甚至整个米迪地区都有可能存在着犹太人。

③ A. DOPSCH,*op.cit.*,vol. I, 2nd ed., p. 345. M.G.H.FORMULAE, ed. ZEUMER, *Formulae Imperiales,* p. 311, No. 37, p. 309, No. 30, p. 310, No. 31, p. 325, No. 52. 所有这些文献数据皆来自于虔诚者路易时期，大概是在 836 年之前，见 A. COVILLE, *Recherches sur l'histoire de Lyon,* p. 540。

拉伯帝国觐见哈里发哈伦-拉希德的使节就是犹太人，而在亚琛宫廷之中的商人行列中，我们也早已见到犹太商人的身影。

虔诚者路易曾将萨拉戈萨的犹太人阿布拉海姆（Abraham of Saragossa）召入宫廷，为己服务，并给予这位犹太人以特殊庇护，而阿布拉海姆在宫廷之中也对这位帝王尽心尽力，忠心耿耿。[①]我们从未发现任何一位基督徒曾受过如此恩宠。

257 825年左右，虔诚者路易将一项特权赐予大卫·戴维提斯（David Davitis）和约瑟夫（Joseph）以及他们居住在里昂的同一教徒们。[②]这项特权规定豁免犹太人的市场税以及其他有关交通的收费，并把犹太人置于皇帝陛下的庇护之下（*sub mundeburdo et defensione*）。犹太人被允许可以按照自己的信仰方式生活，他们的宗教官员可以跻身朝廷，可以从事与基督徒身份相一致的事务（*ad opera sua facienda*），可以在帝国境内买卖奴隶，可以交换物品，同他们喜欢的人进行贸易，甚至只要他们觉得必要，还可以同外邦人进行贸易活动。[③]

从这份《文献》（*Formulae*）中所获致的有关内容，我们也可从阿格巴特在其于823—830年所撰著述中那些有关犹太人的论述得到佐证。阿格巴特对当时犹太人所拥有的财富，对他们在宫廷中所

① A. DOPSCH, *op. cit.,* vol. I, 2nd ed., p. 68, M. G. H. FORMULAE, ed. K. ZEUMER, *Formulae Imperiales,* p. 325, No. 52："他们可以在我们的保护之下平静地生活，忠诚地服务于我们的王室。"（*liceat illi sub mundeburdo et defensione nostra quiete vivere et partibus palatii nostri fideliter deservire.*）

② M. G. H. FORMULAE, ed. K. ZEUMER, p. 310.

③ A. COVILLE, *op. cit.*, p. 540.

享有的宠信，对皇帝陛下派遣使臣前往里昂亲手交给犹太人特许文状以及这些皇家使节在犹太人面前所表现出来的温柔态度都感到十分气愤。他说犹太人向皇帝陛下身边廷臣提供美酒；而那些王公贵戚和贵妇则向犹太妇女们提供衣物服饰；甚至正在建造一座新的犹太教会堂。[①] 这简直就是一种专门针对那些犹太“显贵”的反闪米特人的论调。毋庸置疑，此刻我们所面对的是犹太人中那些举足轻重的富商巨贾。他们甚至可以被允许役使基督徒仆人。他们还可以拥有地产，有关这方面的情况，我们可从“那尔滂赋税簿”（pays de Narbonne）中觅得充足的史料证据，这些犹太人并不在乡村居住，所以他们的地产都是由基督徒耕种。早在 768—772 年，罗马教皇就曾对这种状况有所抱怨。[②] 在里昂和普罗旺斯的维恩等地区以及这些城市郊区，犹太人都拥有地产和葡萄园。显然，犹太人所做的这一切投资就是为了牟取利润。

一般来说，犹太人所从事的商业都是批发性贸易，进一步讲， 258
就是国外贸易。正是通过这些犹太人，西方世界仍旧与东方保持着联系。但是这些联系的中介途径已不再是地中海，而是西班牙；正是通过西班牙，犹太人同位于非洲和巴格达的各个穆斯林政权保持着一定的接触往来。伊本-胡尔达兹比赫（Ibn-Kordadbeh）[③] 在其著述《道里邦国志》（*The Book of Routes*）一书中曾提及拉唐（Radamite）犹太人“能够操波斯语、罗马语、阿拉伯语、法兰克语、

① 里昂的犹太人情况，请参见 A. COVILLE, *op. cit.*, p.541。

② JAFFÉ-WATTENBACH, *Regesta pontificum Romanorum*, No. 2389.

③ 820—912 年，波斯地理学家。——译者

西班牙语和斯拉夫语等各种语言。他们从西方到东方，尔后，又从东方到西方，时而在陆地行走，时而由海路航行。他们在西方装载阉人、女奴、儿童、丝绸、毛皮和刀剑。在地中海西部海域的法兰克装船之后，他们航至法拉玛（Farama，即 Pelustum）[①]……而后，他们继续向信德（Sind）[②]、印度和中国进发。在回程船只上，他们满载着麝香、芦荟、樟脑、肉桂和其他东方各地的特产。他们一部分人航行到君士坦丁堡，目的是在那出售他们运载的货物；另一部分人则准备前往法兰克地区"[③]。可能，他们之中某些人要走多瑙河商路，但可以肯定大多数人是要走西班牙这条商路。提奥多尔夫诗句中所提及的东方财宝，肯定都与犹太人从东方输入进来的那些商品有关联。[④] 在虔诚者路易所颁发的敕令中经常提及的那位萨拉戈萨的犹太人阿布拉海姆也与西班牙有关；同时，我们从凡尔登商人们的情况中[⑤]，也得知他们与西班牙也保持着一定的联系。此外，我们知道犹太商人们还从拜占庭以及东方各地向莱昂王国[⑥]输送各种纺织商品。[⑦] 虽然，犹太人是香料和各种贵重商品的供货商，但是他

① 一座位于塞德港（Port Said）附近被摧毁的城市。

② 今巴基斯坦东南部地区。——译者

③ *Le livre des routes et des voyages*, edited and translated from the French by C. BARBIER DE MAYNARD in the JOURNAL ASIATIQUE, 6th series, vol. V, 1865, p. 512.

④ Ed. DUMMLER, M. G. H. POETAE LATINI AEVI CAROLINI, vol. I, pp. 460–461, p. 499, etc.

⑤ F. ROUSSEAU, *La Meuse et la pays mosan en Belgique*, 1930, p. 72.

⑥ 10 世纪前后，在今西班牙莱昂省所形成的一个基督教政权。11 世纪 30 年代同卡斯提尔王国合并。——译者

⑦ SANCHEZ-ALBORNOZ, *Estampas de la Vida en Leon durante el siglo* X, 1926, p. 55.

们也插手葡萄酒贸易。[1] 在多瑙河两岸，他们还从事贩盐买卖。[2]10 259
世纪时，犹太人在纽伦堡(Nuremberg)[3] 附近拥有各类制盐作坊。[4] 他们还从事各类刀枪兵器买卖，并且经营各处基督教教堂宝藏的交易。[5]

但是，正如我们所已经知道的那样，当时犹太人所从事的最大行业是奴隶买卖。这些奴隶中有一部分是在法兰克境内出售的，但其绝大部分则是出口销往西班牙地区。我们知道在 9 世纪末期这类奴隶和阉人的贸易中心是在凡尔登。[6] 在我们所掌握的史料中，有关阉人出售数据是从 10 世纪开始的，然而，891—900 年之间《圣伯丁传奇》(*the Miracula S.Bertini*)中就已谈到了凡尔登商人曾前往西班牙地区。根据留特普兰德所言，这种贸易有巨大利润。在 779 年和 781 年，这类奴隶贸易曾两度遭到严禁，[7]845 年，又再度被禁。[8] 但是，奴隶贸易依旧延续下来。阿格巴特认为这种贸易依旧延续了很长一段时间，而且可以肯定它是墨洛温时代延续下来

① AGOBARD OF LYONS, *Epistolae*, ed. DUMMLER, M. G. H. EPIST., vol. V, p. 183.

② M. G. H. CAPIT., vol. II, p. 250.

③ 德国东南部拜恩州城市。——译者

④ J. ARONIUS, *Regesten zur Geschichte der Juden*, p. 56.

⑤ “因为对于我们而言，犹太商人和其他人都不满意，他们可以从别的地方得到令他们满意的各种物品。”(*quia dictum est nobis, quod negotiatores Judaei necnon et alii gloriantur, quod quicquid eis placeat possint ab eis emere.*)M. G. H. CAPIT., vol. I, p. 131, a°806.

⑥ AGOBARD OF LYONS, *Epistolae*, M. G. H. EPIST., vol. V, p. 183, and F. ROUSSEAU, *op. cit.*, p.72.

⑦ M. G. H. CAPIT., vol. I, p. 51 and 190.

⑧ *Ibid.*, vol. II, p. 419.

的。他说在9世纪初年，有一个人从科尔多瓦逃脱出来，只身来到了莱昂，据他讲他自己曾被莱昂的一位犹太商人卖到了科尔多瓦。而且，他还确认有人曾告知他那些被犹太人偷来的或买来的儿童都是为了赚钱而被贩往到异国他乡。[①]

在犹太人从事商业贸易中还必须加上白银买卖交易，有关这一方面资料，我们现在掌握得还非常稀少。

在四处经商的犹太富贾巨商之外，大概还有一些常年往返奔波于各个市场之间的犹太小商贩。但是，当时在法兰克境内能够从事批发性贸易的只有犹太商人。而在他们所从事贸易中最为贵重的商品就是由806年一份史料文献中所记载的，那些继续从事特殊行业的犹太商人所经营的黄金、白银、奴隶和香料等商品。[②]

260 除了犹太人和弗里西亚人之外，在这一时期就几乎没有什么人可以配得上被称为商人。（在此，我并不是说当时有偶尔出现的商人的存在。）有关这一结论，或许可以从当时犹太人所享有的皇家恩宠中推演出来，倘若犹太人在当时不是不可或缺的角色，那么，他们也就不可能享受到他们实际上所受到的那种恩宠与庇护。从另一个方面看，由于犹太人被允许役使基督徒仆人，那么，他们的许多代理人也就一定被看作是基督徒商人。进一步讲，当时那个时代的语言可给我们更多的证明，在当时，“犹太人”和“商人”这两



① *Epist., loc. cit.*, p. 185, and A. COVILLE, *op. cit.*, pp. 541–542.

② “据悉，商人们对凡是同金银财宝、铠甲战袍以及奴隶之类相关的物品尤为青睐。”（*Auro, argento et gemmis, armis ac vestibus nec non et mancipiis non casatis et his speciebus quae proprie ad negotiatores pertinere noscuntur.*）M. G. H. CAPIT, vol. I, p. 129.

个称谓的含义完全相同。[①]

在犹太人以外，能够翻越阿尔卑斯山的大概也就是威尼斯人了，但是其数量实在是太微乎其微了。

总而言之，犹太人就是加洛林时代的职业化商人。然而，却不能因此就断定犹太商人所从事的商业活动，就是大规模进口贸易。这一点，从当时香料的稀缺性和奢侈品消费的萎缩来看，都是显而易见的。这种进口商品输入途径由海路向陆路的转变，必定导致进口贸易的缩减。但是，也因为此，各种进口商品的利润更为可观。

有关当时商业活动的非重要性，我们可从这样一种事实中找到证据，即无论是在当时的文献中还是在这一时期的各类不同史乘的记载中都没有有关商业的内容。840 年的一份法令文献曾提及“抵押物品”（*cautiones*）和白银信用贸易（of silver confided *ad negociandum*），[②] 还有880年的一份文献提及有关威尼斯商人的抵押文书（*scriptum fiduciationis*），[③] 只要地中海的商品贸易仍在继续，商业法就会继续存在。而当地中海被关闭之后，商业法也就必然消失。

根据上述内容，我们可以得出这样一个结论，即当时出现了一种商业贸易的萎缩，从而致使土地在整个社会经济生活中成为最为

① “商人，即犹太商人和其他商人”（*mercatores, id est Judaei et ceteri mercatores*），M. G. H. CAPIT., vol. II, p. 252; “该王国的商人们，无论是基督徒商人还是犹太商人”（*mercatores hujus regni, christiani sive Judei*），*ibid.*, vol. II, p. 419; “所有商人们的驿舍，无论是基督徒的还是犹太人的……”（*mansiones omnium negotiatorum...tam christianorum quam et Judaeorum*），*ibid.*, vol. I, p. 298; 其他商人，即犹太人应缴纳什一税，基督教商人则无法确定（*de cappis et aliis negotiatoribus, videlicet ut Judaei dent decimam et negotiatores christiani undecimam*），*ibid.*, vol. II, p. 361。

② M.G.H.CAPIT, vol. I, p. 134.

③ *Ibid.*, p. 140.

关键的基础。其实，在墨洛温时代这种趋势就已经存在了，尽管商品流通依旧具有重要的地位。早在地中海被关闭之前，正如我们所
261 看到的，就已存在一些土地产品的贸易交换；虽然我们对这方面具体情形所知甚少，但可以肯定这类贸易交换是存在的。关于这一点，我们是可以从墨洛温时代大地产所有者必须以货币缴纳赋税，以及他们的管事（*conductores*）将他们领地上收益以白银方式汇集起来这些事实中推断出来的。当然，这必然意味着那些土地上的产品要被出售。可是，要把这些产品卖给谁呢？毫无疑问，卖给当时数量仍旧十分众多的城市里的居民和商人。而如今在加洛林时代，我们再也看不到这种土地产品被出售流通的正常情形了。关于这一点，作为各个教堂照明和熏香原料的油料作物的消失就是最好证明。油料供应断绝了，即使以往由普罗旺斯供应的油料也没有了。因此，墨洛温王朝末期人们还不知道的蜡烛（*cerarii*），则在此时就出现了。居住在塞利根斯塔特（Seligenstadt）[①] 的艾因哈德无法获得任何用于照明的蜡，只好被迫从他在根特附近的领地专门运来。



葡萄酒的情形也是同样如此，只不过它衰落的程度要更为严重一些。按照正常贸易渠道，除非通过某位犹太商人中介，否则人们根本就无法弄到葡萄酒。鉴于葡萄酒是一种不可或缺的物品，结果就造成哪怕是为了宗教信仰的目的，人们也要尽各种各样努力以确保每个地区都能生产葡萄酒。在这一方面，低地地区的各家修道院表现得尤为突出。更为重要的是，这些修道院都位于各条河流流经的地区，而弗里西亚人正是常常来回在这里通过。因此很明显，这

① 位于今德国西部。——译者

些河流上那些小规模航运交通尚不足以满足那些修道院对葡萄酒的需求。然而，在诺曼人发动入侵之前，法兰西地区还要向斯堪的纳维亚地区出口一定数量的葡萄酒。

当时人们获得葡萄酒的稳妥方式，就是自己生产，因为即使存在着通过商业渠道获得葡萄酒的可能性，人们也没有足够白银购买。故而，最可取办法就是购买葡萄园。位于默兹河谷的各家修道院均在莱茵河流域的摩泽尔河两岸地区购置葡萄园，与此同时，那些位于斯海尔德河谷地的修道院则在塞纳河两岸购置葡萄园。[①] 作为各 262
个修道院财产，葡萄酒是由农奴们运送的，而且是以最为优惠的条件运送给修道院的，因为这些酒是免交市场税的。因此，每家修道院都拥有自我补充的手段和机构。它们并不需要外部资助。它们也构成了一个小小的自给自足共同体。我们并不需要像都尔的英姆巴特（Imbart de la Tour）那样将这些修道院视作为特权商人，但我们又必须同意他这种观点，即"它是一种强制性劳役（*corvées*）的结合体，基督教教会通过陆地和河流来组织自己的交通运输"[②]。而且，他们以这些方式所运送的商品皆是其作为消费者所急需的物资。[③]

① VAN WERVEKE, *Comment les etablissements religieux belges se procuraient-ils du vin au haut Moyen Age?*REVUE BELGE DE PHIL. ET D' HIST., vol. II, 1923, p. 643. 有关这些修道院购置葡萄园的状况，有一个清晰的证据，即这些专门供应稀缺商品的领地，当商业贸易复兴之后都被变卖了。

② IMBART DE LA TOUR, *Des immunités commerciales accordées aux églises du VII^e au IX^e siècle*, ÉTUDES D'HISTOIRE DU MOYEN AGE DÉDIÉES A. G. MONOD, 1896, p. 77.

③ A. DOPSCH, *op. cit.*, vol. I, 2nd ed., pp. 324 *et seq*. 极力证明他们当时是在为市场生产商品。而我本人却看不出这一点。但是，有一点是确实的，即那些发现葡萄供应不足的人们，尽力设法获得"自己的葡萄酒"（*vinum peculiare*），M.G.H.CAPIT., vol. I, p.83, *Capit. De Villis*, c.8, 目的是保障庄园领地（*villae dominicae* ）的供应。笔者假设，

当然，在饥馑灾荒年头，各类领地的主人都将自己需要加以处置的谷物和酒类用于出售，而且他们也都会抬高价格，以牟取暴利。然而，这样也将导致加洛林皇帝们的干预，他们希望遏制各类不公正利润的出现。但是，我们不能如道普什那样，将其视为这些商品领域中已形成某种常规性的商品贸易的证据，我们所能发现的只是禁止向帝国以外地区出售这些商品的证据。[①]

倘若我们读过费里耶尔的鲁普斯（Lupus of Ferrières）[②] 的各类通信，我们就会发现他本人实际上是把当时买卖的必要性看作是应当予以谴责的一种事物，对于买与卖，人人都应该竭力予以避免。

263 国王秃头查理曾剥夺圣乔西（Saint Josse）[③] 的费里耶尔修道院所属田庄（cell），导致该修道院僧侣们无法再获得衣物、鱼和奶酪等物品，只得靠购买蔬菜为活；[④] 但这只是一种例外情况。



圣利奎耶（Saint Riquier）修道院[⑤] 的领地生活完全是按这样一种方式组织起来的，即它自己生产一切僧侣们生活所必需的各类

---

这只是在葡萄酒产量过剩的时候所出现的买卖；然而，我们不可就此便得出与道普什相同的结论（*ibid.*, p. 324），即当时存在着相当规模的葡萄酒贸易。而道普什为了证明各个修道院领地为了市场上能够所进行的商品生产所引用的各种史料文献皆不足为凭。

① A. DOPSCH, *op. cit.*, vol. I, 2nd ed., pp. 324 *et seq.*

② 亦称塞尔瓦图斯·鲁普斯（Servatus Lupus），9 世纪加洛林时代著名学者和文献学家（约 805—862 年后）。出生于欧塞尔一个贵族家庭。早年入费里耶尔修道院接受教育，后在富尔达修道院和拉班·毛尔宫廷从事研究，并与艾因哈德等人结识交往。编辑整理各种蛮族法典，著有各类神学论著。——译者

③ 圣乔西，位于法国加莱海峡省（Pas-de-Calais），是梅尔河畔蒙特勒伊市（Montreuil-sur-Mer）下辖之地。——译者

④ LOUP DE FERRIÈRES, *Correspondance,* ed. L. LEVILIAIN, vol. I, 1929, p. 176, n°. 42, a° 845.

⑤ 该修道院创建于 7 世纪。8 世纪末，查理曼之宠臣安吉尔伯特曾任该院住持。12 世纪前该修道院地位影响颇巨，后逐渐衰落。——译者

物品。[①]

858年，各地主教们向国王呈递了一份奏折，建议国王应按照他们那种可以自给自足的方式来管理王室的庄园领地。[②]

从9世纪上半叶克尔比修道院的阿达尔哈德(Adalhard)[③]的各种法规条文中，我们获得了有关全然封闭的领地管理模式的一份非常生动的描述。其中内容没有一处提及专供出售之用途的物品。该修道院人数最多时达400人，但整整一年，从1月1日到次年的1月1日，每一个礼拜的劳作都安排得详详细细，井井有条。在修道院中有一些为其服务的教会役农和世俗之人(*matricularii* and *laici*)；特别是，其中还有一些修鞋匠、漂洗工、金匠、木匠以及负责制作羊皮纸、金属工具和疗治伤病等各类人等。[④]僧侣们的生活皆仰赖于农奴们所提供的各种供奉，一般说来是谷物，以及他们的强迫性劳役(*corvée*)。就我本人看来，这种庄园式(*curtes*)的组织实乃这一历史时期的一个创举。[⑤]

① "所有的方式方法皆可以在此地使用，所有的必需品皆可以在此地生产。"(*Ut omnis ars, omneque opus necessarium intra loci ambitum exerceretur.*) HARIULF, *Chronique de Saint-Riquier,* ed. F. LOT, 1894, p. 56.

② "你可以富足而体面地生活，你的家产增长。"(*Sufficienter et honeste cum domestica corte vestra possitis vivere.*) M. G. H. CAPIT., vol. II, p. 438.

③ 此人乃查理曼堂兄弟(751—826年)。与其兄弟瓦拉同为加洛林宫廷中的活跃人物，与阿尔昆等人相交甚多。780—826年，任克尔比修道院住持，曾进行修道院制度改革，创制各种制度条规和母子修道院体制。——译者

④ L. LEVILLAIN, *Les statuts d'Adalhard,* LE MOYEN AGE, 1900, p. 352. 另见 HARIULF, *Chronique de Saint-Riquier*, ed. F. LOT, p. 306。

⑤ 根据 J. HAVET, Œuvres, vol. I, p. 31 的看法，*mansus* 一词系加洛林时代的一个语汇。然而布伦纳曾提及自7世纪后半叶以来 *servi mansionarii*(奴隶居民)的存在状况，见 H. BRUNNER, *Deutsche Rechtsgeschichte,* vol. I, 2nd ed., p. 370。

264 现在，我们必须要把这一时期的西方社会设想成为一种建立在基督教僧侣和教士——具有自身特征的组织——基础上的结构。只有在基督教教会体制之中，一个经济才有可能存在，这当归因于当时教会人士所掌握的文字书写技艺。

当时，只有基督教教会所控制的地产是唯一正在增长的领地，这当归因于那些忠诚信徒对教会的虔诚的捐献。而由于持续不断地创置新的有俸圣职，皇家领地数量也在渐渐地减少。这些有俸圣职不断落入军事贵族手中；无论这些军事贵族是朝廷高官还是小小的封臣（*milites*），这种封赐都不会导致生产力下降。我们不能想象这些封赐会是某种类型的土地交易。然而，那些大贵族（*grandi*）通过强行成为教会的监护人（advowees）的方式，对教会地产大力进行开发，并贪婪地吞噬着教会的各种资源。严格说来，自由持有农（freeholders）在理论上是能够生产专供出售的各种商品的，但是，他们身上所承负的强制性劳役和进庄费（fine）等各类负担却越来越沉重。[①]

在这些自由持有农中间尚有许多不幸的倒霉者，他们只得仰仗他人救济施舍为生，或者在庄稼收获季节为人佣工。从这些人身上，我们尚未发现有为市场进行生产的任何迹象。那些仅拥有小块地产的人都怀有一种极为强烈的愿望，那就是为了躲避司法领主（justiciary seigneurs）所强行收取的各种苛捐杂税，而将自己置于各地修道院僧侣们的庇护之下。

① 请见858年，主教们所绘制的国王佃户图表。M. G. H. CAPIT., vol. II, p. 437, § 14.

简而言之，当时整个西方社会都依赖于大土地所者和那些拥有司法豁免权大人物，同时，整个社会的公共权力则呈现出或越来越呈现出一种私人特性。经济的独立性，如货币的流通，已跌至最低点。

虽然有一点是肯定的，即在各类“法规”之中，常常有对“自由民”（*pauperes liberi homines*）所做的各种解释，但是在绝大多数情况下，显然是每一个人（*homines*）都应有一位领主（seigneur）。

只要还具有一点特权，加洛林王朝就常常会以基督教道德伦理名义进行调停干预，以防止穷人和那些无依无靠者受到压榨。在查理曼和路易所颁布的各种经济立法中，将那些只追求牟利的做法斥 265
之为非法行径（*turpe lucrum*）。

但是，加洛林王朝这一切调节干预，在封建制度混乱无序中都已消失得无影无踪，只不过在其之上，还漂荡着一个基督教帝国的海市蜃楼般的幻影。中世纪时代来临了。

## 2. 政治组织

许多历史学家都将他们所称的法兰克时代视作一个完整的整体，故而，就把加洛林时代描述成为墨洛温时代的继续和发展。然而，他们这种观点是极其错误的，其缘由如下：

第一，墨洛温时代处于一个同加洛林时代全然不同的境况之中。6—7世纪，墨洛温王朝与之保持着经常性往来联系的一个地中海地区尚存在，并且罗马帝国各种古典传统依旧还存留在当时人们生活的众多领域之中。

第二，日耳曼人的影响仅限于北部边陲周围的地区，并且相当微弱，只是在法律和程序等某些特定的领域内才可显现出它的存在。

第三，在几乎延续到7世纪中叶左右比较辉煌的墨洛温时代同加洛林时代之间，存在着一个持续了整整一个世纪之久的混乱与衰落的时期，在此期间，古代文明的众多特征湮没了；与此同时，其他方面的特征则显得更为错综复杂；可正是这个衰落时期才是加洛林时代的发端之际。加洛林王朝的先祖并非墨洛温王朝国王，而是墨洛温王朝宫廷中的那些宫相。无论从何种意义上讲，查理曼都不是达格伯特的继承人，而是查理·马特和矮子丕平的后代。

第四，我们一定不要被法兰克王国（*regnum Francorum*）这一名称所具有的同一性所迷惑。新加洛林王国的疆域远至易北河并将意大利部分地区也囊括在内。在该王国所统治民众中，罗马人的数量几乎同日耳曼人的数量相差无几。

第五，在同罗马教会的关系方面，也发生了全面变革。墨洛温
266 王国如同罗马帝国一样，只是一个世俗国家。墨洛温王朝的国王只是“法兰克国王”（*rex Francorum*）。而加洛林王朝的国王则是“神圣的法兰克国王”（*Dei gratia rex Francorum*）[①]，在君王称谓上，添加这一点点微小的前缀则意味着一种意义深远的转变。这种转变的意义是如此之大，以至于后世人们没有认识到墨洛温王朝在名称用语上的含义。后世的那些抄书者和伪造钱币者常常是在未加思

---

① 这一名称在丕平时期尚未成为正规的称谓，但是从查理曼登基之初就一直使用。A. GIRY, *Manuel de Diplomatique*, p. 318.

考的情况下，便将墨洛温君主们所不允许的“神圣”（*Dei gratia*）一词冠加在他们的头衔之上。

因而法兰克人所创建的两个王朝中的第二个王朝，即加洛林王朝，正如笔者在本书中所力图表明的那样，在某种程度上说应当是欧洲世界遭受穆斯林入侵的产物，加洛林王朝绝对不是墨洛温王朝的赓续，并且它们二者还处于一种相互对立的状态。

在这场致使克洛维所创建的国家彻底崩溃的巨大危机中，罗马帝国的根基也化为齑粉灰飞烟灭。

第一个破碎消失的就是王权（the royal power）概念。当然，在墨洛温模式下，王权概念并不仅仅是一个同绝对主义皇权（the Imperial absolutism）概念互换的问题。在很大程度上，笔者非常愿意认同，当时的王权就是一种实际上的独裁统治。而且，无论对于君主还是对于其臣属而言，整个国家权力都被握于君主一人手中。

君主所拥有的一切都是不可侵犯的；他可以将自己置于法律之上，没有一个人敢于冒犯；他可以剜掉敌人的双眼，可以以犯有“叛君罪”的罪名剥夺臣子们的所有财产。[①]君主不需要为任何事物或任何人着想。君主集权程度最高的就是拜占庭皇帝，倘若我们在辨析墨洛温王朝君权和拜占庭帝国君权二者之间的巨大差别时，则应考虑到这种差别只是由它们二者不同的文明发展水平这一差别所使然的。

① 在加洛林王朝时代，“叛君罪”（*lèse-majesté*）同“临阵脱逃罪”（*Herisliz*）和“不忠”（*infidelitas*）等是同等的罪行。G. WAITZ, *op. cit.*, vol. III, 2nd ed., pp. 308-309. 此时，这种罪行的名称不再仅仅是对古代社会的模仿。G. WAITZ, *op. cit.*, vol. IV, 2nd ed., p. 704.

在行政管理上，墨洛温王朝或多或少，或好或坏，仍保留着罗
267 马帝国官僚制度的特点。墨洛温王朝的宫廷以及那些世俗谋臣，就是模仿罗马帝国而设置的；君主可以随意从各处，甚至从其奴隶中间挑选自己的代理人；[①] 国王本人的禁卫军就令人回想起当年罗马执政官（Pretorian）的卫队。而且实际上，在国王统治之下广大民众心目中根本就没有其他统治形式。当时所有王国，无论是东哥特、西哥特还是汪达尔都只有这一种统治形式。应当值得注意的是，甚至当君主们杀害某个人时，臣民们并未起来反抗暴动。虽曾有个别野心家弑君的阴谋行为，但是却没有任何普遍的民众起义。

致使墨洛温王朝衰败的原因就是王权本身衰微的不断加剧。而且这种令加洛林家族大为获益的墨洛温王朝的衰微应当归结为财政管理的混乱，而这种混乱又是一种彻彻底底的罗马式混乱。因为，正如我们所看到的，墨洛温国王的国库主要是靠捐税作为供给来源的。在8世纪大危机期间，随着黄金流通的消失，这些捐税也都消失了。当各个城市市政机构消失的时候，连公共税收这一概念也被人们所遗忘了。



那种以黄金形式把各地税收送往国库的铸币商已不复存在。我想最后一次提及这些铸币商，大概是在丕平统治时期。[②] 从此，各位宫相就再也没有收到各地缴纳的税赋了。在他们通过政变所建成的王朝中，那种罗马帝国模式的公共税收概念已荡然无存。

---

① 有关这方面的典型事例，请参见柳达斯特伯爵（the Count Leudastes）的事例，此人是都尔的格雷戈里的政敌。

② 即矮子丕平统治时期。——译者

这些新王朝君主，同他们身后很久的中世纪时代那些君主一样，除了来自自己领地的各种收益以外，再无什么常规性收入来源了。[①]当然，那些起源于古代罗马时代的各种贡奉，如驿马（*paraveredi*）和驿站（*mansiones*）仍旧存在着，尤其是那种市场赋税（*tonlieu*）。然而，这一切皆不断萎缩衰亡。那种“住处所有权”（*droit de gîte*），此刻已脱离君主控制，由下层小吏操持管理。至于市场赋税，则随着商品流通数量不断萎缩，也越来越少，加洛林历 268
代君王还常常将其馈赠给各处修道院和各位大贵族。

有些史学家力图证明在加洛林王朝时代尚存在一种税赋。事实上，在加洛林帝国日耳曼地区的确存在着一种“年贡”（annual “gifts”）习俗。而在诺曼人大举入侵之际，加洛林王朝君主们也曾颁布过征收白银的法令。但是这些都是一些未能得以延续的暂时性的权宜之计。必须强调指出，当时君主们的财政权力基础就是其领地。如果愿意的话，也可将其领地称作为他的国库领。在这一方面，我们还必须加上战争中所掠获的各种战利品，至少查理曼时代，应当如此。乡村才是加洛林王朝权力的绝对根基。这就是该王朝宫相们为何要大肆侵吞教会地产的缘故。倘若加洛林王朝君主欲维持自己的权力，他就必须是或者要努力成为整个王国之中最大的土地所有者。所以，在那个时代根本就没有地产调查官吏，没有税政官吏，没有财政官吏；因此也就没有什么档案，没有官衙，没有各种账册。君王们不再拥有财政，这是一种我们将会逐渐加以认识的新现象。墨洛温王朝君主们在买卖或馈赠时，常常是以黄金来

① 各种罗马式税收所残存下来的就只有司法（*justiciae*）收入了。

支付；而加洛林王朝君主们在买卖或馈赠时，则不得不用其小块地产进行偿付或馈赠。这是致使该王朝衰落的主要原因，尽管查理曼在对外战争中所掠得的丰厚战利品，一定程度上会弥补这种衰弱，但是，就在查理曼驾崩不久，各种恶劣后果影响便显现了出来。这再一次地表明，加洛林王朝同罗马帝国财政传统之间存在着一定的断裂。

在墨洛温王朝同加洛林王朝之间最为重要的差别中，还必须加上另外一种差别。正如我们所看到的那样，加洛林王朝的新君主是一位得到上帝恩宠的君主。将宗教性加冕仪式引入法兰克的是矮子丕平，这使他在一定程度上拥有了超自然的人格品性。[①] 而那些墨洛温王朝君主则还是地地道道的世俗国王。加洛林王朝君主只有在基督教教会介入帮助之下才能够戴上王（皇）冠，并且，在其举行登基加冕仪式之时，君主已置身于基督教教堂之中。此刻，他已经具有了一种宗教的理想信念，并且其权力也受到了一定限定——
269 这些限定是由基督教道德规范所施加的。我们看到这些君主不得被他人所暗杀，也不得被私人权势所放逐，而这些暗杀、放逐行为，在墨洛温时代则是天天都在发生的事情。有关这方面史料，我们应查阅一下列日的塞德留斯（Sedulius）[②] 所著的《君王宝鉴》（*De*

① 在这一时期，拜占庭帝国尚不存在涂敷圣油的仪式。请见 M.BLOCH, *Les rois thaumaturges,* 1924, p. 65。

② 即塞德留斯·司格特（Sedulius Scotus）。9 世纪爱尔兰著名学者，具体生卒年代不详。大约 9 世纪中叶由爱尔兰抵达大陆，在列日主教哈尔特加（Hartgar）庇护下从事学术研究。擅长古希腊语、拉丁语诗歌，著述颇丰，曾撰写了《君王宝鉴》等著述。——译者

*rectoribus Christianis*）或斯马拉基杜斯（Smaragdus）[①] 所著的《论君王之道》（*De via regia*），据厄波特（Ebert）[②]，这部著述写于806—813年。

通过君主登基加冕仪式，基督教教会获得了对国王的控制能力。自此以后，法兰克国家的世俗特征便退居幕后，渐渐消隐。我们在此可以引用两段辛克马尔的文献史料；他在868年写给皇帝秃头查理的信中讲："涂敷圣油是一种由主教行使的行为，也是一种精神心灵上的行为"，是上帝的"这种祝福，而不是世俗的权力，才使得你拥有了君主的荣耀"。[③] 在《圣马科雷宗教会议文献》（the Acts of the Council of Sainte-Macre）的条文中，我们还可看到这样的行文："各地主教的尊贵要高于各位君主：因为那些君主是由主教加冕的，而主教却不是由君主来加冕的。"当加冕登基之后，君主就对基督教教会负有了一定责任。据斯马拉基杜斯，君主必须要尽自己最大气力消除各种已经渐渐侵入教会内部的弊端。但是，他还必须要卫护教会，要监管所有的什一税都交到教会的手中。[④]

在这种情形之下，人们就会认识到朝廷的行为是与教会联系在一起的。我们只要翻阅一下各类法律文献就会辨认出，其中与基督教教会教规和道德规范相关内容，同与世俗行政法规相关内容，在

① 9世纪加洛林时代著名神学家和学者约780—830年。原籍为阿基坦人。曾任凡尔登圣米耶勒修道院（St.-Mihile）住持，活跃于查理曼和虔诚者路易宫廷之中，参与各类宗教和政治事务。并为阿基坦的路易献上其所著的《论君王之道》一书。——译者

② 1820—1890年，德国罗曼语学家、文学史家，马尔堡大学教授。——译者

③ 引自M.BLOCH, *op. cit.*, p. 71。

④ A. EBERT, *Histoire de la littéature du Moyen Age*, French translation by AYMERIC and CONDAMIN, vol. II, p. 127.

数量上同样繁多。

在加洛林王朝诸位君主眼中，统治自己臣民就意味着要使他们心中充满基督教道德情怀。我们也已经看到，各位君主的各种经济谋划都是由基督教教会来负责的。那些主教就是君主的谋臣和官员。加洛林君主们非常信任他们，常常赋予其特命钦差（*missi*）的重任，并把其擢拔到宫廷。这同墨洛温王朝形成了一种十分明显的反差，后者常常是把主教职位的封授作为奖掖自己的世俗臣属的一种奖励手段。从希特里乌斯（Hitherius）[①]时期开始，教会神职人员
270 第一次成为查理曼宫廷的朝臣，并且在长达数百年内，宫廷不再任用世俗人员。[②]布勒斯劳曾错误地认为当时基督教教会侵入宫廷，教士出任朝臣，是由于早期加洛林君主们希望以奥斯特拉西亚人取代墨洛温宫廷中的罗马人，可他们又不得不任用奥斯特拉西亚的神职人员，因为只有这些神职人员才具备读、写等各种才能。不，实际原因绝非如此！加洛林王朝之所以任用基督教教会神职人员，是为了确保自己同基督教教会的密切合作。

然而，加洛林王朝的君主们的确是要在基督教教会神职人员中寻觅受过教育的人士。在当时那种时局危机之中，世俗人士的教育活动已经无以为继。那些宫相自己就不具备读写的能力。为使人们接受教育，查理曼进行了各种柏拉图式的努力，然收效甚微，而在其所创办的那所宫廷学苑（the palace academy）中，只有寥寥无几的学生。在这一时代初期，“教士”（cleric）和“学者”（scholar）

① 即 Ithier de Saint-Martin，775—796 年担任图尔的圣马丁修道院院长（阿尔昆 796 年接替其为院长），矮子丕平和查理曼宫廷大臣。——译者

② H. BRESSLAU, *Handbuch der Urkundenlehre*, vol. I, 2nd ed., pp. 373 and 374.

这两个词汇具有同样意义，是一组同义词；因此，在这个几乎没有人能够掌握拉丁语学识的王国之中，基督教教会便可在长达数百年的时间内，将自己的语言施加于国家行政管理之中。我们必须要尽力地对这一现象所蕴含的意义予以充分的认识理解：这是一种翻天覆地的巨变。在这一巨变中，我们发现了一种具有中世纪时代特征的全新外观：一个宗教等级对整个国家具有强大的影响。

除了宗教等级之外，加洛林君主们还必须仰仗军事等级，这个等级是由整个世俗贵族和仍保留独立身份的自由民所组成的。当然，在墨洛温时代，我们已经看到这个军事等级的兴起。但是，墨洛温王朝的军事等级同加洛林王朝的军事等级之间有着天壤之别。当时那些罗马大地产所有者，即元老们（*senatores*），无论是住在城市还是乡村，都没有给人一种他们主要是**战士**的印象。这些元老都受过教育。最主要的是，他们所寻求的只是在王朝宫廷中或基督教教会中担任某种职务。有一种情况是可能的，即当时墨洛温君主们更愿意从自己的日耳曼亲兵中间遴选人才，以补充自己的军队首领和自己的贴身卫队。可以肯定，当时那些土地贵族从未放弃过试图 271
控制君主的机会。但是却从未有过一次得逞。[①]

我们尚未发现有哪位墨洛温国王被贵族所操控，也没有发现只要在保持自己权势强大的情况下，哪位国王会让贵族来分享其他统治权力。并且即使在倚重贵族和教会的情况下，他也不会把王室任何权力拱手相让给贵族或教会。事实上，国王手中握有两种令贵族和教会感到最为可怕的武器，即指控他们犯有“叛君罪”和罚没财产。

① 有关这方面情形，请参见前述有关埃布罗因和布鲁尼豪特的内容。

为了应付贵族的挑战与反叛，对于墨洛温国王来说最有效的方式就是要使自己保持极为强大的力量，换言之，要使自己保持极其巨大的财富。因为同基督教教会一样，贵族也一直在不断地加强对民众的统治权威。肇始于罗马帝国晚期的这种社会发展进程一直延续下来。那些大贵族皆拥有自己的私兵武装，即为数众多的附庸家臣（*vassi*），他们主动地投身于大贵族们下（为的是寻求大贵族的庇护），从而构成了一支可怕的扈从队伍。

墨洛温时代，大地产领主的权威尚仅仅局限在其私人权力的各个方面。然而，在时局混乱和王朝衰微时期，各位宫相皆依仗着不同贵族集团的支持，相互展开厮杀，从而使得附庸制度发生变革转型。当加洛林家族战胜了其竞争者时，附庸制度的重要性得以不断增强，其军事特征也显现得十分明显。从查理·马特始，加洛林王朝各位君主所拥有的权势，便基本上是建立在北方地区其军事附庸的基础之上。[①]

加洛林王朝君主为那些附庸提供薪俸，也就是说，提供地产，以此来换取附庸们所提供的军事服役，而这些地产皆来自于君王
272 们对基督教教会地产的没收。纪尔赫勒墨兹（Guilhiermoz）[②]曾言："如今，由于这些附庸作用愈发重要，那些赋予附庸的特权开始愈发优惠，愈发具有吸引力，这不仅是对那些普通的或中等状况的人

① 查理曼帝国就是建立在附庸制度之上的。查理曼本人曾希望通过自己的附庸来进行自己的统治，并且迫使人们成为他的附庸的附庸。请见 LOT, PFISTER and GANSHOF, *Histoire du Moyen Age*, vol. I, p. 668。

② 1860—1922 年，法国历史学家，著有《中世纪法国贵族起源研究》（*Essai sur les origines de la noblesse en France au Moyen Age*）。——译者

们如此，对那些大贵族更是如此。”[1]

而这种优惠特权又全然符合封赐授予者的利益，他是以“受封者提供服役为条件”封赐的，“而且承担这种服役的不仅仅是受封者本人，他还要依据自己所受封赐的重要性的大小来提供与其相匹配的一定数量的附庸服役”。[2]毫无疑问，查理·马特就是通过这种方式从奥斯特拉西亚获得了源源不断的兵员补充，凭借这支队伍，他才迈向了战场。这种制度，在查理·马特身后，仍在延续。

9世纪期间，加洛林王朝君主们要求整个帝国境内各地的封臣，甚至各地主教，都必须履行宣誓效忠制度。[3]那些真心实意服从君主并得到其礼遇信任的臣属的数量明显增多，从而使以往的朝臣逐渐消失在今天的封臣之中。辛克马尔对此看得更远，他曾就封臣制度可能会对王朝权威构成危害的后果，向皇帝秃头查理提出过告诫。[4]早期法兰克宫相们所创立的凡受封者都须对其宣誓效忠的制度，使得他们获得了一支忠诚的军事武装，但也导致了法兰克国家的一种深刻的变革。因为从此之后，君主们就不得不依赖仰仗于那些封臣，他们构成了整个国家军事武装力量。而以往派驻各地的伯爵制度则陷入失序状态，那些封臣不再服从于伯爵们的辖制。在战场上，那些封臣指挥着各自的附庸扈从；而伯爵们只能率领自由民进行作战。非常可能，那些封臣的领地在税赋方面是拥有豁免权的。[5]他们被

① P. GUILHIERMOZ, *Essai sur les origines de la noblesse*, p. 125.

② *Ibid.*, p.123.

③ *Ibid.*, p. 128.

④ *Ibid.*, p. 129, n. 13.

⑤ *Ibid.*, p. 134.

称之为王室贵族（*optimates regeis* ）。

在813年的《莫瓦萨克编年史》中，称这些封臣为“元老”（*senatus*）或“法兰克的长老”（*majores natu Francorum*），并且，他们与基督教教会高层神职人员和伯爵们一道共同组成了御前议事会议。[1] 由此之故，法兰克君主们便允许封臣们分享自己的政治权力。法兰克国家逐渐地依赖于君主与其封臣之间所结成的这种契约性纽带。

封建时代由此而拉开了帷幕。

273 倘若法兰克君主们能够控制住其附庸封臣，那么一切都会相安无事。但到9世纪末，除了君主自己领地上的附庸封臣外，那些封臣都已臣服于各地伯爵宗主权的统治之下。从虔诚者路易统治晚期开始，法兰克国家便陷于内战，由于皇权式微，各地伯爵愈来愈独立强大起来。这些伯爵同国王之间唯一仅存的联系就是他们将国王奉为自己的宗主。他们为国王征收象征王权的征收物（*regalia*）；而且有的时候，他们还将几个伯爵属地合并一处。[2] 朝廷丧失了以往行政统治特征，逐渐转化成为一个由各个独立王公领地组成的集团（*bloc*），他们仅仅是通过附庸纽带而臣服于君王的，而君王已不再具有迫使附庸属臣对其保持效忠的力量了。就这样，法兰克君主们竟然让王朝权力从自己双手指缝中间渐渐地流失掉了。

其实，这是一个无法避免的必然结果。我们万万不可被查理曼

① P. GUILHIERMOZ, *op*, *cit*., p. 139, n. 4.

② 与这方面有关的最典型的事例就是佛兰德尔地区合并的历史。

所拥有的强大威权所误导。凭借在掌控军事权力方面的优长天赋和大量战利品所带来的雄厚物质财富基础，以及在教会中所拥有的实际的杰出地位，查理曼完全有能力统治整个法兰克国家。上述这一切因素使查理曼在并不存在一种制度化财政体系的状况下，就能获得作为一个整体的官员们和所有大土地所有者的臣服和拥戴，能非常完好地维系着自己的独立统治。但是，在不再为其提供薪俸的情况下，这种统治体制又有何价值呢？倘若那些官员置君主利益于不顾，一味地追求自己的利益，又该如何加以防范呢？那些特命钦差之类的监察官员又起到了什么样的实际功用呢？毫无疑问，查理曼是想将整个国家都置于自己的有效控制之下，但实际上，他并没有达到目的。当我们翻阅各种史料文献具体内容时，就会对它们所宣称的和实际达到功效之间所存在的巨大差异感到极大震惊。查理曼曾宣称每一个人应该把自己的儿子送到学校读书，宣称只能有一个铸币场，宣称在饥馑灾荒年代，各种牟取暴利的价格必须被废除。查理曼甚至还宣布过最高物价的规定。但是，所有这一切都是无法实现的，因为这一切的前提是所有大贵族和主教们的服从，而恰恰这一点是无法保障的，那些世俗大贵族所关注的只是其自身的独立，而那些主教一俟查理曼驾崩，便开始竭力鼓噪、宣扬教权高于俗权的主张。 274

整个法兰克帝国经济基础同查理曼所竭力维系的行政管理体系的特征也不相匹配。此时的帝国经济是建筑在没有商品生产的大领地之上的。

当时大土地所有者由于不从事商业，故而对公共安全并没有需求。这种大土地所有财产的类型完全是同无秩序混乱状态相辅相成的。那些拥有大地产的人并不需要一位君主。

这是否就是查理曼为何曾经努力要保护小自由民的缘由呢？查理曼的确做过这类的尝试，但并未获得成功。大领地仍继续在不断地扩展，而自由民则渐渐地消亡了。

及至诺曼人开始入侵法兰克时，加洛林王朝政权已羸弱不堪。它已经无力采取任何有组织的防御措施，也无法将各地军队召集起来，各地军队只能自行行动，各自为战，抵御外寇。这些抵抗者根本无法形成统一。人们或许可以用哈特曼的话来描述当时的情形："由于封土制及采邑制的形成，军队和国家便分崩解体了"（*Heer und Staat werden durch die Grundherrschaft und das Lehnwesen zersetzt*）。①

查理曼王权象征物所遗留下来的影响就是其本人对此的滥用。他将收取市场赋税和铸造货币的权力放弃，让渡给了他人。加洛林王朝主动地把自己所保有的本已微不足道的历史遗产给遗弃了。最终，朝廷充其量是一种摆设。在法兰西，这一演化过程直到休·加佩（Hugh Capet）② 以选举方式登上法兰西王国王位时才宣告最终完成。

## 3. 知识文明

正如我们所看到的，除了萨利克和里普利安的法兰克人、阿拉曼人以及巴伐利亚人，在其所占领的地区形成了自己的整体性（*en*

① L. HARTMANN, *op. cit.*, vol. III[1], p. 22.

② 法兰西王国加佩王朝的创建者，987—996 年在位。——译者

*masse*）之外，日耳曼人的入侵并没有造成一种把作为“罗马化”的语言——拉丁语彻底予以废除的后果。相反，迁徙而来的日耳曼人却以一种令人吃惊的速度，迅速地罗马化了。[①]

这些征服者散布到各地，并且由于同操拉丁语的当地妇女通 275
婚，结果都学会了拉丁语。他们在任何一个方面都不曾对拉丁语进行修改，只是把很多与法律、狩猎、战争和农业等有关的日耳曼词汇引入进拉丁语[②]，这种趋势从当时日耳曼人大量聚集的古比利时地区开始，不断地向南方扩展。

至于勃艮第人、东哥特人、西哥特人、汪达尔人和伦巴德人的罗马化速度则还要更为迅速。加米尔斯奇格（Gamillscheg）[③]认为，及至摩尔人征服西班牙时，哥特语早已全部消失，只剩下了一些人名、地名。[④]

而在另一方面，穆斯林入侵所造成的地中海世界覆亡动乱却导致一个意义深远的变革，其中一个主要内容就是语言变换。在非洲，拉丁语被阿拉伯语所取代。虽然，拉丁语在西班牙尚还存留，但其根基却被铲平：各类学校和修道院在西班牙已不复存在，甚至连一个受过教育的僧侣都没有。虽然那些被征服民众还在使用一种拉丁方言，但它并不是可供书写的文字。直到穆斯林征服之前一直流传于西班牙半岛的拉丁语，从此消失了；当地的民众开始讲西

① 根据 P. GAMILLSCHEG, *Romania Germanica*, vol. I, p.294 所陈述的观点，日耳曼人罗马化的进程在公元 600 年时已获得了极大进展，公元 800 年时，这一过程全部完成。

② P. GUILHIERMOZ, *op. cit.*, pp. 152 *et seq*.

③ 1887—1971 年，奥地利语言学家、罗马史专家。——译者

④ P. GAMILISCHEG, *op. cit.*, vol. I, pp. 397-398.

班牙语了。

在意大利，这方面情形有所不同，拉丁语则相当成功地留存下来了；并且在罗马和米兰等地尚有为数不多的学校完整地保留了下来。

然而，只有在高卢地区，我们才可以对这种混乱所达到的程度和导致其发生的各种原因做一最为详尽细致的考察。

在墨洛温时代，拉丁语自然是遭受到了非常野蛮的篡改与侵蚀，但它毕竟还是一种活着的拉丁语，[①] 在实践性教育尚可存留的地区，各个学校可能还在教授拉丁语；与此同时，各地主教和各个修道院僧侣们也仍旧继续在读、说，甚至在努力地书写古典拉丁语。

然而无论怎样，墨洛温时代的拉丁语都是一种粗俗语言。它
276 所显露出来的日耳曼影响很少。在任何一个“罗马化”地区，那些操这种拉丁语的日耳曼人都能够使自己所讲的话语被人理解，同时，也能理解其他日耳曼人所说的话语。大概法兰克人所讲的拉丁语要比其他地区的拉丁语都更加不够准确规范，但却是一种在口头和书写两个方面都能加以实际运用的语言。当时基督教教会也毫不迟疑地就把拉丁语运用到传教布道、行政管理和司法诉讼的各个领域之中。[②]



当时各个学校都在讲授拉丁语。世俗人们都在学习和书写拉丁语。与加洛林时代拉丁语密切相关的，就是那种用草体来书写的

---

① F. LOT, *A quelle époque a-t-on cessé de parler latin ?* BULLETIN DUCANGE, vol. VI, 1931, pp. 97 *et seq*.

② H. PIRENNE, *De l'état de l'instruction des laiques a l'époque mérovingienne,* REVUE BENEDICTINE, vol XLVI, 1934, pp. 165-177.

罗马时代正式规范的拉丁语文字。并且由于依旧为人们所书写和广泛地运用于行政管理和商业贸易等各个领域，拉丁语的地位愈发巩固稳定。

但在8世纪大混乱之中，拉丁语注定是要消亡的。政治分裂，教会重组，城市、商业和行政管理，特别是财税管理以及世俗学校教育的消失，皆使蕴藏拉丁灵魂的这种语言文字无法继续再存留下来。拉丁语地位急剧下降，逐渐地在各个地方被转化成为各种不同的罗马式方言土语(Romanic dialects)。这一转变过程的详细情形，我们并不清楚，但可以肯定大约在公元800年前后，除教士阶层外，拉丁语已不再为人们所通用。[①]

准确地讲就是在这一时期，已不再是一种活的语言，而且已被源自于民族语言的各种乡村土语所替代之后，拉丁语又被保存了数百年之久：它被转变成为一种精致的学术语言——这是一种始自于加洛林时代的中世纪社会的新时代特征。



必须注意，这种现象的起源仅在一个特定罗马化地区才能寻觅得到，而且它还是一个日耳曼人入侵业已将罗马传统的痕迹彻底铲除干净的地区，即盎格鲁-撒克逊人所占据的不列颠。

正如我们所看到的，不列颠所发生的这类交流是依照地中海沿

① 813年，在图尔召开的一次各个省区宗教会议上，“他愿意将这种业已衰败的语言公开地转化为一种乡间鄙俗的罗马语言，或者是提奥提卡斯语言，这样一来可以使人们理解起来要比说起来更加容易一些”(*Ut easdem homilias quisque aperte transferre studeat in rusticam Romanam linguam, aut Theotiscam, quo facilius cuncti possint intelligere quae dicuntur*)。参见P. GAMILLSCHEG, *Romania Germanica,* vol. I, p. 295。这份文献载于J. MANSI, *Sacrorum Conciliorum...Collectio,* vol. XIV, col. 85。

277 岸地区的方式组织起来的，而与相邻近的高卢地区则无多大关系。教皇伟大的格里高利一世于596年所派遣的由奥古斯丁率领的僧侣们，对爱尔兰的凯尔特僧侣们同地中海地区之间业已存在的贸易往来产生了一定推动作用。[①]

7世纪时，塔尔苏斯(Tarsus)[②]的圣提奥多勒和他的同伴阿德里安以各种希腊-罗马传统把他们所传播的宗教进一步加以丰富。一种新文化迅速地在不列颠岛开始形成，道森曾正确地评价道：这一现象是“查士丁尼时代和查理曼时代之间所发生的最为重要的事件”[③]。在这些纯日耳曼的盎格鲁-撒克逊人中间，拉丁文化同拉丁宗教一道突然地被引入进来，并且盎格鲁-撒克逊人也的确从拉丁文化、拉丁宗教的激情中获益良多。就在将其目光对准圣城罗马之后不久，盎格鲁-撒克逊人很快便在罗马的影响和指引下，皈依了基督教信仰。他们不断地前往罗马，带回了大量圣物和各类手抄本文献。他们使自己服膺于这些圣物文献的影响，并学习罗马的语言文字，这种语言文字对他们来说，绝非粗鄙简陋的乡村俚语，而是一种神圣的语言文字，并具有一种无可比拟的威望。早自7世纪起，在盎格鲁-撒克逊人中间就涌现出尊者比德(Bede)[④]和大诗人阿尔

① C. DAWSON, *Les origines de l'Europe*, French translation, p. 208.

② 位于今土耳其。——译者

③ C. DAWSON, *op. cit.*, p. 213.

④ 史称尊者比德(Bede the Venerable)，为中世纪早期西方四大教父之一(672/673—735年)。一生著述极为丰富，涵盖神学、诗歌、史学等各种类别。并以《英吉利教会史》(*Historia Ecclesiastica, the Ecclesiastical History of the English People*)一书，被后人誉为英格兰史学之父。该书中译本为商务印书馆1997年出版，译者为陈维振、周清明。——译者

德赫姆（Aldhelm）[①]这样的文化巨匠，若以当时西欧的水准来衡量，他们的渊博学识绝对令人惊羡和赞佩。

查理曼时代所发生的知识再度觉醒，必须要归功于盎格鲁-撒克逊的传教士们。当然，在他们到来之前，爱尔兰僧侣们就已经进入高卢地区，其中就包括最伟大的圣科伦班（Saint Columban）[②]，这位吕克瑟伊（Luxeuil）[③]和博比奥（Bobbio）[④]两座修道院的创建人，大约在590年来到高卢。这些爱尔兰僧侣，在基督教衰微时期以清苦隐修的方式传布福音，然而我们却没有发现他们对当时文学有过什么影响。

但盎格鲁-撒克逊教士们则有所不同。他们的目的是在日耳曼地区传布基督教信仰，而对这一地区，墨洛温时代的基督教教会所进行的努力甚少，或者说根本就未做过任何努力。而且，这些盎格鲁-撒克逊教士的目的又同加洛林王朝的国策十分吻合；在此之后，278
又有圣博尼法斯，这位日耳曼教会的组织者，凭借其在罗马教皇和矮子丕平二人之间的居中协调，发挥出了巨大影响和作用。

就在罗马教会复兴的同时，查理曼本人也在积极推动文学事业



① 中世纪早期英格兰著名文学家和神学家，约639—709年。出生于第一批尊奉基督教的英格兰贵族家庭，早年入坎特伯雷大主教学校，后出任修道院院长、主教等教职。撰著了各种诗歌、圣徒传记和《论美德与邪恶》等著述。被人誉为英格兰第一位文人。——译者

② 一译高德班，约543—615年，生于爱尔兰东南部的伦斯特省。590年率12名修士前往高卢传教。最终在意大利博比奥修道院定居，隐修。——译者

③ 该修道院地处法国中东部地区，系圣科伦班在高卢所建的第二座修道院，时间为590年前后。——译者

④ 该修道院位于今意大利北部皮亚琴察市附近，创建时间为7世纪初年。——译者

的复兴。盎格鲁-撒克逊文化最杰出的代表人物、约克学校的首领阿尔昆于782年进入查理曼的宫廷，主持宫廷学苑，对那个时代的文学运动产生了决定性影响。

因此，在那种以穆斯林入侵所造成的大断裂为明显标志的极为奇特时局转折的促使下，北方地区取代了南方地区，不仅成为了欧洲的政治中心，也成为了欧洲的文化中心。

现在，正是北方把它那种从地中海世界承继下来的文化向外播散。在英吉利海峡的不列颠一侧，作为一种活语言的拉丁语，从一开始就是一种教会语言。盎格鲁-撒克逊人所学习的拉丁语绝不是那种粗制滥造的语言，也不是仅仅为了世俗的需要而作为官方使用的语言，而是一种在地中海世界学校里仍在被使用的语言。提奥多勒来自于西里西亚（Cilicia）[①]的塔尔苏斯，到罗马之前曾在雅典求学。阿德里安，虽出生在非洲，但却是那不勒斯附近一所修道院的住持，对拉丁语、希腊语两种语言都极为精通。[②]

不列颠-拉丁语是一种具有经典传统的语言，因为它只是在那些刚刚皈依基督教信仰的人中流传；它是一种纯正拉丁语，在当地民间并不通行，当地人只说盎格鲁-撒克逊语，故而在不列颠，拉丁语并没有像在大陆地区那样为了使人理解而被广泛地使用。所以，英格兰僧侣们没有假借他人之手便直接地承继了古代文化遗产。这一点在15世纪也是同样，当时拜占庭学者传入意大利的绝非那种粗俗的流行于街头巷尾的希腊语，而是一种学院派的经典

① 位于土耳其境内。——译者

② *Graecae pariter et latinae linguae peritissimus.* BEDE, *HIST. Ecclesiatica,* IV, I, ed. MIGNE, *Patr. Lat.*, vol. XCV, *circa* 171.

希腊语。

通过这种途径，盎格鲁-撒克逊的僧侣们便在同一时刻，成为 279
拉丁语言改革者[①]和基督教教会的改革者。导致罗马教会破败堕落的野蛮传统，是以其虚妄的道德伦理信条、粗鄙的拉丁语、蹩脚的吟唱和糟糕的书写为标志的。欲对其进行改革，就意味着要对一切事物进行改革。因此语法和书写等各个方面的问题立即与一位使徒的作用发生关联。纯正的教义信条是与纯正的语言紧紧连在一起的。像直接承继古代文化的盎格鲁-撒克逊僧侣们那样[②]，纯正的罗马仪式也同拉丁文化一道进入加洛林帝国各个部分之中。人们所称之为加洛林文艺复兴的工具，是一种极其纯正卓越的(*par excellence*)的拉丁文化，虽然，这种文艺复兴中还有保卢斯·迪亚康努斯(Paulus Diaconus)[③]、比萨的彼得(Peter of Pisa)[④]和提奥多尔夫[⑤]等各位代表人物。然而，还有一个重要问题必须注意，即这种文艺复兴纯粹是一种基督教教会内部事物。它对当时广大普通民众并无什么影响和作用，他们根本就不懂得这些。这种文艺复兴既是古典传统的复兴，又是同罗马传统的决裂，这是由穆斯林占领地中海地区所造成的。这一时期的世俗社会已经是一种纯粹的农

① 在语法方面，我们应当对博尼法斯所留下来的那份宝贵财富表示深深的感谢。C. DAWSON, *op. cit.*, p. 229.

② C. DAWSON, *op. cit.*, p. 231.

③ 即执事保罗(Paul the Deacon, 720/730—790年)，加洛林时代法兰克伦巴德史学家，主要著述为《伦巴德人史》《历代梅斯主教传》。——译者

④ 此人8世纪以学识驰名意大利，曾任比萨的副主祭。774年，查理曼远征意大利将其从意大利带回，负责管理教会学校。据说还曾教授查理曼文法科目。——译者

⑤ 即前文所注奥尔良的提奥多尔夫。——译者

业和军事社会，它已不再需要使用拉丁语。此时的拉丁语仅仅是一种为教士等级所专用的语言，他们垄断了所有的知识学问，而这个教士等级同民众却在不断地分离，神圣使命使得它越发对自己的职责加以更多的考虑。数百年来，基督教教会中的知识学问已所剩无几。结果，在自身变得更加自信的同时，罗马教会的知识和智慧文化也越来越变得更加特殊化。加洛林文艺复兴是与基督教平信徒中普遍文盲的状态相对应的。既是这场复兴运动的鼓动者又是其支持者的查理曼本人，就不会识文断字，其父王矮子丕平也是一字不识。对于查理曼把这种文化强加给其宫廷和其王室家族的那些无效举动，我们绝对不能赋予任何实质性的意义。为了取悦这位
280 帝王，只有几位廷臣学习掌握了拉丁语。诸如艾因哈德、尼特哈德(Nithard)[1]和安吉尔伯特(Angilbert)[2]等人，他们虽一时颇负名望，但又都转瞬即逝。一般说来，这场文艺复兴运动对于绝大多数世俗贵族并无多大意义，只有为数甚少的几位渴求在教会事业上获取发展的人，才对它抱有浓厚的兴趣。

在墨洛温时期，王国行政管理机构在文化水平方面，对于那些渴望进入朝廷为官之人是有一定要求的。在加洛林时期，尽管对文化的需求仍还存在，如对那些出任朝臣的人就是如此，但该王朝主要是从教会方面遴选自己所需人才。由于王朝官员已经不复存在，

① 一译尼萨德，加洛林王朝贵族，795—844年？查理曼之外孙，其父为查理曼宠臣、绰号为“荷马”的安吉尔伯特，其母为查理曼之女贝尔莎(Bertha)。此人后来成为秃头查理的坚定支持者。著有《历史》一书，记述了虔诚者路易的儿子们争夺权势，分裂帝国的过程。——译者

② 约740—814年，查理曼之宠臣，绰号为“荷马”，与查理曼之女贝尔莎相爱。——译者

故而加洛林王朝也就不再对人们有什么教育方面的规定和要求了。毫无疑问，绝大多数地方伯爵也都是大字不识的文盲。墨洛温时代那种类型的元老业已消失殆尽。除了个别人之外，加洛林时代世俗贵族们也已不再说拉丁语。由此充分证明了拉丁语在当时既不被人们说又不被书写。①

加洛林文艺复兴的最后一个特点，是一种新的书写文字在这一时期被引入法兰克地区，从而致使整个文字书写方式发生了变革。这种变革就是由小楷字母(the minuscule script)代替了草书体字母(the cursive script)：这就是说，用精心刻意的书写方法代替了以往那种通行的书写方式。只要罗马传统尚还留存，地中海附近各个民族就仍继续使用那种草书体罗马文字。从一定意义上讲，这种草书体是一种日常应用字体，或者干脆说，它已成为当时人们日常生活所必需的一种书写方式。纸草的广泛散布就是以这种字体进行通信和记录的需求所导致的结果。8世纪时局的巨大危机则不可避免地对人们书写实践造成了严格制约。除了誊抄书籍之外，书写已经几乎不再是人们的日常需求了。正是为了誊抄书籍的目的，大写体(the majuscule)和安瑟尔体(the uncial)才被付诸应用。在爱尔兰皈依基督教信仰时，这些字体便传入该地。② 并且，不迟于7世纪

① H. BRUNNER, *Deutsche Rechtsgeschichte*, vol. II, 2nd ed., p. 250 对此予以确认，鉴于当时(日耳曼)的普通信徒对书证(*Urkundenbeweis*)的厌恶，查理曼已经不再亲自委任那些法律文书的抄写员了。

② 爱尔兰对基督教的皈依是在5世纪，由圣帕特里克(St. Patrick)为代表的英格兰的不列吞人完成的，其时间要略早于撒克逊人对爱尔兰的占领。C. DAWSON, *op. cit.*, p. 103.

281 末，安瑟尔体在爱尔兰就已导致小楷字体出现，这种字体在班戈尔（Bangor, 680—690年）[1] 的《祈祷辞集》（the antiphonary）中就得以使用。[2] 盎格鲁-撒克逊人将这些手稿抄本，同那些由罗马教廷派来的传教士带来的手稿抄本一道作为他们的典范标本。[3]9 世纪初，一种美观的或被人们称之为“加洛林小楷”（the Caroline minuscule）的字体，正是从不列颠岛这种小楷和那些大量使用“准安瑟尔体”（the semi-uncial）抄写的罗马手稿（*scriptoria*）中产生出来的。[4]

目前发现最早的这类小楷字体的文献标本，是 781 年由戈德斯卡尔克（Godescalc）[5] 所书写的《福音书》，他是应查理曼的请求而书写的，因查理曼本人不会书写。[6] 阿尔昆使都尔的修道院成为传布这种新书写字体的一个中心，从而对日后整个中世纪时代的书写字体产生了决定性影响。[7]

这样，一批修道院满足了对书籍不断增长的需求以及传布这些新型书写字母的社会需求，其作用或许可以同文艺复兴时期的

① 位于今英国威尔士北部的一个主教教座所在地和城市。——译者

② M. PROU, *Manuel de paléographie,* 4th ed., 1924, p. 99.

③ *Ibid.*, p. 102.

④ *Ibid.*, p. 105.

⑤ 生卒年不详，查理曼的宫廷抄书员。《戈德斯卡尔克福音书》写于 781—783 年，是最早的一部加洛林彩饰手抄本，为纪念查理曼出征意大利而作，现藏于法国国家图书馆。——译者

⑥ M. PROU, *op. cit.*, p. 169. 兰德（M. RAND）认定他在巴黎国家图书馆所藏的尤吉皮乌斯的作品中所发现的一部典籍中所使用的字体是加洛林王朝以前的小楷体，他将其认定为 725—750 年的作品。请参见 SPECULUM, April 1935, p. 224。

⑦ 都尔也是一个绘画艺术的中心。请见 W. KOHLER, *Die Karolingischen Miniaturen. Die Schule von Tours,* vol. I$^{2}$: *Die Bilder*, Berlin, 1933。

那些印刷厂相媲美。此外，除了都尔修道院之外，尚有克尔比、奥尔良、圣但尼、圣旺德里尔（Saint Wandrille）[①]、富尔达（Fulda）[②]、考维（Corvey）[③]、圣戈尔、赖兴瑙（Reichenau）[④]和洛尔施（Lorsch）[⑤]等一批闻名遐迩的修道院。其中大部分修道院，尤其是富尔达修道院，有盎格鲁-撒克逊僧侣。[⑥]值得注意的是，这些修道院几乎都位于塞纳河与威悉河之间的北方地区。正是在加洛林家族领地起源的这一地区形成了一个中心，也正是在这个中心，新的教会文化，或者我们可以将其称为加洛林文艺复兴，进入了它最为繁荣的鼎盛时期。

因此在当时生活的各个领域，我们都可以观察到同样现象。那
种以往在地中海地区繁荣流行的文化，如今都迁移至北方。中世纪 282

① 该修道院位于西法兰西亚地区，创建于649年，系法兰克时代最为著名的修道院之一，尤以收藏、誊抄古典文献而闻名遐迩。816—823年，艾因哈德似曾任该院住持。——译者

② 富尔达修道院为位于德国中部黑森州（Hesse）的一座圣本尼迪克修道院。创建于744年3月12日。11世纪晚期为其鼎盛时期。在拉班·毛尔（Raban Maur）任住持期间其影响逐渐扩大，众多知名学者如艾因哈德、斯特拉博、费里耶尔的鲁普斯等先后来此钻研学术。该修道院藏书丰富，为德意志地区学术中心之一。——译者

③ 该修道院位于德国威斯特伐利亚州霍克斯特靠近威悉河畔，系克尔比修道院的子修道院，创建于822年。乃萨克森地区基督教重要中心之一，藏有西塞罗、塔西佗和普林尼等人的古典著述以及一大批神学著述。考维一名，意即新克尔比。——译者

④ 地处康斯坦斯湖中岛屿，创建于724年。838—849年斯特拉博任该院住持，遂使其进入鼎盛时期。院内建有图书馆，藏有400余部手抄本典籍。为加洛林帝国最为重要的学术中心之一。——译者

⑤ 洛尔施修道院原为7世纪恰克尔伯爵（Count Chancor）所修建的家族寺院，765年，圣徒纳扎里乌斯的遗骨被迁葬于此，由此成为了朝圣者的圣地。772年成为加洛林王室的王家修道院。资产富饶，历代教皇和皇帝均对其礼遇有加，赐予其大量地产和各种政治特权。为加洛林时代修道院书籍誊抄的七大中心之一。——译者

⑥ C. DAWSON, *op. cit.*, p. 231.

文明就是在北方地区兴起的。而且，它还有一个显著特点，就是这一时期著作家中绝大多数人都是爱尔兰人、盎格鲁-撒克逊人或者是来自于塞纳河以北地区的法兰克人：例如阿尔昆、纳森（Nason）、伊色乌尔夫（Ethelwulf）、流放的希博尼库斯（Hibernicus exul）[①]、塞德留斯·司格特、安吉尔伯特、艾因哈德、拉班·毛尔[②]、瓦拉弗里德·斯特拉邦（Walahfrid Strabon）[③]、高特斯恰尔克（Gottschalc）[④]、伊尔门利奇（Ermenrich）[⑤]、汪达尔伯特（Wandalbert）[⑥]、阿基乌斯（Agius）[⑦]、特里夫斯的瑟甘（Thegan of Trèves）[⑧]、尼萨德、斯马拉格杜斯、厄尔默杜斯·尼格鲁斯、里昂大主教阿格巴特、帕斯恰斯·拉

① 生卒年不详，活跃于8世纪中晚期，爱尔兰诗人，曾向查理曼献诗：《致查理曼》（*Ad Karolum Regem*），歌颂查理曼在平定巴伐利亚战争中的丰功伟绩。——译者

② 8、9世纪加洛林时代著名的神学家和学者，约780—856年。曾师从于阿尔昆，822年出任富尔达修道院住持，后曾任美因茨大主教。学识宏富，著述数量众多。——译者

③ 9世纪加洛林时代著名学者，808/809—849年。早年在赖兴瑙和富尔达接受教育。与拉班·毛尔关系密切。后任赖兴瑙修道院住持。受西法兰克国王秃头查理庇护，与朝廷关系紧密。是当时著名的神学家和文学家，著述甚多，并曾为艾因哈德的《查理大帝传》和瑟甘的《虔诚者路易传》作序。——译者

④ 疑似高特斯恰尔克（Gottschalk）。据《圣伯丁年代记》849年记载，此人出生于萨克森地区，曾担任苏瓦松主教区内奥尔巴斯（Orbais）修道院司铎。曾对拯救学说，特别是命定论主张大加抨击、攻讦。遭到日耳曼路易和秃头查理等君王制裁，被判有罪。——译者

⑤ 约814—874年，出生于施瓦本贵族家庭，加洛林时代的教士、作家，866年任帕绍（Passau）主教。——译者

⑥ 813—约850年，法兰克本土作家、诗人，普吕姆（Prüm）修道院修士。——译者

⑦ 843—867年担任奥尔良主教。——译者

⑧ 瑟甘早年曾在洛尔施修道院接受教育，后先后任特里夫斯主教助理、教区长等教职，大约850年前后辞世。著有年代记体的《虔诚者路易传》。——译者

德威尔特(Paschase Radvert)[①]、拉特拉姆(Ratram)[②]、辛克马尔、圣阿曼德(Saint-Amand)的米隆(Milon)[③]等。而来自南方或地中海地区的有:保卢斯·迪亚康努斯、奥尔良的提奥多尔夫、阿奎莱亚的鲍利努斯(Paulinus of Aquileia)[④]、焦纳斯(Jonas)[⑤]、特鲁瓦的主教普鲁登修斯(Prudentius)[⑥]、波尔萨利乌斯(Bertharius)、蒙特卡西诺修道院[⑦]住持奥德拉杜斯(Audradus)[⑧]、里昂的弗劳鲁斯(Florus

① 9世纪加洛林时代著名神学家,8世纪末期—860/865年。早年在苏瓦松圣玛丽修女院接受教育,后成为克尔比修道院修士,并出任克尔比修道院住持。其人著述丰富,种类繁杂。所撰著的《查理曼同胞兄弟:阿达尔拉德和瓦拉合传》(*Charlemagnes's Cousins Contemporary Lives of Adalard and Wala*)一书乃是当时一部重要史料。——译者

② 9世纪加洛林时代著名神学家,史称克尔比的阿特拉姆(Ratramus of Corbie,约800—870年)。早年在克尔比修道院接受教育,是帕斯恰斯·拉德威尔特的学生。撰写了大量神学论著。——译者

③ 约809—872年。诗人、圣徒传记作家,著有《圣阿曼德传》(*Vita sancti Amandi*)。——译者

④ 8世纪加洛林时代的著名语法学家和作家,730/740—802年。意大利伦巴第人,776年被查理曼招至宫廷。同阿尔昆交情甚笃,并为安吉尔伯特的业师。著有大量神学著述。——译者

⑤ 史称奥尔良的焦纳斯,780年前—841/843年。为加洛林时代文艺复兴的著名学者。曾任奥尔良主教,在政治上追随虔诚者路易,并曾担任阿基坦丕平的导师。积极参与宫廷政治和宗教事务。著述丰富,尤以王公宝鉴类著述见长。曾为丕平著有《王权体制论》(*De institutione regia*)、《俗界体制伦》(*De institutione laicali*)、《论圣像崇拜》(*De imaginum*)等著述。——译者

⑥ ?—861年。西班牙裔,曾出任加洛林宫廷祈祷堂神甫,后任特鲁瓦主教。一度主持《圣伯丁年代记》的编纂工作。——译者

⑦ 即卡西诺山修道院,位于意大利中部(罗马东南)。529年本尼迪克在卡西诺山上建立了修道院,其所创立的《本尼迪克条规》是中世纪西欧修道院主要规章。——译者

⑧ 生卒年不详,活跃于9世纪中叶。图尔的圣马丁修院修士,是一位多产的作家。——译者

of Lyons)[①]、欧塞尔的赫里克(Heric)[②]、桑斯的塞尔瓦图斯·鲁普斯(Servatus Lupus of Sens)[③]等。

由此，我们看到自皈依基督教不久，日耳曼人便很快地在文明中发挥出一种基础作用，而在以往，日耳曼人还是这种文明的一个陌生人。那种曾经全然是罗马人的文化，如今已成为一种罗马-日耳曼人的文化，然而，如实地讲，这种文化是在基督教教会怀抱中成长起来的。

十分明显，一种新的取向开始对欧洲发生潜移默化的影响，而在这一发展过程中，日耳曼人传统的地位逐渐上升。同墨洛温时代相比，查理曼的宫廷和查理曼本人的拉丁化程度要小得多。在新的权力配置中，许多官员都是从日耳曼人中遴选、补充出来的，而那些来自奥斯特拉西亚的封臣皆在南方地区扎根。查理曼的诸位皇后都是日耳曼人。在司法改革中，一批出任地方各郡的郡守则都出自于加洛林王朝兴起的那些地区。在矮子丕平时期，基督教教会僧侣们就已经开始日耳曼化了，[④]而在查理曼时代，则在罗马化地区出现了许多日耳曼籍主教。如欧塞尔的安吉勒姆斯(Angelelmus)[⑤]

① 加洛林文艺复兴中的代表作家和神学家，8世纪末—约860年。早年在里昂大主教学校接受教育，并一直担任执事一职。在基督教教育和教会法研究领域成就卓著。——译者

② 9世纪加洛林时代著名学者，曾师从于费里耶尔的鲁普斯。——译者

③ 约805—862年。即费里耶尔的鲁普斯，Servatus为其绰号(意为被救的)。840年11月被秃头查理任命为费里耶尔修道院住持，是秃头查理的重要廷臣。——译者

④ H. WIERUZOWSKI, *Die Zusammensetzung des gallischen und fränkischen Episkopats bis zum Vertrag von Verdun*. BONNER JAHRBÜCHER, vol. 127, 1922, pp. 1-83.

⑤ 813—828年担任欧塞尔主教，曾担任热维斯(Gervais)修道院住持。——译者

和赫里巴尔德(Heribald)[①]都是巴伐利亚人；斯特拉斯堡的波诺尔德(Bernold)[②]是萨克森人；在芒斯(Mans)[③]则先后连续有三位威 283
斯特伐利亚人(Westphalians)[④]；凡尔登的希尔吞(Hilduin)[⑤]是日耳曼人；朗格勒(Langres)[⑥]的赫鲁尔夫斯(Herulfus)[⑦]和阿利奥夫斯(Ariolfus)[⑧]来自于奥格斯堡(Augsburg)[⑨]；维埃纳的乌尔菲利乌斯(Wulferius)[⑩]和里昂的雷德拉德是巴伐利亚人。而且，笔者认为并没有任何证据表明，当时还存在一种与此相反方向的人事迁移现象。为了对这种差异进行准确评估，我们只须将查理曼同那位拉丁诗人奇尔伯里克来做一下比较，就可发现查理曼时代所收集的内容都是古日耳曼人的颂歌！

所有这一切都是由同罗马和地中海传统发生断裂而导致的结果。并且，就在使西方越来越自给自足的同时，它还产生出一个由不同血统的后裔和不同遗产所构成的贵族阶层。此前的语汇往往都出自于一个早期的源泉，而如今不是有许多概念范畴都进入到此时语汇当中了吗？及至此时，已经不再存在着什么蛮族。存在的是

① 829—857 年接替安吉勒姆斯担任欧塞尔主教。——译者

② 约 822—840 年担任斯特拉斯堡主教。——译者

③ 即勒芒(Le Mans)，今法国西北部城市。——译者

④ 位于德国西北部，大致位于莱茵河和威悉河之间的区域。——译者

⑤ 生年不详，卒于 840—844 年。曾任圣但尼修道院住持，后任加洛林宫廷御用礼拜堂首领大教长一职。曾主持《王室法兰克年代记》一书的后半部分纂修。——译者

⑥ 法国东北部城市。——译者

⑦ 约 759—772 年担任朗格勒主教，圣高尔修道院修士。——译者

⑧ 772—778 年担任朗格勒主教。——译者

⑨ 德国南部城市，位于慕尼黑西南，今属于拜恩州。——译者

⑩ 797—810 年担任维埃纳主教。——译者

一个同教会世界密切相关联的巨大的基督教联合共同体。当然，这个世界所关注的是罗马，但此时的罗马业已从拜占庭世界中分离出来了，它本身也在关注着北方地区。如今的西方世界，拥有一种属于它自己的生活。除了宗教事务以外，这个新的世界正在准备将自己的各种潜能和各种本质都释放出来，不再接受外部世界的任何号令。

此时，一个文明共同体已经形成了，而加洛林帝国就是这个文明的象征和工具。就在日耳曼因素与这个文明相融合的同时，这个文明本身就是一种曾被基督教教会加以罗马化了的日耳曼因素。当然，在这个共同体之中尚存在着众多差异。加洛林帝国注定将会被肢解破裂，但构成该帝国的各个组成部分则将留存下来，因为封建社会对加洛林王朝还是十分尊崇的。简而言之，这种文化就是从中世纪时代早期开始一直延续到12世纪复兴——这是一种真正意义上的复兴与再生——之间的历史阶段，它承负着并将一直承负着加洛林王朝的烙印。政治统一体必有一个终结，然而，一种国际性文化统一体却将延续下去。正如5世纪前后，由各个蛮族王公所创建的各种西方政权都曾保留着罗马帝国痕迹一样，法兰西、德意志和意大利等国家政权也将继续保留着加洛林帝国的痕迹。

# 结　论 284

从前述各种史实中，我们似乎可以得出以下两个基本结论：

1. 日耳曼人入侵既没有摧毁古代世界地中海的统一性，也没有摧毁那些或许可被视为是罗马文化各种真实的基本特征，因为在5世纪时，这些特征依旧还存留着，只是当时西方却已不再有一位帝国皇帝存在了。

尽管日耳曼人入侵所造成的后果是天翻地覆的，并具有巨大破坏性，但是新的原则却没有出现；既没有形成新的经济的或社会的秩序，也没有形成新的语言，没有形成各类新的制度。文明继续生存的环境依旧是地中海。正是在这片由地中海所环绕的地区，文化得以保存，正是从这种文化中，那个时代的各种创新，如隐修运动、盎格鲁-撒克逊人的皈依以及各种类型的蛮族艺术文化等才得以产生。

东方是一个富有活力的因素；而君士坦丁堡则是这个世界的中心。公元600年时，这个世界的基本面貌与它在公元400年时的状况没有任何质的变化。

2. 导致古典时代传统发生断裂的原因是人们所不曾预料的伊斯兰教迅猛大扩展。这种扩展的后果就是致使东方最终与西方分裂，以及地中海统一性的终结。像非洲和西班牙等以往一直作为西方共同体中一部分的地区，自此转入到巴格达的伊斯兰文明轨道之中。在这些地区之中，一种新的宗教信仰和一种全然不同的文化得以形成。与此同时，在转变成为穆斯林湖泊之后的西部地中海海域，从此不再具有以往那种连接东西方商业贸易和思想文化的通衢大道的功用。

处于被封锁境地之中的西方，被迫凭借自己的资源而生存。生活轴心，历史上第一次，由地中海地区向北方地区转移。而这一转变过程的后果就是墨洛温王朝的衰落，从而导致了加洛林王朝的诞生，该王朝的本土故乡原为日耳曼的北方。

285 罗马教皇本人同这个新王朝进行联盟，而与拜占庭帝国皇帝断绝了联系，因为拜占庭皇帝本人正在全力同穆斯林进行争斗，故而无力对罗马教会提供必要保护。由此之故，罗马基督教教会也将其自身同这种新的事物秩序连接在一起。在罗马以及在由它所创建的欧洲，基督教教会都没有与之相抗争的对手。虽然基督教教会权势强大得足以同世俗国家政权相匹敌，但它却无法维系自身的行政管理，故而使得其自身被封建体制所吞噬，这种封建体制是经济退化所带来的一种不可避免的后果。这一变革导致的所有后果，在查理曼时代之后显露得愈发明显。由罗马教会和封建体制所统治的欧洲确立起一种全新的基本面貌，尽管不同的地区，这种面貌稍有差异。中世纪时代——笔者之所以还使用这一词汇，纯属为了保持传统语汇——开始形成了。这个转变过程为时相当漫长。可以说持续了整整一个世纪——从 650 年到 750 年。正是在这一混乱无序阶段中，古典传统慢慢地消失了，而新的因素则开始出现。

及至公元 800 年，这一发展过程以一个新帝国的形成而宣告结束，这也导致了西方与东方的彻底决裂，因为这个发展过程所赋予西方的是一个崭新的罗马帝国——这是西方与继续存留在君士坦丁堡那个旧的罗马帝国之间关系宣告彻底破裂最为确凿的证明。

亨利·皮雷纳

于于克勒（UCCLE）

1935年5月4日，上午10点30分

# 索　　引

（索引中的页码为原书页码，即本书边码）

D

E

F

G

M

P

W

X



Y



Z

# 附录一　亨利·皮雷纳

F. M. 鲍维科[①]

去年（1935 年）10 月，亨利·皮雷纳教授不幸辞世，宣告了史学界几乎无人能够与之比肩的一位学者学术生涯的终结。在比利时这样一个国度中，能够孕育出皮雷纳教授这样一位伟大学者，实乃一件令人难以置信之事。我们英国曾拥有过一批伟大学者和科学家，在我们公众生活中，他们堪称出类拔萃的精英之才，其中有两三位，如麦考莱勋爵（Lord Macaulay）[②]还曾跻身于我们国

---

① 弗里德里希·毛里斯·鲍维科爵士（Sir Frederick Maurice Powicke，1879—1963 年），英国著名中世纪史学者，牛津大学巴利奥学院教授、院士，牛津大学钦定历史学讲座教授。《美国历史评论》前主编罗伯特·列文斯通·斯开勒（Robert Livingston Schuyler）在 1951 年就任美国历史协会主席的演讲词中，曾称鲍维科为"我们当代中世纪史学家中的泰斗"（请参见《美国历史协会主席演说集，（1949—1960 年）》，何新等译，黄巨兴校，商务印书馆 1964 年版）。先后著有《中世纪英格兰史（1066—1485）》（*Mediaeval England, 1066—1485*, 1948）、《牛津 13 世纪英格兰史（1216—1307）》（*Oxford History of England-Thirteenth Century 1216-1307*, 1953）、《英格兰的宗教改革》（*The Reformation in England*, 1953）、《中世纪时期欧洲的大学》（*The Universities of Europe in the Middle Ages*）等著述和大量的史学论文。本文是他在皮雷纳去世的第二年所撰写的纪念文章，发表在《英国历史评论》第 51 卷第 201 期（1936 年 1 月），第 79—89 页。——译者

② 麦考莱，1800—1859 年，英国著名的历史学家，19 世纪辉格学派的主要代表。著有《英国史》等。——译者

家最伟大公民的行列，然而，他们同皮雷纳教授之间尚有很大不同。在英国，皮雷纳教授最亲密的同伴，或许也是他的好友，是已故的保罗·维诺格拉道夫爵士（Sir Paul Vinogradoff）[①]，但是，维诺格拉道夫爵士是一位自愿流亡者，故而，与其说他是英国公众意愿的一位领袖，莫不如说他是一位国际性人物更为恰当。作为极具人格魅力的一个人物，皮雷纳先生是作为比利时史学界的泰斗，尤其是以一位历史学家和一位教师的身份而赢得了“伟大的比利时公民”这一崇高称谓的，他所具有的广泛影响和重要地位得到了举国上下的普遍认可。的确，只有在比利时这类蕞尔小国，只有在将科学的组织和发展作为国家自身存在目标之一的时代，皮雷纳教授才有可能获得如此崇高的地位。他那高贵的个人品格完全为特定的环境所赐；可以说，是在自己故土家园和在各种知识运动获得普遍发展的时代，皮雷纳才化为了一尊知识与智慧的象征，才作为比利时学者生动的代表而被全国民众所接受。在所有曾与亨利·皮雷纳结识的人中，没有人只将他作为一种象征性符号来看待——他是那样心地善良，又充满着力量——而且，他还引领、代表着史学研究和教育领域中的各种思想潮流，代表着学术活动组织机构，代表着知识学术的政策，代表着强烈爱国主义情怀与国际合作之间的完美结合。各种各样的荣誉和头衔纷至沓来是实至名归的自然之事，这既是对亨利·皮雷纳教授本人所拥有的渊博学识和巨大成就的褒奖，也是对他所代表的那种事业本身所具备价值的认可。

1862年12月22日，皮雷纳先生出生在维尔维耶（Verviers）[②]。

① 维诺格拉道夫，1854—1925年，俄裔英国历史学家，著名的英国中世纪社会史、法制史学者。——译者

② 今比利时瓦隆大区列日省境内。——译者

他在列日大学攻读博士学位，在这所大学中，他非常幸运地成为法兰克史专家高德弗洛伊德·库尔特(Godefroid Kurth)[①]和低地国家地区史的专家保罗·弗雷德里克(Paul Frédéricq)[②]两位史学大师的弟子。在皮雷纳身上，他们所给予的影响清晰可见。库尔特在克洛维生平、法兰克人史料和各种圣徒传记等领域的学术成果，堪称经典，他向自己这位学生展示了作为一名纯粹学者的意义和乐趣，并点燃了他对早期中世纪史的激情。[③]这种对中世纪史的挚爱之情，伴随着皮雷纳的一生，从未减弱；而且他还激励自己的学生们也确立同样的学术旨趣。及至生命晚年，皮雷纳教授又重新回归中世纪史研究领域。弗雷德里克教授是一位比利时历史研究的学术大师，专门从事勃艮第辉煌时代和向西班牙统治时代过渡时期的研究，同时又是一位视野开阔的学者和不知疲倦的历史文献的编纂整理者。在他这位亲炙弟子皮雷纳所撰写的多卷本《比利时史》中，最具可读性和最激动人心的篇章，当属第三卷，而其所涵盖的正是中世纪这一历史阶段，皮雷纳先生撰写该卷的时间是1903—1907年，正值其一生中精力最为旺盛充沛之时。弗雷德里克教授对于历史编

① 高德弗洛伊德·库尔特，1847—1916年，比利时历史学家，曾任比利时罗马研究院院长。因为他曾参加了按照德国榜样成立的“历史实验班”，后来皮雷纳提到这门功课时说，比利时最早的历史批判理论方法是在这里传授的。参见〔美〕J.W. 汤普森：《历史著作史》(下卷·第四分册)，孙秉莹、谢德风译，商务印书馆1996年版，第561、811页。——译者

② 保罗·弗雷德里克，1850—1929年，比利时历史学家，1919年任根特大学校长。参见〔美〕J.W. 汤普森：《历史著作史》(下卷·第四分册)，第561页。——译者

③ 请参见皮雷纳的“在纪念高德弗洛伊德·库尔特活动上的演讲”(“Discours pronouncé à la manifestation en l' honneur de G..Kurth”)一文，载《高德弗洛伊德·库尔特》(*A Godefroid Kurth... d'histoire*, Liege, H. Poncelet, 1899)；另请见皮雷纳发表在1924年比利时皇家科学院的《年鉴》关于库尔特逝世的讣告。

纂学和其他国家历史的研究也情有独钟，[①]说他是促使皮雷纳敞开心扉，对各国学者和教师之间加强相互交流关系的重要性加以充分认识的引领者，绝非虚言。但是，皮雷纳教授的学术声誉主要是因其在社会历史领域的研究成果确立起来的。他所撰著的《比利时史》正是作为对本民族发展历程的研究，才被人们心悦诚服地加以接受，而且他这种研究必须深深植根于佛来米那些伟大城镇的土壤之中。因而，在探究皮雷纳学术兴趣何以不断发展增强时，除了库尔特和弗雷德里克两位教授之外，我们还必须要牢记古斯塔夫・施穆勒(G. Schmoller)[②]和阿瑟・纪里(Arthur Giry)[③]这两位史学家的影响，皮雷纳曾同前者在柏林一道进行过史学研究，与后者在巴黎一起工作过。施穆勒对斯特拉斯堡城的两项研究成果(1895年出版)，业已为深入研究中世纪城市历史中的各种经济因素铺平了道路，尽管其学术研究在精确性方面尚有一定欠缺，但是他的这些成就极具保存价值和深远意义。在把历史考察从当时自由主义学派的各种偏见中解脱出来方面，施穆勒的贡献相当独特。[④]阿瑟・纪里对于圣奥梅尔(Saint Omer)[⑤]的研究(1877年)[⑥]以及他所撰著的



① 约翰・霍普金斯大学曾在1887年将弗雷德里克关于英格兰、苏格兰，1890年将其关于德国、法国、荷兰和比利时等国历史的学术论文权威性英文译本公开刊行出版。

② 古斯塔夫・施穆勒，1838—1917年，德国历史学家，德国经济历史学派的代表人物，柏林大学教授。——译者

③ 阿瑟・纪里，1848—1899年，法国历史学家，法国文献学院(cole Nationale des Chartes)教授。——译者

④ 请参见G. VON BELOW, *Der deutsche Staat des Mittelalters*(1914), pp. 61-62, 83; 并请见同一作者的*Die deutsche Geschichtschreibung*(edit. 2, 1924), p. 52。

⑤ 法国北部-加来海峡大区加来海峡省的一个小镇。——译者

⑥ 阿瑟・纪里著有*Histoire de la ville de Saint-Omer et de ses institutions*, Paris, 1877。——译者

两卷本的《鲁昂城的建立》(*Les Établissements de Rouen*)[①]与皮雷纳学术研究之间也存在某种关联。在柏林、莱比锡和巴黎等地与皮雷纳本人往来密切的知名学者，还有哈里 · 布雷斯劳、加布里尔 · 蒙诺德(Gabriel Monod)[②]和瑟维宁(Thévenin)等人。1885年，这位年轻学者的学术积淀就已非常深厚，故而年仅22岁的皮雷纳出任了列日大学的兼职教师之职。

然而在母校，皮雷纳任教时间甚短，仅仅只有一年。1886年，他在根特大学获得一个教席，从此之后，他在该校度过了五十余载时光。在根特大学，皮雷纳以教授身份成名。1919—1921年，他还曾出任根特大学校长。1930年，皮雷纳赋闲退休，成为根特大学的荣誉退休教授。1935年10月24日，在距离布鲁塞尔不远的于克勒，皮雷纳先生溘然长逝，享年73岁。

1926年，为庆贺皮雷纳先生担任根特大学教授之职40周年，一部厚厚的名为《纪念亨利 · 皮雷纳先生史学论文集》(*Mélanges d'histoire*)的两卷本纪念文集刊行出版。这部文集实为皮雷纳教授在世界范围内享有崇高学术声誉的一个见证。其第一卷中刊载了一份皮雷纳教授著述的目录清单，展示出他一生极为广泛的学术旨趣。[③]而这份目录清单对皮雷纳在1926年的著述统计尚不够

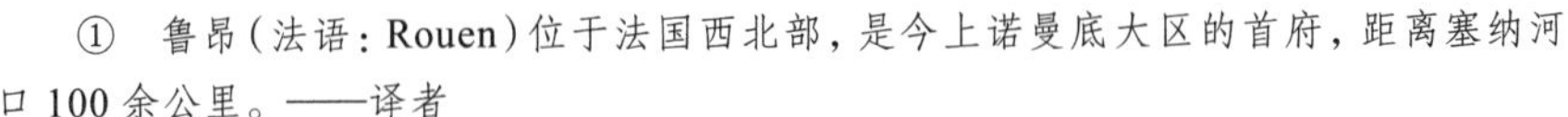

① 鲁昂(法语：Rouen)位于法国西北部，是今上诺曼底大区的首府，距离塞纳河口100余公里。——译者

② 加布里尔 · 蒙诺德，1844—1922年，法国历史学家。著有《法国史书目》(*Bibliographie de l'histoire de France*)等。——译者

③ 该文集法文全名为：*Melanges d'historie offerts a Henri Pirenne par ses Anciens Eleves et ses Amis a l'Occasion de sa Quarantieme Annee d'Enseignement a l'Universite de Gand, 1886-1926*。在其序言中开列了一份由皮雷纳本人亲自撰写的著作、论文和编辑、整理的资料汇编等著述的目录，数量多230余种。《美国历史评论》总第32卷第4期(1927年6月)曾刊发专文对该文集进行较为详细评论。——译者

完整，其中没有列入皮雷纳用法文撰写的《比利时史》最后两卷的修订本；此外，他在美国就中世纪城市史所发表的演讲以及一批与此有关的论文也未被辑录在内，在这些演讲和论文中，皮雷纳集中而详细地阐述了他对罗马帝国晚期和墨洛温王朝之间存在某种历史连续性的思考。[①] 对皮雷纳教授本人所有著述加以详尽地考察研究将是一件令人感到十分头疼之事，且无多大必要，因为其大部分论文都是在某个问题上为他那部皇皇巨著《比利时史》所做的前期准备，而且这些论文的观点又都被总结、归纳入这部著作之中。有一点倒是值得我们注意，就是应对 1890 年之前，即皮雷纳 30 岁以前所发表的文章进行一番归纳总结。皮雷纳所撰写的第一篇论文，是他年仅 20 岁时对列日的塞德留斯（Sedulius of Liége）[②] 的研究成果，其中包括一份附录，内容是对塞德留斯一地所有未刊诗歌的编辑整理。这项成果被比利时皇家学院所接受，刊载在该院的《缅怀录》（*Mémoires*）中（1882 年）。皮雷纳的第二项学术成果是专门为保罗·弗雷德里克所写，内容是探究奥地利的唐·约翰（Don John of Austria）统治时期的列日主教-公爵（ the prince-bishop）的统治政策（1884 年）。第三篇论文是对比利时地方史学术研究机构状况的研究成果，刊于 1885 年的《西德历史与艺术杂志》（*Westdeutsch*



① 《中世纪的城市》，中译本：亨利·皮雷纳《中世纪的城市》，陈国樑译，1985 年。——译者

② 即 Sedulius Scottus，亨利·皮雷纳的文章发表在 *Sedulius de Liége, Mémoires couronnés et autres mémoires publiés par l'Académie royale de Belgique*,33:4 (Brussels,1882)，参见前文，第 380 页注②。——译者

*Zeitschrift für Geschichte und Kunst*)。接下来一篇论文的内容是关于古文字学及其流变状况的探讨，刊于1886年的《比利时国民教育期刊》(*Revue de l'Instruction Publique en Belgique*)。1888年，《皇家历史学会会刊》(*Bulletin de la Commission royale d'histoire* )发表了皮雷纳的一篇对《佛兰德尔的雷吉姆克隆尼克》(*Rijmkronijk van Vlaanderen*)的研究论文。此后，1889年，皮雷纳第一部重要学术著作问世，列入根特大学哲学与文献学院出版的一套系列丛书第二版的节选本，即《中世纪时期第农城制度史研究》(*Histoire de la constitution de la ville Dinant au moyen âge*)。[①] 因而到1890年，皮雷纳业已在史料批评、文献编辑、中世纪城市制度史、16世纪比利时史研究和史学及相关学术研究组织协调等诸多方面显露出非凡的能力。

1900年，皮雷纳撰著的《比利时史》第一卷刊行问世。该卷追溯了低地地区的历史，就该地区成为佛兰德尔伯爵领之后的政治、社会和经济发展进行了考察，其时限是从最久远时期一直到14世纪第一个25年同法国开战为止。该卷根基广博而深厚。的确，通过对皮雷纳此前各种著述的研究，给人留下了一个格外清晰的印象，即若按照当时道路继续走下去，他的笔下必将会产生出一部伟大的史学作品。1893年，我们看到了皮雷纳教授所编纂的《比利时史料集成》(*Bibliographie de l' histoire de Belgique*)，这是一部对1598年之前低地地区历史和对1830年以前比利时历史有关的各种史料和主要著述加以系统化和编年化整理的目录集成。1894年，在

① 第农位于比利时西南部，默兹河上游。——译者

拉维塞(Lavisse)[①]和朗博(Rambaud)[②]所主编的《通史》(*Histoire Générale*)一书中,我们看到了皮雷纳所撰写的一章,其内容是对1280—1477年低地国家历史的论述。1895年,皮雷纳又撰写了一篇论述13世纪之前佛兰德尔伯爵大法官法院和公证人的论文,刊载在《纪念朱利安・哈维文集》(*Mélanges Julien Havet*)[③]之中。此外,早在1891年,在巴黎出版的由皮卡迪(Picard)署名的《文献集成》(*Collection de Textes*)中,皮雷纳还发表了一项关于对布鲁日的加尔伯特撰写的1127年好人查理伯爵暗杀者的史书整理编辑成果。接着在1896年,他又编辑整理出圣特隆德修道院住持威廉一世(William I,1249—1272年)[④]的综述,早在五年前,皮雷纳就呼吁人们应对此人予以重视;1900年,他推出了一大卷未加编辑的史料文献,名为《1323—1328年佛兰德尔地区的海上起义》(*Le Soulévement de la Flandre maritime de 1323-1328*),由比利时皇家学会出版。1890—1900年,就史料的鉴别、批评和早期地方史的研究,皮雷纳在比利时皇家学会的《会刊》上,连续发表了一系列的论文。但在此时期,皮雷纳为史学界所做出的最大学术贡献是,他



① 欧内斯特・拉维塞,1842—1922年,法国历史学家。曾任巴黎高师讲座教师、巴黎大学教授,代表作有《普鲁士历史研究》(*Etudes sur l'Histoire de la Prusse*)等。——译者

② 阿尔弗雷德・尼古拉斯・朗博,1842—1905年,法国历史学家。专于拜占庭史、俄国史研究,代表作有《拜占庭世界》(*Le monde byzantin*)、《拿破仑一世时期的德意志:1804—1811》(*L'Allemagne sous Napoleon I. 1804-1811*)、《俄国史诗》(*La Russie épique*)等。——译者

③ 朱利安・哈维(Jalien Havet),1853—1893年,法国历史学家。——译者

④ 圣特隆德修道院,建立于7世纪,低地地区最古老的修院之一。——译者

就中世纪城市起源所撰述的一批观点鲜明的论文。如今，通过皮雷纳在法国巴黎1910年出版的那部小书《尼德兰的古代民主政治》(*Les anciennes démocraties des Pays-Bas*)，大多数学者都非常熟悉了他在该领域的主张；此时距皮雷纳教授出版《比利时史》第一卷已有整整十年时光；[①] 这些都是皮雷纳在撰写《比利时史》过程中所得出的研究结论，并且加以详细论证，[②]1889年到19世纪末，皮雷纳为各种学术刊物撰写的一系列论文和评论中，对此也进行了详细的研究；在他对第农城历史的研究中也蕴含着同样内容。1893—1895年，他在《历史评论》(*Revue historique*)所发表的一系列著名论文中，所进行的批判性考察堪称具有大师级的水准，[③] 这一切都促使皮雷纳教授对一个非常重大的历史问题和相关的丰富历史文献形成了一种新的解答。而无论皮雷纳学说自身的命运如何，这些文章都应被视为史学批评的一种模式。

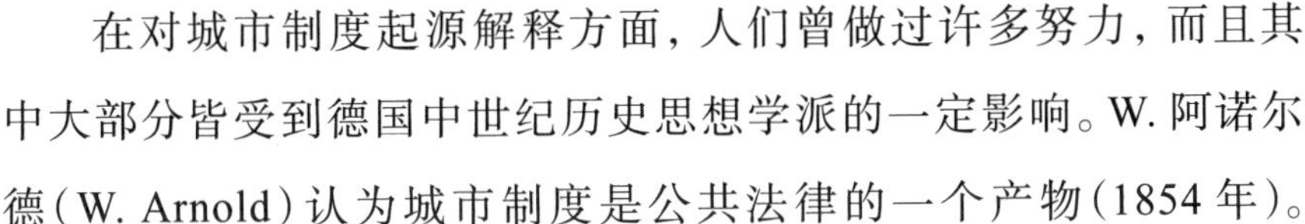

在对城市制度起源解释方面，人们曾做过许多努力，而且其中大部分皆受到德国中世纪历史思想学派的一定影响。W. 阿诺尔德(W. Arnold)认为城市制度是公共法律的一个产物(1854年)。

① 该书由J.V. 桑德斯(J.V. SAUNDERS)译为英文，书名为*Belgian Democracy, its Early History*(《比利时的民主，其早期历史》)，曼彻斯特，1915年。

② 请见《比利时史》第一卷(第三版，1909年)第180页及以后。

③ “中世纪城市制度的起源”(“L’origine des constitutions urbaines au moyen âge”)，载《历史评论》(*Revue historique*, liii [1893] and lvii [1895])。还有“中世纪的城市、市场和商人”(“Villes, marchés et marchands au moyen âge”)，载*Ibid*, lxvii(1898)；“伦敦的佛兰德尔商人团体”(“La Hanse flamande de Londres”)，载《比利时王家学会会刊》(古典文献)，1899年；和“12世纪之前的佛兰德尔城市”(“Les villes flamandes avant le xii$^{e}$ siècle”)，载《东方和北方年鉴》(the *Annales de l’Est et du Nord*, i [1905])。

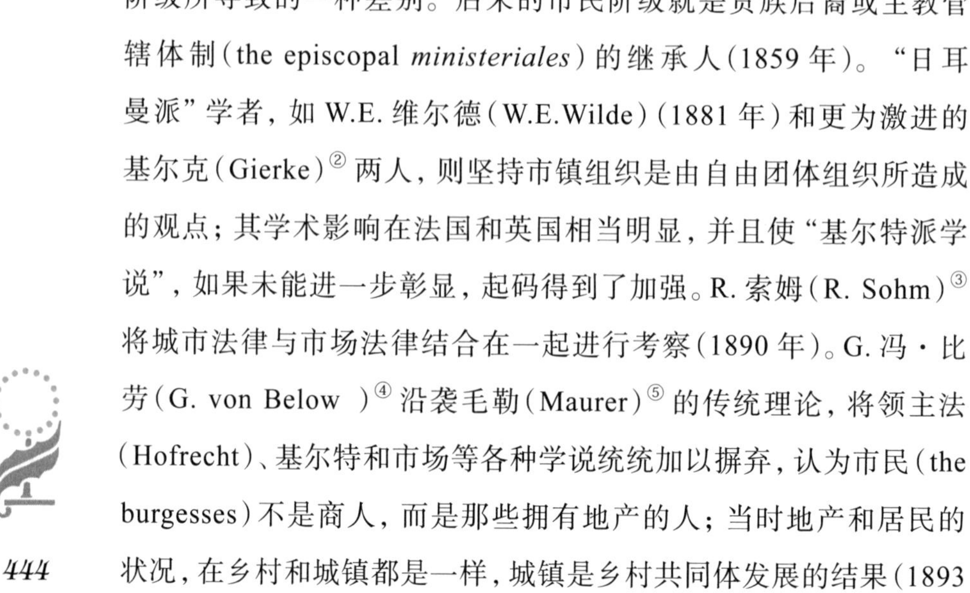

K.W. 尼兹什(K.W. Nitzsch)[①] 的观点法律色彩相对薄弱，他从一个相对更为广泛的社会角度着眼，认为这些制度是在领主保护下不同阶级所导致的一种差别。后来的市民阶级就是贵族后裔或主教管辖体制(the episcopal *ministeriales*)的继承人(1859 年)。“日耳曼派”学者，如 W.E. 维尔德(W.E.Wilde)(1881 年)和更为激进的基尔克(Gierke)[②] 两人，则坚持市镇组织是由自由团体组织所造成的观点；其学术影响在法国和英国相当明显，并且使“基尔特派学说”，如果未能进一步彰显，起码得到了加强。R. 索姆(R. Sohm)[③] 将城市法律与市场法律结合在一起进行考察(1890 年)。G. 冯·比劳(G. von Below )[④] 沿袭毛勒(Maurer)[⑤] 的传统理论，将领主法(Hofrecht)、基尔特和市场等各种学说统统加以摒弃，认为市民(the burgesses)不是商人，而是那些拥有地产的人；当时地产和居民的状况，在乡村和城镇都是一样，城镇是乡村共同体发展的结果(1893



① 卡尔·尼兹什，1818—1880 年，德国历史学家。基尔大学、柏林大学教授，代表作有：《波利比乌斯：古代历史与史学》(*Polybius. Zur geschichte antiker politik und historiographie*)、《罗马共和国史》(*Geschichte der römischen republik*)。——译者

② 奥托·冯·基尔克，1841—1921 年，德国法学家、历史学家，柏林大学教授。著有《中世纪的政治原理》(*Political Theories of the Middle Ages*)。——译者

③ 鲁道夫·索姆，1841—1917 年，德国法理学家、教会史学家、神学家。代表作有《教会史纲》(*Outlines of Church History*)、《莱比锡的罗马法律制度》(*Institutionen des Römischen Rechts Leipzig*)等。——译者

④ 乔治·冯·比劳，1858—1927 年，德国历史学家。代表作有《德国十九世纪史学》(*Deutsche Geschichtsschreibung des 19. Jahrhunderts*)。——译者

⑤ 乔治·毛勒，1790—1871 年，德国政治家、法律史专家，慕尼黑大学教授。著有《关于马尔克、庄园、村落、城市制度及公共权力史的绪论》(*Einleitung zur Geschichte der Mark-, Hof-, Dorf-, und Stadtverfassung und der offentli chen Gewalt*)。——译者

年）。在坚持对每个城镇都应分别予以专门研究，并承认上述各种学说都具有建设性价值，特别是索姆的观点或许价值更大一些的同时，皮雷纳本人将其探索的目光聚焦在那些与早期和非商业城堡相邻的贸易中心或口岸的商人共同体的建成方面。第一批城市居民群体，就是商人和手工业者的“移民”，这些群体逐渐地将那些原本居住在有围墙的城堡之中或主教教座所在地的早期居民融合吸纳进来。直到 13 世纪之际，这一融合过程才告最终完成。

皮雷纳是以一种精确并加以诸多限定的方式来阐释其观点的，在此本文无法对其做进一步详尽的分析。皮雷纳后期的一位弟子卡尔·斯蒂芬森（Carl Stephenson）[1] 教授曾对此进行了详细探讨，在其 1933 年所发表的那篇极具功力的专题论文《堡寨与城镇》（*Borough and Town*）中，就运用了这种方法对英国城市历史进行考察。[2] 然而，在此有必要提请人们注意皮雷纳学说在比利时史学界所起到的推动作用。与各种各样简单机械化的解说不同，皮雷纳学说不允许其支持者形成某种特定公式或什么法理原则。这一学说

① 卡尔·斯蒂芬森，1886—1954 年，美国著名的中世纪史专家，康奈尔大学教授。著有《中世纪历史：4—16 世纪》（*Medieval History: Europe from the Fourth to the Sixteenth Century*）、《中世纪封建主义》（*Mediaeval Feudalism*）。——译者

② 斯蒂芬森教授曾在 1924—1925 年，同皮雷纳一起进行学术研究。他把前诺曼时期英国的 *burh* 等同于大陆地区的 *burg* 的观点，使得他对后诺曼时期商人居住地在英国城镇发展历史中的作用作了过分的夸大；请见 J. 泰特（J. Tait），ante, xlviii, 642-648；另请见 H.M. 坎姆（H. M. Cam）：“剑桥城的起源：对卡尔·斯蒂芬森教授理论的思考”（“The Origin of the Borough of Cambridge: a Consideration of Professor Carl Stephenson's Theories”），载《剑桥古物学会通讯》（*Proceeding of the Cambridge Antiquarian Society*），第 35 卷（1933 年），第 33—35 页。斯蒂芬森撰著一书全名为：*Borough and Town*，*A Study of Urban Origins in England*。——译者

是建立在低地地区早期社会生活的各种史实基础之上的，并且就大多数佛来米城镇而言，这一学说是正确的；这一学说将其关注目光直接指向最西可达莱茵河流域的法兰克地区封建主义的普遍结构，同时，这一学说还激励人们对行政管理、地产租赁、商业贸易和对外关系加以进一步深入的考察研究。尽管皮雷纳教授本人曾在许多地区、机构进行过学术研究工作，并十分乐意向所有的同行学习，但是他绝不属于任何一个特定的学派。曾在德国从事过学习研究的经历，使得他坚信撰写一个共同体历史的正确道路就是追溯其社会发展过程，并从经济的而不是政治观点的角度进行思考；然而，就其内心而言，皮雷纳教授只是一个现实主义者，而非一位理论家。[①] 因此作为一位导师，皮雷纳教授对其弟子们给予积极和鞭策性的影响，激励他们独立思考，独立解决问题，从不会向他们提出任何预先设定的前提。皮雷纳本人在这方面的努力，可以回溯到早年他在根特大学开设的研讨班，这些研讨班无论是在数量上还是在质量上，均堪称杰出典范。在皮雷纳《比利时史》第一卷问世之前，他的学生、已故的 G. 德斯 · 马雷兹(G. des Marez)[②] 教授就在 1898 年，出版了相当优秀的一部著作：《中世纪佛兰德尔地区城市不动



① 皮雷纳有时曾被人们视为兰普雷希特(Lamprecht，19—20 世纪之交的德国著名的历史学家。——译者)的一个学生。曾非常友善地向笔者提供过有关皮雷纳早期生活各种信息的冈绍夫教授则写道，直至 1914 年以前，皮雷纳虽然是兰普雷希特的一位非常亲密的好友，但皮雷纳却从来没有同他在一起进行过学术研究。皮雷纳在英国最伟大的朋友是维诺格拉道夫。

② 纪尧姆 · 德斯 · 马雷兹，1870—1931 年，比利时历史学家，布鲁塞尔大学教授，皮雷纳门下高徒，专长中世纪城市、经济史研究，对布鲁塞尔史研究颇深。著有《布鲁塞尔城的起源与发展》(*L'origine et le Développement de la Ville de Bruxelles*)。——译者

产研究》(*Étude sur la propriété foncière dans les villes du moyen âge et spécialement en Flandre*)。1915年，皮雷纳的学生W.布劳马尔兹(W. Blommaerts)[①]的研究成果《佛兰德尔的领主》(*Les châtelains de Flandre*)一书问世；稍后一些时候，皮雷纳的另一位学生H.诺维(H. Nowé)[②]于1929年出版了他的研究成果《佛兰德尔伯爵区的典吏》(*Les baillis contaux de Flandre*)[③]。这两部学术著述对于佛兰德尔地区城市史研究具有同等重要的基石般的学术价值和意义。从20世纪20年代以来，F.L.冈绍夫(F.L. Ganshof)[④]凭借其于1926年出版的《佛兰德尔地区与洛林地区统治体制研究》(*Étude sur les ministeriales en Flandre et en Lotharingie*)和1932年出版的《佛兰德尔地区领主特权研究》(*Recherches sur les tribunaux de chatéllenie en Flandre*)两部杰出学术专著，在不断拓展的社会阶级和司法管理两个研究领域中大放光彩。而同一年，保罗·罗兰德(Paul Rolland)[⑤]的《图尔讷城市公社的起源》(*Les origines de la commune de Tournai*)一书也在比利时皇家学院下设的“亨利·皮雷纳基金”资助下问世；值得指出的是，这部著作在

① 威廉·布劳马尔兹，1886—1934年，荷兰历史学家。——译者

② 亨利·诺维，1894—1936年，比利时史学家。——译者

③ 全称：*Les Baillis Comtaux de Flandre: des Origines a la Fin du XIV Siecle*。——译者

④ 弗朗西斯·冈绍夫，1895—1980年，比利时著名中世纪史学家，皮雷纳的高徒，根特大学教授，对法兰克史研究有很大贡献。冈绍夫著述颇丰，著有《何为封建主义》、《查理曼统治时期的法兰克制度》(*Frankish Institutions under Charlemagne*)、《加洛林与法兰克君主制：加洛林史研究》(*The Carolingians and the Frankish monarchy: Studies in Carolingian history*)等。——译者

⑤ 保罗·罗兰德，1896—1949年，比利时历史学家。——译者

对不同城市历史研究过程中，阐述了对其导师所提出的普遍化理论进行重大修正的必要性。[①] 出自皮雷纳门下弟子中，还有许多人也是史学界翘楚，如从事档案史研究的H. 尼利斯（H. Nélis）[②] 和从事对外贸易史、对外关系史研究的G.G. 狄普特（G.G. Dept）。他们及其他应该提到的学者，将他们主要的注意力都集中在了解决皮雷纳教授在撰写《比利时史》过程中所提出的各种问题之上。

从1900年到第一次世界大战爆发，皮雷纳的研究工作主要是撰写接下来的四卷《比利时史》。1902年，该书的第二卷出版，其时限截至大胆的查理（Charles of the Bold）[③] 去世之时；1907年出版的第三卷，其时限截至阿尔法公爵[④] 抵达低地地区；第四卷时限截至《闵斯特和约》[⑤] 的签订，出版时间为1911年；第五卷直到1921年方刊行问世，其时限截至各次革命、1790年奥地利统治的复辟和1792年欧洲大陆同法国开战。这四卷《比利时史》从佛来米人战胜美男子腓力（Philip of the Fair）[⑥] 开始，到法兰西共和国军队攻入奥

① 请见ante, xlviii, 688。

② H. 尼利斯，1877—1938年，比利时王室档案馆馆员。——译者

③ 大胆的查理，1433—1477年，勃艮第公爵，好人菲利普三世之子，最后一位独立的勃艮第公爵，与法王路易十一长期对立。——译者

④ 阿尔发公爵（Duke of Alba/Alva）为西班牙贵族称号，首位阿尔发公爵是由卡斯提利亚国王亨利四世1473年所封。作者所指应该是第三任阿尔发公爵费尔南多·阿尔瓦雷斯·德·托莱多（Fernando Álvarez de Toledo，1507—1582年），时任尼德兰总督（1567—1573年），对尼德兰实行铁血镇压政策。——译者

⑤ 签订于1648年，和约中西班牙国王菲利普四世正式承认荷兰为主权国家。《闵斯特和约》为《威斯特伐利亚和约》的一部分，标志着三十年战争的结束。——译者

⑥ 即美男子腓力四世（Philip of the Fair，1268—1314年），法国加佩王朝第11任国王，1285—1314年在位。1302年腓力四世曾派兵入侵佛兰德斯，在金马刺一役（Battle of the Golden Spurs，发生在科特赖克附近）战败。——译者

地利统治下的尼德兰为止，其时间跨度将近四百余年。与该书的第一卷相似，这四卷《比利时史》也是以数量众多的论文和文献整理编辑为先导的，其中，皮雷纳与杜埃（Douai）[①]的历史学家乔治·埃斯皮纳斯（Georges Espinas）[②]共同合作整理编辑，于1906—1909年出版的两卷集《佛兰德尔呢绒工业史文献汇编》（*Collection de documents relatifs à l'histoire de l'industrie drapière en Flandre*），值得人们予以特殊关注。《比利时史》第二、三、四卷涵盖了从"英法百年战争"，[③]开始，到1648年"三十年战争"[④]结束这样一个漫长的时段。如何描写这一时期各种历史发展、事件和历史人物，是皮雷纳所面对的一个极为庞大的难题。但是，他却勇敢地抓住了这一机遇；正是在这几卷史著中，他的描述是那样生动鲜活，极具洞察力并显示出了对历史细节高超的把握能力，这些就足以使他为人们深深铭记。在完成这套鸿篇巨制的整个实践过程中，皮雷纳教授始终没有偏离自己矢志遵循的学术道路，即对比利时国家民族命运的研究和解说，"深深吸引我的不是各类战争和外交事件，而是党派团体、政治理论、宗教理念、制度、经济现象和社会状况等各种

① 杜埃（法语：Douai）是位于法国东北部诺尔省的城市，紧邻荷兰。——译者

② 乔治·埃斯皮纳斯，法国历史学家，代表作有《中世纪杜埃的城市生活》（*La vie urbaine de Douai au moyen age*）。——译者

③ "英法百年战争"（1337—1453年），交战双方是英格兰和法国，后来又加入勃艮第（英格兰一方）等国。法国取得战争的胜利，使法国完成民族统一，更为日后在欧洲大陆扩张打下基础。英格兰几乎丧失所有的法国领地，但也使英格兰的民族主义兴起。——译者

④ "三十年战争"（1618—1648年），是由神圣罗马帝国的内战演变而成的全欧洲参与的一次大规模国际战争。这场战争是欧洲各国争夺利益、树立霸权以及宗教纠纷戏剧化的产物，战争以波希米亚人民反抗奥地利哈布斯堡家族统治为肇始，最后以哈布斯堡家族战败并签订《威斯特伐利亚和约》而告结束。——译者

变迁”[①]。因此，正如以前意识到对佛来米地区城镇的起源和兴起所具有的意义一样，在此后研究中，皮雷纳也意识到了以“新呢绒业”而闻名的工业发展所具有的重要而深远的意义，正是在这种工业发展过程中，资本主义控制了农村，[②]那些大的城镇丧失了领导地位，而土地制度成为整个民族意识的表达方式。第一次世界大战爆发两年之后，皮雷纳于1920年11月对其观念中民族意识所具有的重要性做了解释。他写道，这种民族意识是在西班牙和奥地利统治的重压之下，特别是后来比利时继续作为“欧洲的战场”（the “cockpit of Europe”）被激发唤醒出来的。民族意识是比利时统一体的保障：

> 充满着记忆、需求和自由的群体源于深沉的集体意识，这种意识只有在战争中才能显露出来。这种意识不仅仅存在于民众之中，更存在于整个社会之中。它既非源自于地理上的统一，也不源自于语言的统一。比利时，这个在历史上具有独创性和魅力的国度，是国民意愿的体现。这是一种在自身中不断提升的尊严，一种不为国家所左右的尊严……我们要斗争，绝非天性所使然，而是我们自身的渴望。[③]



1932年，随着第七卷（时限为1830年到1914年）的出版，《比利时史》一书终告全部完成。最后这两卷是对此前已出版各卷非常有价值的延续；其中蕴含的辛劳极为繁重，需要皮雷纳为此付出全

① 请见《比利时史》第四卷前言，1911年版。
② 请见《比利时史》第三卷，1907年版，第258页。
③ 请见《比利时史》第五卷，1920年版，第xi、xii页。

部精力和时间；尽管这一切并没有难倒皮雷纳，但在完成这一工作期间，他显然承受了极其巨大的压力。皮雷纳教授始终坚信自己能够承担编撰《比利时史》之使命，这是一种罕见的特权与殊荣；是他生命历程中一个极为重要的组成部分，并给他带来了莫大的快乐和享受。其身体状况并没有对他的工作造成妨碍，且其亲朋好友，特别是家人们自始至终给予了他最大的支持。回首自己的学术历程，皮雷纳教授对那些自认为已经对自身研究对象有了全面把握的人，以及那些由于无法掌握研究对象而拒绝承担艰难使命的人提出了一种善意的告诫。历史科学，同科学所有其他门类一样，是永远不可能完结的。“没有综合，就没有科学”（Il n’y a de science que du général）。史料的搜集是永远无法被穷尽的，永远无法被全部认知的。问题是永远无法被全部解决的，总是在原有的问题被解决之时，新的问题就又开始显露出来了。历史学家打开了一条探索未知的道路，但却永远无法关闭这条道路。

正是从这一观念出发，皮雷纳晚年的内心被一个非常普遍化的问题所占据，使他感到非得加以解决不可。就在他辛勤劳作，努力完成《比利时史》最后两卷期间，皮雷纳的思绪又返回到他原初所从事的早期历史研究当中，这也是他那些最优秀的弟子仍在探索的领域。罗马帝国同中世纪世界之间的连续性这一非常古老的课题，又以种种新的面貌引起学者们的关注。如维也纳的道普什[①]教授的著述就将整个西方学术界拖入到一场激烈论战的旋涡之中。对皮雷纳来说，这一问题自然是对他早年在进行城市起源研究时业已完

① 参见前文第 149 页注②。——译者

成的对各种经济发展运动分析的一种挑战。西方中世纪的贸易、商业和交通的复兴是在什么时候、以什么样的方式完成的？对于这些问题，皮雷纳的观点是，它们发生的时间为时甚晚，而不是很早。他本人认为在晚期罗马帝国和墨洛温王朝之间的连续性，并未遭到严重破坏。地中海仍旧是开放的。但的确也存在着一种破裂，而这种破裂是由于阿拉伯人的征服和对地中海的关闭所造成的。[①] 中世纪时代的贸易和交通是在一种缓慢而痛苦的状态下向前发展着，并在加洛林王朝时代开始了新的起步。皮雷纳以其惯常方式，通过一系列论文和演讲方式对这一见解加以详尽解说，不管这些论述和演讲是否增强了其观点的说服力，却导致了许多新的和有趣的观点的提出，同时也导致人们对许多反面的否定性现象、史实犀利的诘难与分析研究。[②] 1922 年秋季，在美国讲学的头两次演讲中，皮雷纳对自己在这方面的学术观点做了最为清晰的表述，这些成果于 1925 年由普林斯顿大学出版社冠以《中世纪城市，它们的起源



① 在某些方面，如重要制度的存留上，皮雷纳认为可能存在相当大的非断裂性的继承。请见皮雷纳本人的论文“图尔讷的皇家国库”（“Le fisc royal de Tournai”），载《伟大的中世纪史学家费尔南德・洛特纪念文集》（*Mélanges d'histoire du moyen âge, offerts à M. Ferdinand Lot*, 1925。

② 下列各篇论文需要给予特别关注：“穆罕默德和查理曼”，载《比利时哲学与史学评论》（*the Revue belge de philologie et histoire*），第一卷，1922 年；“墨洛温王朝时期高卢地区的纸草贸易”（“*Le commerce du papyrus dans la Gaule mérovingienne*”），载《王家学院文献汇编》（*the Comptes rendus of the Académie des inscriptions et belles-lettres,* Paris, 1928），第 178—191 页；“财政密室：墨洛温时期经济制度”（“*Le cellarium fisci; une institution économique des temps mérovingiens*”），载《比利时王家学会会刊，古代文献》，第 3 辑，xvi（1930），201-11。读者们或许还能记得，在《伟大的历史学家亨利・皮雷纳纪念文集》（vol. i, pp. xxv-xxxix）中所开列的皮雷纳著述目录中并不包括他在 1925 年以后的著述。

与贸易的复兴》(*Medieval Cities, their Origins and the Revival of Trade*)之名公开出版发行。[①] 虽然，皮雷纳的见解得到了诸如费尔南德·洛特教授等人强有力的支持，但是它一般只被学术界作为一种值得鼓励进一步思索的思想来看待，而不是被看作一种对知识的特定贡献。[②]

在第一次世界大战之后的岁月里，为完成《比利时史》这一著作的编撰和对中世纪早期经济问题的考察并没有占据、耗尽皮雷纳教授的全部精力。1920—1935年之间的十五年中，他被人们誉为比利时整个国家中最伟大的公民，被人们视作每次重大国际史学活动的领袖人物。自从执鞭任教开始其名山事业之日起，皮雷纳就积极地参与史学研究和历史教学机构的组建工作，而在第一次世界大战以后，他对这些方面以及相关事务的热情愈发强烈，这无疑是因为他从社会公众事业活动中得到了进一步的激励。作为一名历史学家，皮雷纳教授在其一系列较为通俗的著述中，都表露出对这一方面的看法，如在哈尔芬(Halphen)[③] 和萨格纳克(Sagnac)[④] 两人主编

① 该书法文版的名称：*Les villes du moyen âge: essai d'histoire économique et sociale*(《中世纪城市：社会与经济史》)，更为贴切，更为令人满意。

② 请见诺尔曼·贝恩斯(Norman Baynes)教授在《罗马研究杂志》(*the Journal of Roman Studies*)，第19卷，第二部分，第230—233页上所刊发的批判文章。(该文题目为：《皮雷纳先生与地中海世界的统一》。——译者)

③ 路易·哈尔芬，1880—1950年，法国中世纪史专家，曾任法国高等实践研究院研究员，著有《查理曼与加洛林帝国》(*Charlemagne et l'empire carolingien*)等。——译者

④ 菲利普·萨格纳克，1868—1954年，巴黎大学教授，专于法国大革命史研究，著有《大革命：1789—1792年》(*La Révolution:1789—1792*)、《现代法国社会的形成》(*La formation de la société française moderne*)等。——译者

的《民族与文明》(*Peuples et civilisations*)系列丛书的最后两卷《中世纪末期》(*La fin du moyenáge*)中，皮雷纳本人所撰写的各章内容，以及在作为由古斯塔夫·格洛兹(Gustave Glotz)所筹划的《通史》(*Histoire générale*)的部分篇章的《西方文明：12—15世纪末》(*La civilisation occidentale de xii^e^ siècle à la fin du xv^e^*)中，以及他最后进行的社会和经济史研究中，都可看到这些内容。作为一位学术思想界的领袖，皮雷纳在恢复国际史学大会(the International Historical Congress)方面所付出的努力，是任何人都无法相比的。在皮雷纳教授主持下，国际史学大会终于于1923年在布鲁塞尔重新召开。这次大会决定创设国际史学委员会，并由该委员会尽最大可能，确定下一次国际史学大会的举办地点。1926年5月，国际史学委员会在日内瓦组成，并拥有了自己的会刊和众多的会员。在布鲁塞尔大会上，皮雷纳提出的创办一份史学著述目录年刊、创办一份国际经济史评论刊物以及其他一些提议都被该委员会接受并付诸实施。而最为重要的是，该委员会第一届领导机构中，奥地利和德国的学者被排除在外，而在1928年奥斯陆国际史学大会召开之际，上述两国的大批学者又重新返回国际史学界。[①] 皮雷纳本人的政治活动家身份和地位大都来自于他在国际史学委员会这一学术机构中所获得的成功。第一次世界大战期间，皮雷纳教授所遭受的

① 请见G.德斯·马勒兹(G. des Marez)和F.L.冈绍夫:《第五届国际历史科学大会文献汇编》(*Compte rendu du v^e^ congrès international des sciences, historiques*)，布鲁塞尔，1923年;《国际历史科学委员会会刊》(*Bulletin of the International Committee of Historical Sciences*)，第6期，1929年5月；以及H.V.梯姆珀勒(H.W.V. Temperley) 1935年10月29日在《时代》(*The Times*)上所发表的文章。

苦难，远比同时代他大多数的同胞更为沉重。他的一位儿子，出生于 1895 年的皮埃尔，1914 年 11 月 3 日，在伊斯尔河战役[①]中失去了生命。1916 年 3 月，皮雷纳本人在根特被德国入侵者逮捕，而这座曾被称为“集中营”的城市，正是他的乡梓故里。此后，他又被押往德国囚禁。[②]被关押期间，皮雷纳教授同他的德国同行断绝了联系，并亲眼看到自己那些曾赢得人们高度赞誉的史学著述被德国人贬斥为是替“比利时帝国主义”鼓噪的作品。而现在，皮雷纳教授则把这些悲伤的记忆忘却在一旁，积极努力地呼吁国际社会之间的相互理解，因为在科学世界里，什么地方国与国之间的理解最为普遍，那么它就是民族仇视最不受欢迎的地方。他所身处的这个团体一直是一个不大却极为幸福欢乐的场所，直到 1935 年，国际学术联合会（the Union Académique）每年都要在布鲁塞尔的学术宫（the Palais des Académies）举行一次集会。正是在国际学术联合会这块

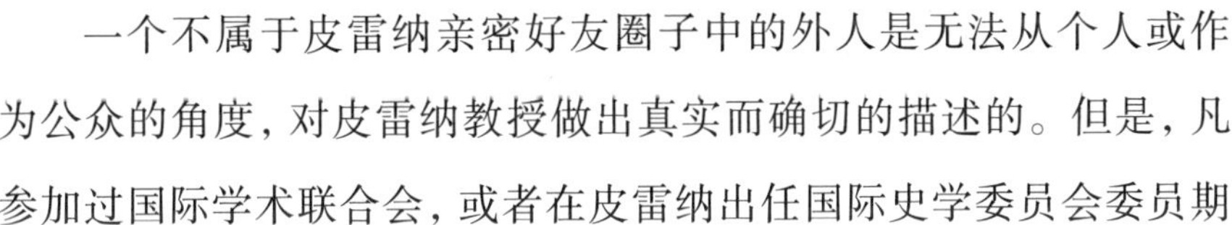

属于自己的家园中，皮雷纳年复一年地不断更新、拓展着与欧洲和美洲各国知识学术界同行之间的友谊。

一个不属于皮雷纳亲密好友圈子中的外人是无法从个人或作为公众的角度，对皮雷纳教授做出真实而确切的描述的。但是，凡参加过国际学术联合会，或者在皮雷纳出任国际史学委员会委员期

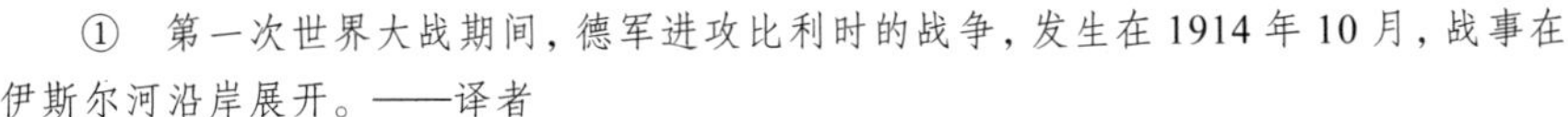

① 第一次世界大战期间，德军进攻比利时的战争，发生在 1914 年 10 月，战事在伊斯尔河沿岸展开。——译者

② 请见《比利时史》第五卷前言（1920 年）。这一卷是皮雷纳在 1915 年 11 月，正值德国占领期间完成的。1920 年，皮雷纳为《两大陆评论》（*Revue des deux Mondes*）撰写了有关在德国关押期间的回忆录。

间同他有过共事经历的人，都会由衷地钦佩他的出类拔萃、卓尔不群及其杰出的贡献。故而，当代表们考虑“普利克斯 · 弗兰克奖”(the award of the Prix Franqui)[①]获奖人选时，都自然地把他们手中选票投给亨利 · 皮雷纳。除了这一殊荣之外，皮雷纳本人还拥有着“法兰西学院院士”、13 个外国研究机构成员以及 16 个大学的荣誉博士等荣誉称谓。皮雷纳教授能够拥有如此崇高的地位，并非完全由于其广博而精湛的学识，比利时还拥有许多杰出学者，他们的学术见解、学识与皮雷纳同样优秀；更主要的是源自于皮雷纳本人的人格魅力。比利时的历史学家已经成为皮雷纳研究对象中的一部分。而在比利时这一国度中，皮雷纳本人又成为了自己所加以研究对象中的一个活的化身。及至去世之际，皮雷纳仍担任着比利时皇家图书委员会主席、比利时国家传记辞典出版委员会主席、负责指导设在罗马的比利时历史研究院工作的委员会主席；此外，多年来作为比利时皇家历史学会秘书长，他还一直默默地承担着比利时历史文献和专题学术论文的出版指导工作。



我们再一次深深感觉到，皮雷纳教授是永远无法为人们所忘却的。17 世纪佛来米的绘画艺术家们极为热衷于描绘当时那些伟大的、充满活力的市民形象，而皮雷纳本人就像，也的确就是那些绘画大师笔下的一位人物。在沉默不语时，他的面部表情似乎有些

---

① 弗兰克奖(法语：Prix Francqui，英语：Francqui Prize)，比利时颁发的最高学术与科学奖项，始于 1933 年，由弗兰克基金会颁发，其对象是五十岁以下、年轻而杰出的比利时学者或是科学家。这个奖项是为了纪念艾米尔 · 弗兰克(Émile Francqui)而设立，奖金为 150 000 欧元，获奖者分为三个领域，每三年内轮替一次：包括精密科学、社会科学以及生物或医学科学。亨利 · 皮雷纳为该奖第一位得主(1933 年)。——译者

严厉庄重；他的容貌的确同他那修剪得非常齐整的胡须和从前额一直平滑地向后背去的发型有点不大协调。但是，一旦兴致被调动起来，他给人们留下的印象却是难以忘怀的。他是一位极度活跃的性情中人，无论是讲话还是做事，似乎总是倾尽自己全部的激情和力量。他常常使人感到根本无法抗拒，尽管他本人并没有任何刻意的打算；但他又是一位从来都不会让人感到厌烦的人，一位从来都不会让人感到丝毫畏惧的人。倘若听到皮雷纳教授有什么私敌或伤害了某个人的感情，并非什么令人感到诧异之事，但总体说来，皮雷纳还是一位心地善良、与人友善和心胸宽广的人。他所具有的力量和活力，使他在毫不经意间就赢得了人们的信赖；然而，他又是一位头脑相对单纯的人，从不刻意地去追求别人对自己的注意。皮雷纳教授为比利时整个国家做出的贡献和在第一次世界大战期间他所遭受的苦难经历，已使他成为自己国家中的一位特殊的自由人物。据说有一天，皮雷纳和一位朋友正在比利时王宫前面高高的栅栏下漫步的时候，被他的同事们和一批崇拜他的人所围住，其中也包括一些比利时王室家族成员，面对人们的热情和欢迎，他显得相当困窘不安。这个故事完全可能是真实的，同时，也是一件极其典型的事例。在用餐、吸烟、饮酒、写作和筹划某件事务时，皮雷纳先生都带有一定的激情，同时，他又是一个极其好客的人。他讲话的语速很快并且还伴有幅度很大的手势。皮雷纳教授的一生，是十分自然、非常有意义和极其幸福快乐的一生，这一切皆源自于他的一生深深地植根于现实社会生活之中。然而在其晚年，皮雷纳教授遭遇到接踵而至的各种悲伤和疾病—— 1931 年，他失去了第二个

儿子，不久，又失去了第三个儿子。1935 年秋，皮雷纳教授终于走完了自己的生命旅程，与世长辞。他的学术研究工作一直持续到生命的最后一刻，并且一直由他那位非常能干、深爱他的妻子以及他的家人、好友陪伴左右。

# 附录二　亨利·皮雷纳与经济史研究

F. L. 冈绍夫[①]

1935 年 10 月 24 日，亨利·皮雷纳先生于布鲁塞尔附近的于克勒不幸去世。皮雷纳先生赢得了同胞们的深深爱戴和感谢，赢得了所有曾在他身边从事研究，或参与其研究工作以及从他那种强有力的人格魅力中接受过教诲、建议或鼓励的那些学者的崇敬和喜爱。在经济史领域，皮雷纳先生的研究工作和成果是如此重要，以至于每当我们一想到这一学科的大师巨匠时，他的名字便会立即浮现在我们的脑海之中。

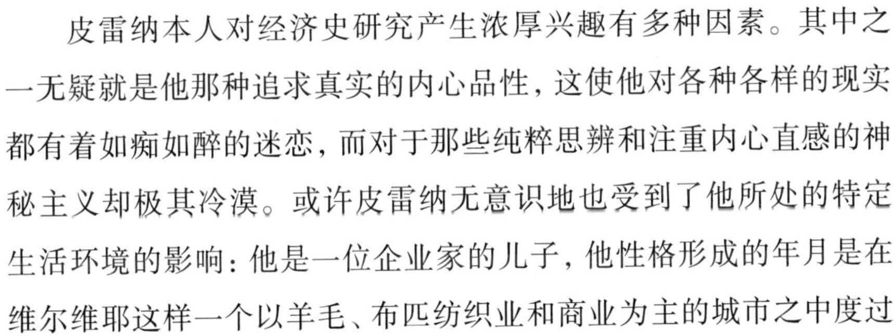

皮雷纳本人对经济史研究产生浓厚兴趣有多种因素。其中之一无疑就是他那种追求真实的内心品性，这使他对各种各样的现实都有着如痴如醉的迷恋，而对于那些纯粹思辨和注重内心直感的神秘主义却极其冷漠。或许皮雷纳无意识地也受到了他所处的特定生活环境的影响：他是一位企业家的儿子，他性格形成的年月是在维尔维耶这样一个以羊毛、布匹纺织业和商业为主的城市之中度过

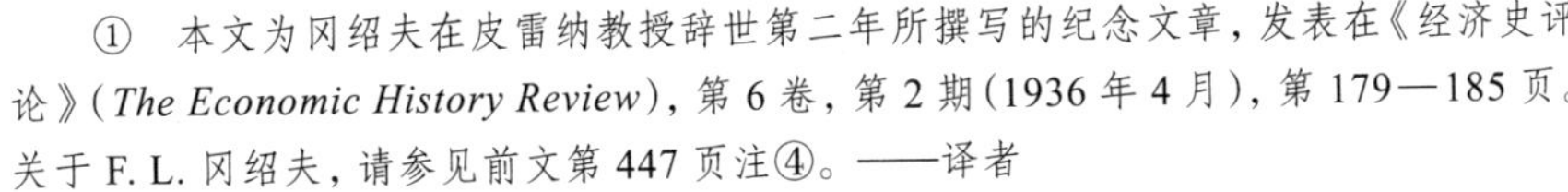

① 本文为冈绍夫在皮雷纳教授辞世第二年所撰写的纪念文章，发表在《经济史评论》(*The Economic History Review*)，第 6 卷，第 2 期(1936 年 4 月)，第 179—185 页。关于 F. L. 冈绍夫，请参见前文第 447 页注④。——译者

的[①]，而从 25 岁开始自己学术事业，他就一直生活在比利时的棉毛纺织业中心——根特。其他一些历史学家对皮雷纳学术兴趣的确立也产生了影响，如古斯塔夫·施穆勒，1885 年时，皮雷纳曾在柏林从其就学；另外一位学者的作用更为重要，即卡尔·兰普雷希特，虽然皮雷纳从未正式拜其为师，但一直与兰普雷希特先生保持着极为亲密的联系，直到 1914 年为止。

上述这些的确曾对皮雷纳史学思想的性质和学术研究的方向产生了一定影响，但在历史研究中，皮雷纳之所以将经济和社会种种现象置于首要地位还是有其他方面缘由的，对此，皮雷纳本人的认识是相当明确而清醒的。尽管在其著述或言谈论辩当中很少论及这些，但皮雷纳还是在其著述当中为数甚少且十分珍贵的有关理论的篇章段落中，对这些理由做过清晰的解释。这就是他坚信经济和社会的现象，因其相对简单的性质，常常具备可以用统计数据的方式加以处理的能力，而这种处理方式可以消除掉各种主观的影响。但最主要的是经济和社会现象，在最大程度上，都是不具名的、集体的和数量众多的现象。由于个体的影响已被普遍地降至最低程度，从而使得各种经济和社会现象尤其符合科学研究调查的精确目的。[②]应当注意，19 世纪末和 20 世纪初，是皮雷纳一生学术



① 对于这种环境，皮雷纳本人曾在其《比利时史》第七卷，第 246—247 页中，加以详尽叙述。

② 在字面上，这些表述评价都是从《战争的经济与社会史》(*Bull. Cl des lettres,* [*Une histoire économique et socialle de la guerre, Acad. Roy. de Belg.*] 1924, p.117）一文中借用的。在对待某种特定的主题时，即我本人正极力想要做出的修正那些内容，皮雷纳所公开发表的这些观点极其准确地表达出了他本人对于经济和社会各种因素，在一般意义上所具有的重要价值的思想认识。关于在对 19 世纪以前的各个时代进行研究时运用统计学方法的问题，皮雷纳认为最为必要的就是十分的审慎仔细，绝不相信在相

研究兴趣最广泛的时期，恰好此时的经济和社会现象也正处于最丰富和最兴盛的状态；正是从那时起，我们学会了识别认知其他种类的经济和社会现象。皮雷纳之所以如此看重经济和社会现象的第二个原因是，它们皆具有国际性或者说超越国家民族的特性。同政治研究相比较，经济史超越了民族国家的偏见。最为重要的是所有经济史的主题都有益于从“通史”（universal history）的角度对往事加以认识理解，直至晚年，皮雷纳越来越坚持从这一角度来认知历史。[①] 显然，皮雷纳先生认为对经济与社会进行探索的重要性在于这种研究所具有的实效性，同时，他还认定经济和社会力量也是驱动往昔人类活动的基本动因。然而，若将皮雷纳先生视作一位历史唯物主义理论的拥护者则是完全错误的。因为他坚信个人活动事实上会影响事物发展过程，尤其是在某种特定时刻，这种影响往往是决定性的；并且，他并不否认观念形态作为一种影响因素所具有的重要性。有关这一问题，皮雷纳给予了一种 *ex professo*（公然地）表达，在《比利时史》一书中，他为比利时历史那些创造者所勾勒的画像，对宗教改革和反宗教改革甚至在对社会主义的初期发展上所进行的处理，都令人十分信服地支撑起其观点。[②]



---

对重要价值之外，它们还具有给出极其精确结论的能力。请参见 *Bull. de la Soc. d'Hist. Mod.,* Nov.1931, p.7。

① 请见“历史的比较方法论”（“De la méthode comparative en histoirein”），载 G. 德斯・马勒兹和 F. L. 冈绍夫：《第五届国际历史科学大会文献汇编》，布鲁塞尔，1923 年。

② “历史学家们所努力尝试的是什么”（“What are historians trying to do?”），载里斯编《社会科学的方法》（RICE, STUART[ED.], *Methods in Social Sciences*），芝加哥，1931 年；《比利时史》，特别是第三卷以后；皮雷纳的这一观念肯定经历了一个演进的过程。

在经济史研究领域，皮雷纳先生的成就主要分为两个部分：一是他先后撰写的相当数量的经济史著述；二是在更为普遍意义的各类史学研究中，他对各种经济方面内容所赋予的尤为重要的意义。我们首先来看看第一个方面。虽然在对庄园制度瓦解的研究上，皮雷纳做出了突出的贡献，[①]但在其学术整体关注中，还是城市经济生活占据了更大的部分，这其中最基本的一个问题就是：中世纪时代的城镇究竟是如何形成的？它们又是如何成为与其周边农村截然有别的经济和政治组织？皮雷纳先生对于这一问题的揭示，早在其第一部专著《中世纪时期第农城制度史研究》（根特，1889年）中就已显露端倪，而这部著作引起了冯·布劳（von Below）[②]先生的关注；19世纪最后十年间，皮雷纳在《历史评论》上先后发表了一系列饶有趣味的论文[③]，对上述问题进行了更为清晰的阐释。而他立论所依赖的主要根据就是各种经济现象。在10—11世纪，随着西欧和中欧地区的商业复兴，各种城镇开始出现。然而它们的起源既不在于当地的地方市场，也不在于农村的繁荣富庶，既不是源自于城堡，也不是起源于古罗马的“城市”，而是源于 *the portus or*



① 《神父纪尧姆·德荷盖尔的著述》（*Le livre de l'abbé Guillaume de Ryckel*）。《18世纪中叶圣特隆德修道院的汇编综述》（*Polyptique et comptes de l'abbaye de Saint Trond au milieu du XIIIe siècle*），布鲁塞尔，1896年。正是在皮雷纳的学术研讨班中，孕育出了一部史学著作，即A.汉西的《圣特隆德地区经济的形成和组织研究》（A. HANSAY, *Etude sur la formation et l'organisation économique du domaine de Saint-Trond*），根特，1899年。

② 冯·布劳，1858—1927年，德国历史学家。——译者

③ 《中世纪城市制度的起源》（*L'origine des constitutions urbaines au moyen âge*），1893、1895年；《中世纪的城市、市场和市民》（*Villes, marchés et marchands au moyen âge*），1898年。

*faubourgs*，即那些商人的永久居住地，这种居住地是在紧靠“城堡”（castra）或“城寨”（civitates ）的围墙附近形成的。正是当时这些商人的各种习俗和其生活方式的各种需求才决定了城市的各种制度和法律。[①] 正是居住在城市里的人口主要是仰赖商业或制造业为生，才使得城市同周围乡村有所区别，至少在探讨某些“大商业中心”的境况时，这种情形是的确如此的，但这并不包括那些乡村中的大堡寨（bourgs），那些地方在未能承担起一个城市的经济功用的情况下，也有可能获得法律上的“城市”地位。[②]

毫无疑问，皮雷纳先生的这些解说是立足于对法国和德国城市历史的广泛认知，特别是立足于他自身对尼德兰地区各城市原创性研究基础之上的。[③] 皮雷纳曾在自己的一部篇幅不大，名为《低地地区的古代文献》（*Les anciennes démocraties des Pays-Bas*）[④] 的

① 皮雷纳先生的最后一个结论或许引起了一些批评意见，尤其是对皮雷纳先生早期著述中的范畴模式，但是他似乎对他人的批评所导致的影响不太理会和重视。

② 在 F. 罗里格（F. RÖRIG）的《汉萨同盟的贡献：德国经济史》（*Hansische Beiträge z. Deutschen Wirtschaftsgeschichte*），布雷斯劳，1928 年一书中，通过那些对原始史料详细而明确的揭示，我们将会发现这种观点。

③ 在与这一专题有关的专题论文中，皮雷纳撰写的有：“伦敦的佛兰德尔商人团体”（“La Hanse Flamande de Londres”, Bull. Acad. R. Belg., Cl. Lettres,1899）、“圣奥马尔伯爵领地的商人团体”（“Les Comtes de la Hanse de Saint-Omer”, *ibid.*）；“圣奥马尔商人行会的惯例”（“*Les coutumes de la Gilde Marchande de Saint-Omer*”, in *collaboration with G.Espinas*）、《中世纪》（*Le Moyen Age*, 1901）、《12 世纪之前的佛兰德尔城市》（*Les villes flamandes avant le XIIe siècle*, Annales de l'Est et du Nord, 1905）和“弗拉芒城市的陪审员问题”（“La question des jurés dans les villes flamandes”，载《比利时哲学与史学评论》[ *the Revus belge de phildogie et histoire* ], 1924）。

④ 该书 1910 年在巴黎出版。较好的英译本是 1915 年曼彻斯特出版的 J.V. 桑德，斯翻译的译本，英语书名为《比利时的民主，其早期的历史》（*Belgian Democracy. Its early history*）。

著作中对其发展历程进行了追溯，这是一部解析相当清晰的重要著述。根据当时史学界的共识和他本人在自己部分著述中所坚持的观点[①]，皮雷纳认为，正是前尼德兰地区，尤其是该地区城市在中世纪世界经济生活中所发挥的基础性历史作用，改变了他原来的看法。

随着年事越来越高，皮雷纳也越来越趋向于使自己的研究更加普遍化。在其同道好友保罗·维诺格拉道夫爵士和T.F.陶特（T.F. Tout）的指点下，皮雷纳曾对英格兰的城镇进行过研究，而在第一次世界大战被关押在德国战俘集中营期间，他又学习了俄文，通过阅读各种书籍，其思考越来越清晰。对于9—11世纪拜占庭-罗斯-斯堪的纳维亚之间的贸易往来，他也有了更为精确的理解和把握。恰好在第一次世界大战之前，皮雷纳业已开始了对意大利和地中海地区城市的研究，而在之前皮雷纳就曾对这一领域研究表露出一定的兴趣。正是基于在长期学术研究过程中积淀得非常广博的学识和相对完善的技术方法，皮雷纳方于1925年，在《中世纪的城市》一书中，[②]尝试性地提出了一种对于13世纪以前的西欧和中欧城市历史的综合性假说。该书法文版的副标题为"经济社会史评论"（*Essai d'histoire économique et sociale*），则揭示出皮雷纳先生真实

① 《尼德兰地区在欧洲中世纪经济史中所占据的地位》（*The Place of the Netherlands in the Economic History of Medieval Europe*, 1929）；还请参见"北方的城市及其商业贸易"（"Northern Towns and their Commerce"，载《剑桥中世纪史》[*The Cambridge Medieral History*], vol. vi, 1929）。

② 布鲁塞尔，1927年出版。有关这一主题，皮雷纳曾在1922年12月赴美各个大学讲学期间所作的系列学术讲座中加以阐述。该书最初是普林斯顿1925年出版的英文版，即弗兰克·霍斯利（D. Halsey）翻译的《中世纪城市：其贸易复兴的起源》，但质量实在不尽如人意。

用意所在。在其之前，尚没有一部著述能够对 10、11 世纪西欧城市的复兴、“欧洲”的性质、商业和制造业的广泛传播和市民以及下属团体的形成做出如此令人信服的思考。依笔者来看，皮雷纳先生本人的其他著述也都不具备与此同等的重要价值与意义，并且，本人还认为对于这部著作所提出的各类问题，[①] 尤其是对西北欧洲地区，还没有哪位学者能够给予更为令人满意的解答。[②]

对于城市经济生活的某些方面，皮雷纳先生仍旧予以极大的关注。他曾计划撰写佛来米地区纺织业的历史，但是，除了进行了一些前期预备性的研究之外，他只能眼看着学者们自行其是，各自独立地同他的法国好友 G. 埃斯皮纳斯（G. Espinas）进行合作，其成果就是那部碑铭般的著述：《佛兰德尔地区制呢业文献汇编》（*Recueil de documents relatifs à l'industrie drapière en Flandre*）。[③]

另一项与此工作紧密相关的计划，也引起了皮雷纳的极大关



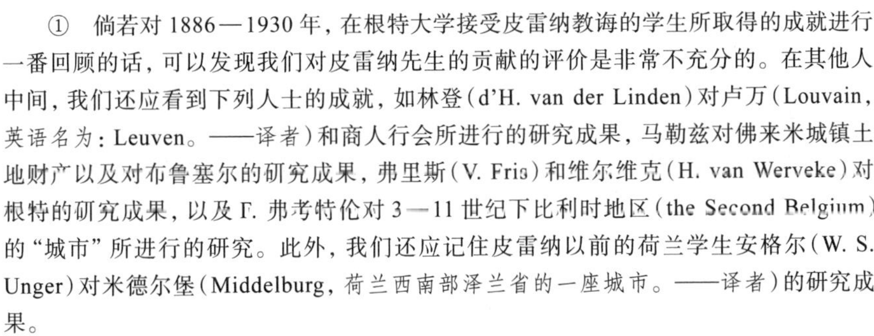

① 倘若对 1886—1930 年，在根特大学接受皮雷纳教诲的学生所取得的成就进行一番回顾的话，可以发现我们对皮雷纳先生的贡献的评价是非常不充分的。在其他人中间，我们还应看到下列人士的成就，如林登（d'H. van der Linden）对卢万（Louvain，英语名为：Leuven。——译者）和商人行会所进行的研究成果，马勒兹对佛来米城镇土地财产以及对布鲁塞尔的研究成果，弗里斯（V. Fris）和维尔维克（H. van Werveke）对根特的研究成果，以及 Γ. 弗考特伦对 3—11 世纪下比利时地区（the Second Belgium）的“城市”所进行的研究。此外，我们还应记住皮雷纳以前的荷兰学生安格尔（W. S. Unger）对米德尔堡（Middelburg，荷兰西南部泽兰省的一座城市。——译者）的研究成果。

② 一位曾经参加过皮雷纳研讨班的美国学者卡尔·斯蒂芬森，试图将皮雷纳的研究方法运用到于自己对英格兰的城镇研究当中，其著作名称为《堡寨与城镇》（*Borough and Town*）；有关对他的这一尝试的学术批评，请参见 F.M. 鲍维科发表在《英国历史评论》（1936 年），第 83 页的文章。

③ 四卷本，布鲁塞尔，1906—1924 年出版，另请参见 Additions an Recueil... *Bull. Comm. Roy. d'Hist.*, 1929。

注，即手工业行会史研究；但是，他所筹划的这部著作却一直未能完成，只是在一部《百科全书》上发表了一篇长文，就这一课题的基本概要进行了阐述。[①] 在对城镇商业和制造业生活观察的基础上，皮雷纳还在进行自己另外一项计划，即编撰“资本主义社会史的各个阶段”（“Les étapes de l’histoire sociale du capitalisme”）。[②] 这项工作的基本学术价值之一就是，它揭示出资本主义在中世纪时代就已经存在了，资本主义从当时的商业贸易和制造业中汲取营养，并且又反过来为这些行业提供资金。[③] 皮雷纳的这一见解同桑巴特的观点截然不同。最后，近些年来，皮雷纳先生所进行的工作就是对 10—15 世纪欧洲经济和社会发展做一番普遍的考察。[④] 迄今为止，任何一部能同皮雷纳在这一研究领域所撰写的 200 余页精辟论

① 即 1932 年，他在《社会科学百科全书》（*Encyclopædia of Social Sciences*）第 7 卷，第 208—214 页刊发的“欧洲的行会”（“Guilds, European”）一文。

② 载《比利时皇家学会通信集》（*Acad. Roy. Belg., Bull. Cl. Des Lettres*），1914 年，其英文译名为：“资本主义社会史的各个阶段”（“The stages of the Social History of Capitalism”）。

③ 皮雷纳在其“15 世纪伊普鲁斯城的人口调查”（“Les dénombrements de la population d’ Ypres au XVe siècle”）一文中，涉及了城市的人口问题，并且他揭示出中世纪时代甚至在那些较大的城市中，人口数量也是非常少的。请见 *Vierteljahrschr. F. Soz.- u. Wirts. Gesch.*, 1903。

④ 请见科恩（G. Cohen）、福西隆（H. Focillon）和皮雷纳三人合撰的“经济与社会的发展”（“Le mouvement économique et social”），载格罗兹（G.Glotz）主编的《中世纪史》（*Histoire du Moyen Age*）第 8 卷：“西方中世纪文明”。大约与此同时，在哈尔芬和萨格纳克两人主编的《民族与文明，通史 》（*Peuples et civilisations,Histoire Générale*）一书的第 7 章：“中世纪末期”中，有一部分论及 15 世纪经济发展新趋势的内容也是由皮雷纳撰写的，该文虽然篇幅不长，但却极有见地；此外，皮雷纳还撰写了一篇非常著名的文章：“中世纪伟大的出口产业：法兰西的葡萄酒”（“Un grand commerce d’exportation au moyen âge: les vins de France”），载《经济与社会史年鉴》（*Annales d’histoire économique et sociale*），1933 年。

断相提并论的著述还未见问世。在历经一生的研究之后，皮雷纳，这位伟大的杰出学者，非常成功地将延续近千年的这一发展过程中各个关键转折点都一一辨析清楚，并以一种非常确定的方式，对其基本的重要特征都进行了勾勒。笔者认为，如果可以确定《中世纪的城市》一书是显现皮雷纳先生创造性天赋最伟大的里程碑式的著作，那么，这部对中世纪时代欧洲经济史的概览则比皮雷纳本人的其他著作，更能展示出他对历史学发展过程中各种主导趋势加以综合运用的无人企及的才能。

再来看看皮雷纳研究工作的第二个部分，即他在考察历史过程中对各种经济因素的强调与关注，这一部分所涉及的主题更为广泛，也更加复杂。这一点在皮雷纳所撰著的那部里程碑式的著作《比利时史》[①] 一书中表现得格外明显，在这部著述中，他对比利时的历史，对比利时民族形成的缓慢进程进行了追溯。而且皮雷纳将该书很大篇幅都用于对构成其起源的经济和社会等各种现象的描述。正是这些经济和社会现象构成了比利时民族形成过程的基础，而这一过程在中世纪时代以至16世纪时尚未完全展开。尽管在各种政治和军事事件所导致的混乱过程中，那些城市发展、对外贸易和各个大城市所爆发的种种冲突以及小城镇制造业蓬勃发展的趋势等对民族统一造成了某种不利的威胁；然而，也正是这些现象和

① 全书共七卷，1900—1932年在布鲁塞尔全部出齐。其中有些卷曾数次再版，并进行过相当大规模的修订，如第一卷到1929年时业已在布鲁塞尔修订再版了五次，该书曾被翻译成德文和荷兰文两种版本，其中最早德文版本的第一卷，是在1899年问世的。在进行这方面研究时，有一部不可或缺的参考工具书，即皮雷纳同欧伯利恩（H.Obreen）和诺维（H. Nowé）合作主编：《比利时历史文献》（the *Bibliographie de l'histoire de Belgique*），第三版。

运动，首先为15世纪和16世纪前半叶尼德兰地区当时和以后的政治统一提供了有利条件。实际上，就民族历史这一概念而言，尼德兰地区提供了一个较之其他地区更为恰当的基础。及至1570年，在阿尔卑斯山以北的欧洲地区尚找不到一个可以同尼德兰经济生活的密集性和形式多样性相埒的地区。

皮雷纳先生是一位中世纪史学家，而且就其学术兴趣而言，他对中世纪鼎盛时代投入了极大的热情。[①] 他把一生最后几年时光都用于可称为这一时期的中心问题，即古代世界向中世纪文明过渡的研究之中，这一主题对于我们这个时代的诸多学者都极具吸引力；其中就有A.道普什、F.洛特和C.道森等人。后两者对此的关注主要集中在心理和观念形态方面，而皮雷纳，如同我们所预期的那样，则主要是从经济因素来探讨这一主题；他的那位维也纳同行（即A.道普什）虽然也是从同样角度来探讨同一个问题，但是他们二人得出的最后结论却是大相径庭。在皮雷纳看来，这一主题中最具根本意义的变革，不是由5、6世纪日耳曼人入侵所导致的，而是源自于7世纪穆斯林的征服，这场征服阻断了地中海的海上航行，切断了东西方之间的各种联系。这种对古老交往的中断，是一种经济现象，在皮雷纳眼中，这才是导致文明史中那场最伟大转变之所以发

① 他最近曾致函莱登大学的赫伊津哈（Huizinga）教授，说：“我要返回到中世纪鼎盛时期。我一定要在自己学术事业的开端之处来终结自己的学术生命。”，见I.赫伊津哈：《亨利·皮雷纳·莱顿荷兰文学协会的行为和生活报告》（*Henri Pirnne: Handelingen en Levensberichten van de Maatschappij der Nederlandsche Letterkunde te Leiden*），1934—1935年，第184页。

（赫伊津哈教授是荷兰著名的文化史家，主要著述有《中世纪之秋》《游戏的人》等。——译者）

生的原因。皮雷纳还通过经济现象来对自己的观点进行验证：他对墨洛温王朝和加洛林王朝的两种经济结构进行比较。按照其观点，在前一种结构中，大规模商业贸易仍旧保持着一定地位，而在后一种结构中，则全然成为庄园化经济。皮雷纳发现不仅是在 7 世纪以前还以相当规模从福斯和马赛输入的埃及纸草和各种东方制成品，在 7 世纪以后的法兰克王朝竟全部消失了，而且那些从事这些商业贸易的叙利亚商人也同样销声匿迹了。①

皮雷纳先生这一大胆的学说，除了大纲概要之外，尚未正式刊行问世，只有几篇批判性的研究论文论及其中某些方面。但是，皮雷纳教授在其生前已经完成了这部著述的初稿，他的各种理念在其中得到了充分阐述和展示，而且今后几个月内，该书就将付梓刊行。无论对其观点是赞同还是反对，每一位历史学家都会对这一著作予以较高评价，人们肯定会在其中发现十分有趣和丰富的建议。皮雷纳先生在生命垂危之际仍在不断地努力，以使自己的著作臻于完备，这位伟大的比利时史学家又一次令经济史这门学科的同仁向他致以深深的敬意。

① 有关皮雷纳这方面的观点，请见此前他所发表的两篇论文：“穆罕默德和查理曼”（《比利时哲学与史学评论》，1922 年）、“墨洛温王朝与加洛林王朝经济的比较”（1923 年），另外还请见《中世纪的城市》一书的前两章内容。在 F. 魁克（F.Quicke）所撰写的“亨利・皮雷纳”一文中，开列出了皮雷纳在这一领域中所发表的研究文献目录清单，该文刊载在《比利时哲学与史学评论》（1935 年，第 1673 页，注释 2）。对 1932 年以前，皮雷纳在这方面研究成果的分析，请见 H. 劳伦特所著的“亨利・皮雷纳先生关于古代社会末期到中世纪初期的著述”（“*Les travaux de M. Henri Pirenne sur la fin du monde antique et les débuts du moyen âge*”）一文，载《拜占庭研究》，1932 年。

# 译 后 记

2006年春，好友陈恒先生由沪上寄来一包书籍。打开一看竟是北京大学(燕京大学)图书馆所收藏的*Mohammed and Charlemagne*(伦敦，1939年第一版)一书的复印件；此外，还有一封信函和一份上海三联书店《译著合同书》。在信中，陈先生告诉我上海三联书店已将该书列入该店的《人文经典书库》，并“令”我尽快地将该书译成中文。按理，好友所嘱之事，自当不打折扣地尽快照办才是。可我所面对的却是一位享誉西方学界史学大师的名著，能否忠实地依照原作者的意愿，将此书译出而又不失原文风貌，实乃一件不敢轻易应允之事。思量再三，只好先应承道：“试一试。”

在未填写《译著合同书》的前提下，自己边读边琢磨，以一种类似做“读书笔记”的方式，竟然首先将原书的第二部分“伊斯兰世界与加洛林王朝”基本译完。而之所以这么“倒行逆施”地读书，主要原因就是近些年来，本人脑中所思考的一个重大问题就是中古早期西方文明同伊斯兰文明之间的历史关系。而自己对此所拥有的为数不多的学术资源之一就是大约二十五年前，在攻读硕士学位期间所购得的陈国樑先生所译的《中世纪的城市》和乐文先生所译的《中世纪欧洲经济社会史》二书。在这两部著述中，皮雷纳从一种非常广阔的时空角度着眼，认为“穆斯林关闭地中海与加洛林王朝登上舞台这两件事的同时发生，不可能仅仅是一种巧合”。并提出了自己独特的见解，即：“如果没有伊斯兰教，法兰克王国或许不会出现；如果没有穆罕默德，查理大帝也是不可想象的。”然而，皮雷纳为此所做出的分析与论证，在笔者看来还是过于简略了，这恐怕是受到这些著述本身主旨限定的缘故。故而，一翻开《穆罕默德和查理曼》这部专门论述早期西方文明同伊斯兰文明之间历史关系的著作，自然引起了我本人莫大的兴趣。读着读着，自己便不由自主地随着皮雷纳先生的笔触，进入到3—9世纪地中海世界和西方社会的变迁过程当中。

学术著作的翻译，是一项非常严肃的工作，绝不仅仅是在表面层次上完成对原著文本从一种语言向另一种语言的转换或转化问题。译者不仅需要在语言上有较深的功力和造诣，更重要的是必须要对原著作者的学术理念和主张有相当深度的认识，要对原著作者在创造作品时的心境和缘由有一定的理解，要对原著产生的学术环境和作用有一个较为清晰、准确的了解和把握。在一定意义上讲，一部学术著作的翻译本身就是一种十分特殊的研究工作。因此，在研读、翻译本书的过程中，自己先是围绕国内对皮雷纳学说的介绍与评价状况进行了一番梳理，特别是从翻译角度重新阅读陈国樑、乐文两位先生的译著；而后又尝试着利用各种手段来搜索、查询更多有关资料和学术文献以及国际学术界的反映。应当感谢当代高度发达的互联网技术，为满足本人这种需求提供了极为便利的条件。通过阅读、分析从英美各类学术网站上获得的五六十篇相关文献，对国际学术界对皮雷纳著述的反映和评价有了进一步的了解和把握，并从中挑选出皮雷纳的好友之一、英国著名中世纪史学者F.

M. 鲍维科教授和皮雷纳的高足 F. L. 冈绍夫教授所撰写的两篇纪念文章，附在书后，以便读者对皮雷纳生平、学术生涯和成就有更全面的认识。

在研读皮雷纳的部分原创文本和相关各类资料的过程中，自己深受触动，感慨良多，并逐渐地将这些感悟或感想转化成了数篇论文，另外，尚有几篇文字处在撰写和修改状态。其中《皮朗与“皮朗命题”：对西方文明形成时代的重新审视》与《亨利 · 皮朗与法国年鉴学派》两文，先后投寄给《世界历史》和《古代文明》学刊，承蒙两刊编辑首肯，予以发表。一些学界同行也给予了肯定。自己深知这绝不意味着那两篇文章本身有多高水准，而是同道对皮雷纳先生学说的认同与赞赏。

学术译著，在学者心目中自有其自身的价值。这不仅是译者为此须付出相当大的心血，更重要的是，高质量的学术译著是保持学术正常发展的一个不可或缺的要素和一个重要的标志性成果。共和国六十年的文化学术史，乃至 20 世纪初以降百余年的中国文化学术史的发展历程对此也已做出了历史性的证明。然而，就在目前国内学术发展仍在不断加大与拓宽同国际学术界的交往，仍旧对学术译著有相当大需求的情况下，各类学术评估体系标准中却几乎没有学术译著的地位。在把握着各种学术资源分配权力的政府官员和相当一批所谓的学术权威眼中，学术译著所含有的智慧、劳动价值和“原创性意识”的程度都很成问题。故而，在名目繁多的“职称晋升”“分级设岗”“成果评定”的指标体系中，学术译著简直毫无价值、地位可言。某位译者或某部译著的水平高低或许可加以商榷，但如果从整体上无视或抹煞学术译著的价值与意义则绝对是一件令学人和学界悲哀的事情。

皮雷纳教授的子女对其父遗稿怀着一种“十分审慎而敬重的态度”，而他的学生则坚持对其先师“本人的初衷”必须加以“忠实的尊重”的原则。这些态度和原则也是我这个异乡外域的后来者所必须遵循的。忠实于作者原意，尽量体现原文风貌，是自己在翻译此书过程中所追求的一种境界。然而，皮雷纳先生学识之精深博大，见识之睿智深刻，实在难以企及，唯有尽心尽力而已。而且，书中所叙述探讨的是异族久远的历史，众多人名、地名和器物、事件等名称更是常常令我感到不知所措。字斟句酌，反复推敲。有时干脆大段大段地将自己的译文全部推倒，从头再来。如履薄冰，战战兢兢，从不敢有丝毫懈怠之心、侥幸之意。

在本书艰难的翻译过程中，笔者深得学界诸位前辈教益、勉励和帮助。我的业师、国内世界史著名学者、东北师范大学荣誉教授朱寰先生曾多次过问此书的进程。在先生的淡淡言语之中，对我这项工作多有肯定与勉励之意。著名学者、首都师范大学的戚国淦教授则是我必须深深感谢的另一位前辈。自己并未向先生提及过此书的翻译工作，但先生却对我教益甚大，这主要是他老人家几十年前与寿纪瑜先生共同翻译的《法兰克人史》一书对于本书翻译有着莫大的导引之功，因为《法兰克人史》一书是皮雷纳撰写此书工作中主要参考文献之一。其实，早在十八年前，先生就是我博士学位论文答辩委员会的主席。记得有一次在京城开会期间，我曾对戚老说，依古代科举学统，我当忝列在您的门下众多“门生”行列中才是。先生微微一笑，说：“对，对。”陈国樑、乐文两位先生，则是我非常敬重的前辈，他们的译著对于我此项工作有着极大的参考价值。只是可惜，至今也无缘同两位前辈相识，当面请教。然而，在我心目中，他们同样是我的先生。

中国社会科学院世界历史研究所的郭方研究员、清华大学的刘北成教授、张绪山教授和我的大学同窗、东北师范大学的赵轶峰教授等诸多学界同行，当得知我这项工作后，纷纷予以支持、鼓励，其缘由皆在于他们对于皮雷纳学说本身所具有的学术价值与意义的深刻感知。东北师范大学教授、世界文明史研究中心专职研究员张强先生，在古典希腊语、拉丁语和法语方面造诣颇深。他所给予的细致而专业的帮助、指导和校订，对于本书中文译稿的最后定稿有着十分重要的作用。

此外，我的学生刘鑫、宋保军、张志远等，在书稿打印、索引编排、文献搜集等各个方面都给予我巨大的帮助。



在此，本人向上述诸位前辈、同行和学生们致以诚挚的谢意。

本书翻译工作先后得到了教育部人文社科重点研究基地重大招标项目“世界文明史经典名著译丛”和东北师范大学人文社科重大攻关项目“早期西方文明研究”的部分资金资助。

最后，必须申明本书译稿中肯定尚存某些讹误和不确之处，其责任自当由本人承担。并望学界同仁予以及时指出，以便改正。

王晋新

东北师范大学世界文明史研究中心

2009 年 12 月 8 日初稿

2011 年 4 月 15 日二稿

# 新版译后记

此书中译本于2011年由上海三联书店刊行，迄今已五载。学界同道对此项工作的价值与得失也有评述。于我而言，这些评述中的褒贬都是鼓励，更是鞭策。

去年夏天，在同商务印书馆的于殿利先生和郑殿华、杜廷广两位老师商讨加洛林王朝核心史料文献的汉译工作时，曾提及这部译本。诸位先生询问是否有意由商务印书馆再次刊印此书，着实令我喜出望外，遂以“容当重修一遍”作为应允。

然此后，笔者便赴美国洛特丹大学中世纪研究所和宾夕法尼亚州立大学从事学术研究。待今春回国后，诸种教学、行政和杂事缠身，一直未能将此项工作付诸实施。今年5月，杜廷广老师再次问及此事，另查得同上海三联书店的合同业已到期，故才开始进行此项工作。

原本设想对照原著重新细读一番，将不确译文做些修正便可了事，时间一月足矣。然在开始后才感到实际工作量远远超出原初设想。

此番“修订”内容主要集中在以下几个方面：

首先，重新阅读原著，修正一些不甚确切甚至是误译的文字；

其次，针对原著英译本的某些翻译用词进行考订，重新译出；

复次，因原英译本索引实在不敷使用，故重新加以编订。

最后，根据中文读者的需求，在参阅当下诸种权威专业工具书的基础上，加入必要的中文注释，即译者注，以期有助于读者顺畅阅读和更好理解原著。这项看似简单的工作，却极为耗时费力，粗略统计，近两万字。其工作量远远超出原初设想。或许其中仍有一些不足之处，但自己觉得此项工作十分必要。

在重新修订工作中，种法盛、王晨旭两位博士研究生分别在中文注释和编排新的索引等方面，给予本人很大的帮助。本人向这两位年轻学子致以深深谢意。

王晋新

2015 年 12 月末



附记

今春 4 月，《穆罕默德和查理曼》一书中文译本（精装修订本），在于殿利、郑殿华和杜廷广诸位先生的襄助下，由商务印书馆刊出。此番该译本又蒙列入国内学界闻名遐迩的“汉译世界学术名著丛书”，自是一件令笔者欣喜之事。

此番重新刊印，在内容上并无任何改订。只是将原作者姓名 Henri Pirenne 的汉译名称，由亨利 · 皮朗改为亨利 · 皮雷纳。这两种译法原本无甚差异。查诸各种汉语文献，有关这位比利时史学家的译名多有不同。而馆领导、编辑与本人经再三斟酌、考量，还是决意做此修改。其主要缘由便是与业已列入“汉译世界学术名著丛书”的同一作者所撰著的其他著作的作者译名相一致，以免出现不必要的误解。

再次感谢商务印书馆领导和编辑！

王晋新谨记

2021年12月1日

**图书在版编目(CIP)数据**

穆罕默德和查理曼/(比)亨利·皮雷纳著;王晋新译.—
北京:商务印书馆,2024
(汉译世界学术名著丛书:120年纪念版:珍藏本:增订本)
ISBN 978-7-100-23711-6

Ⅰ.①穆… Ⅱ.①亨…②王… Ⅲ.①欧洲—中世纪史—
研究 Ⅳ.①K503

中国国家版本馆 CIP 数据核字(2024)第 076753 号



汉译世界学术名著丛书
(120 年纪念版·珍藏本·增订本)
**穆罕默德和查理曼**
〔比〕亨利·皮雷纳 著
王晋新 译

商 务 印 书 馆 出 版
(北京王府井大街 36 号 邮政编码 100710)
商 务 印 书 馆 发 行
北京中科印刷有限公司印刷
ISBN 978-7-100-23711-6

2024 年 5 月第 1 版 开本 710×1000 1/16
2024 年 5 月北京第 1 次印刷 印张 32
定价:178.00 元